中国人民大学研究报告系列

中国零售业发展监测与分析报告

2018

REPORT ON THE DEVELOPMENT OF CHINA'S RETAILING

主 编 王 强

中国人民大学出版社
· 北京 ·

总序

陈雨露

当前中国的各类研究报告层出不穷，种类繁多，写法各异，成百舸争流、各领风骚之势。中国人民大学经过精心组织、整合设计，隆重推出由人大学者协同编撰的“研究报告系列”。这一系列主要是应用对策型研究报告，集中推出的本意在于，直面重大社会现实问题，开展动态分析和评估预测，建言献策于咨政与学术。

“学术领先、内容原创、关注时事、咨政助企”是中国人民大学“研究报告系列”的基本定位与功能。研究报告是一种科研成果载体，它承载了人大学者立足创新，致力于建设学术高地和咨询智库的学术责任和社会关怀；研究报告是一种研究模式，它以相关领域指标和统计数据为基础，评估现状，预测未来，推动人文社会科学研究成果的转化应用；研究报告还是一种学术品牌，它持续聚焦经济社会发展中的热点、焦点和重大战略问题，以扎实有力的研究成果服务于党和政府以及企业的计划、决策，服务于专门领域的研究，并以其专题性、周期性和翔实性赢得读者的识别与关注。

中国人民大学推出“研究报告系列”，有自己的学术积淀和学术思考。我校素以人文社会科学见长，注重学术研究咨政育人、服务社会的作用，曾陆续推出若干有影响力的研究报告。譬如自2002年始，我们组织跨学科课题组研究编写的《中国经济发展研究报告》《中国社会发展研究报告》《中国人文社会科学发展研究报告》，紧密联系和真实反映我国经济、社会和人文社会科学发展领域的重大现实问题，十年不辍，近年又推出《中国法律发展报告》等，与前三种合称为“四大报告”。此外，一些散在的不同学科的专题研究报告也连续多年出版，在学界和社会上形成了一定的影响。这些研究报告都是观察分析、评估预测政治经济、社会文化等领域重大问题的专题研究，其中既有客观数据和事例，又有深度分析和战略预测，兼具实证性、前瞻性和学术性。我们把这些研究报告整合起来，与中国人民大学的出版资源相结合，再进行新的策划、征集、遴选，形成了这个“研究报告系列”，以期放大规模效应，扩展社会服务功能。这个系列是开放的，未来会依情势有所增减，使其动态成长。

中国人民大学推出“研究报告系列”，还具有关注学科建设、强化育人功能、推进协同创新等多重意义。作为连续性出版物，研究报告可以成为本学科学者展示、交流学术成果的平台。编写一部好的研究报告，通常需要集结力量，精诚携手，合作者随报告之连续而成为稳定团队，亦可增益学科实力。研究报告立足于丰富的素材，常常动员学生参与，可使他们在系统研究中得到学术训练，增长才干。此外，面向社会实践的研究报告必然要与政府、企业保持密切联系，关注社会的状况与需要，从而带动高校与行业企业、政府、学界以及国外科研机构之间的深度合作，收“协同创新”之效。

为适应信息化、数字化、网络化的发展趋势，中国人民大学的“研究报告系列”在出版纸质版本的同时将开发相应的文献数据库，形成丰富的数字资源，借助知识管理工具实现信息关联和知识挖掘，方便网络查询和跨专题检索，为广大读者提供方便适用的增值服务。

中国人民大学的“研究报告系列”是我们在整合科研力量、促进成果转化方面的新探索，我们将紧紧把握时代脉搏，敏锐捕捉经济社会发展的重点、热点、焦点问题，力争使每一种研究报告和整个系列都成为精品，都适应读者需要，从而打造高质量的学术品牌，形成核心学术价值，更好地承担学术服务社会的职责。

目 录

第 1 章　绪论

第 2 章　中国经济增长与零售商业

第 3 章　中国零售业产业发展分析报告

第 4 章　中国零售业地区发展分析报告

第 5 章　中国综合零售业发展分析报告

第 6 章　中国专业零售业发展分析报告

第 7 章　中国零售公司管理与运营分析报告

第8章 中国零售业综合事务与海外概览

第 1 章　绪论

1.1　本报告的撰写

中国零售业担负着商品流通和城乡居民消费实现的重任，是国民经济的支柱性产业，也是提供就业的主战场，更是实现“中国梦”的重要载体之一。

本书按照年度全面监测中国零售业发展情况，关注多个零售商业发展的关键问题与热点问题，包括宏观经济、居民消费、零售产业、行业结构、效益效率、地区发展、城乡零售、综合业态、专业业态、收购兼并、高管变动、营销活动、技术运用、公共关系、社会责任、政策法规、案件纠纷、会议会展、培训教育、研究与海外零售业等，并通过对行业代表性企业的追踪，以实现对中国零售业发展现状、特点、脉络和问题等的监测与分析。

今年的零售业年度监测报告，除绪论外每章监测和分析一个专题的内容。具体包括中国经济增长与零售商业、中国零售业产业发展分析报告、中国零售业地区发展分析报告、中国综合零售业发展分析报告、中国专业零售业发展分析报告、中国零售公司管理与运营分析报告、中国零售业综合事务与海外概览。每个专题包括监测分析报告和数据附表两个部分。

其中，监测分析报告部分是针对中国零售业发展的监测和分析，一般包含该专题的零售商业发展全景，行业与代表性企业的基本情况、发展动向监控、问题思考与展望等，即本书纸质版。

数据附表部分是本报告的核心价值所在，是根据专题进行的统计，即我们根据研究的需要，设计了相关的统计数据表格和企业动态监控表格，包括产业数据分析表、地区数据分析表、业态数据分析表和零售公司动态监控数据分析表四类数据表格，共计 60 张，以连续反映年度内中国零售业发展的基本情况。受出版篇幅的限制，所有数据附表都已制作成电子版，读者朋友可扫描本书第 242 页的二维码获取。

本报告的主体仍然延续了由中国人民大学出版社出版的《中国零售业发展监测与分析报告（2016）》和《中国零售业发展监测与分析报告（2017）》的编写思路、结构体系和主要内容。

1.2　本报告的结构

本报告的结构如图 1－1 所示。

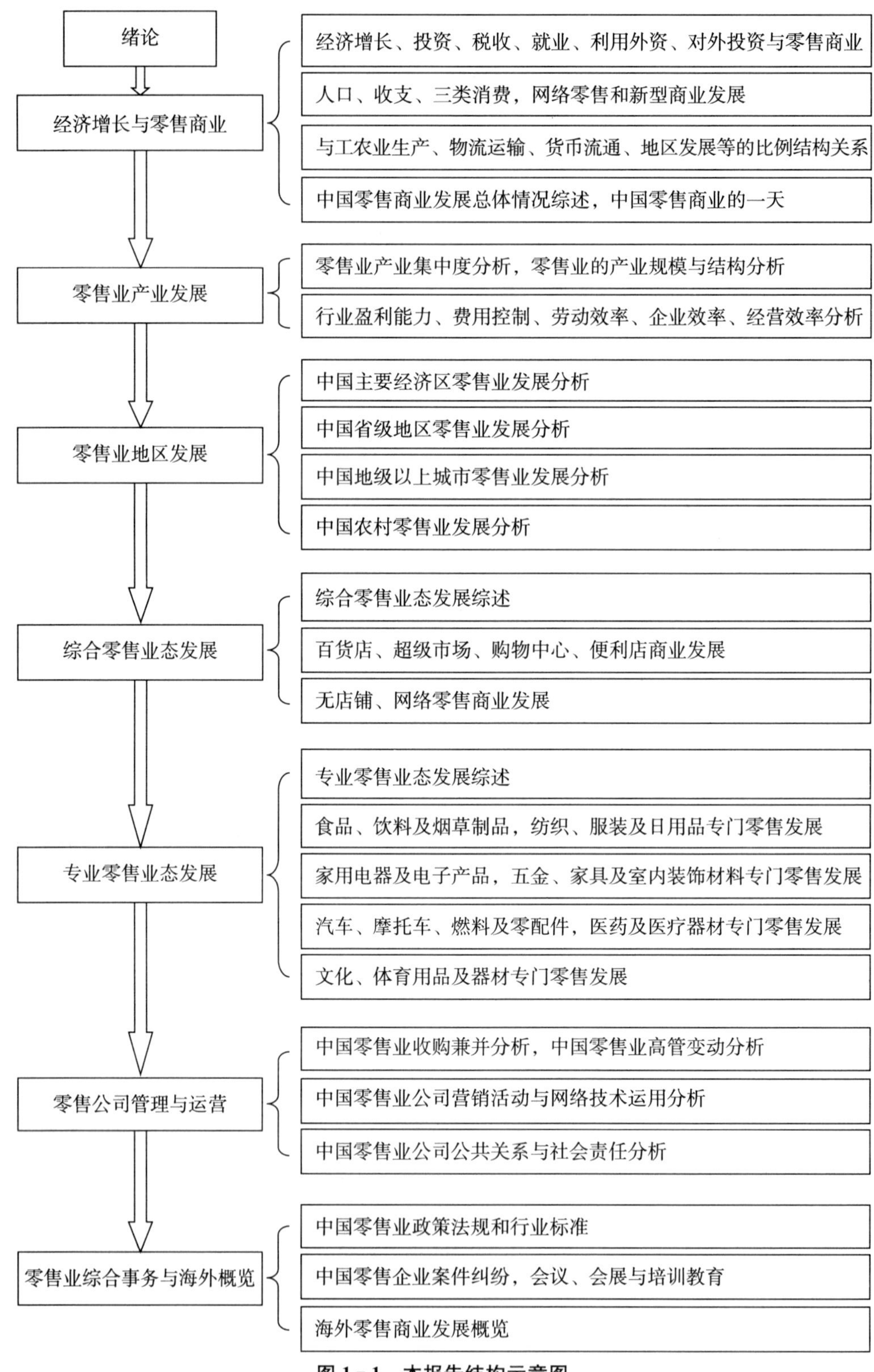

图 1－1　本报告结构示意图

1.3　本报告的数据

1.3.1　本报告数据来源概述

本报告所有的资料信息均通过公开信息渠道获得，数据来源主要有：

1）统计年鉴数据，包括《中国统计年鉴》（历年版），《中国贸易外经统计年鉴》（历年版），《中国城市统计年鉴》（历年版），《中国区域经济统计年鉴》（历年版），《中国住户调查年鉴》（历年版）。

2）国家各级政府部门及其附属部门的官方数据和信息，包括国家商务部、国家统计局、各省市政府和统计局等政府权威部门发布的信息、动态、数据和统计资料，以及中经网统计数据库、国研网统计数据库、Wind数据库、上海证券交易所、深圳证券交易所等权威网站发布的数据和统计资料。

3）行业协会数据和信息，包括中国商业联合会、中国连锁经营协会、中国物流与采购联合会、中国百货商业协会、中国商业经济学会、中国流通三十人论坛（G30）等国内权威行业协会和社会组织发布的官方信息、动态和数据。

4）企业官方数据和信息，包括中国零售业代表性企业在其官方网站公布的有关该企业的基本情况介绍和经营动向等信息，零售业中上市公司在交易所指定官方网站和社会媒体发布的年度、半年度、季度报告等信息与数据。

5）新闻媒体和专业网站信息，包括国内外多种新闻媒体的新闻报道和相关资讯信息，以及联商网、超商网、第一零售网、零售网等行业专业资讯网站的信息。

6）国外数据，包括海外主要国家的官方统计数据（以该国统计局数据为主），海外大型零售公司的官方网站信息和年报数据，美国*STORES*杂志发布的零售业250强数据，等等。

关于以上数据来源所采集的数据涉及的年限情况，具体说明如下：

1）关于国家统计局的统计公报和其他月度、季度数据：国家统计局每年初发布全国统计公报，各省、市统计局相应发布本级统计公报，所以，本报告中所有涉及此类统计公报的数据，都是截至2017年年底的数据；国家统计局口径按月、季度公布的诸如GDP、CPI、货币、类别商品销售额等月度、季度数据，因此本报告中所有涉及此类月度、季度的数据，也都是截至2017年年底的数据。

2）关于国家统计局口径的统计年鉴数据：由于国家统计局年鉴发布的时间限制，即大部分统计年鉴是在每年的8—11月发布的，其中数据均是上一年度的数据，而非本年数据，因此本报告各章节中所有涉及统计年鉴的数据，都是截至2016年年底的数据。

3）国内其他数据，包括代表性企业官方信息数据、上市公司信息数据、行业协会信息数据、新闻媒体和专业网站资讯数据等，是随时更新的数据，因此本报告中所有涉及此类的信息和数据，也都是截至2017年年底的信息和数据。

4）国外数据，涉及不同国家会计结算年度问题，上市公司的财务数据一般是上一年度的数据，即截至 2017 财年；宏观统计数据涉及该国统计制度和数据发布时间问题，可能会是 2016—2017 年的数据；企业资讯是 2017 年企业官方公布的资讯信息和数据。

1.3.2 具体各部分的数据来源

本报告各章节所用到的统计数据，以及本报告撰写小组自行收集整理的数据，具体数据来源、年份、性质等如表 1-1 所示。

表 1-1 本报告数据来源一览

序号	项目	数据来源情况	年份
1	经济增长与零售商业的总体情况	国家统计局统计公报，各省统计局统计公报	2017、2016，及以前年份
2	投资与零售商业	国家统计局统计公报，中国统计年鉴，中国贸易外经统计年鉴	2017、2016，及以前年份
3	税收与零售商业	国家统计局统计公报，中国统计年鉴	2017、2016，及以前年份
4	就业与零售商业	国家统计局统计公报，中国统计年鉴，中国贸易外经统计年鉴	2017、2016，及以前年份
5	利用外资、对外投资与零售商业	国家统计局统计公报，中国统计年鉴，中国贸易外经统计年鉴	2017、2016，及以前年份
6	人口、收支与消费的总体情况	国家统计局统计公报，中国统计年鉴	2017、2016，及以前年份
7	三类消费的结构与比例	中国统计年鉴	2017、2016，及以前年份
8	网络零售与新兴商业	国家统计局统计公报，中国统计年鉴	2017、2016，及以前年份
9	零售商业和工农业生产的结构与比例	国家统计局统计公报，中国统计年鉴	2017、2016，及以前年份
10	零售商业和物流运输的结构与比例	国家统计局统计公报，中国统计年鉴	2017、2016，及以前年份
11	零售商业与货币流通的结构与比例	国家统计局统计公报，中国统计年鉴	2017、2016，及以前年份
12	零售商业与地区发展的结构与比例	中国统计年鉴，中国城市统计年鉴，中国区域经济统计年鉴	2017、2016，及以前年份
13	中国零售业发展综述	中国贸易外经统计年鉴，本报告自行收集整理数据	2017、2016，及以前年份

续前表

序号	项目	数据来源情况	年份
14	中国零售商业的一天	国家统计局统计公报，中国统计年鉴，中国贸易外经统计年鉴	2017、2016，及以前年份
15	中国主要分类商品零售	中经网统计数据库、国研网统计数据库	2017、2016，及以前年份
16	中国零售业产业集中度	中国贸易外经统计年鉴，中经网统计数据库、国研网统计数据库	2017、2016，及以前年份
17	中国零售产业规模与结构	中国贸易外经统计年鉴，中经网统计数据库、国研网统计数据库	2016年及以前年份
18	中国零售业盈利能力	中国贸易外经统计年鉴，中经网统计数据库、国研网统计数据库	2016年及以前年份
19	中国零售业费用控制	中国贸易外经统计年鉴，中经网统计数据库、国研网统计数据库	2016年及以前年份
20	中国零售业劳动效率	中国贸易外经统计年鉴，中经网统计数据库、国研网统计数据库	2016年及以前年份
21	中国零售业企业效率	中国贸易外经统计年鉴，中经网统计数据库、国研网统计数据库	2016年及以前年份
22	中国零售业经营效率	中国贸易外经统计年鉴，中经网统计数据库、国研网统计数据库	2016年及以前年份
23	中国经济区零售业发展	各省统计局统计公报，中国统计年鉴	2017、2016
24	中国省级地区零售业发展	中国贸易外经统计年鉴，中经网统计数据库、国研网统计数据库，中国城市统计年鉴，中国区域经济统计年鉴	2016年及以前年份
25	中国地级以上城市零售业发展	中国贸易外经统计年鉴，中经网统计数据库、国研网统计数据库，中国城市统计年鉴，中国区域经济统计年鉴	2016年及以前年份
26	中国农村居民人口、收支、消费、零售业发展	中国贸易外经统计年鉴，中经网统计数据库、国研网统计数据库	2016年及以前年份
27	供销合作社系统综合经营情况	中华全国供销合作总社，中华全国供销合作总社信息中心，中国供销合作网	2017年及以前年份
28	综合零售业态发展综述	中国贸易外经统计年鉴，中经网统计数据库、国研网统计数据库，本报告自行收集整理的数据	2016年及以前年份

续前表

序号	项目	数据来源情况	年份
29	百货；超市、仓储；购物中心；便利店；无店铺、网络零售发展	中国贸易外经统计年鉴，中经网统计数据库、国研网统计数据库，本报告自行收集整理的数据	2016 年及以前年份
30	综合零售业代表性企业监测情况（附表数据）	代表性公司官方网站，连锁协会、联商网等行业网站，新闻媒体网站，本报告自行收集整理的数据	2018、2017、2016
31	专业零售业态发展综述	中国贸易外经统计年鉴，中经网统计数据库、国研网统计数据库，本报告自行收集整理的数据	2016 年及以前年份
32	七大类专业零售发展	中国贸易外经统计年鉴，中经网统计数据库、国研网统计数据库，本报告自行收集整理的数据	2016 年及以前年份
33	专业零售业代表性企业监测情况（附表数据）	代表性公司官方网站，连锁协会、联商网等行业网站，新闻媒体网站，本报告自行收集整理的数据	2018、2017、2016
34	中国零售业收购兼并：代表性企业监测情况	代表性公司官方网站，连锁协会、联商网等行业网站，新闻媒体网站，本报告自行收集整理的数据	2018、2017、2016
35	中国零售业高管变动：代表性企业监测情况	代表性公司官方网站，连锁协会、联商网等行业网站，新闻媒体网站，本报告自行收集整理的数据	2018、2017、2016
36	中国零售业公司营销活动与网络技术运用：代表性企业监测情况	代表性公司官方网站，连锁协会、联商网等行业网站，新闻媒体网站，本报告自行收集整理的数据	2018、2017、2016
37	中国零售业公司公共关系与社会责任：代表性企业监测情况	代表性公司官方网站，连锁协会、联商网等行业网站，新闻媒体网站，本报告自行收集整理的数据	2018、2017、2016
38	中国零售业政策法规和行业标准	商务部、商业联合会、连锁协会，本报告自行收集整理的数据	2018、2017、2016
39	中国零售企业案件纠纷	中国质量万里行官网（www.315online.com）所公布的涉及零售消费的案件	2017
40	中国零售商业会议会展、培训、教育	商务部、商业联合会、连锁协会、联商网等行业网站，本报告自行收集整理的数据	2018、2017、2016
41	海外零售商业概览	主要国家统计部门网站、*STORES* 杂志，本报告自行收集整理的数据	2017、2016，及以前年份

1.4　本报告数据附表说明与相关阅读指南

1.4.1　本报告各章数据附表说明

本报告根据中国零售商业行业发展监测与分析的需要，在进行一手数据采集和二手统计数据收集整理的过程中编制了大量的行业发展情况一览表，共计60张，这些数据附表和各章的对应关系，具体如表1-2所示。

应该指出的是，所有这些数据附表凝聚了本报告编制小组全体成员的大量心血，是本报告的核心价值之一。

首先，对于所有涉及公司发展情况的数据附表，我们在对行业内代表性公司的海量资讯信息进行收集、分类、整理和规范化的基础上，根据每一章主题分析的需要，进行了艰巨的数据编码和再处理工作。尤其是我们在针对每章主题设计的附表中，针对行业内有代表性的成长型、大中型公司的资讯进行了系统的收集和整理，所有表格都有较丰富的维度，这些维度及其内含数据，是行业分析和进一步研究的基础，也是目前现有统计年鉴类资料无法提供的宝贵信息来源。

当然，需要指出的是，部分行业数据和零售公司的信息，比如公司销售额、员工人数、门店数等可能会因为商业机密和官网信息披露的缘故，确实无法获取，出现缺失，所以部分章节的附表中会存在一定空白的行和列，在此我们统一解释（为控制全书篇幅，不在各章的每个附表单独解释），敬请读者谅解。

其次，所有行业发展的数据附表，是我们收集与整理了统计口径的数据后，进行了一定程度的再加工和深化后得到的，我们力图将这些数据经过适当的比例、比率、相对值等计算和处理，尽可能地反映行业、子行业、业态、所有权、地区等多个维度的规律、差异性和背后的故事，这些数据也可以作为进一步研究的基础。

最后，这些数据附表和正文存在对应关系，整体而言，在正文中，我们引用了小部分的数据附表：有的情况下，我们将数据附表转换成了各种图形；有的情况下，我们截取了其中的关键数据做成小型的表格放入正文中。当然，在对正文相应部分的内容进行分析的时候，我们也会引用或提及附表中的数据，或作为证据、或作为对比，不一而足，请有兴趣的读者对照查看。

表1-2　本报告各章数据附表一览表

序号	附表编号	附表名称	对应章节
1	附表2-1	中国的消费、商业、零售与国民经济若干重要比例分析表（2017年）	第2章
2	附表2-2	中国的消费、商业、零售与国民经济若干重要比例分析表（2016年）	第2章
3	附表2-3	中国的消费、商业与零售结构分析表（2016年）	第2章

续前表

序号	附表编号	附表名称	对应章节
4	附表 3-1	中国零售业经营规模与结构（按照行业分类）（2016 年）	第 3 章
5	附表 3-2	中国零售业经营规模与结构（按照业态分类）（2016 年）	第 3 章
6	附表 3-3	中国零售业盈利能力（按照行业分类）（2016 年）	第 3 章
7	附表 3-4	中国零售业盈利能力（按照业态分类）（2016 年）	第 3 章
8	附表 3-5	中国零售业运营费用（按照行业分类）（2016 年）	第 3 章
9	附表 3-6	中国零售业运营费用（按照业态分类）（2016 年）	第 3 章
10	附表 3-7	中国零售业劳动效率（按照行业分类）（2016 年）	第 3 章
11	附表 3-8	中国零售业劳动效率（按照业态分类）（2016 年）	第 3 章
12	附表 3-9	中国零售业企业效率（按照行业分类）（2016 年）	第 3 章
13	附表 3-10	中国零售业企业效率（按照业态分类）（2016 年）	第 3 章
14	附表 3-11	中国零售业经营效率（按照行业分类）（2016 年）	第 3 章
15	附表 3-12	中国零售业经营效率（按照业态分类）（2016 年）	第 3 章
16	附表 4-1	中国四大区域和八大综合经济区零售业发展基本数据（2016—2017 年）	第 4 章
17	附表 4-2	中国各省级地区限额以上零售企业运营情况基本数据（2016 年）	第 4 章
18	附表 4-3	中国各省级地区连锁企业运营情况基本数据（2016 年）	第 4 章
19	附表 4-4	中国各省级地区限额以上零售企业各销售类值批零比率（2016 年）	第 4 章
20	附表 4-5	中国各省级地区分行业限额以上零售企业库存占销售额比重（2016 年）	第 4 章
21	附表 4-6	中国各省级地区分行业限额以上零售企业平均销售额（2016 年）	第 4 章
22	附表 4-7	中国各省级地区分行业限额以上零售企业人均销售额（2016 年）	第 4 章
23	附表 4-8	中国各省级地区分行业限额以上零售企业净利率（2016 年）	第 4 章
24	附表 4-9	中国地级及以上城市零售与消费发展基本数据（2016 年）	第 4 章
25	附表 4-10	中国地级及以上城市发展基本情况及区间分组表（2016 年）	第 4 章
26	附表 4-11	中国地级及以上城市排名（前 30 名）（2016 年）	第 4 章
27	附表 5-1	中国零售百强代表性百货企业监控情况（2017 年）	第 5 章
28	附表 5-2	中国代表性区域百货企业监控情况（2017 年）	第 5 章
29	附表 5-3	部分代表性外资百货企业监控情况（2017 年）	第 5 章
30	附表 5-4	中国零售百强代表性超市企业监控情况（2017 年）	第 5 章
31	附表 5-5	中国代表性区域超市企业监控情况（2017 年）	第 5 章
32	附表 5-6	部分代表性外资超市企业监控情况（2017 年）	第 5 章
33	附表 5-7	中国代表性购物中心监控情况（2017 年）	第 5 章
34	附表 5-8	中国代表性内资便利店监控情况（2017 年）	第 5 章

续前表

序号	附表编号	附表名称	对应章节
35	附表 5－9	部分代表性外资便利店监控情况（2017 年）	第 5 章
36	附表 5－10	中国代表性互联网零售企业监控情况（2017 年）	第 5 章
37	附表 6－1	代表性食品、饮料及烟草制品类专门零售企业监控情况（2017 年）	第 6 章
38	附表 6－2	代表性服装类专门零售企业监控情况（2017 年）	第 6 章
39	附表 6－3	代表性个护化妆类专门零售企业监控情况（2017 年）	第 6 章
40	附表 6－4	代表性饰品配件类专门零售企业监控情况（2017 年）	第 6 章
41	附表 6－5	代表性儿童玩具和母婴用品类专门零售企业监控情况（2017 年）	第 6 章
42	附表 6－6	代表性图书音像类专门零售企业监控情况（2017 年）	第 6 章
43	附表 6－7	代表性办公文具类专门零售企业监控情况（2017 年）	第 6 章
44	附表 6－8	代表性户外运动类专门零售企业监控情况（2017 年）	第 6 章
45	附表 6－9	代表性医药及医疗器材类专门零售企业监控情况（2017 年）	第 6 章
46	附表 6－10	代表性家居建材类专门零售企业监控情况（2017 年）	第 6 章
47	附表 6－11	代表性室内装饰材料类专门零售企业监控情况（2017 年）	第 6 章
48	附表 6－12	代表性汽车、摩托车、燃料及零配件专门零售企业监控情况（2017 年）	第 6 章
49	附表 6－13	代表性家用电器及电子产品类专门零售企业监控情况（2017 年）	第 6 章
50	附表 6－14	限额以上各类别专门零售业情况（2016 年）	第 6 章
51	附表 7－1	中国零售业收购兼并事件统计（2017 年）	第 7 章
52	附表 7－2	中国零售业高管变动事件统计（2017 年）	第 7 章
53	附表 7－3	中国代表性零售企业社会责任与公共关系活动一览表（2017 年）	第 7 章
54	附表 7－4	中国代表性零售企业网络零售、微博开通情况一览表（2017 年）	第 7 章
55	附表 7－5	中国代表性零售企业营销活动一览表（2017 年）	第 7 章
56	附表 8－1	中国零售业重要政策法规及行业标准一览表（2017 年）	第 8 章
57	附表 8－2	中国零售业主要案件与纠纷一览表（2017 年）	第 8 章
58	附表 8－3	中国零售业重要会议会展一览表（2017 年）	第 8 章
59	附表 8－4	中国零售业主要培训与教育情况一览表（2017 年）	第 8 章
60	附表 8－5	中国零售与流通领域代表性书籍一览表（2017 年）	第 8 章

1.4.2　相关阅读指南

由于篇幅的限制和电子化的要求，本报告 60 张数据附表现已由中国人民大学出版社进行了电子化处理，并全部做成了二维码模式，请各位读者扫描本书第 242 页的二维码后对照阅读。对由此给您带来的不便，我们表示歉意并请您谅解。

同时，应该指出的是，编写零售业年度监测报告是一个比较庞大的工程，既要全面反映中国零售业的年度发展特点，又要避免成为年鉴或者大事记，同时要体现对中国零售产业分析研究的成果，任务艰巨。我们将竭尽全力编写高质量的年度监测与分析报告，但其中可能会有一定的遗漏或者错误，责任在我们作者，敬请读者批评指正。

（王　强）

第 2 章　中国经济增长与零售商业

首先，本章对 2017 年中国零售商业的发展与国民经济基本关系进行监测与分析，包括国内生产总值（GDP）、投资、税收、就业、利用外资、对外投资、人口、收支、三类消费、工农业生产、电子商务、物流运输、货币流通、消费贷款、地区发展等。其次，本章对中国零售业 2017 年的发展情况进行综述，包括行业总体情况、各主要综合业态情况、各主要专业业态情况、公司管理运营和政策法规综合事务等。最后，本章针对行业发展的主要指标，整理制作了零售商业发展的一览表——中国零售商业的一天，并区分为 2017 年数据和 2016 年数据两张表。①

本章共有数据附表 3 张，用于监测与分析中国经济和零售商业 2016—2017 年的总体情况与结构比例问题，请读者朋友扫描本书第 242 页的二维码免费查阅。

2.1　中国的经济增长与零售商业

2.1.1　经济增长与零售商业的总体情况

中国 2017 年国民经济继续稳定增长，增幅小幅上升 0.2 个百分点，回复到 6.9%，实现了约 82.71 万亿元的国内生产总值。平均每天创造 GDP 约 2 266.09 亿元，全国人均 GDP 约 5.95 万元。其中，第三产业继续保持 8%的较高增速，增加值约 42.70 万亿元，第三产业占比第三年突破 50%，达到 51.6%，和去年持平。

全年零售和消费市场稳定增长，实现了约 36.63 万亿元的社会消费品零售总额（简称社零额），但增速进一步回落至 10.2%。平均每天实现社零额约 1 003.46 亿元，全国人均年社零额约 2.63 万元。其中，城镇消费品零售额约 31.42 万亿元，约占 85.8%；商品零售额约 32.66 万亿元，约占 89.2%。

从发展趋势来看，按照当年统计公报口径的中国社会消费如图 2－1 所示。一方面，GDP 和社零额增长率都整体下滑，延续了“十一五”期间的下降态势，整体呈现逐年降低走势，GDP 增长率相比 2010 年的 18.3%大幅度降低到 2016 年的 6.7%，下降了 11.6 个百分点，2017 年略有回升。同期社零额增长率则从“十一五”末期的 18.3%下降到 2016 年的 10.2%，降低了 8.1 个百分点，2017 年仍呈下滑态势。

---

① 由于国家统计局统计数据发布的时间限制，本报告 2017 年数据采用国家统计局 2018 年 2 月 28 日发布的《2017 年国民经济和社会发展统计公报》口径数据，但由于统计公报仅有全国层面的基本总体数据，因此其他部分的数据采用《中国统计年鉴 2017》《中国贸易外经统计年鉴 2017》和《中国城市统计年鉴 2017》所刊载公布的 2016 年数据，以及以前年份《中国统计年鉴》《中国贸易外经统计年鉴》和《中国城市统计年鉴》的当年版本数据。

另一方面，社零额增长率自 2006 年以来显著高于 GDP 增长率，2008 年差值的峰值达到约 12.6 个百分点。但 2013 年后两者差距持续缩小到目前的 3.3 个百分点，这从总体上反映出国民经济和国内零售商业经营双双遇到了一定的困难，经济转型带动了增速的持续放缓。

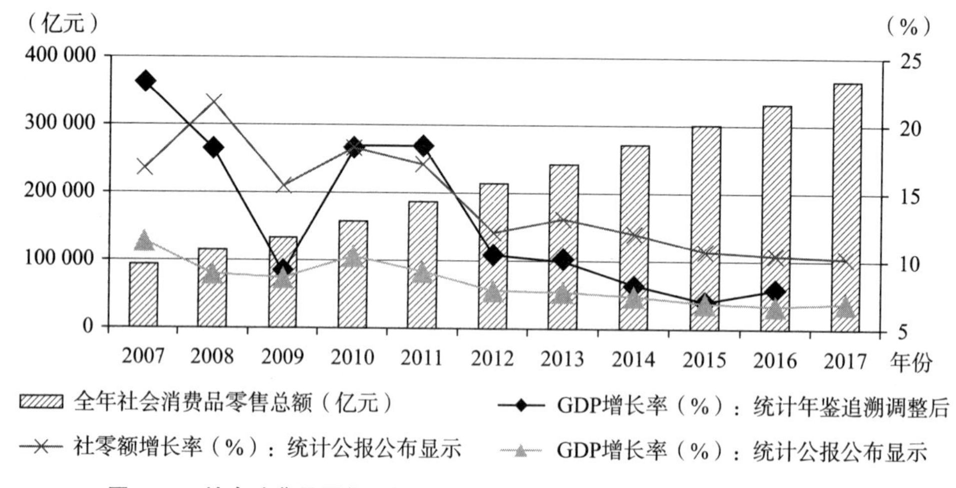

图 2－1　社会消费品零售总额及其增长率与 GDP 增长率（2007—2017 年）

另外，按照《中国统计年鉴 2017》追溯调整后的数据，社零额占 GDP 的比例从“十一五”末期的 38.26％增长到 2016 年的 44.69％，2017 年略有回落至 44.28％。批发和零售业增加值也逐步提高，占比则从 2010 年的 8.69％增长到 2014 年的 9.69％，随后连续小幅回落至 2016 年的 9.59％。

2.1.2　投资与零售商业

2017 年中国全年投入的全社会口径固定资产投资（不含农户）约 63.17 万亿元，平均每天约 1 730.64 亿元，全国人均约 4.54 万元。其中，批发和零售业约 1.65 万亿元，平均每天约 45.32 亿元，全国人均约 1 190 元，全行业整体连续第二年下降，增长速度由 2016 年的－4％扩大至－6.3％。

从发展趋势来看，中国固定资产投资增长率多年来一直高于 GDP 增长率，“十二五”期间年均增长率 16.99％，高出 GDP 年均增长率 6 个百分点以上，也显著高于社会消费的增长速度，但进入“十三五”时期后，2016 年和 2017 年连续大幅度下降至 5.9％[①]（见图 2－2）。

批发和零售业的固定资产投资金额出现较大波动：2015 年之前，整体延续了“十一五”期间的增长态势，从“十一五”末期的 6 032 亿元增长到 2015 年的 18 925 亿

① 本数据系根据《中国统计年鉴》数据计算得出。按照国家统计局发布的统计公报，2017 年全国固定资产投资（不含农户）631 684 亿元，增长 7.2％。

元，增长约 2 倍，年均增长率 25.7%，实现了历史性的增长和跨越，彻底改变了中国商业的面貌。而且，这一增长率也明显快于全国水平约 8.7 个百分点，因此固定资产投资中批发和零售业的占比也由“十一五”末期的 2.4%增长到 2015 年的 3.43%。但是“十三五”期间，伴随着全国整体投资增速的下滑，2012 年后，增长率掉头向下，2016—2017 年已经连续两年出现负增长，占比也快速下滑至 2017 年的 2.62%。城镇零售业的新增固定资产也呈现同样的变化规律：“十一五”和“十二五”期间快速增长，2015 年达到 7 509 亿元，是“十一五”末期 2 003 亿元的 3.7 倍；2016 年出现拐点，增长率从 24.45%直接跳降至－17.64%。

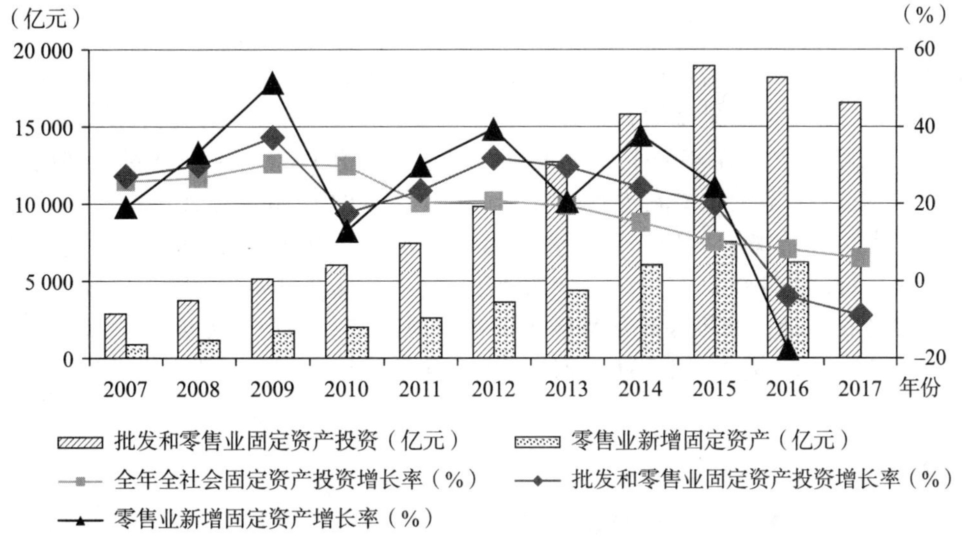

图 2－2　批发和零售业固定资产投资及其增长率（2007—2017 年）

与此相对应，城镇零售业 50 万元以上的施工项目在过去的十年中，明显上了一个台阶，从之前的每年五六千个增长了约 3 倍，2016 年继续扩大至 17 521 个。新开工项目数量从 2007 年的 5 362 个增长到 2016 年的 14 433 个，同时，全部建成投产的城镇零售业固定资产投资项目 2015—2016 年有大幅度增长，达到 12 961 个。这些数据既表明过去的十年中，社会资本对进入零售业具有较高兴趣，又反映出资本极大地改变了中国零售业的面貌。但是，从综合投资金额的陡降情况来看，金额指标与项目数指标有背离，原因估计在于：一方面，未来的项目数量传导需要一定的时间，拐点将有可能很快到来；另一方面，近一年多时间以来，便利店成为风险投资的宠儿，该业态建设项目数量的增长，对冲了总投资金额下降的冲击。

2.1.3　税收与零售商业

2017 年全国实现全年公共财政收入 17.3 万亿元，平均每天约 472.8 亿元，全国人均约 1.24 万元。其中，税收部分 14.4 万亿元，平均每天约 395.5 亿元，全国人均缴纳税收约1.04万元。税收约相当于全国城乡可支配收入与纯收入总量的38.65%（本报告预估），约占城乡居民消费性支出与生活消费支出总量的53.7%（本报告预估），约占最终消费支出的32.73%（本报告预估），约占全年社零额的39.41%。

根据国家统计局公布的国内增值税、国内消费税，进口货物增值税、消费税（扣减出口货物退增值税、消费税），我们估算2017年以上主要流转类税收合计约为6.87万亿元[①]，平均每天约188.2亿元，全国人均缴纳流转类税收约4 942元。主要流转类税收约占全年社零额的18.76%，占本报告估算的最终消费支出的15.58%。按人均水平来看，2017年估算主要流转税合计占居民收入合计的比例约为18.39%，估算人均主要流转税合计占全国居民人均消费支出的比例约为26.22%。

从发展趋势来看，如图2-3所示，在过去的十年中，全国税收和流转类税收虽然总量都有所增长，但是增长率都出现了较大幅度的波动，特别是“十一五”期间波幅较大，“十二五”期间呈现增长率逐年下滑态势。综合来看，全国税收从2007年的4.56万亿元增长到2017年的14.4万亿元，年均增长率12.21%，显著高于同期GDP增长率；本报告估算的主要流转类税收合计从2007年的2.48万亿元增长到2017年的6.87万亿元，年均增长率10.74%，高于同期GDP增长率，但是略低于社零额和收入的增长率，特别是其在2013—2015年的快速下降，拉低了总体增长率，也最终导致主要流转类税收合计占社零额比例持续下降，特别是“十二五”期间从26.4%下降到2015年的20.2%。进入“十三五”时期之后，虽然推进了营改增的降税措施，但由于

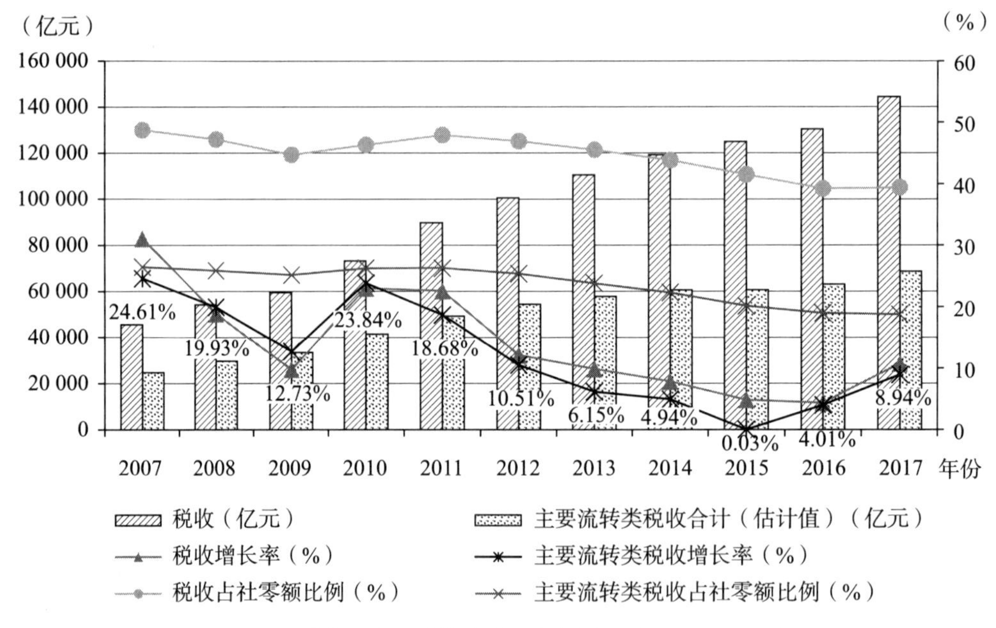

图2-3　税收、主要流转类税收及社零额（2007—2017年）

① 根据国家统计局2017年月度累计值计算，其中已无营业税数据。

税收征管的从严，税收和流转类税收增速都有加快迹象，2017年这两个增速分别为10.74%和8.94%，显著高于GDP增长率，事实上背离了原定的减税目标。

2.1.4　就业与零售商业

从全国的就业情况看，2017年全国就业实现约7.76亿人，其中城镇部分提供就业约4.25亿人，农村部分提供就业约3.52亿人。从已经公布的就业结构细分数据（截至2016年）看，近五年总就业情况基本稳定，结构上有所分化，城镇部分实现就业4.14亿人，五年间年均增长率2.9%，乡村部分实现就业3.62亿人，年均减少2.24%。民营企业和个体就业实现3.1亿人，近五年年均增长率11.2%，是就业增长的主要部分。

从行业构成看，批发和零售业一直是中国就业提供领域当之无愧的主战场，从全国占比角度来看，本报告估计批发和零售业提供了13 127万人的就业岗位，近五年年均增长率10.2%，占全国就业人员数量的比例持续增长，五年间增加了约6.4个百分点，达到2016年的16.92%。

从批发和零售业提供就业的内部结构看，如表2-1所示，2016年中国的批发和零售业中城镇单位提供了就业人数875万人，近五年年均增长率6.21%，高于全国平均水平约1.8个百分点；提供了民营企业和个体就业人数12 252万人，近五年年均增长率10.54%，略低于全国平均水平约0.5个百分点。

从所有制构成来看，批发和零售业国有单位的就业人数2016年仅82万人，近五年年均减少10.86%，减少速度远高于全国平均水平的1.65%，反映出批发和零售业国有资本退出速度仍然较快。城镇集体单位的就业人数也有相应的缩减速度，2016年仅28万人，近五年年均减少9.76%。

从限额以上企业数量和就业提供来看，2016年全国批发和零售业有限额以上法人企业约19.3万个，近五年保持了年均9.08%的较高增速，提供就业约1 194万人，扭转了2015年下降的局面，但恢复力度不大，仅增长了20万人，近五年年均增长率5.78%，占全国全部批发和零售业就业的9.1%。

其中，纯粹零售业部分，2016年限额以上法人企业约9.83万个，近五年年均增长率10.95%，提供就业697.7万人，近五年年均增长率5.75%，导致就业占比下降到5.31%。究其原因，虽然批发和零售业中较大规模的限额以上企业全社会进入热情较高，仍然在企业数量上实现了较高的年均增长速度，但是限额以上企业的就业吸纳能力放缓甚至个别年份就业人数出现负增长。

从零售商业提供就业的地区差别来看，2016年，一方面，本报告估算的城镇部分实现的就业（包含城镇单位、城镇民营企业和个体）合计9 601万人，乡村部分实现的就业（包含乡村民营企业和个体）约3 527万人，近五年来分别保持了10.52%和9.4%的较高增长率，城镇部分仍然是批发和零售业就业的主导部分。城镇批发和零售业劳动效率达到29.77万元/年，乡村部分仅为13.19万元/年。另一方面，地级及以上城市口径指标①显示，合计提供批发和零售业就业约 998.1 万人，其市辖区部分提供就业约 699.6 万人，相较上一年有一定程度的减少。

从批发和零售业就业人员的收入水平来看，2016 年城镇单位的批发和零售业人员工资水平约 6.5 万元/年，近五年年均增长率 9.86%，基本上与全国平均水平持平（占全国水平的 96.3%）；城镇民营单位人员工资水平近五年年均增长率虽然高达 11.68%，但由于基数较低，到 2016 年仅为 3.96 万元/年，只到全国水平的 92.4%。

表 2-1　　批发和零售业就业情况一览表（2015—2017 年）

序号	分项目就业情况	2015	2016	2017	单位
1	全国就业人员合计	77 451	77 603	77 640	万人
	城镇就业人员	40 410	41 428	42 462	万人
	乡村就业人员	37 041	36 175	35 178	万人
2	按登记注册类型和行业分城镇单位就业人员数	18 063	17 888		万人
	批发和零售业	883	875		万人
3	各地区按行业分民营企业和个体就业人数	28 077	30 859		万人
	批发和零售业	11 277	12 252		万人
4	各地区按行业分城镇民营企业和个体就业人数	18 980	20 710		万人
	批发和零售业	8 032	8 726		万人
5	城镇单位就业人员工资总额	112 008	120 075		亿元
	批发和零售业	5 325	5 681		亿元
6	城镇单位就业人员平均工资	62 029	67 569		元
	批发和零售业	60 328	65 061		元
7	城镇民营单位就业人员平均工资	39 589	42 833		元
	批发和零售业	36 635	39 589		元
8	限额以上批发和零售业				
	法人企业	183 077	193 371		个
	年末从业人数	1 173.6	1 193.6		万人
9	限额以上零售业				
	法人企业	91 258	98 305		个
	年末从业人数	682.8	697.7		万人
10	地级城市合计（全市）				
	批发和零售业从业人员	1 154.91	998.07		万人
11	地级城市合计（市辖区）				
	批发和零售业从业人员	707.42	699.63		万人

① 地级及以上城市就业数据，系根据国研网区域经济数据库的市级数据库中全部地级及以上城市数据加总得来。

2.1.5　利用外资、对外投资与零售商业

中国的国家外汇储备 2017 年为 3.14 万亿美元，扭转了 2016 年的下滑态势，增长了 4.3%。但从近五年的情况看，年均减少 1.1%，全国人均减少到 2 559 美元。

从发展趋势来看，外商投资对于中国的批发和零售业表现出浓厚兴趣，从全国外商直接投资合同项目个数（国家统计局后期调整为新批家数口径）角度看，过去五年呈现较高的增长态势，年均增长率 11.81%，明显有异于全国平均－1.06%的增长局面。2017 年全国外商直接投资合同项目个数达到 12 283 个，占全国的比例提高到 34.45%。

同时，如图 2－4 所示，在全国外商直接投资实际使用金额基本稳定增长的背景下，过去五年间批发和零售业外商直接投资实际使用金额出现较大幅度的波动，2014 年和 2017 年甚至出现了负增长（分别为－17.79%和－28.14%），年均增长率也被拉低至 3.81%。

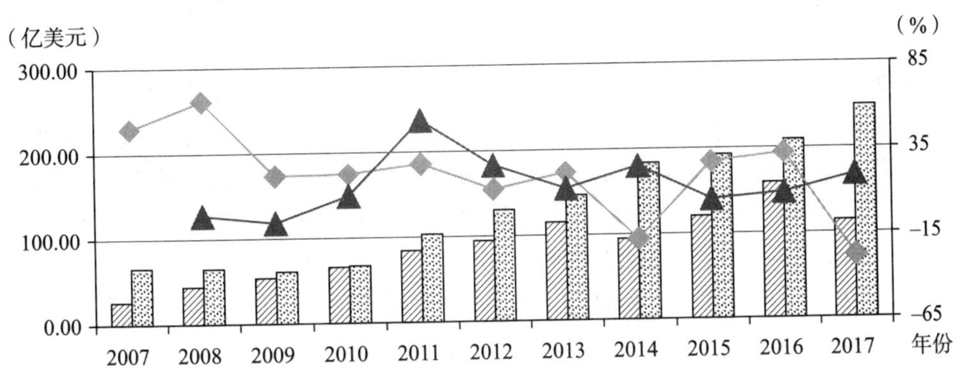

图 2－4　批发和零售业外商直接投资与对外直接投资（2007—2017 年）

从外商投资企业注册登记企业数情况看，批发和零售业 2016 年年底有 12.14 万户，保持了较高增长率，过去五年年均增长率 10.67%，高出全国平均水平 8.17 个百分点，占全国 50.5 万户的 24%。虽然企业数量较多，但是批发和零售业整体的注册资本 2016 年仅为2 008亿美元，仅占全国的 6.43%。所以综合来看，受行业外资进入规模小、数量多的制约，折算到每个企业，批发和零售业外商投资企业的企均注册资本、企均投资总额、平均每个合同项目实际使用金额等，仅为全国平均水平的 1/4～1/3。

从对外投资情况看，批发和零售业继续保持较高的增长态势。其中，2016 年对外直接投资净额 208.94 亿美元，过去五年年均增长 15.14%，低于全国平均水平约 6.2 个百分点，导致占全国全年非金融领域对外直接投资额的比例持续下滑至 2016 年的 10.65%。批发和零售业对外直接投资存量截至 2016 年为 1 691.7 亿美元，过去五年年均增长 28.07%，约占全国存量总额的 12.46%，整体上保持了基本一致的态势，增长

率略高于全国水平 1.9 个百分点。

2.2 中国的人口、收支与消费

2.2.1 人口、收支与消费的总体情况

2017 年年底中国总人口约 13.9 亿人，实现了约 36.6 万亿元的社零额①，其中，城镇人口约 8.13 亿人，实现社零额约 31.43 万亿元；乡村人口约 5.77 亿人，实现社零额约 5.20 万亿元。全部就业人员约 7.76 亿人，其中城镇就业人员约 4.25 亿人，另外，农民工总量 2.87 亿人。

2017 年城镇居民人均消费支出约 2.44 万元，增长率延续了“十二五”时期以来的下滑态势，2017 年降低至 5.92%，本报告按照城镇人口总量估算全国约实现城镇居民消费 19.89 万亿元。农村居民人均消费支出在 2016 年迈上万元大关后，2017 年接近 1.1 万元，本报告按照乡村人口总量估算全国约实现农村居民消费 6.32 万亿元。本报告合计估算全国实现居民消费约为 26.21 万亿元。

从发展趋势来看，如图 2-5 所示，城镇居民人均消费支出增长率自从迈入“十二五”期间以来，就一直低于农村居民人均生活消费支出增长率，特别是近五年年均增长率为 8.77%，远低于农村居民的 14.17%的年均增长率，农村市场成为消费增长的关键部分和新引擎。但是，由于近年来中国城市化进程加速推进，近五年城镇总人口和乡村总人口的年均增长率呈现 2.8%和-2.12%的剪刀差，总人口差距扩大到 2017 年的 2.37 亿人，最终延缓了中国社会消费品零售总额中城镇部分比例的下降速度。

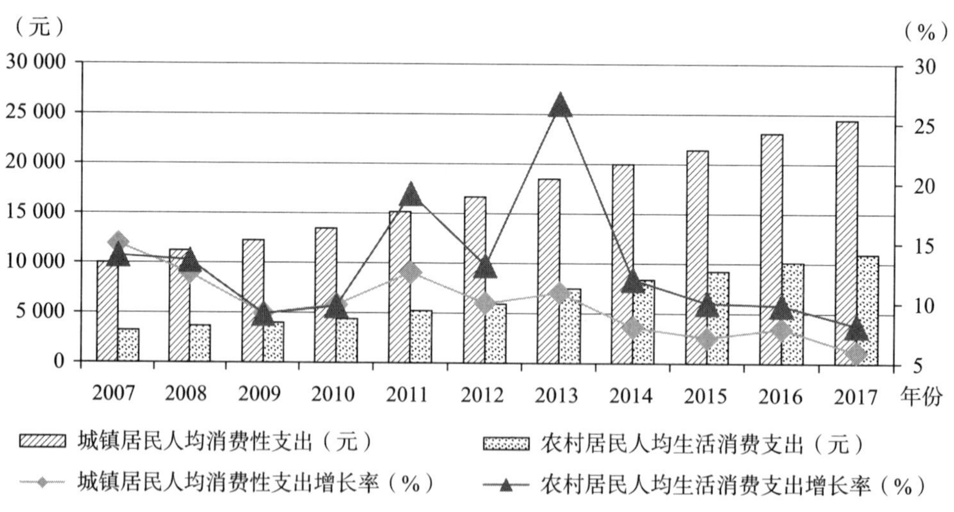

图 2-5 城镇居民和农村居民人均消费水平和增长率（2007—2017 年）

① 关于居民部分实现的社零额计算问题，本报告根据上一年（2016）消费支出中居民消费支出占比 73.13%来估算，本年度（2017）社零额中居民消费实现的部分约为 26.9 万亿元。

2017 年城镇居民人均可支配收入约 3.64 万元，农村居民人均纯收入约 1.34 万元，全年全国居民人均可支配收入约 2.6 万元。

从发展趋势来看，近五年来，城乡居民收入保持了较快增长，年均增长率分别达到 9.04%和 12.12%。从城乡内部对比来看，农村居民收入增长率高于城镇居民成为过去十年间的主要特点。但是“十二五”时期以来，城镇和农村居民的人均收入增长率都呈现下滑态势（见图 2-6），这也是消费支出增长率下滑的主要原因。

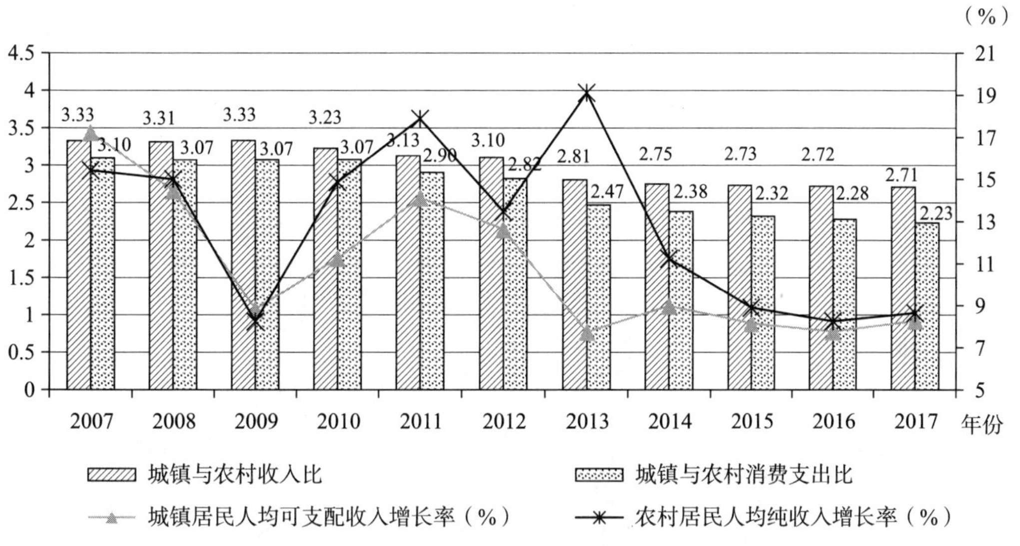

图 2-6　城镇与农村收入、消费支出对比（2007—2017 年）

综合收支两方面的因素来看，中国城镇居民和农村居民的人均角度收支差距在过去十年间得到了显著改善。其中，城乡人均收入差距在“十二五”期间，全面扭转了之前扩大的局面，差距开始逐年缩小，从“十一五”期间的峰值 3.3 倍持续缩小到 2017 年的 2.71 倍；城乡居民人均消费差距在“十二五”期间，以更快幅度下降，“十二五”末期已经缩小到 2.32 倍，2017 年又进一步下降到 2.23 倍。

2.2.2　工资增长、消费与零售商业

根据目前中国的法律法规，国家实行劳动者从全年日历时间 365 天中扣除 52 个星期的公休日 104 天，扣除法定节假日 11 天，全年应工作 250 天，每月平均工作约 20.83 天，每天工作 8 小时。

从 2018 年 3 月 21 日国家人社部在其官网更新的 2017 年最新全国各地区最低工资标准情况看，上海、深圳、浙江、天津、北京这五个地区的月最低工资标准迈入 2 000 元大关，上海最高为 2 300 元，广西和辽宁的最低一档分别为 1 000 元和 1 020 元。

但是，综合考虑到中国真实时薪的可比性、权威性和连续性，以及有近 86%的社零额是在城镇实现的，本报告采用了国家统计局年度公布的城镇单位就业人员平均工

资数据进行分析，对应的消费和零售数据调整成城镇部分。2016 年城镇单位就业人员平均工资为 67 569 元，折算时薪约为 34 元，日薪约为 270 元。与此同时，城镇民营单位就业人员平均工资仅为 42 833 元，折算时薪约为 21 元，日薪约为 171 元，约为前者工资水平的 63.4%。① 另外，国家统计局没有公布农村地区的相应工资水平。

从发展趋势看，过去五年间城镇单位就业人员平均工资虽然总量在增长，年均增长率 10.08%，与之相较，民营单位就业人员平均工资年均增长率略高出 1.7 个百分点。但是从各年趋势看，如图 2-7 所示，"十二五"时期以来，两类工资增长率都呈现下降态势，导致 2011 年以来的居民人均消费性支出和消费品零售额增长率的持续下降。其中，除个别年份外，居民人均消费性支出增长率低于两类工资增长率，但城镇社零额的增长率自 2015 年以来明显高于平均工资增长率。

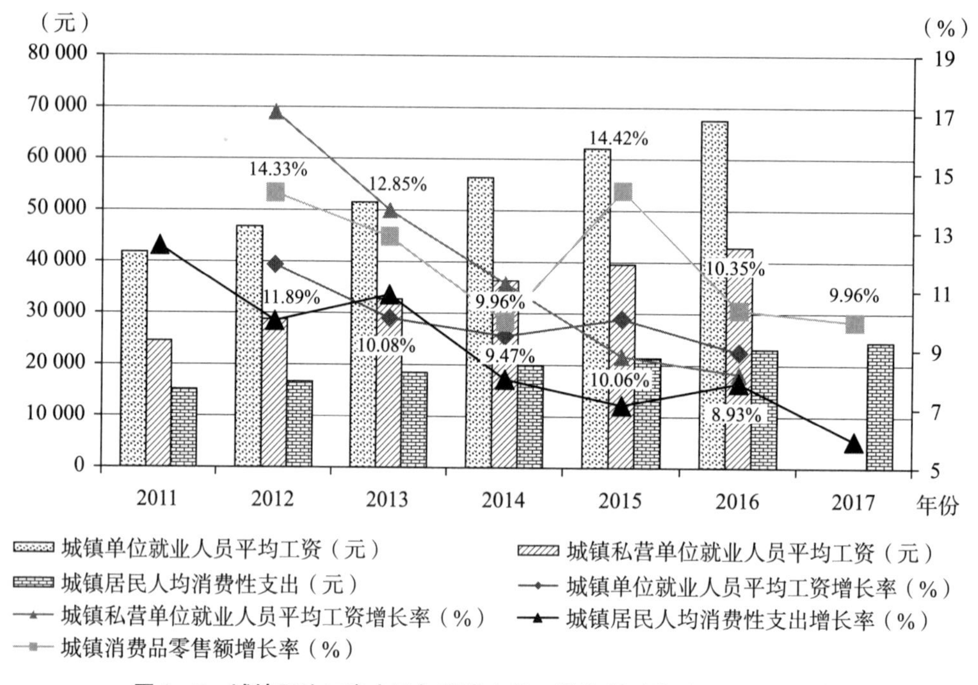

图 2-7　城镇平均工资水平与消费支出、零售额对比（2011—2017 年）

2.2.3　三类消费的结构与比例

从消费总量看，根据国家统计局公布的数据，按照支出法计算的国内生产总值中，2016 年城镇居民消费支出 22.85 万亿元，农村居民消费支出 6.41 万亿元，政府消费支出 10.75 万亿元，三类消费近五年间都呈现较快增长态势，年均增长率分别是 11.03%、9.32%和 10.76%。合计三类消费最终消费支出 40 万亿元，年均增长率

① 根据国家统计局数据，2016 年批发和零售业城镇单位就业人员平均工资 65 061 元/人，城镇民营单位就业人员平均工资为 42 833 元/人，均低于全国平均水平。

10.67%。2016 年最终消费支出对国内生产总值增长贡献率为 64.6%。

对于 2017 年，由于缺少国家统计局正式公布的数据，本报告根据全国人均消费和人口总量估算城镇居民消费 19.89 万亿元，农村居民消费 6.32 万亿元，合计约 26.21 万亿元。另外，根据社零额中政府部分上年占比 26.87%来估算，在本年的社零额中，估计政府实现 9.84 万亿元，居民实现 26.8 万亿元，约占全国城乡居民收入合计总量的 71.71%。

从发展趋势来看，如图 2-8 所示，三类消费支出总量在持续增长，但是从增长率看，波动较大。2011 年以来三类消费支出增长率呈现逐步下滑态势，2016 年城镇居民消费支出增长率有所企稳，较上一年度回升了 0.5 个百分点，为 10.48%，农村居民消费支出和政府消费支出部分的增长率仍在下滑中，农村居民消费支出的增长率甚至下降到 8.46%。

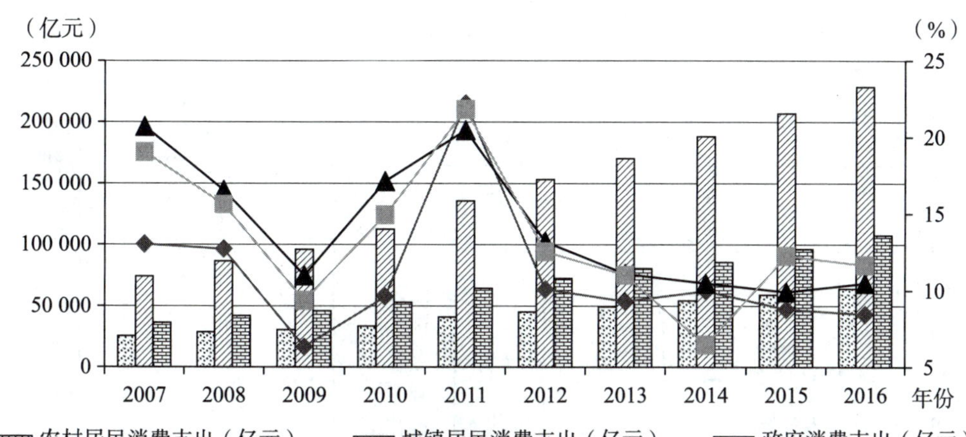

图 2-8　三类消费支出及其增长率（2007—2016 年）

从结构上看，城镇整体人口结构的持续增长，导致农村部分的消费总量增长率除个别年份外，一直低于城镇部分，但是由于农村居民人均消费支出增长率自 2011 年以来持续高于城镇居民，城乡消费总量增长率的差率有所缓解，从 6 个百分点缩小到约 1～2 个百分点。最终，城镇居民消费在三类消费中占比从 2005 年的 53.5%左右提高到 2016 年的 57.1%，增加了约 3.6 个百分点。

2.2.4　网络零售与新兴商业

国家统计局从 2015 年 2 月开始，在当年的《国民经济和社会发展统计公报》中公布网络零售商业的发展情况和基本数据，2017 年统计公报是第 4 次公布。

从网络零售的总量看，根据国家统计局统计公报，2017 年全年网上零售额[①]71 751

① 网上零售额是指通过公共网络交易平台（主要从事实物商品交易的网上平台，包括自建网站和第三方平台）实现的商品和服务零售额。其中，网上零售额包括的服务，以及少部分用于生产经营用或被转卖的商品不统计在社会消费品零售总额中。

亿元，比上年增长 32.2%[①]，折合每天约 196.6 亿元，全国人均约 5 162 元。按照全国互联网上网人数 7.72 亿人折算，人均网上零售约 9 294 元。其中网上商品零售额 54 806亿元，增长 28.0%，占社零额的比重为 15.0%。在网上商品零售额中，吃类商品增长 28.6%，穿类商品增长 20.3%，用类商品增长 30.8%。2016 年年末全国 25.1%的村有电子商务配送站点。

但是，如果当年按照统计公报的网上零售数据计算，之前的年份按照统计年鉴进行追溯调整后计算，如图 2-9 所示，2017 年全年网上零售额增长 39%，仍然保持了一个非常高的增长率，其占社零额的比重在过去的四年里从 10.26%提高到 19.59%。如果按照网上商品零售额口径计算，增长率略有降低，其占全国商品零售额比例也较 2015 年的 12.07%，在三年里提高了约 4.7 个百分点。

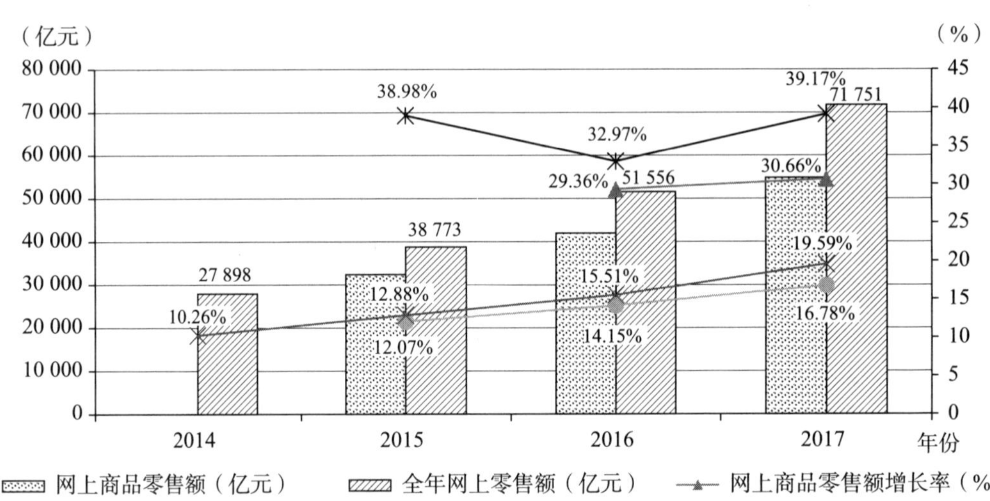

图 2-9　网上零售及其增长率和占比（2014—2017 年）

2.3　零售商业与经济发展的结构比例

2.3.1　零售商业和工农业生产及运输的结构与比例

在过去五年间，中国的工农业生产保持了基本稳定的增长势头，但是总产值增速仅为 6.6%左右，对比中国零售商业中商品零售额的增长速度，有约 6 个百分点的差

① 本数据系我国《2017 年国民经济和社会发展统计公报》中直接披露的增长率数据，全年网上零售额和其中网上商品零售额 2017 年分别增长 32.2%和 28%，2016 年分别增长 26.2%和 25.6%，2015 年分别增长 33.3%和 31.6%，2014 年全年网上零售额增长 49.7%，该年没有公布网上商品零售额数据，仅公布了其中限额以上单位网上零售额 4 400 亿元，增长 56.2%。

距，导致农林牧渔业总产值、规模以上工业企业工业总产值①两个指标与商品零售额的比例逐年下降，分别从 2011 年的 0.5 和 5.16 降至 2016 年的 0.38 和 3.91，如表2－2 所示。全年全部工业增加值占商品零售额比例也呈现同向的减少态势，2017 年下滑到 0.86。

表 2－2　　零售商业和工农业生产及运输（2012—2017 年）

项目	2012	2013	2014	2015	2016	2017	单位
农林牧渔业总产值	89 453	96 995	102 226	107 056	112 091		亿元
规模以上工业企业工业总产值	929 293	1 029 150	1 094 647	1 109 853	1 158 999		亿元
全年全部工业增加值	199 860	210 689	227 991	235 183	247 878	279 997	亿元
农林牧渔业总产值和商品零售额比例	0.48	0.46	0.44	0.40	0.38		
规模以上工业企业工业总产值和商品零售额比例	4.97	4.85	4.67	4.13	3.91		
全年全部工业增加值和商品零售额比例	1.07	0.99	0.97	0.88	0.84	0.86	
每万元商品零售额所拥有货物运输总量	21.94	19.31	17.77	15.55	14.79	14.67	吨/万元
每元商品零售额所拥有货物运输周转量	0.93	0.79	0.77	0.66	0.63	0.60	吨千米/元

2017 年中国的全年货物运输继续回暖，货物运输总量 479 亿吨，货物运输周转量约 19.61 万亿吨千米，由于“十二五”期间虽然这两个指标整体呈现增长态势，但增长率（分别仅为 3.16%和 2.45%）因受到中国实体经济发展近两年来遇到的一定困难的影响而出现较大波动，整体拉低了近五年来的年均增长率。从全国社会物流总额对应的角度看，2017 年实现 252.8 万亿元，估算平均每吨货物的货值约为 5 277 元，平均周转里程约为 409 千米。

对应到中国的零售商业发展，每万元商品零售额中所含货物运输总量自“十二五”时期以来有相对下降态势，从 2010 年的 23.26 吨/万元降至 2016 年的 14.67 吨/万元。同期，每元商品零售额中所含货运周转量也从 2010 年的 1.02 吨千米/元逐渐下滑至 2016 年的 0.60 吨千米/元。这也反映出流通改革和零售发展缩短了商品流通渠道，优化了路途周转和运输时间。

---

① 由于国家统计局的统计口径变化，规模以上工业总产值口径指标基本上被规模以上工业企业主营业务收入指标替代。

2.3.2 零售商业、网上零售和快递物流的结构与比例

中国目前拥有全世界最大规模的互联网上网人口数量，2017 年达到 7.72 亿人，互联网宽带接入户数 2016 年将近 3 亿户。受此推动，中国的网上零售和快递物流发展迅猛。

从快递物流的发展情况看，全国快递业务量在过去的五年间保持了年均 47.77%的高速增长，2017 年达到 400.6 亿件，快递业务收入年均增长率 36.26%，达到 4 957 亿元。“十二五”时期以来的快递业务的大发展推动了行业效率提升以及成本和运费下降，每件快递成本（收入）已经从“十一五”末期的 24.57 元，下降到“十二五”末期的 13.4 元，2017 年进一步降低至 12.37 元。成本的下降又相应推动了快递业务愈发普及，形成了良性循环。

从全国商品零售和快递物流的关系来看（见表 2－3），“十二五”期间，全国商品零售额中每万元使用快递业务量从“十一五”末期的 1.68 件增长到 7.69 件，增长约 3.58 倍，2017 年进一步扩大至 12.27 件。结合前述，虽然快递业务本身的单价有所下降，但是综合下来，每万元商品零售额中发生快递费用也从 41.23 元增长到 151.77 元，增长约 2.68 倍。

从网络零售与新兴快递物流关系来看，按照 2017 年全国互联网上网人数 7.72 亿人折算，互联网上网人均全年网上零售额从 2014 年的 4 300 元增长到 2017 年的约 9 294元，人均快递量 2017 年增长到 51.89 件，约是“十一五”期末 5.1 件的 10 倍，人均支出快递费约 642.1 元，约是“十一五”期末 125.65 元的 5.1 倍。2017 年快递应用更加普及，平均每件快递对应网上商品零售额继续下降，约为 136.8 元/件，每元快递收入对应网上商品零售额约 11 元。

表 2－3　　网络零售与快递物流发展（2013—2017 年）

项目	2013	2014	2015	2016	2017	单位
快递业务量	91.9	139.6	206.7	312.8	400.6	亿件
快递业务收入	1 442	2 045	2 770	3 974	4 957	亿元
互联网上网人数	6.18	6.49	6.88	7.31	7.72	亿人
互联网宽带接入用户	1.89	2.00	2.59	2.97		亿户
互联网普及率		47.90%	50.30%	53.20%	55.80%	
快递业务量和商品零售额比例	4.33	5.95	7.69	10.55	12.27	件/万元
快递业务收入和商品零售额比例	67.93	87.21	103.11	134.03	151.77	元/万元
全年网上商品零售额和快递业务量比例			63.74	74.58	73.09	件/万元
每件快递对应网上商品零售额			156.89	134.08	136.81	元/件
每元快递收入对应网上商品零售额			11.71	10.55	11.06	元/元
互联网上网人均全年网上零售额		4 300	5 633	7 050	9 294.17	元/件
互联网上网人均快递量	14.88	21.52	30.03	42.78	51.89	件/人

续前表

项目	2013	2014	2015	2016	2017	单位
互联网上网人均快递费支出	233.44	315.28	402.41	543.50	642.10	元/人
每件快递成本（收入）	15.69	14.65	13.40	12.70	12.37	元/件
每元网上商品零售额中快递费比例			8.54%	9.48%	9.04%	
全年网上零售额占社零额比例		10.26%	12.88%	15.51%	19.59%	
全年网上商品零售额占社零额的比重			10.77%	12.62%	14.96%	
全年网上商品零售额占全国商品零售额比例			12.07%	14.15%	16.78%	

2.3.3　零售商业与货币流通的结构与比例

中国的货币流通和信贷发放在过去的十年间继续增长，到 2017 年，其中广义货币（货币和准货币，M2）余额达到 167.7 万亿元、狭义货币供应量（M1）余额达到 54.4 万亿元、流通中货币（M0）余额达到 7.1 万亿元。另外，境内住户人民币存款达到 64.4 万亿元，五年间年均增长率 9.43%。

据此折算，2017 年每元货币（流通中的现金 M0）所拥有的社会消费品零售总额约 5.16 元，所拥有的商品零售额约 4.6 元。每元货币（货币 M1）所拥有的社会消费品零售总额约 0.67 元，所拥有的商品零售额约 0.60 元。按照人民币存款余额口径计算的每元人民币存款所拥有的社零额 2017 年为 0.57 元，较“十一五”期间的 0.5 元左右的水平有所提高。

从发展趋势来看，如图 2 - 10 所示，每元货币（M2）流通量所拥有社零额在整个“十一五”“十二五”“十三五”开局时期都比较稳定，保持在 0.22 元的水平，这是由于 M2 指标含有包括定活期存款和保证金在内的储蓄存款，实质上是全社会消费支出的最终支付保证，其趋势稳定也表明从社会消费的角度看货币投放量整体合理。但是，由于流通中现金（M0）在“十二五”期间以来增速低于社零额增长率，因此每元货币（M0）流通量所拥有社零额从 2010 年的 3.52 元增长到 2017 年的 5.16 元。每元货币（M1）流通量所拥有社零额增长率出现波动，2014 年达到峰值 0.78 之后已经连续三年出现下滑，2017 年为 0.67。

中国的消费贷款余额在过去五年间，出现快速增长的态势，到 2017 年，全部金融机构人民币消费贷款余额超过 31 万亿元，五年的年均增长率高达 24.74%，远高于同期 GDP 和社零额增长率，每元社零额中所包含的消费贷款从 2012 年的 0.49 元增长到 2017 年的 0.86 元，折算到全国人均贷款约 22 675 元/人。

其中，个人短期消费贷款余额的增长率更为惊人，过去五年间年均增长率高达 28.57%，到 2017 年，个人短期消费贷款余额达到 6.8 万亿元，折算到全国人均贷款约4 895元/人，实现了跨越式发展。每元社零额中所包含的个人短期消费贷款从 2011 年的 0.07 元快速增长到 2017 年的 0.19 元。这些数据表明中国居民消费观念和支付形

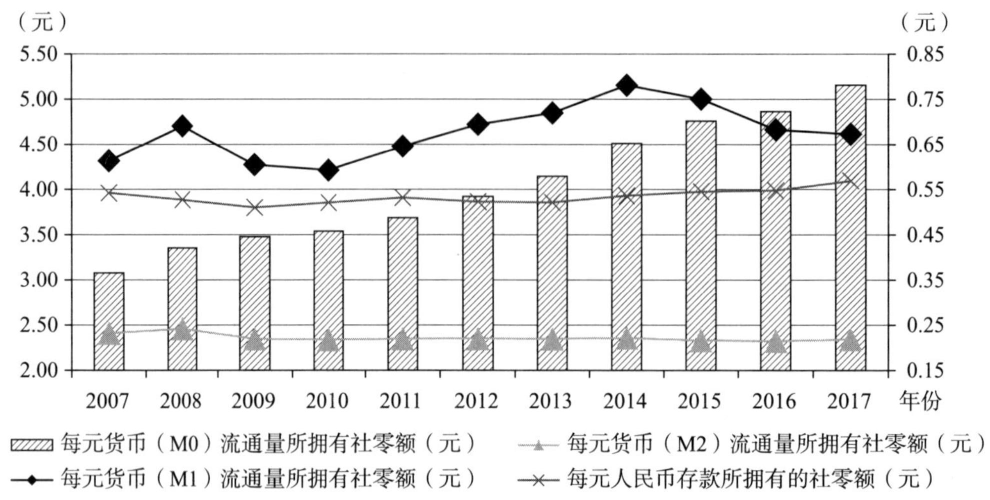

图 2-10　货币投放与社会消费品零售总额比值（2007—2017 年）

式的巨大变化，现代金融和信用消费已经成为新时期居民消费模式的主流之一。

从发展趋势看，全部消费贷款和个人短期消费贷款、个人中长期消费贷款增长率虽然有较大波幅，但仍能持续高位运行，受到房地产形势趋于稳定的影响，个人中长期消费贷款和全部消费贷款增长率明显低于个人短期消费贷款增长率。但是需要注意的是，受宏观经济下滑和消费意愿降低的影响，2013—2016 年，个人短期消费贷款增长率出现较大幅度下滑，2017 年情况有所好转（见图 2-11），个人短期消费贷款增长率又恢复到 37.98%的较高水平，信贷消费方兴未艾。

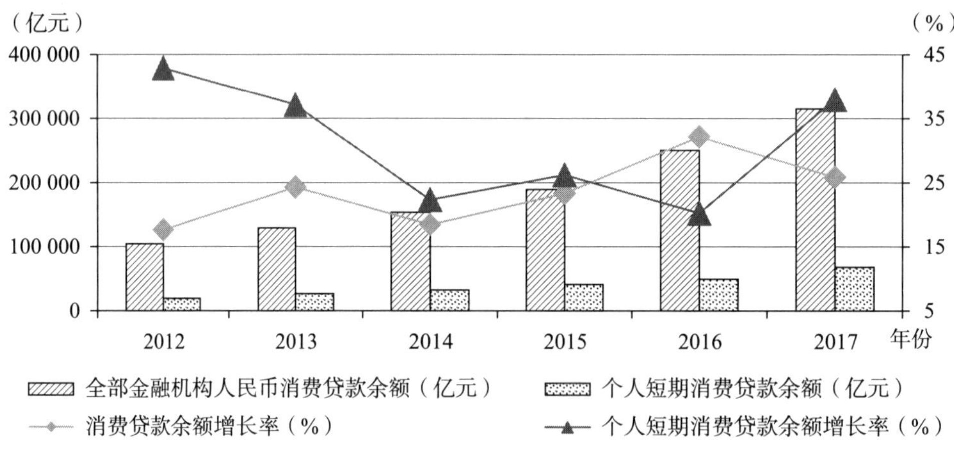

图 2-11　消费贷款及个人短期消费贷款（2012—2017 年）

2.3.4　零售商业与地区发展的结构与比例

根据《中国城市统计年鉴 2017》的数据，2016 年中国有城市合计 657 个，其中，直辖市 4 个，副省级城市 15 个，地级市 278 个，县级城市 360 个。大中型城市具有远超出其人口应有比例的生产能力和消费辐射能力，产业集聚和消费集聚继续深化。

从零售商业发展的城市地区结构分化来看，人口和消费的城市化集聚现象较为突出。中国的省会城市和计划单列市作为国内的一线城市和二线城市的代表，2016 年仅用 19％的全国人口，创造了全国 40.44％的 GDP，占有 37.15％的城乡居民储蓄存款，贡献了 13.29 万亿元的社零额，占比 40％①。

从发展趋势来看，中国的省会城市和计划单列市总人口在“十二五”期间有小幅增长，从“十一五”末期的 25 126 万人增长到 2016 年的 26 267 万人，占比也基本上稳定在 18％～19％。GDP 增长在“十二五”期间经历了从 2010 年和 2011 年的 18.15％和 19.11％的相对高速，逐年回落到 2015 年的 7.35％，2016 年又回暖至 8.26％，整体略快于全国水平，其占比如图 2－12 所示，形成了倒 U 形变化，仅微幅提高了约 0.35 个百分点。相应的财富占有自 2004 年以来有一定的波动，2010 年以后持续下降，2016 年省会城市和计划单列市城乡居民储蓄年末余额占全国的比例相较于“十一五”末期下降约 4.6 个百分点。社会消费水平自“十二五”以来基本保持稳定，消费能力占比大约维持在 40％左右。以上数据表明中国的特大型城市集聚能力相对稳定，但是增长后劲相对开始减缓。

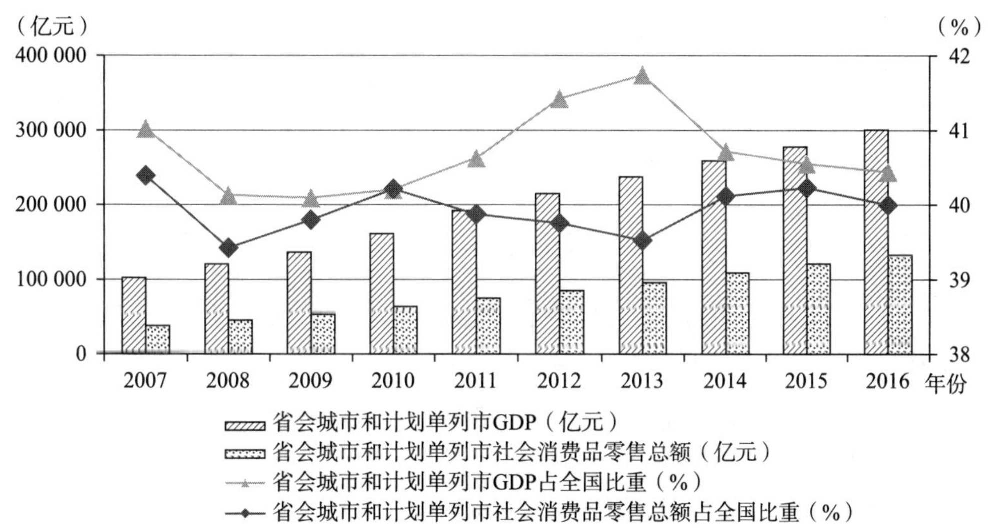

图 2－12　省会城市和计划单列市 GDP、社零额及其增长率（2007—2016 年）

中国的地级城市，按照市辖区口径，即一般意义上包含了一线、二线、三线和部分四线城市的中国全部城市市区（即国家统计局口径的地级及以上城市的市辖区）。截至 2016 年年底，中国的地级城市拥有 33.96％的全国人口，创造了全国 62.77％的

① 数据系将国研网区域经济数据库的市级数据库中全部省会城市和计划单列市的数据加总得来。

GDP，实现了 21.2 万亿元的社零额，占全国社零额的 63.79%①。

中国的地级及以上城市的市辖区在“十一五”和“十二五”两个五年规划期间，出现了较为明显的扩张态势，核心表现在市辖区城市土地面积和人口的双扩张上。一方面，所有地级城市市辖区土地面积从 2005 年的 57.4 万平方千米增加到 2016 年的 78.48 万平方千米，占全国的比例较上一年提升了 0.53 个百分点。特别是在“十二五”和“十三五”期间，城市加速扩张，仅这七年占比就较“十一五”末期增加了约 1.67 个百分点。另一方面，人口也有明显增长，从 2005 年的 3.6 亿人增长到 2016 年的 4.7 亿人，占全国的比例达到 33.96%。特别是在“十二五”和“十三五”期间，城市人口加速流入，仅这七年占比就增加了约 5 个百分点。这充分反映了中国特色的城市化进程在“十二五”期间有加速的迹象，特别是以传统城市的面积扩张和人口涌入为主要推动力量。

在以上两个因素的推动下，全部地级城市市辖区的 GDP 增速和消费增速在“十一五”“十二五”“十三五”期间，都呈现扩张的态势，如图 2－13 所示。“十二五”期间，GDP 占比从“十一五”末期的 61.31%提高到 2013 年的 63.87%，增长了 2.56 个百分点，但是 2014 年和 2015 年增长率回落，占比也相应回落至 62.32%和 62.45%，2016 年占比又回升至 62.77%。全部地级城市市辖区的社会消费品零售总额占全国比例在“十二五”期间出现小幅度增长趋势，从“十一五”末期的 61.28%，提高到 2016 年的 63.79%，增幅为 2.51 个百分点。

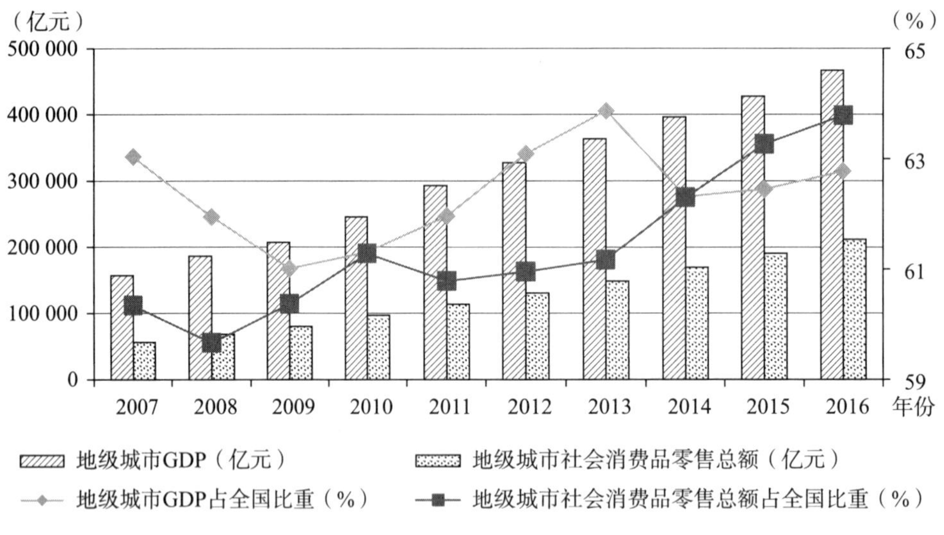

图 2－13　地级城市 GDP、社零额及其增长率（2007—2016 年）

社零额占比的增长率相较于面积与人口占比，在最近几年出现一定的差距，可能的原因在于中国地级及以上城市虽然在“十二五”期间以来保持了持续扩张，城市化

① 数据系将国研网区域经济数据库的市级数据库中全部省会城市和计划单列市的数据加总得来。其他各项数据，来源于《中国城市统计年鉴 2016》地级及以上城市数据。

进程仍然较快，仍吸引了人员继续流入，但是，相较于其他县及县以下地区的收入与消费的快速增长，城市的消费能力的增长实际上是相对减缓的。另外，城市居民的消费结构发生变化，也导致社零额部分的消费相对减少。

2.4　中国零售业发展综述

由于行业数据获取原因，本节的数据涉及年份在各小节中有所差别：

（1）2.4.1 中国限额以上零售业发展、2.4.2 中国连锁零售业发展部分，采用 2016 年国家统计局数据；（2）2.4.3 中国综合零售业发展、2.4.4 中国专业零售业发展部分，结合采用 2016 年统计局数据和本报告搜集和监测的 2017 年数据；（3）2.4.5 中国零售业的管理、运营与综合事务部分，采用本报告搜集和监测的 2017 年数据。

2.4.1　中国限额以上零售业发展

关于行业数据，由于国家统计局仅公布了限额以上口径，且数据有一年滞后期，因此，本报告根据国家统计局《中国贸易外经统计年鉴 2017》中公布的 2016 年限额以上批发和零售业企业数据，汇总整理成为表 2－5“限额以上批发和零售业企业基本情况（2016 年）”，其中数据归口有所调整，具体说明如下。

1）限额以上批发业指标加上限额以上零售业指标，等于限额以上批发和零售业总计指标。2）按登记注册类型分，内资企业指标、港澳台商投资企业指标、外商投资企业指标 3 项合计等于限额以上零售业指标。3）按国民经济行业分，本报告的“行业：综合零售业”指标加“行业：专业零售业”指标等于限额以上零售业指标，但是，其中的“行业：综合零售业”不是原始统计年鉴中的综合零售，是本报告对原始年鉴中的综合零售业指标和货摊、无店铺及其他指标这 2 项的合计，“行业：专业零售业”指标是本报告对原始统计年鉴中 7 项专门零售指标的合计。另外，原始统计年鉴中的百货零售指标、超级市场零售指标加总小于原始的综合零售指标，中间差值部分，本报告用“其他综合零售业”一栏来反映。4）按零售业态分，“业态：综合零售业态”指标是本报告对原始统计年鉴中的超市指标、大型超市指标、百货店指标、无店铺零售指标 4 项的合计，“业态：专业零售业态”是本报告对原始统计年鉴中的专业店指标、专卖店指标这 2 项的合计；本报告的“业态：综合零售业态”指标加“业态：专业零售业态”指标要小于限额以上零售业指标，中间差值部分，本报告用“业态：其他业态”一栏来反映。5）按有无店铺分，有店铺零售、无店铺零售均是原始统计年鉴指标，合计等于限额以上零售业指标。

中国限额以上批发零售业 2016 年实现商品销售额总计约 55.89 万亿元，其中零售业实现约 12.66 万亿元。从限额以上零售业发展的总体情况看，如图 2－14 所示，其商品销售总额在“十二五”期间保持总量上的整体稳定增长，但是，其各年度增长率从 2010 年开始出现持续下滑态势，2015 年低至 3.3%，2016 年回升至 10.8%，但平均水平仍然高于 GDP 与消费增长率。

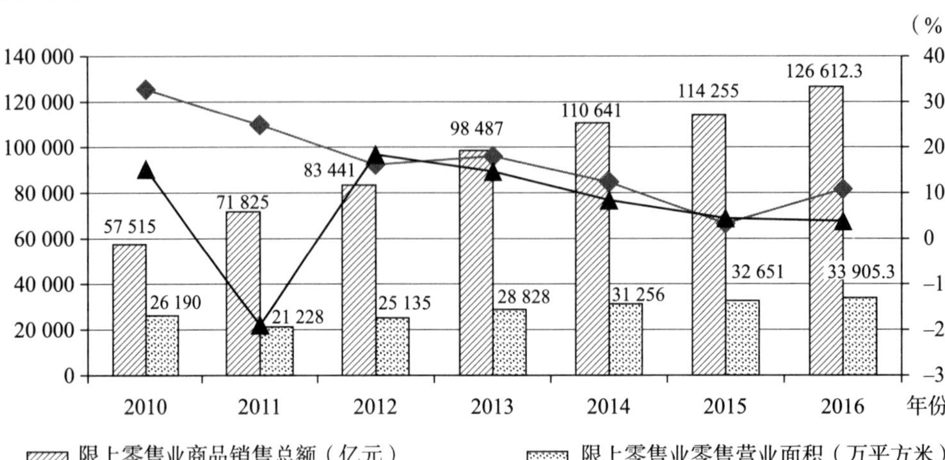

图 2-14　限额以上零售业商品销售总额与零售营业面积（2010—2016 年）

与此同时，限额以上零售业门店面积的扩张速度较低，年末零售营业面积自 2012 年以来一直处于增长率下滑态势，到 2016 年年底零售营业面积虽然增长至约 3.39 亿平方米，但增长率下滑至 3.8%。零售业的坪效指标相应从“十一五”末期的 2.2 万元/平方米提高到 3.73 万元/平方米，保持了一个较高的年均增长率水平。以上数据反映出行业发展势头整体良好，在总量规模扩张的同时，单位零售营业面积的生产率也有较大提高。

具体到限额以上零售业近年来的发展情况，如表 2-4 所示。近年来行业进入热情较高，限额以上零售业的法人企业数量增长较快，从“十一五”末期的约 5.23 万个增长到 2016 年底的约 9.83 万个，保持了超过销售额和面积的年均增长率。吸纳的就业人数也有一定程度的增长，从“十一五”末期的 501.3 万人增长到 2016 年年底的 697.7 万人，近三年保持了一个较低增长率。和销售额的大幅增长对应，限额以上零售业的劳动效率自“十二五”期间以来也出现了较大提高，到 2016 年年底增长为人均 181.5 万元。但是，限额以上零售业的利润率情况不容乐观，特别是 2014 年和 2015 年净利率较“十一五”期间有所下降，这也是行业内部竞争加剧、部分企业经营困难的反映。2016 年限额以上零售业的净利润水平出现一定程度的回升，但毛利率仍不乐观。

表 2-4　　限额以上零售业发展整体情况（2010—2016 年）

指标项目	2010	2011	2012	2013	2014	2015	2016
法人企业数（个）	52 306	58 471	65 921	80 366	87 652	91 258	98 305
年末从业人数（万人）	501.3	527.6	575.2	655.3	681.9	682.8	697.7
年末零售营业面积（万平方米）	26 189.81	21 227.8	25 134.9	28 827.5	31 255.8	32 651.3	33 905.3

续前表

指标项目	2010	2011	2012	2013	2014	2015	2016
商品销售额（亿元）	57 514.6	71 824.9	83 441.3	98 487.3	110 641.4	114 255.3	126 612.3
资产总计（亿元）	24 557.79	30 842.89	37 727.31	44 438.44	50 824.92	53 507	60 436.0
主营业务收入（亿元）	51 115.52	63 038.91	72 718.35	86 224.79	96 888.56	99 453	110 428.1
毛利润（亿元）	5 934.7	7 114.8	8 124.6	10 398.0	11 242.8	11 692.1	13 011.0
净利润（亿元）	1 305.8	1 400.2	1 258.2	2 108.5	2 028.4	1 984.2	2 885.9
毛利率	11.6%	11.3%	11.2%	12.1%	11.6%	11.8%	11.78%
净利率	2.55%	2.22%	1.73%	2.45%	2.09%	2.00%	2.61%
企均销售额（万元）	10 996	12 284	12 658	12 255	12 623	12 520	12 880
人均销售额（万元）	114.7	136.1	145.1	150.3	162.3	167.3	181.5
坪效（万元/平方米）	2.20	3.38	3.32	3.42	3.54	3.50	3.73

从按登记注册类型分的限额以上零售业发展情况看，如图 2－15 所示，近年来延续了“十一五”期间的态势，内资企业仍然是限额以上零售业的主力且继续保持较高增长速度——持续高于港澳台商投资企业和外商投资企业，导致内资企业占比相较于“十一五”末期有所增加，达到 88.3%，特别是外商投资企业占比持续下滑，仅为 6.3%。国有控股的零售业也有较快增长，到 2015 年实现约 2.49 万亿元的商品销售总额。但是，从发展趋势上看，各类型的销售额在近几年都表现出持续下滑态势，虽然 2016 年均有所回暖，除国有控股企业外，其他三类企业增长率都回升至 10%以上，但整体市场形势仍然严峻。

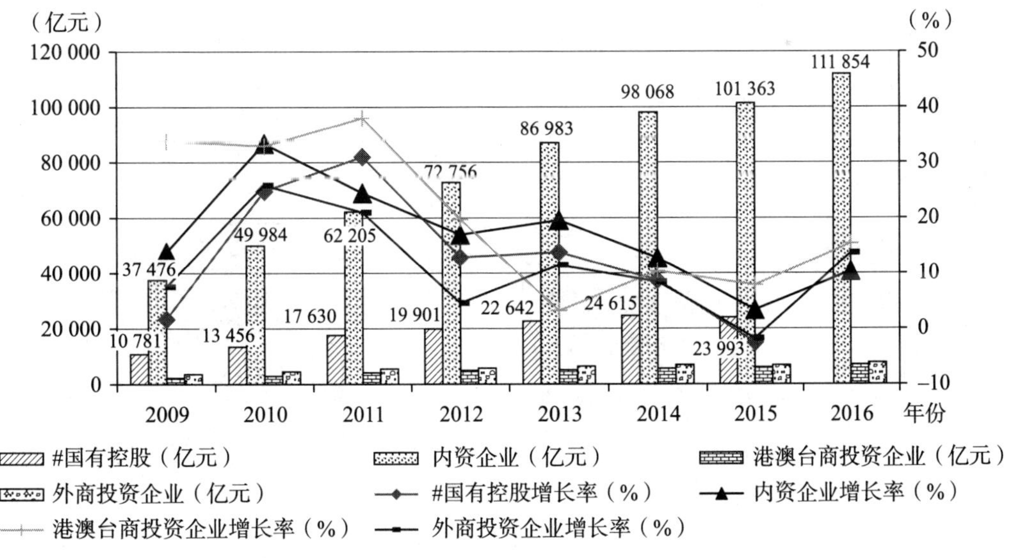

图 2－15　按登记注册类型分限额以上零售业商品销售总额（2009—2016 年）

从按国民经济行业分的限额以上零售业发展情况看，专业零售业一直是中国限额以上零售业的主导力量，占比在 71.9%左右，并在“十二五”期间保持了较高的增长速度，年均增长率为 15.33%，而综合零售业年均增长率为 13.22%。

从九类细分行业结构看，汽车、摩托车、燃料及零配件零售业占有最大比重，如图 2-16 和图 2-17 所示，在“十一五”末期高达 47.7%。但是，近年来其年均增长率在五类专业细分零售行业中最低，导致其在 2016 年年末占比下降约 4 个百分点。同时，综合零售业中的百货零售业和超级市场零售业发展受到一定的冲击，增长率也较低，致使到 2016 年年底其比重较“十一五”末期分别减少约 2 个和 3.1 个百分点。值得注意的是，受益于互联网零售的快速发展，“十二五”期间货摊、无店铺及其他零售业的年均增长率高达 35.58%，特别是在 2016 年摆脱了上一年的颓势，增长了 54.4%，

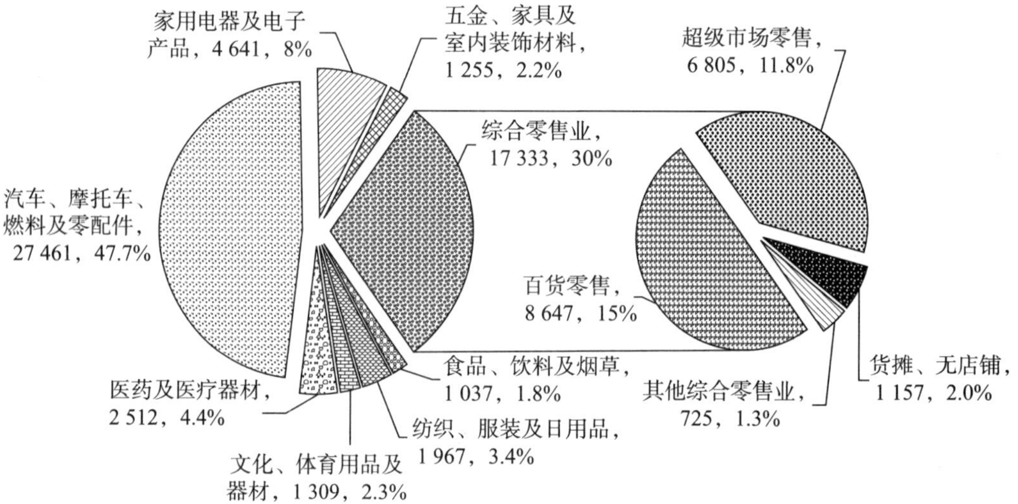

图 2-16　按国民经济行业分限额以上零售业商品销售总额构成情况（2010 年）（单位：亿元）

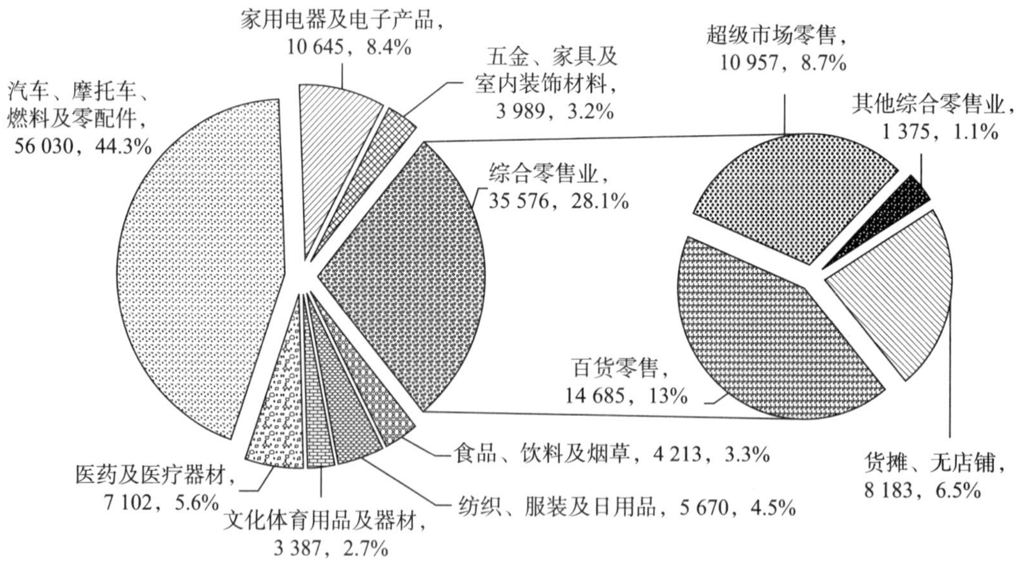

图 2-17　按国民经济行业分限额以上零售业商品销售总额构成情况（2016 年）（单位：亿元）

到年底其占比较“十一五”末期提高了 4.5 个百分点。其中，互联网零售年均增长率约为 61.4%，2016 年实现了 84.52%的高速增长，其销售总额达到 6 482.8 亿元，约为“十一五”末期的 20.2 倍。

从按零售业态分的限额以上零售业发展情况看，各业态的发展出现较大分化，如图 2－18 和图 2－19 所示，超级市场业态中的一般超市业态近年来年均增长率严重低于平均水平，占比下降了 1.5 个百分点，大型超市虽然在 2012 年之前年均增长率高于全行业平均水平，但 2013 年以来增长率下滑明显，并于 2016 年降至 2.8%，导致最终占比基本持平。百货店的发展遇到较大困难，发展速度也远低于零售全行业平均速度，

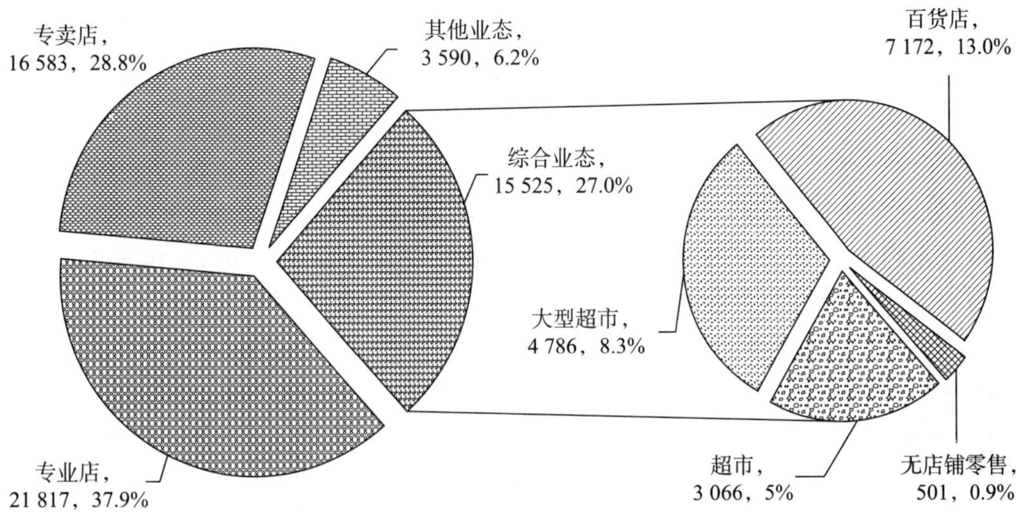

图 2－18　按零售业态分限额以上零售业商品销售总额构成情况（2010 年）（单位：亿元）

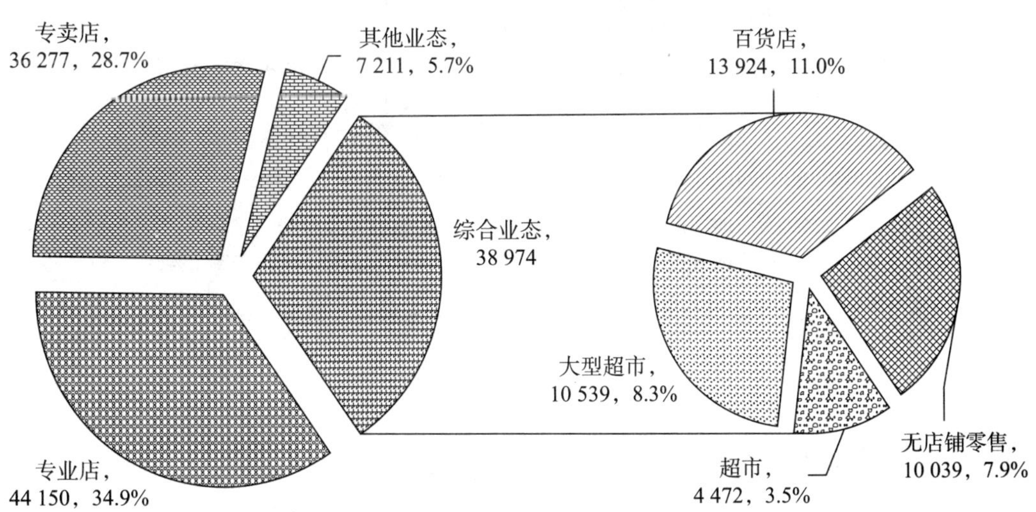

图 2－19　按零售业态分限额以上零售业商品销售总额构成情况（2016 年）（单位：亿元）

增速自 2011 年以来已经连续 5 年持续下滑，2016 年更是出现负增长（−2%），导致占比下降了 2 个百分点。

与行业口径一样，最突出的是无店铺零售业态，“十二五”期间年均增长率高达 70.29%，2016 年仍有 40%的增速，最终占比则增加了 7 个百分点。专业店和专卖店业态也保持了较快增长，销售总额接近翻番，但年均增长率略低于零售业整体水平，2015 年和 2016 年两年出现波动，导致最终相对占比分别下降了 3 个和 0.1 个百分点，基本上与行业口径呈现相似的波动方向。

从按有无店铺分的限额以上零售业发展情况看，有店铺零售业始终是限额以上零售业的主导力量。如图 2-20 所示，有店铺零售业在“十二五”期间销售总额接近翻番，年均增长率约为 13.44%，2016 年增长率有所恢复，销售额达到 11.66 万亿元。但从各年的发展态势看，年度增长率有逐渐下滑的趋势，导致其占全行业的比重持续下降，与“十一五”末期相比，降低了 7 个百分点，2016 年底占比约为 92.1%。无店铺零售业在“十二五”期间表现突出，年均增长率 70.29%，其销售总额 2016 年年底突破了万亿元大关，但是，受基数逐渐扩大的影响，其年度增长率近三年也有所放缓，从 2011 年和 2012 年的超过 100%的超高速增长，逐渐回落到了 30%～40%的增长区间，预计未来年度增长率将会继续降低。

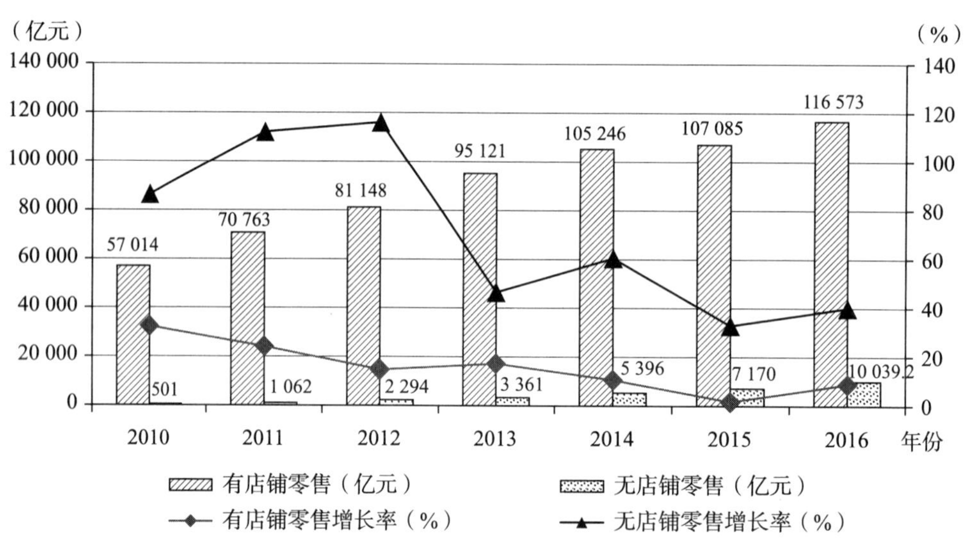

图 2-20　按有无店铺分限额以上零售业商品销售总额构成情况（2009—2016 年）

2.4.2　中国连锁零售业发展

本报告根据国家统计局《中国贸易外经统计年鉴 2017》中公布的 2016 年连锁零售业企业数据，汇总整理成为表 2-6“连锁零售业企业基本情况（2016 年）”，其中数据归口有所调整，具体说明如下。

1）按登记注册类型分，内资企业指标、港澳台商投资企业指标、外商投资企业指标 3 项合计等于连锁零售业总数指标。2）按国民经济行业分，“行业：综合零售业”是本报告对原始年鉴中的综合零售指标和货摊、无店铺及其他零售业指标这 2 项的合计，“行业：专业零售业”指标是本报告对原始统计年鉴中 7 项专门零售指标的合计，同时，本报告的“行业：综合零售业”指标加“行业：专业零售业”指标要小于等于连锁零售业总数指标，需要再加上批发业指标才等于总数指标。3）按零售业态分，本报告的“业态：综合零售业态”指标加“业态：专业零售业态”指标，再加“其他”指标，这 3 项指标合计等于连锁零售业总数指标，其中，“业态：综合零售业态”指标是本报告对原始统计年鉴中的便利店指标、折扣店指标、超市指标、大型超市指标、仓储会员店指标、百货商店指标、厂家直销中心指标 7 项的合计，“业态：专业零售业态”是本报告对原始统计年鉴中的专业店指标、专卖店指标、家居建材商店指标 3 项的合计；“其他”是原始年鉴中的其他指标。

2016 年中国连锁零售业实现商品销售额总计约 3.59 万亿元，约占限额以上零售业商品销售总额的 28.4%，占全国商品零售额的 12.11%，占社零额的 10.8%。统一配送率约为 78%，连锁门店的店均销售额为 1 545 万元，劳动效率为人均 146.6 万元，坪效为 2 万元/平方米。

从连锁零售业发展的总体情况看，如图 2－21 所示，其商品销售额在近年来出现较大幅度波动，特别是 2011 年以来出现持续下滑态势，2014 年和 2015 年甚至连续出现了负增长的严峻局面，2016 年虽然有企稳迹象，但是仍然远低于限额以上零售业和全国社零额的增长速度，导致占比出现大幅度下滑。

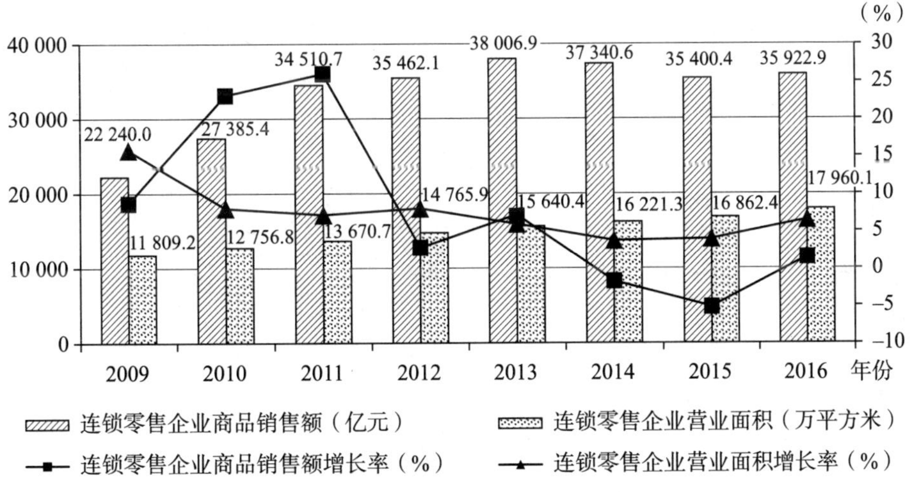

图 2－21　连锁零售业企业商品销售总额与零售营业面积（2009—2016 年）

与此同时，中国连锁零售业的门店面积虽有所增长，但扩张速度不快，“十二五”期间年均增长率约为 5.74%，到 2016 年年底零售营业面积达到约 1.8 亿平方米，连锁零售业的坪效指标较 2011 年的 2.52 万元/平方米下降至 2 万元/平方米。

表 2-5　限额以上批发和零售业企业基本情况（2016 年）

项目	法人企业数（个）	年末从业人数（万人）	年末零售营业面积（万平方米）	商品销售额（亿元）	资产总计（亿元）	主营业务收入（亿元）	毛利润（亿元）	净利润（亿元）	毛利率（%）	净利率（%）	企均销售额（万元）	人均销售额（万元）	坪效（万元/平方米）
限额以上批发和零售业总计	193 371	1 193.6		558 877.6	261 758.9	495 009.1	40 306.5	10 425.4	8.14	2.11	28 902	468.2	
一、限额以上批发业	95 066	495.9		432 265.3	201 322.9	384 581.0	27 295.57	7 539.5	7.10	1.96	45 470	871.6	
二、限额以上零售业	98 305	697.7	33 905.3	126 612.3	60 436.0	110 428.1	13 011.0	2 885.9	11.78	2.61	12 880	181.5	3.73
1. 按登记注册类型分													
#国有控股	5 463	90.5	6 085.3	24 877.9	12 588.9	20 426.6	2 104.3	517.1	10.3	2.5	45 539	274.9	4.09
(1) 内资企业	95 909	608.3	30 004.5	111 853.6	52 790.6	98 022.8	10 749.3	2 626.6	11.0	2.7	11 662	183.9	3.73
(2) 港澳台商投资企业	1 409	46.5	1 864.8	6 999.6	3 980.4	6 082.7	1 131.1	127.8	18.6	2.1	49 678	150.5	3.75
(3) 外商投资企业	987	42.9	2 036.0	7 759.0	3 665.0	6 322.7	1 130.5	131.5	17.9	2.1	78 612	181.0	3.81
2. 按国民经济行业分													
(1) 行业：综合零售业	20 272	279.1	15 264.2	35 575.9	18 577.8	29 436.1	4 253.0	628.7	14.4	2.14	17 549	127.5	2.33
百货零售	6 851	110.0	8 352.5	15 060.0	10 322.0	11 946.4	1 817.7	387.7	15.2	3.25	21 982	137.0	1.80
超级市场零售	5 517	127.3	5 662.3	10 957.3	5 080.2	9 474.7	1 334.2	131.1	14.1	1.38	19 861	86.1	1.94

续前表

项目	法人企业数（个）	年末从业人数（万人）	年末零售营业面积（万平方米）	商品销售额（亿元）	资产总计（亿元）	主营业务收入（亿元）	毛利润（亿元）	净利润（亿元）	毛利率（%）	净利率（%）	企均销售额（万元）	人均销售额（万元）	坪效（万元/平方米）
其他综合零售业	1 568	13.2	448.3	1 375.3	371.8	1 227.4	182.6	15.4	14.9	1.25	8 771	104.6	3.07
货摊、无店铺及其他零售业	6 336	28.7	801.2	8 183.3	2 803.8	6 787.6	918.4	94.5	13.5	1.39	12 915	285.2	10.21
（2）行业：专业零售业	78 033	418.6	18 641.1	91 036.4	41 858.2	80 992.0	8 758.0	2 257.3	10.8	2.79	11 666	217.5	4.88
食品、饮料及烟草制品专门零售	9 359	38.7	1 083.0	4 213.2	2 007.8	3 892.3	684.1	202.1	17.6	5.19	4 502	108.7	3.89
纺织、服装及日用品专门零售	5 706	57.7	1 611.7	5 670.0	3 547.2	5 014.1	1 367.0	159.5	27.3	3.18	9 937	98.3	3.52
文化、体育用品及器材专门零售	4 548	24.5	708.0	3 386.7	2 552.2	3 081.3	575.2	160.5	18.7	5.21	7 446	138.3	4.78
医药及医疗器材专门零售	5 041	55.0	994.1	7 102.0	3 835.2	6 291.8	802.6	157.4	12.8	2.50	14 088	129.0	7.14
汽车、摩托车、燃料及零配件专门零售	35 340	168.1	10 383.9	56 030.4	22 362.6	50 123.7	3 664.1	1 145.1	7.3	2.28	15 855	333.4	5.40
家用电器及电子产品专门零售	11 501	52.4	2 012.2	10 644.8	5 618.5	9 064.7	999.3	212.2	11.0	2.34	9 256	203.3	5.29
五金、家具及室内装饰材料专门零售	6 538	22.2	1 848.2	3 989.4	1 934.7	3 524.1	665.7	220.5	18.9	6.26	6 102	179.5	2.16

续前表

项目	法人企业数（个）	年末从业人数（万人）	年末零售营业面积（万平方米）	商品销售额（亿元）	资产总计（亿元）	主营业务收入（亿元）	毛利润（亿元）	净利润（亿元）	毛利率（%）	净利率（%）	企均销售额（万元）	人均销售额（万元）	坪效（万元/平方米）
3. 按零售业态分													
（1）业态：综合零售业态	21 812	295.1	15 325.6	38 974.4	21 036.6	34 748.3	4 878.8	764.4	14.0	2.20	17 868	132.1	2.54
超市	7 253	51.7	1 434.7	4 472.4	1 920.8	3 458.5	509.7	112.0	14.7	3.24	6 166	86.5	3.12
大型超市	2 391	112.9	6 379.3	10 539.1	4 849.7	8 681.6	1 206.8	77.0	13.9	0.89	44 078	93.4	1.65
百货店	6 575	95.7	7 066.1	13 923.7	9 564.9	10 627.8	1 695.3	395.3	16.0	3.72	21 177	145.5	1.97
无店铺零售	5 593	34.8	445.5	10 039.2	4 701.1	11 980.4	1 466.9	180.1	12.2	0.54	17 950	288.6	22.53
（2）业态：专业零售业态	69 554	355.8	15 778.0	80 426.9	36 739.7	71 767.3	7 492.3	1 999.5	10.4	2.79	11 563	226.1	5.10
专业店	40 865	199.9	9 424.1	44 149.9	21 098.8	38 287.4	4 074.9	967.3	10.6	1.35	10 804	220.8	4.68
专卖店	28 689	155.8	6 353.9	36 277.0	15 640.9	33 479.9	3 417.4	1 032.3	10.2	2.70	12 645	232.8	5.71
（3）业态：其他业态	6 939	46.8	2 801.6	7 210.9	2 659.7	3 912.5	639.9	122.0	16.4	3.12	10 392	154.0	2.57
4. 按有无店铺分													
（1）有店铺零售	92 712	662.9	33 459.8	116 573.0	55 734.9	98 447.7	11 544.1	2 705.8	11.7	2.75	12 574	175.9	3.48
（2）无店铺零售	5 593	34.8	445.5	10 039.2	4 701.1	11 980.4	1 466.9	180.1	12.2	0.54	17 950	288.6	22.53

表 2－6　　连锁零售业企业基本情况（2016 年）

项目	连锁总店数	连锁门店总数	年末从业人员	年末零售营业面积	商品销售总额	连锁门店商品购进总额	其中：统一配送商品购进额	统一配送率	总店店均销售额	门店店均销售额	门店店均零售营业面积	人均销售额	坪效
	家	家	万人	万平方米	亿元	亿元	亿元	%	万元	万元	平方米	万元	万元/平方米
连锁零售业总数	2 726	232 444	245.0	17 960.1	35 922.9	31 036.9	24 173.7	78	131 779	1 545	773	146.6	2.00
1. 按登记注册类型分													
（1）内资企业	2 454	213 025	193.8	14 232.7	29 514.6	25 460.9	20 481.7	80	120 272	1 386	668	152.3	2.07
（2）港澳台商投资企业	123	9 477	24.5	2 073.1	2 664.9	2 412.8	1 827.4	76	216 656	2 812	2 188	108.8	1.29
（3）外商投资企业	149	9 942	26.7	1 654.3	3 743.4	3 163.1	1 864.7	59	251 235	3 765	1 664	140.1	2.26
2. 按国民经济行业分													
按行业汇总连锁零售业	2 409	183 365	217.0	13 485.7	25 163.4	21 653.0	15 748.9	73	104 456	1 372	735	115.9	1.87
（1）行业：综合零售业	830	70 831	134.7	8 778.4	13 183.7	11 615.4	7 761.5	67	158 840	1 861	1 239	97.9	1.50
综合零售	820	70 169	134.4	8 772.6	13 173.7	11 606.4	7 754.9	67	160 655	1 877	1 250	98.0	1.50
货摊、无店铺及其他零售业	10	662	0.3	5.8	10.0	9.1	6.6	73	9 970	151	88	29.3	1.71
（2）行业：专业零售业	1 579	112 534	82.3	4 707.3	11 979.7	10 037.6	7 987.5	80	75 869	1 065	418	145.6	2.54

续前表

项目	连锁总店数	连锁门店总数	年末从业人员	年末零售营业面积	商品销售总额	连锁门店商品购进总额	其中：统一配送商品购进额	统一配送率	总店店均销售额	门店店均销售额	门店店均零售营业面积	人均销售额	坪效
	家	家	万人	万平方米	亿元	亿元	亿元	%	万元	万元	平方米	万元	万元/平方米
食品、饮料及烟草制品专门零售	165	23 180	8.3	109.3	448.7	348.7	291.8	84	27 193	194	47	54.2	4.11
纺织、服装及日用品专门零售	176	14 609	8.0	253.3	520.5	308.4	205.5	67	29 574	356	173	65.1	2.06
文化、体育用品及器材专门零售	92	1 957	3.5	123.4	556.2	527.4	505.2	96	60 459	2 842	631	158.0	4.51
医药及医疗器材专门零售	724	51 266	27.3	680.1	1 142.6	934.5	863.6	92	15 781	223	133	41.9	1.68
汽车、摩托车、燃料及零配件专门零售	197	13 901	13.0	2 001.5	5 268.0	4 198.1	3 597.9	86	267 410	3 790	1 440	406.8	2.63
家用电器及电子产品专门零售	208	7 401	21.7	1 499.4	3 968.1	3 680.7	2 485.3	68	190 772	5 362	2 026	183.3	2.65
五金、家具及室内装饰材料专门零售	17	220	0.6	40.3	75.7	39.8	38.2	96	44 541	3 442	1 830	118.3	1.88
3. 按零售业态分													
（1）业态：综合零售业态	788	66 648	132.1	8 682.5	12 843.1	11 383.9	7 596.2	67	162 984	1 927	1 303	97.2	1.48

续前表

项目	连锁总店数	连锁门店总数	年末从业人员	年末零售营业面积	商品销售总额	连锁门店商品购进总额	其中：统一配送商品购进额	统一配送率	总店店均销售额	门店店均销售额	门店店均零售营业面积	人均销售额	坪效
	家	家	万人	万平方米	亿元	亿元	亿元	%	万元	万元	平方米	万元	万元/平方米
便利店	100	18 588	8.4	162.3	422.5	327.0	264.9	81	42 245	227	87	50.2	2.60
折扣店	3	540	0.2	18.3	29.8	26.1	13.6	52	99 367	552	339	149.1	1.63
超市	399	33 372	42.0	1 918.0	3 067.2	2 784.5	2 338.1	84	76 871	919	575	73.1	1.60
大型超市	166	8 452	53.6	3 732.2	5 108.0	4 693.7	3 467.1	74	307 712	6 044	4 451	95.4	1.36
仓储会员店	5	97	1.3	68.2	259.3	274.0	32.2	12	518 680	26 736	7 029	207.5	3.80
百货商店	107	4 987	26.3	2 737.9	3 896.5	3 224.0	1 426.2	44	364 159	7 813	5 490	148.0	1.42
厂家直销中心	8	612	0.4	15.7	59.9	54.7	54.1	99	74 813	978	256	161.8	3.82
(2) 业态：专业零售业态	1 876	151 071	107.9	9 028.2	22 610.0	19 311.4	16 346.6	85	120 522	1 497	598	209.6	2.50
专业店	1 511	118 601	90.0	8 547.8	20 573.7	17 743.9	15 300.5	86	136 160	1 735	721	228.6	2.41
其中：加油站	305	35 970	27.8	5 680.3	12 957.0	10 964.2	9 664.6	88	424 819	3 602	1 579	465.6	2.28
专卖店	352	32 413	17.6	459.3	1 992.2	1 536.1	1 017.0	66	56 596	615	142	113.3	4.34
家居建材商店	13	57	0.3	21.2	44.1	31.4	29.1	93	33 900	7 732	3 712	163.2	2.08
(3) 其他	62	14 725	5.0	249.4	469.8	341.5	230.9	68	75 774	319	169	93.6	1.88

从按登记注册类型分的连锁零售业发展情况看，内资连锁零售企业在各项指标上均占有最大比重，其总店数、门店总数、从业人员数量、营业面积等都不在一个数量级上，占据了绝对的地位。内资企业的总店数、门店总数、营业面积等在总量上仍然在保持增长，但是从业人员数量、销售额则表现出波动情况。

从按国民经济行业分的连锁零售业发展情况看，综合零售业的销售总额在大部分年份中略高于专业零售业，整体基本持平。汽车、摩托车、燃料及零配件专门零售，家用电器及电子产品专门零售占比较大，合计超过 9 000 亿元规模。在营业面积、从业人员等方面，综合零售业占有绝对优势，但是若比较总店数、门店总数，则专业零售业均高于综合零售业，行业特点比较突出。

从按零售业态分的连锁零售业发展情况看，专业业态是绝对的主力，占据全部连锁零售业商品销售额的近 2/3，专业业态连锁企业保持了一个整体上的中等增长速度，但是综合业态受到 2015 年销售总额骤减的影响，2016 年勉强持平。具体来看，在国家统计局公布的 11 类有统计数据的业态中，专业店业态 2016 年年底实现了销售额 2.06 万亿元，其中加油站占有较大份额，销售额高达 1.3 万亿元。

2.4.3 中国综合零售业发展

中国的综合零售业（本报告口径包含百货零售、超级市场零售在内的综合零售，以及包含互联网零售在内的货摊、无店铺及其他零售业等的合计）近年来销售总量呈持续增长的态势，2016 年达到约 3.6 万亿元，增长率也扭转了 2010 年以来持续下滑的局面。但从业态角度看，综合零售业态（含超市、大型超市、百货店、无店铺零售四种业态合计）则保持了快于平均水平的较快增长，达到约 3.9 万亿元规模。从连锁零售业的业态变化趋势看，各业态的发展继续呈现分化的局面。从业态角度来看，便利店门店数量和从业人数同步增长，增长率分别为 5.17%和 0.8%；超市的从业人数上升 0.6 万人；大型超市的从业人数下降 4.9 万人；百货行业从业人数下降 5.7 万人，营业面积增长缓慢——增长了 12.4 万平方米。随着政府推出多项释放内需、刺激消费的措施，2017 年综合零售业保持整体较快发展，但同时零售企业经营成本继续上涨，企业间的竞争依然非常激烈。

中国的百货市场规模，从发展趋势看，受到购物中心和网购冲击的百货店增长速度自 2012 年以来不断减慢，从 2011 年的 25.23%降至 2015 年的 3.08%，2016 年首次出现负增长，为−0.5%。百货行业整体面临着“关店潮”的威胁，“关店潮”牵连甚广，影响着外资、国有及民企连锁百货。2017 年，百货零售企业大力发展全渠道多元业务，逐步转变为综合服务的新型零售企业。许多领先的百货企业都以打通线上线下为基础、以重构传统商业要素为核心、以创新商业发展及全业态融合为目标，大胆创新，积极转型。

中国的超级市场规模，按照行业口径限额以上超级市场零售业大约在 1.1 万亿元左右，按照业态口径中小型超市和大型超市业态规模合计在 1.5 万亿元左右，整体保持了稳定增长，但增长率下降。连锁超市门店总数增长率恶化情况更为严峻，2010 年以来持续下滑，2014 年到 2016 年甚至出现了连续三年的负增长困局。“转型”成了超级市场零售行业的共识。有的企业开始尝试新业态，有的则对原有的商业模式加以改进。2017 年被誉为新零售元年，电商巨头也从线上走到线下，纷纷布局实体店，如阿里开出盒马鲜生、京东开出 7FRESH 等。新业态的尝试，以及传统商业模式的突破，都还在探索中。

近年来，凭借大体量、多业态、优体验，购物中心表现出了强大的竞争力。2017 年，全国商业地产仍高速发展，商业项目蜂拥开业。但是前两年的快速扩张和同行业间激烈的竞争也让很多购物中心面临巨大的经营压力。存量改造项目是 2017 年的热点，不少在过往行业竞争中被淘汰的存量资产，往往因为占据核心商圈、地铁等优势被其他开发商看上，历经升级改造或者更名、更换运营商之后重新回归。

便利店和无人店也是近年资本推动和涌入的核心业态。从现有的指标看，2016 年便利店的发展情况良好。年末连锁便利店的商品销售额达到 422.45 亿元，同比增长 9.10%；营业面积达到 162.25 万平方米，同比增长 8.44%；门店数总计 18 588 家，比 2015 年多出 913 家；年末从业人数为 8.42 万人，也高于 2015 年的数据。随着国内便利店龙头企业的供应链配送能力不断加强、后台系统技术持续迭代升级，以及商品开发水平不断提高，2017 年便利店企业跨区域发展呈现加速趋势。由于资本持续关注便利店发展，优质店铺资源可能会加速稀缺，未来便利店仍然面临很大的租金成本上涨压力。

中国的无店铺零售，当扣减其中的限额以上零售业——互联网零售的数据后，在销售额、法人企业数、营业面积、从业人数等核心指标上，全部是负增长，分别为 −4.88%，−3.17%，−0.75%和−2.08%，局面不容乐观。

但是，其中的网络零售快速发展，“双 11”“6·18”等电商节逐渐深入人心，无人零售商店成为资本关注焦点。从 2010 年的 321 亿元到 2016 年的 6 483 亿元，增长了约 19 倍。同时，企业和员工数量也在增加，法人企业数从 2010 年的 73 个猛增到 2015 年的 3 162 个，从业人数从 1.5 万人增加到 17.6 万人。在目前消费升级的背景下，新消费业态、新消费模式，如网络交易、无现金支付，以及各类生鲜智能店和无人店等发展前景广阔。

2.4.4 中国专业零售业发展

中国的专业零售业（行业口径含七大类专门零售，业态口径含专业店、专卖店、家居建材商店等）呈现逐年稳步提升的增长态势，整体发展形势向好，2016 年商品销售总额为 8 万亿～9.1 万亿元，限额以上行业和限额以上业态口径下专业零售业占零售业的比重分别为 71.90%和 63.50%，占据绝对主体地位。

根据连锁口径，在包含加油站的前提下，2016 年专业店的销售额为 2.05 万亿元；在不包含加油站的前提下，其销售额仅为 7 617 亿元，减少了近 2/3。专业店占全部专门零售业态合计值的比例为 54.89%，与去年的 55.7%相比略有下降。无论是限额以上口径，还是连锁口径，专业店都是专门零售业态最主要的组成部分。

食品、饮料及烟草制品专门零售业占零售业总体商品销售额的比例也在稳步提升。2016 年食品、饮料及烟草制品专门零售业商品销售额占专业零售业商品销售额的比重达到 4.63%，占零售总额的 3.33%，与 2008 年相比（2008 年比重分别为 2.49%与 1.67%），所占比重翻了近一倍。2016 年法人单位数、年末从业人数、零售营业面积与去年相比，增长幅度分别为 11.69%、6.1%和 11.8%，增长速度同去年基本持平。总体来看，食品、饮料及烟草制品专门零售业仍处在发展阶段，社会资本对进入该行业的热情比较高涨。

纺织、服装及日用品专门零售的销售规模 2016 年达到 5 670.0 亿元，继续保持了较快的发展。通过对代表性企业的监测，与去年相同，我们发现企业之间由于面对环境变化采取的转型方式不同，经营状况分化比较严重。随着新零售的发展，纺织、服装及日用品企业开始对门店进行新的升级和转型。这一时期，大多数企业经历了无竞争优势门店的淘汰和新型门店的开设，加强线下门店的客户体验升级，完善线上和线下的互联互动。

文化、体育用品及器材专门零售行业结束了上一年度的负增长情况，销售额占零售业总体销售额的比例在近年来也出现了缓步下降，由 2013 年的 3.08%逐步下降为 2.67%，但总体维持在 2%～3%。实体书店在互联网的冲击下，传统的图书销售业务已经很难绽放出第二春，从行业数据看，实体书店的整体转型效果甚微。未来，办公文具产业的市场集中度将会逐步提高，低效能、产品单一的小企业将会逐渐被淘汰。

医药及医疗器材专门零售行业的销售额一直在高速增长，从 2005 年的 764.09 亿元经过短短十年的发展，到 2016 年增长了接近 9 倍。行业的连锁总店数 724 家，平均每家开设分店约 71 家，整体连锁化程度较高。2015—2017 年，随着并购行为井喷式增长，医药零售企业的连锁化程度不断加剧，品牌集中度也随之提高。同时，为了进一步扩大线下销售额，大多数医疗公司在积极布局线下连锁网络。

汽车、摩托车、燃料及零配件专门零售业的销售额约为 5.60 万亿元，仍然是七大类专门零售行业中销售规模最大的行业，占全部限额以上零售业总体销售额的比重为 44.25%。从全行业角度看，汽车、摩托车、燃料及零配件专门零售业的发展势头较好，社会资本进入该市场的热情较高。每家企业的平均分店数约 70.56 个，较去年有所下降，但连锁化程度仍然较高。

家用电器及电子产品专门零售业的市场规模还在扩大，但是扩张速度明显变慢。2010—2016 年，家用电器及电子产品专门零售业的销售额总量一直处于增长态势，但其增长率整体呈下降趋势，由 2010 年的 26.4%，下降至 2016 年的 7.1%。一方面，家用电器及电子产品专门零售业面临着在新零售趋势下，如何做好线上与线下的有机结合的问题；另一方面，家用电器及电子产品专门零售业还面临着十分激烈的内部竞争。在城市市场逐渐饱和转战乡镇市场的当下，各企业应思考如何解决转型升级、渠道下沉、积极触网、战略转移等问题，以上两个方面的处理，决定了家电零售企业未来的发展。

2016 年，五金、家具及室内装饰材料专门零售业销售额为 3 989.4 亿元，增长幅度为 14.4%，其占零售业总体销售额的比重为 4.38%。法人单位数、年末从业人数两个指标都有一定程度的增长，分别为 7.69%、5.7%，但零售营业面积小幅减少，增长率为−0.7%。随着供给侧结构改革的不断深入，家居行业进行了技术、产品、规模等方面的革新，正从中低端向中高端全面转型。从现状来看，部分企业转型升级成效显著，特别是品牌家居企业，运用大数据，发展新业态新模式，拥抱“互联网+”“新零售”“智能家居”。

2.4.5 中国零售业的管理、运营与综合事务

在本报告监测范围内，2017 年中国零售业收购兼并事件达到 49 起，开始回到前几年的平均水平。零售业并购事件中“收购完成”和“收购中”事件占比增加；大部分并购方的零售企业为全国布点型企业，比如永辉超市、苏宁易购、阿里巴巴等；标的方中，其他类别（包括批发、物流、金融、贸易等）占比最高，很大程度上是因为零售巨头企业对零售服务和技术等方面的整合；2017 年电子商务并购较为活跃，众所周知的原因是阿里巴巴和腾讯在零售领域频频出手，线下零售巨头纷纷站队。2017 年最大的特点就是这一年被称为“新零售元年”，马云的“新零售”、刘强东的“无界零售”、张近东的“智慧零售”等概念纷纷在这一年发酵，以阿里、腾讯为代表的互联网巨头，都在这一年加快了在线下的布局速度，开始了对线下零售企业的并购。

2017 年中国零售业的高管变动大幅缓和，为 40 起，属于近五年的最低水平。高管变动最为剧烈的 3 个业态，依次是电子商务、专业店和超市。尤为瞩目的是阿里巴巴和京东，在 2017 年仍然有大范围的人事调整。2017 年电商巨头加快布局“新零售”，相对应的在许多方面需要相关人才，因而出现频繁的高管变动。阿里巴巴集团总裁张勇称“新零售新征程需要更多年轻人的新视角和新思维”。

关于中国零售业公司的营销活动，本报告对 2017 年中国连锁经营协会发布的中国连锁百强中的 20 家代表性零售企业（几乎均在官网公布有促销活动信息）的 90 起促销事件进行了监测。2017 年，电子商务的促销活动多集中在购物节，“6·18”“双 11”“双 12”等大型购物节都是从电商发端的，进入线下零售企业也只是在最近几年。专业店和连锁超市的营销活动以日常活动为主，许多超市在会员日、暑期有很多日常促销活动。

关于中国零售业公司的网络技术运用活动，本报告监测了连锁百强中的 77 家企业，发现其中开通网络零售的企业，近年来数量趋于稳定，2017 年占比高达 84%。在电子商务刚出现的时候，实体零售企业和电商企业处于对抗、争夺的状态；在电商企业飞速发展之后，许多实体零售企业开始尝试利用微博等线上宣传工具，并建立自己的网上商城；在“新零售”开启之后，二者的关系更进一步，开始走向融合。

关于中国零售业公司公共关系与社会责任，本报告选择中国连锁经营协会 2017 年 5 月公布的 2017 年中国连锁百强企业作为研究样本企业，对其中公司官方网站披露公共关系活动的 25 家大型零售企业的共计 100 项 2017 年公共关系活动进行了汇总、分类和监测。企业公共关系活动形式丰富多样，传统形式占比下降。

关于中国零售业的政策法规情况，本报告统计和监测了 2017 年主要以商务部为政策发布主体的中国重要的零售业政策法规和行业标准 58 项。其中，法律、法规和规定等计 32 项，零售行业标准计 26 项。本报告还监测了主要零售业案件纠纷计 154 起，全国范围内的主要零售业与商贸流通领域代表性会议、会展 54 场和主要零售业培训教育活动 50 场。另外，2017 年，我国出版的零售与流通领域代表性书籍共有 73 本，其中零售类书籍 50 本、流通类书籍 23 本，内容涉及零售战略管理、农产品流通现代化、流通发展与改革、零售品牌策略与设计等方面。

最后，本报告还对代表性海外国家（主要包括美国、日本、英国等国家）的经济、消费与零售商业的发展情况进行了监测和分析。

2.5 中国零售商业的一天

本报告根据中国零售商业与国民经济发展的 2016—2017 年数据，制作了一览表以反映全国零售商业与消费一天的情况，按照每年 365 天以及当年人口数，分别对 2016 年和 2017 年的中国零售商业进行了综合展示，以反映中国零售商业发展的基本情况，具体如表 2-7 和表 2-8 所示。

表 2-7　　中国零售商业的一天（2017 年数据）

序号	项目	2017 年总量（按照当年统计公报口径）		中国市场的一天（平均每天值，按照 365 天/年计）		全国人均值（按照中国 2017 年人口计算）	
1	国内生产总值	827 122	亿元	2 266.1	亿元/天	59 502	元/年/人
	第一产业	65 468	亿元	179.4	亿元/天	4 710	元/年/人
	第二产业	334 623	亿元	916.8	亿元/天	24 072	元/年/人
	第三产业	427 032	亿元	1 170.0	亿元/天	30 720	元/年/人
	全年全部工业增加值	279 997	亿元	767.1	亿元/天	20 143	元/年/人
	全年公共财政收入	172 567	亿元	472.8	亿元/天	12 414	元/年/人
	其中：税收收入	144 360	亿元	395.5	亿元/天	10 385	元/年/人
	国内增值税	56 378	亿元	154.5	亿元/天	4 056	元/年/人
	国内消费税	10 225	亿元	28.0	亿元/天	736	元/年/人
	进口货物增值税、消费税	15 969	亿元	43.8	亿元/天	1 149	元/年/人
	出口货物退增值税、消费税	−13 870	亿元	−38.0	亿元/天	−998	元/年/人
	以上主要流转类税收合计	68 702	亿元	188.2	亿元/天	4 942	元/年/人

续前表

序号	项目	2017 年总量（按照当年统计公报口径）		中国市场的一天（平均每天值，按照 365 天/年计）		全国人均值（按照中国 2017 年人口计算）	
2	固定资产投资（不含农户）	631 684	亿元	1 730.6	亿元/天	45 442	元/年/人
	其中：批发和零售业	16 542	亿元	45.3	亿元/天	1 190	元/年/人
	其中：住宿和餐饮业	6 107	亿元	16.7	亿元/天	439	元/年/人
3	国家外汇储备	31 399	亿美元			2 258.79	美元/人
	非金融领域新批外商直接投资企业数（批发和零售业）	12 283	家	33.7			
	非金融领域外商直接投资实际使用金额（批发和零售业）	114.05	亿美元	0.31	亿美元/天	8.20	美元/年/人
	非金融领域对外直接投资额（批发和零售业）	249	亿美元	0.68	亿美元/天	17.91	美元/年/人
4	快递业务量	400.6	亿件	1.10	亿件/天	28.82	件/年/人
	快递业务收入	4 957	亿元	13.58	亿元/天	356.60	元/年/人
	互联网上网人数	7.72	亿人				
5	全年全国居民人均可支配收入	25 974	元	71.2	元/天/人		
	城镇居民人均可支配收入	36 396	元	99.7	元/天/人		
	农村居民人均纯收入	13 432	元	36.8	元/天/人		
	全国居民人均消费支出	18 322	元	50.2	元/天/人		
	城镇居民人均消费性支出	24 445	元	67.0	元/天/人		
	农村居民人均生活消费支出	10 955	元	30.0	元/天/人		
6	全年社会消费品零售总额	366 262	亿元	1 003.5	亿元/天	26 348	元/年/人
	城镇消费品零售额	314 290	亿元	861.1	亿元/天	38 636	元/年/人
	乡村消费品零售额	51 972	亿元	142.4	亿元/天	9 013	元/年/人
	商品零售额	326 618	亿元	894.8	亿元/天	23 496	元/年/人
	餐饮收入额	39 644	亿元	108.6	亿元/天	2 852	元/年/人
	全年网上零售额	71 751	亿元	196.6	亿元/天	5 162	元/年/人
	其中：网上商品零售额	54 806	亿元	150.2	亿元/天	3 943	元/年/人

续前表

序号	项目	2017 年总量（按照当年统计公报口径）		中国市场的一天（平均每天值，按照 365 天/年计）		全国人均值（按照中国 2017 年人口计算）	
7	货币和准货币（M2）	167.7	万亿元			120 641	元/年/人
	货币（M1）	54.4	万亿元			39 134	元/年/人
	流通中现金（M0）	7.1	万亿元			5 108	元/年/人
	各项存款余额，其中：人民币	643 768	亿元			46 312	元/年/人
8	全部金融机构人民币消费贷款余额	315 194	亿元			22 675	元/年/人
	个人短期消费贷款余额	68 041	亿元			4 895	元/年/人
	个人中长期消费贷款余额	247 154	亿元			17 780	元/年/人

表 2-8　　中国零售商业的一天（2016 年数据）

序号	项目	2016 年总量（按照 2016 年统计年鉴口径）		中国市场的一天（平均每天值，按照 365 天/年计）		全国人均值（按照中国 2016 年人口计算）	
1	国内生产总值 GDP	744 127	亿元	2 038.70	亿元/天	53 816.58	元/年/人
	第三产业	383 365	亿元	1 050.32	亿元/天	27 725.63	元/年/人
	其中：批发和零售业	71 291	亿元	195.32	亿元/天	5 155.87	元/年/人
	农林牧渔业总产值	112 091	亿元	307.10	亿元/天	8 106.64	元/年/人
	规模以上工业企业主营业务收入	1 158 999	亿元	3 175.34	亿元/天	83 820.80	元/年/人
	全年全部工业增加值	247 878	亿元	679.12	亿元/天	17 926.95	元/年/人
2	全年公共财政收入	159 605	亿元	437.27	亿元/天	11 542.91	元/年/人
	其中：税收收入	130 361	亿元	357.15	亿元/天	9 427.92	元/年/人
	国内增值税	40 712	亿元	111.54	亿元/天	2 944.37	元/年/人
	国内消费税	10 217	亿元	27.99	亿元/天	738.93	元/年/人

续前表

序号	项目	2016 年总量（按照 2016 年统计年鉴口径）		中国市场的一天（平均每天值，按照 365 天/年计）		全国人均值（按照中国 2016 年人口计算）	
2	进口货物增值税、消费税	12 785	亿元	35.03	亿元/天	924.60	元/年/人
	出口货物退增值税、消费税	−12 154	亿元	−33.30	亿元/天	−879.03	元/年/人
	营业税	11 502	亿元	31.51	亿元/天	831.84	元/年/人
	以上主要流转类税收合计	63 061	亿元	172.77	亿元/天	4 560.70	元/年/人
3	全社会固定资产投资合计	562 000	亿元	1 539.7	亿元/天	40 884.0	元/年/人
	批发和零售业	18 925	亿元	51.8	亿元/天	1 376.7	元/年/人
	住宿和餐饮业	6 547	亿元	17.9	亿元/天	476.3	元/年/人
	投资额（城镇零售业）	8 718	亿元	23.89	亿元/天	630.53	元/年/人
	本年资金来源（城镇零售业）	8 384	亿元	22.97	亿元/天	606.36	元/年/人
	新增固定资产（城镇零售业）	6 184	亿元	16.94	亿元/天	447.25	元/年/人
	固定资产交付使用率（城镇零售业）	70.9	%				
	50 万元以上施工项目（城镇零售业）	17 521	个	48.00	个/天		
	其中：新开工项目（城镇零售业）	14 433	个	39.54	个/天		
	全部建成投产项目（城镇零售业）	12 961	个	35.51	个/天		
4	国家外汇储备	30 105	亿美元	82.48	亿美元/天	2 177.25	美元/年/人
	外商直接投资合同项目（批发零售）	9 399	个	25.75	个/天		
	外商直接投资实际使用金额（批发零售）	1 587 016	万美元	4 347.99	万美元/天	11.48	美元/年/人
	对外直接投资净额（批发零售）	2 089 417	万美元	5 724.43	万美元/天	15.11	美元/年/人
	对外直接投资存量（批发零售）	16 916 820	万美元	46 347.45	万美元/天	122.35	美元/年/人

续前表

序号	项目	2016 年总量（按照 2016 年统计年鉴口径）		中国市场的一天（平均每天值，按照 365 天/年计）		全国人均值（按照中国 2016 年人口计算）	
5	支出法国内生产总值	746 315	亿元	2 044.70	亿元/天	53 974.80	元/年/人
	最终消费支出	400 176	亿元	1 096.37	亿元/天	28 941.40	元/年/人
	其中：居民消费支出	292 661	亿元	801.81	亿元/天	21 165.78	元/年/人
	其中：农村居民	64 145	亿元	175.74	亿元/天	4 639.08	元/年/人
	其中：城镇居民	228 517	亿元	626.07	亿元/天	16 526.75	元/年/人
	其中：政府消费支出	107 514	亿元	294.56	亿元/天	7 775.62	元/年/人
6	城镇居民人均可支配收入	33 616	元	92.10	元/天		
	农村居民人均纯收入	12 363	元	33.87	元/天		
7	全年社会消费品零售总额	332 316	亿元	910.46	亿元/天	24 033.69	元/年/人
	城镇消费品零售额	285 814	亿元	783.05	亿元/天	20 670.57	元/年/人
	农村消费品零售额	46 503	亿元	127.41	亿元/天	3 363.18	元/年/人
	商品零售额	296 518	亿元	812.38	亿元/天	21 444.70	元/年/人
	餐饮收入额	35 799	亿元	98.08	亿元/天	2 589.05	元/年/人
	全年网上零售额	51 556	亿元	141.25	亿元/天	3 728.62	元/年/人
	其中：网上商品零售额	41 944	亿元	114.92	亿元/天	5 923.04	元/年/人
	按主要行业分的法人单位数合计	18 191 382	个				
	批发和零售业	5 041 698	个				
	限额以上零售业商品购进额	108 890	亿元	298.33	亿元/天	7 875.15	元/年/人
	限额以上零售业商品销售额	126 612	亿元	346.88	亿元/天	9 156.82	元/年/人
	限额以上零售业期末商品库存额	11 093	亿元	30.39	亿元/天	802.26	元/年/人
	限额以上零售业年末零售营业面积	33 905	万平方米			0.25	平方米/年/人
8	全年货物运输总量	4 386 763	万吨	12 018.53	万吨/天	31.73	吨/年/人
	货物运输周转量	186 629	亿吨千米	511.31	亿吨千米/天	13 497.37	吨千米/年/人
	快递业务量	3 128 315	万件	8 570.73	万件/天	22.62	件/年/人
	快递业务收入	39 743 601	万元	108 886.58	万元/天	287.43	元/年/人

续前表

序号	项目	2016 年总量（按照 2016 年统计年鉴口径）		中国市场的一天（平均每天值，按照 365 天/年计）		全国人均值（按照中国 2016 年人口计算）	
8	各项存款余额	1 555 247	亿元	4 260.95	亿元/天	112 478.18	元/年/人
	其中：住户存款	606 522	亿元	1 661.70	亿元/天	43 864.73	元/年/人
	其中：人民币	597 751	亿元	1 637.67	亿元/天	43 230.40	元/年/人
	货币和准货币（M2）	1 550 067	亿元	4 246.76	亿元/天	112 103.53	元/年/人
	货币（M1）	486 557	亿元	1 333.03	亿元/天	35 188.67	元/年/人
	流通中现金（M0）	68 304	亿元	187.13	亿元/天	4 939.86	元/年/人
9	全部金融机构人民币消费贷款余额	250 472	亿元	686.22	亿元/天	18 114.57	元/年/人
	个人短期消费贷款余额	49 313	亿元	135.10	亿元/天	3 566.40	元/年/人
	个人中长期消费贷款余额	201 159	亿元	551.12	亿元/天	14 548.17	元/年/人

（王　强）

第3章　中国零售业产业发展分析报告

本章从产业集中度、产业规模与结构角度对中国零售业产业发展进行监测与分析，并就零售行业的盈利能力、费用控制、劳动效率、企业效率和经营效率等进行分析。既涵盖了中国零售业发展的整体情况，也包含对零售业内部各行业、业态以及所有制之间发展情况的比较分析。

本章所有数据、资料均通过公开渠道获得，主要包括国家统计局发布的月度数据、年度数据、统计公报等，历年《中国贸易外经统计年鉴》，中经网和国研网。此外，还参考了“中国连锁经营协会”“中国商业联合会”“联商网”等行业协会和专业网站的信息。本章共有数据附表12张，请读者朋友扫描本书第242页的二维码免费查阅。

3.1　中国零售业产业集中度分析

3.1.1　中国零售业整体集中度分析

3.1.1.1　中国零售业整体集中度（CR4、CR8）

产业集中度也称市场集中度，是描述产业市场结构性状和企业市场支配能力的概念，可以被用来衡量产业的竞争性和垄断性。产业集中度通常采用产业中排名前几位企业的某一指标（如生产量、销售量、资产总额等）的合计占整个产业相应指标的百分比来表示，占比越高，则产业集中度越高。在实践中通常用产业中前4家或者前8家企业的销售额占全产业总销售额的百分比来描述产业集中度，分别表示为CR4和CR8。根据美国产业组织学家贝恩（Joe S. Bain）对产业结构的分类标准，当CR4≤30％或CR8≤40％时，该产业处于完全竞争状态。本节采用零售业CR4、CR8两个指标来度量零售业产业集中度。本节数据来源于《中国贸易外经统计年鉴》、国家统计局统计公报以及中经网统计数据库。

如图3-1所示，2006—2017年，中国零售业整体CR4和CR8分别保持在5.5％和3.7％水平以下，说明中国零售业产业集中度水平较低。在此期间产业集中度呈现起伏波动，在2010—2017年呈现下降趋势。到2017年，中国零售业整体CR4和CR8分别降低为1.63％和2.34％。较低的集中度反映出行业组织化程度不高，这将可能影响规模经济的发挥和行业整体效率的提升。

3.1.1.2　中国限额以上口径零售企业集中度分析

本节使用零售业限额以上口径产业集中度，具体而言，使用限额以上零售企业的总销售额占全国社会消费品零售总额的比重（限额以上占比）、零售业前4家（限额以上CR4）以及前8家（限额以上CR8）企业销售额之和占限额以上零售企业销售额总

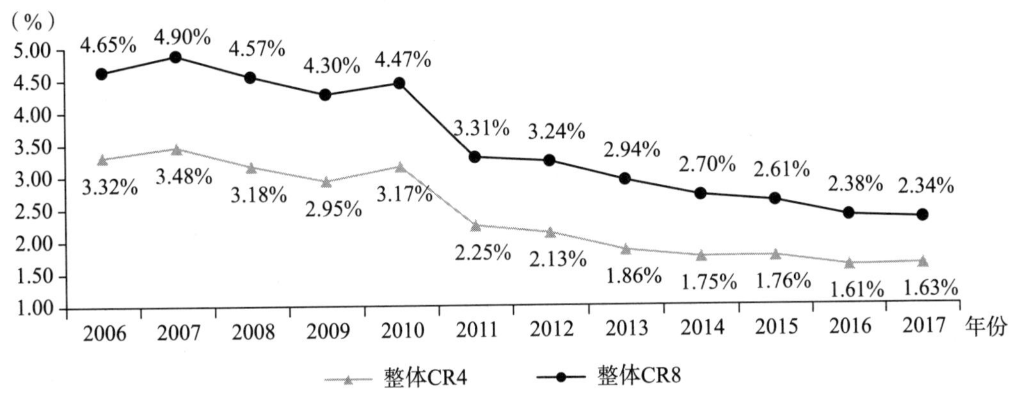

图 3－1　中国零售业整体集中度（2006—2017 年）

额的比重来度量限额以上口径零售业集中度。

如图 3－2 所示，2005—2016 年，限额以上零售企业总销售额占比波动上升，2015 年有明显下降，2016 年较 2015 年略有回升，达到 38.10%。总体而言，限额以上口径 CR4 和 CR8 在 2005—2007 年上升，至 2007 年达到峰值 11.99%和 4.90%，2007 年以后呈持续下降态势，2016 年限额以上口径 CR4 和 CR8 分别为 4.23%和 2.38%。限额以上零售企业总销售额占比和限额以上 CR4 和 CR8 相反的变动趋势，一方面反映了全行业整体规模水平的提升，另一方面反映了零售巨头占限额以上零售业企业的比例有所降低，扩张速度有所减缓，行业竞争加剧。

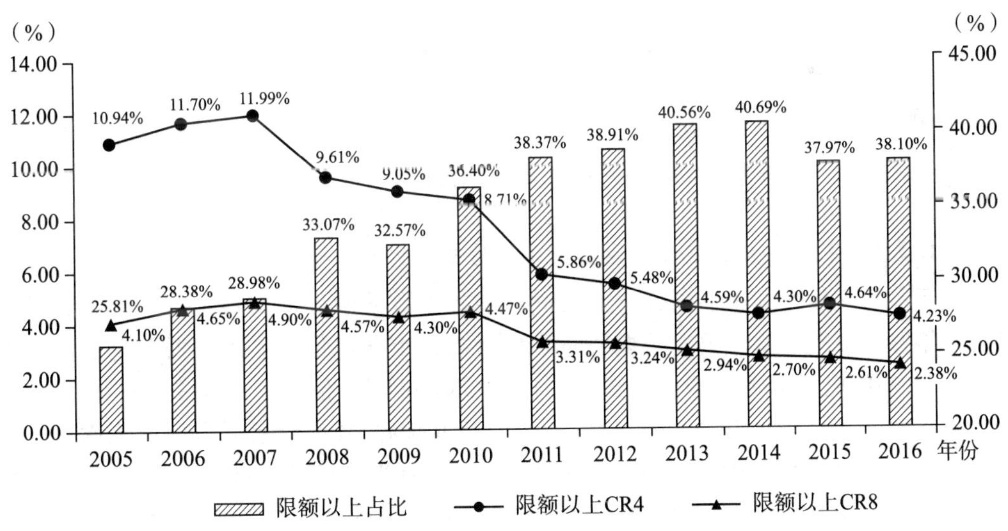

图 3－2　中国零售业限额以上口径集中度（2005—2016 年）

3.1.1.3　中国连锁百强口径集中度分析

本节以中国连锁百强口径度量产业集中度，具体而言，以中国连锁百强企业销售总额占全国社会消费品零售总额的百分比（百强占比），以及中国连锁百强企业中排名前 4 家（百强 CR4）和前 8 家企业（百强 CR8）销售额占百强企业销售总额的百分比进行分析。本节中国零售百强数据来源于中国连锁经营协会。

如图 3－3 所示，中国零售百强企业销售额占比在 2006—2017 年呈逐年递减趋势，从 2006 年的 10.81％减少到 2017 年的 5.96％。连锁百强 CR4 和 CR8 在此期间呈波动趋势，在 2007 年、2010 年、2015 年相继出现峰值。2017 年中国连锁百强企业 CR4、CR8 分别为 27.31％、39.24％，相较于 2016 年有小幅上升。零售巨头有可能吞噬了部分大中型企业的市场份额，导致在百强企业的整体发展相对萎缩的同时，CR4、CR8 的逆转。

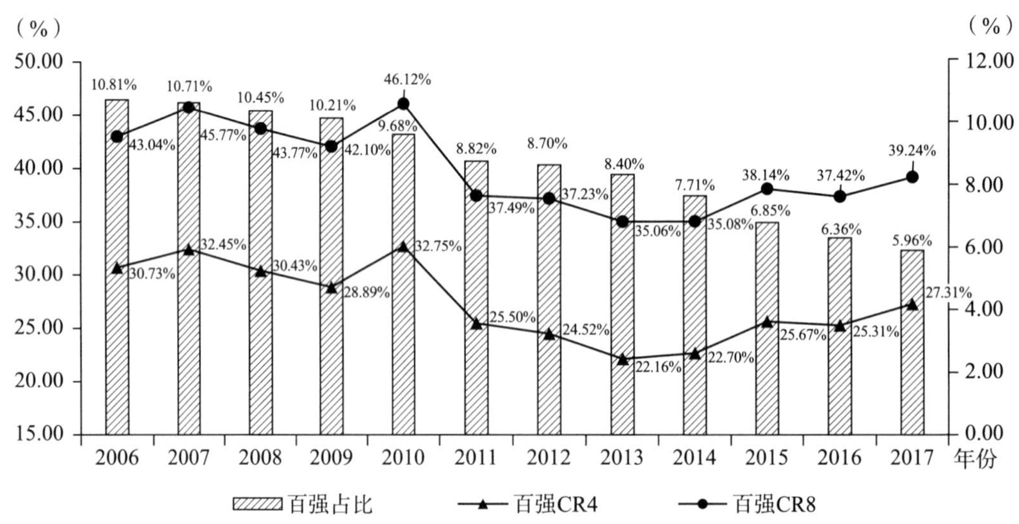

图 3－3　中国连锁百强口径集中度（2006—2017 年）

3.1.2　中国零售业按行业分类的集中度分析

3.1.2.1　中国零售业区分行业的集中度分析

鉴于零售业集中度在不同分行业之间存在较大异质性，本节将根据《中国贸易外经统计年鉴》中的行业分类，选取百货零售、超级市场零售、家用电器及电子产品专门零售、专业零售[①]四个分行业分析其各自的 CR4 和 CR8 值。

如图 3－4 所示，2006—2016 年，四个分行业按照 CR4 指标由高到低依次为：家用电器及电子产品专门零售、超级市场零售、百货零售、专业零售。在 2006—2016 年四个分行业的集中度都呈现波动下降趋势，其中，家用电器及电子产品专门零售的 CR4 指标下降幅度最大，从最高点 2010 年 77.18％降至 2016 年 36.46％，行业集中度持续呈下降态势，行业竞争格局愈发激烈。专业零售自 2008 年以来 CR4 保持在 10％

① 专业零售包括食品、饮料及烟草制品专门零售，文化、体育用品及器材专门零售，医药及医疗器材专门零售，汽车、摩托车、燃料及零配件专门零售以及五金、家具及室内装饰材料专门零售。

以下的水平，在四个分行业中市场竞争和分散化程度最高。2016 年四个分行业集中度根据 CR4 由高到低依次为：家用电器及电子产品专门零售、超级市场零售、百货零售、专业零售，其 CR4 值分别为 36.46%、30.42%、14.15%、4.45%。

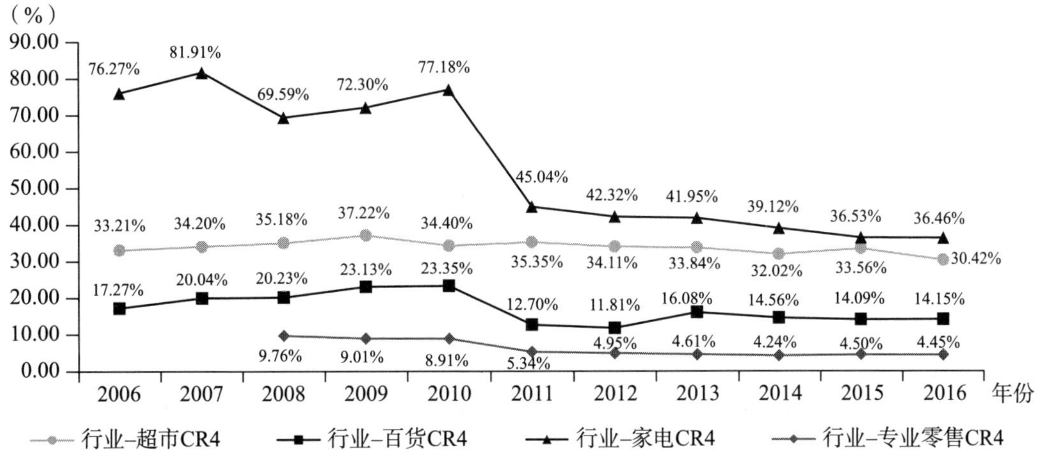

图 3－4　中国零售业限额以上口径分行业集中度（CR4）（2006—2016 年）

CR8 指标在各行业的排序与 CR4 略有差异。如图 3－5 所示，2006—2010 年，四个分行业 CR8 指标由高到低排序为家用电器及电子产品专门零售、超级市场零售、百货零售和专业零售。2011 年后超级市场零售超越家用电器及电子产品专门零售成为四个分行业中产业集中度最高的行业。2010—2011 年，家用电器及电子产品专门零售的集中度由 79.14%降为 46.86%，并在 2011 年之后维持递减趋势。专业零售 CR8 值处于四个分行业中的最低水平，并从 2008 年开始逐年递减。2016 年四个分行业集中度根据 CR8 由高到低依次为：超级市场零售、家用电器及电子产品专门零售、百货零售、

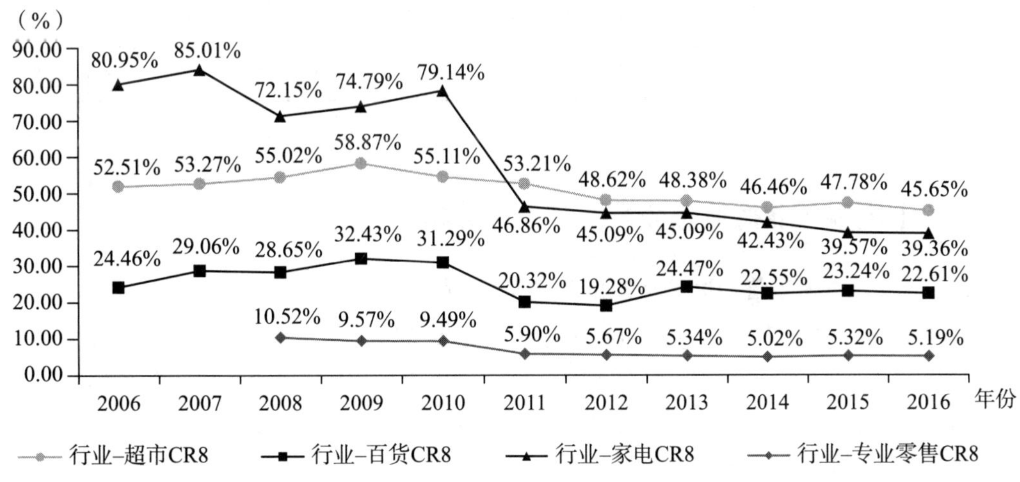

图 3－5　中国零售业限额以上口径分行业集中度（CR8）（2006—2016 年）

专业零售，其 CR8 值分别为 45.65%、39.36%、22.61%、5.19%。

3.1.2.2 调整后的中国零售业分行业集中度

由于上述对子行业集中度的分析采用限额以上统计口径的零售数据，因此计算的产业集中度有被高估的可能。鉴于此，本节引入一个调整系数，即限额以上零售额占全国零售额比重，以降低限额以上统计口径反映的产业集中度的偏误。表 3－1 报告了 2006—2016 年的调整系数，以及经过调整系数矫正之后各行业的集中度。总体而言，2016 年相较于 2015 年，零售各行业调整后集中度基本持平。

表 3－1　　中国零售业限额以上口径分行业调整后集中度（2006—2016 年）

时间	调整系数	超级市场零售		百货零售		家用电器及电子产品专门零售		专业零售	
		CR4	CR8	CR4	CR8	CR4	CR8	CR4	CR8
2006 年	29.39%	9.76%	15.43%	5.08%	7.19%	22.42%	23.79%		
2007 年	30.40%	10.40%	16.19%	6.09%	8.84%	24.90%	25.84%		
2008 年	35.00%	12.31%	19.26%	7.08%	10.03%	24.36%	25.25%	3.42%	3.68%
2009 年	32.66%	12.16%	19.23%	7.55%	10.59%	23.61%	24.43%	2.94%	3.13%
2010 年	36.63%	12.60%	20.19%	8.55%	11.46%	28.27%	28.99%	3.27%	3.48%
2011 年	33.76%	11.93%	17.96%	4.29%	6.86%	15.20%	15.82%	1.80%	1.99%
2012 年	35.20%	12.01%	17.11%	4.16%	6.79%	14.90%	15.87%	1.74%	1.99%
2013 年	36.70%	12.42%	17.75%	5.90%	8.98%	15.40%	16.55%	1.69%	1.96%
2014 年	40.69%	13.03%	18.91%	5.92%	9.17%	15.92%	17.27%	1.72%	2.04%
2015 年	37.97%	12.74%	18.14%	5.35%	8.83%	13.87%	15.03%	1.71%	2.02%
2016 年	38.10%	11.59%	17.39%	5.39%	8.62%	13.89%	15.00%	1.70%	1.98%

3.1.3 中国零售业按业态分类的集中度分析

3.1.3.1 中国零售业区分业态的集中度分析

鉴于中国零售业不同业态之间集中度存在较大异质性，本节将根据《中国贸易外经统计年鉴》中的行业分类，选取超市、百货店、专业店三种主要业态，仍然采用 CR4 和 CR8 两个指标，分析其市场集中度。此外，由于统计口径变动以及数据发布年限的影响，本节的数据分析区间为 2008—2016 年。

如图 3－6 和图 3－7 所示，2008—2016 年，中国零售各业态按照 CR4 由高到低排序为：超市、百货店、专业店。具体而言，超市和专业店的 CR4 呈现持续下降趋势，百货店的 CR4 在 2010—2013 年先降后升，2010—2011 年由 28.15%降为 13.34%，2012—2013 年由 12.10%升至 16.47%，并在 2014—2016 年维持 15%～16%的水平。2016 年，超市、百货店与专业店三种业态的 CR4 值分别为 22.20%、15.30%、4.83%。2008—2016 年，三种业态的 CR8 和 CR4 变动基本保持一致。2016 年，超市、百货店与专业店三种业态的 CR8 值分别为 33.32%、24.46%、5.63%。

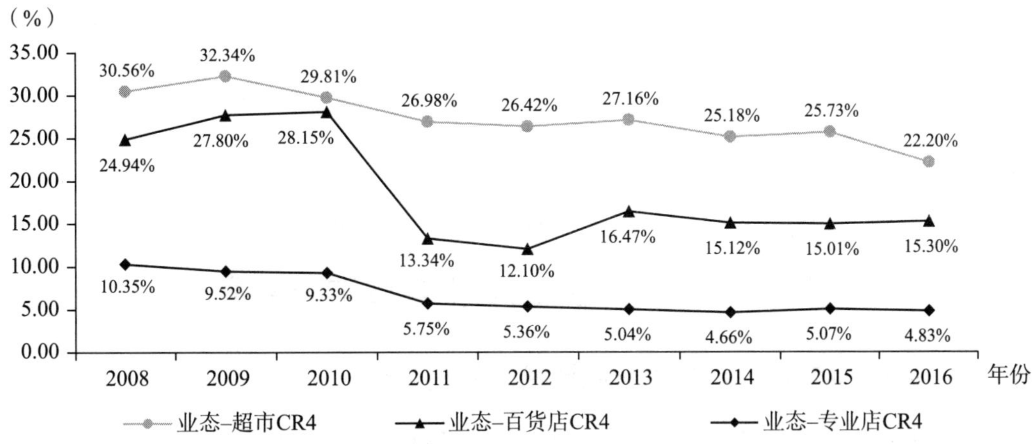

图 3－6　中国零售业限额以上口径分业态集中度（CR4）（2008—2016 年）

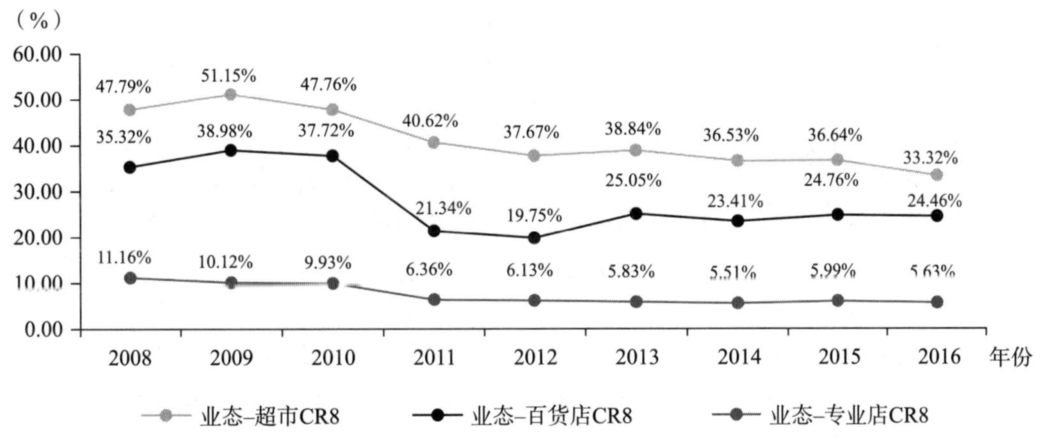

图 3－7　中国零售业限额以上口径分业态集中度（CR8）（2008—2016 年）

3.1.3.2　调整后的中国零售业分业态集中度

与分行业集中度测算类似，由于上述针对各业态集中度的分析采用的是限额以上统计口径的零售数据，真实的集中度有被高估的可能。因此，本节引入一个调整系数，即限额以上零售额占全国零售额的比重，以降低限额以上统计口径反映的产业集中度的偏误。表 3－2 报告了 2008—2016 各年的调整系数，以及经过调整系数矫正之后各业态的集中度。

表 3-2　中国零售业限额以上口径分业态调整后集中度（2008—2016 年）

时间	调整系数	超市		百货店		专业店	
		CR4	CR8	CR4	CR8	CR4	CR8
2008 年	35.00%	10.70%	16.73%	8.73%	12.36%	3.62%	3.90%
2009 年	32.66%	10.56%	16.71%	9.08%	12.73%	3.11%	3.31%
2010 年	36.63%	10.92%	17.49%	10.31%	13.82%	3.42%	3.64%
2011 年	33.76%	9.11%	13.71%	4.50%	7.21%	1.94%	2.15%
2012 年	35.20%	9.30%	13.26%	4.26%	6.95%	1.89%	2.16%
2013 年	36.70%	9.97%	14.25%	6.04%	9.19%	1.85%	2.14%
2014 年	40.69%	10.24%	14.86%	6.15%	9.53%	1.89%	2.24%
2015 年	37.97%	9.77%	13.91%	5.70%	9.40%	1.92%	2.27%
2016 年	38.10%	8.46%	12.70%	5.83%	9.32%	1.84%	2.14%

3.2　中国零售业产业规模与结构分析报告

3.2.1　中国零售业产业分所有制规模与结构分析

本节将从企业所有制类型、行业和业态三个角度，通过法人企业、年末从业人数、年末零售营业面积、资产、销售总额五个指标衡量中国零售业产业规模和结构。本报告 3.2～3.7 节的分析数据均来源于《中国贸易外经统计年鉴》，由于《中国贸易外经统计年鉴》仅收录限额以上批发和零售业数据，因此本节中的所有分析均基于中国限额以上的零售业数据。

如表 3-3 所示，2016 年在三类所有制类型零售企业中，内资企业在法人企业数量、年末从业人数、年末零售营业面积、资产、销售总额上都占据绝对优势，各个维度占比均在限额以上零售业合计的 87%以上，其中法人企业数量占比达 97.56%。港澳台商投资企业和外商投资企业法人企业数量占比分别为 1.43%和 1.00%；年末从业人数、年末零售营业面积、资产以及销售总额占比均在 5%至 7%之间，体现出单个企业规模较大的特点。与 2015 年相比，三类所有制类型零售企业的法人企业数量、年末从业人数、年末零售营业面积、资产和销售总额分别上涨 7.72%、2%、3.84%、12.95%、10.81%。

表 3-3　中国零售业分所有制的规模与结构（2016 年）

项目		所有制				
		内资企业	#国有控股	港澳台商投资企业	外商投资企业	限额以上零售业合计
法人企业	个数（个）	95 909	5 463	1 409	987	98 305
	占比（%）	97.56	5.56	1.43	1.00	100
年末从业人数	人数（万人）	608.3	90.5	46.5	42.9	697.7
	占比（%）	87.19	12.97	6.66	6.15	100.00

续前表

项目		所有制				
		内资企业	＃国有控股	港澳台商投资企业	外商投资企业	限额以上零售业合计
年末零售营业面积	面积（万平方米）	30 004.5	6 085.3	1 864.8	2 036.0	33 905.3
	占比（%）	88.50	17.95	5.50	6.00	100
资产	金额（亿元）	52 790.6	12 588.9	3 980.4	3 665.0	60 436.0
	占比（%）	87.35	20.83	6.59	6.06	100
销售总额	金额（亿元）	111 853.6	24 877.9	6 999.6	7 759.0	126 612.2
	占比（%）	88.34	19.65	5.53	6.13	100

3.2.2　中国零售业产业分行业规模与结构分析

本节将依据《中国贸易外经统计年鉴》中的行业划分将零售业分为十一个分行业：1）食品、饮料及烟草制品专门零售；2）纺织、服装及日用品专门零售；3）文化、体育用品及器材专门零售；4）医疗及医疗器材专门零售；5）汽车、摩托车、燃料及零配件专门零售；6）家用电器及电子产品专门零售；7）五金、家具及室内装饰材料专门零售；8）百货零售；9）超级市场零售；10）货摊、无店铺及其他零售业；11）其他综合零售业，并从法人企业、年末从业人数、年末零售营业面积、资产和销售总额五个维度展开分析。

3.2.2.1　中国零售业分行业法人企业数企业结构分析

总体而言，零售业法人企业数在 2015—2016 年从 91 258 个上升到 98 305 个，各行业法人企业数量均有所增加，但其比例关系基本保持稳定。如图 3－8 所示，2016 年中国零售业分行业法人企业数量分解中，汽车、摩托车、燃料及零配件专门零售，综合零售业与家用电器及电子产品专门零售的法人企业数占比最高，分别为 35.9%、20.6%和 11.7%，法人企业数共计约 6.7 万家。综合零售业中，百货零售，货摊、无店铺及其他零售和超级市场零售占比分别为 7.0%、6.4%和 5.6%。其余分行业占比均低于 10%。与 2015 年数据相比，各细分行业法人企业数与相对比例关系基本保持不变，食品、饮料及烟草制品专门零售以及货摊、无店铺及其他零售较 2015 年均上升 1%。

3.2.2.2　中国零售业分行业从业人员数量结构分析

2015—2016 年，零售业年末从业人数由 1 173.6 万人上升为 1 193.6 万人，继续保持了就业主战场的地位。如图 3－9 所示，综合零售业依托其经营特征，在细分行业中保持着最强的就业吸纳能力，该行业 2016 年末从业人数为 279.2 万人，占限额以上零售业总体就业人数的 40.0%，其中超级市场零售和百货零售分别吸纳了全部零售业年末从业人员的 18.2%和 15.8%，汽车、摩托车、燃料及零配件专门零售占比达到 24.1%。其余行业年末从业人员占比均低于 10%，结构与 2015 年保持基本一致。

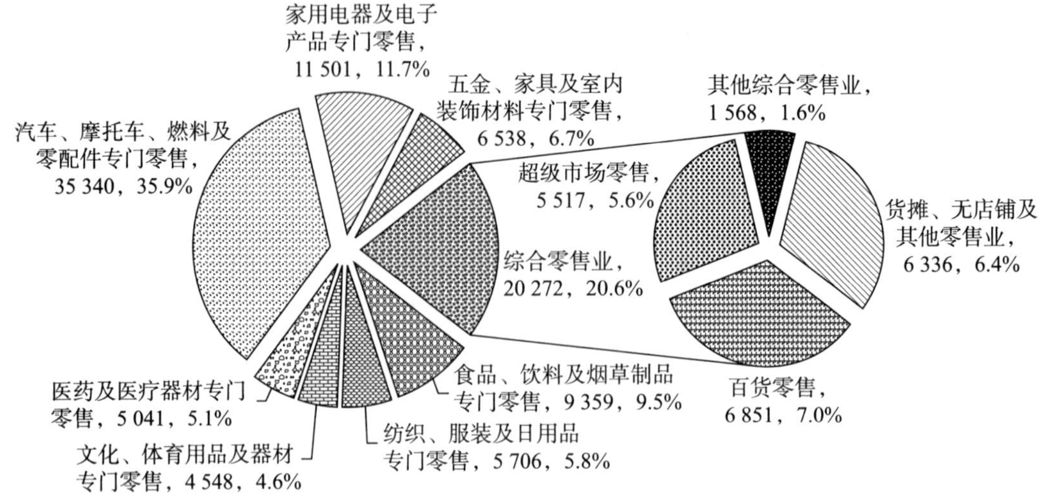

图 3-8　中国零售业法人企业数（个）的行业结构（2016 年）

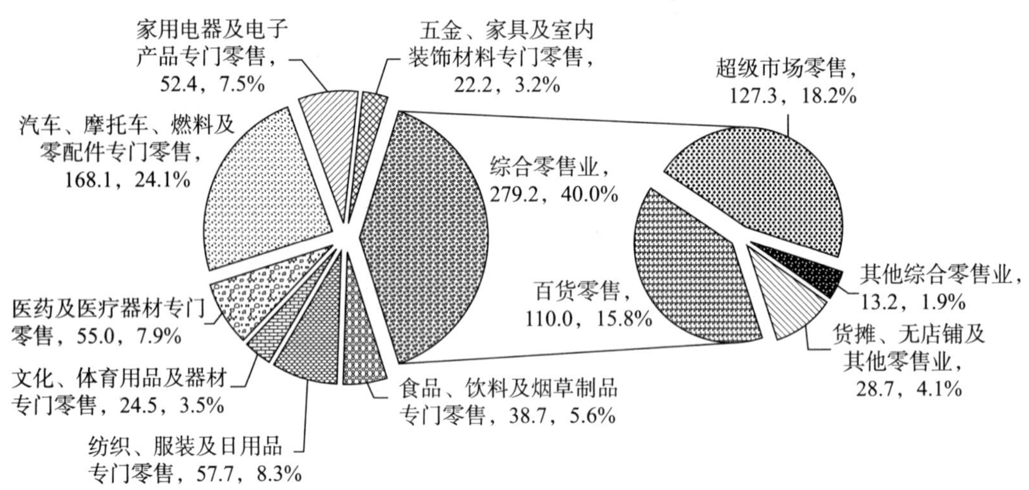

图 3-9　中国零售业年末从业人员（万人）的行业结构（2016 年）

3.2.2.3　中国零售业分行业营业面积总量结构分析

总体而言，2016 年的零售业营业面积较 2015 年有所增加，从 32 651.3 万平方米增至 33 905.3 万平方米，各分行业结构与 2015 年基本一致。如图 3-10 所示，综合零售业营业面积达到 15 264.2 万平方米，占总营业面积的 45.0%，其中百货零售和超级市场零售分别占综合零售业营业面积的 24.6%和 16.7%。汽车、摩托车、燃料及零配件专门零售占 30.6%。以上两者共占全部营业面积的 75.6%。其余分行业占比均在 10%以下。

3.2.2.4　中国零售业分行业企业资产规模结构分析

中国零售业各行业的资产总规模相较于 2015 年有所增加，各行业结构保持基本稳定。如图 3-11 所示，资产规模最大的为汽车、摩托车、燃料及零配件专门零售，占比

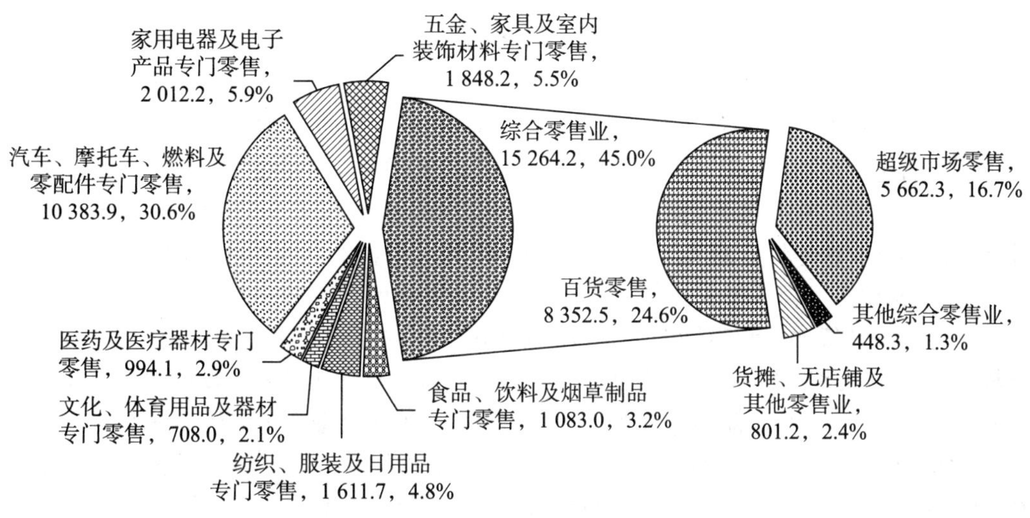

图 3-10 中国零售业营业面积（万平方米）的行业结构（2016 年）

为零售业资产总额的 37.0%，其次是综合零售业，占比为 30.7%，其中百货零售占零售业资产总额的 17.1%。家用电器及电子产品专门零售、医疗及医疗器材专门零售在 2015—2016 年分别由 7.43%、6.14%升至 9.3%、6.4%，而食品、饮料及烟草制品专门零售占比在 2015—2016 年分别由 3.66%降至 3.3%。

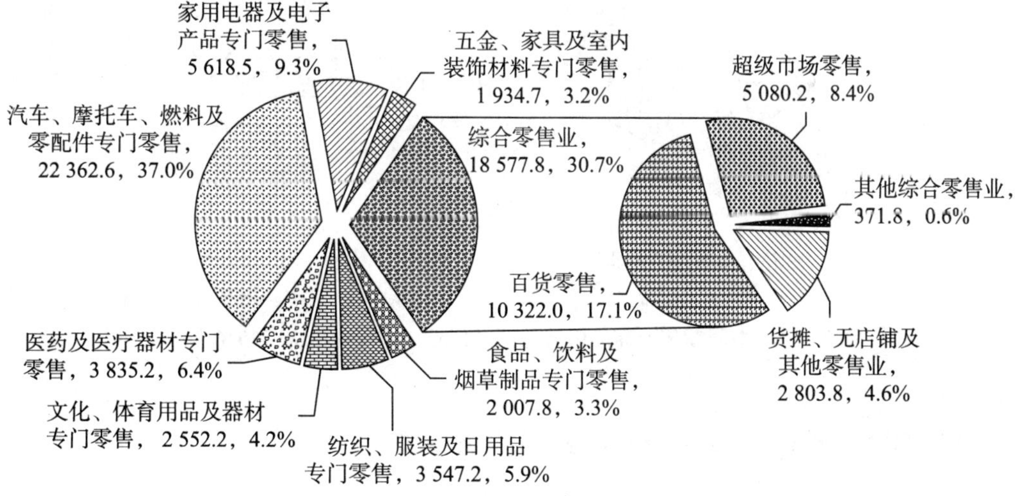

图 3-11 中国零售业资产（亿元）的行业结构（2016 年）

3.2.2.5 中国零售业分行业销售总额规模结构分析

中国限额以上零售业商品销售总额从 2015 年的 114 255.3 亿元增长为 2016 年的 126 612.3亿元，总体增长率为 10.8%，反映出零售业整体稳步发展的态势，零售业内部各行业销售总额结构与 2015 年相比基本保持稳定。如图 3-12 所示，2016 年综合零售业和专业零售业分别占零售业商品销售总额的28.1%和71.9%，商品零售额分别为35 576亿元和91 036亿元。从专业零售来看，汽车、摩托车、燃料及零配件专门零售占零售业商品销售总额的44.3%，达到56 030亿元；家用电器及电子产品专门零售、医药及医疗器材专门零售占比分别为8.4%和5.6%；其他专业零售行业占零售业商品销售总额的比重均在5%以下。从综合零售来看，百货零售和超级市场零售占比分别为11.9%和8.7%，2016年商品销售总额分别为15 060亿元和10 957亿元；货摊、无店铺及其他零售业占零售业商品销售总额的比重为6.5%，2016年销售额为8 183亿元。与2015年相比，综合零售业和专业零售业商品销售额增长率分别为10.3%和11.0%，在所有行业中，货摊、无店铺及其他零售业增长率最高，为54.4%，其中，互联网零售较2015年增长84.52%，反映出互联网零售在我国零售业中日益重要的地位。在所有行业中，只有百货零售商品销售额增长率为−0.5%，其他行业较2015年均有所上升。在专业零售业中，家用电器及电子产品专门零售增长率为7.1%，其他专业零售业增长率均在10%以上，其中五金、家具及室内装饰材料专门零售增长率最高，为14.4%。

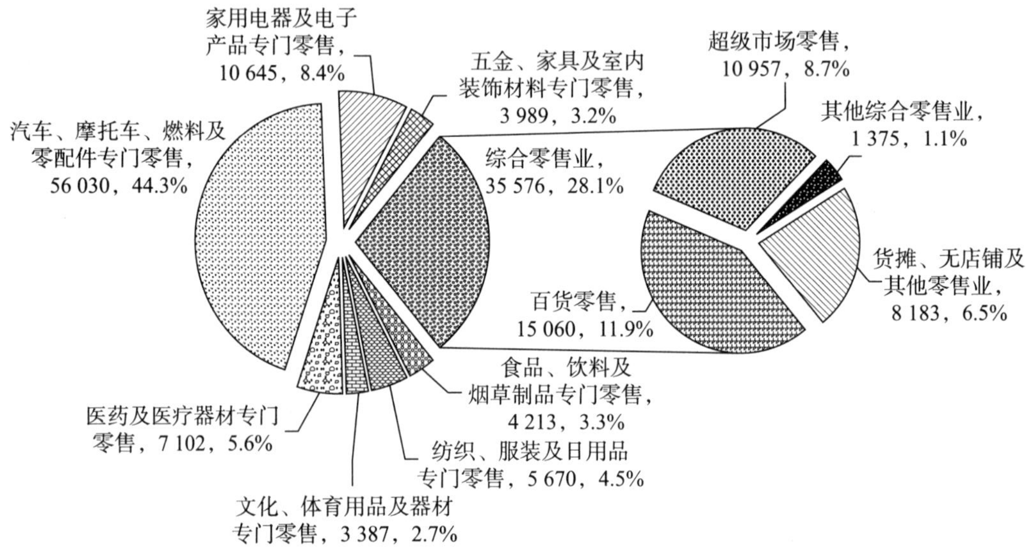

图3－12　中国零售业商品销售总额（亿元）的行业结构（2016年）

3.2.3　中国零售业产业分业态规模与结构分析

本节依据《中国贸易外经统计年鉴》，将中国零售业分为六大业态模式，即超市、大型超市、百货店、专业店、专卖店及无店铺零售，并从法人企业数、年末从业人数、年末零售营业面积、资产和销售总额五个维度分析零售产业各业态的规模与结构。

3.2.3.1　中国零售业分业态法人企业数结构分析

2016年零售业各业态的法人企业数和2015年结构基本一致，如图3－13所示，专卖店和专业店占比最高，专业店2016年法人企业数为40 865个，占零售业法人企业数的 41.6%，专卖店 2016 年法人企业数为 28 689 个，占零售业法人企业数的 29.2%，大型超市、百货店、无店铺零售业态和其他业态占比均在 10%以下。

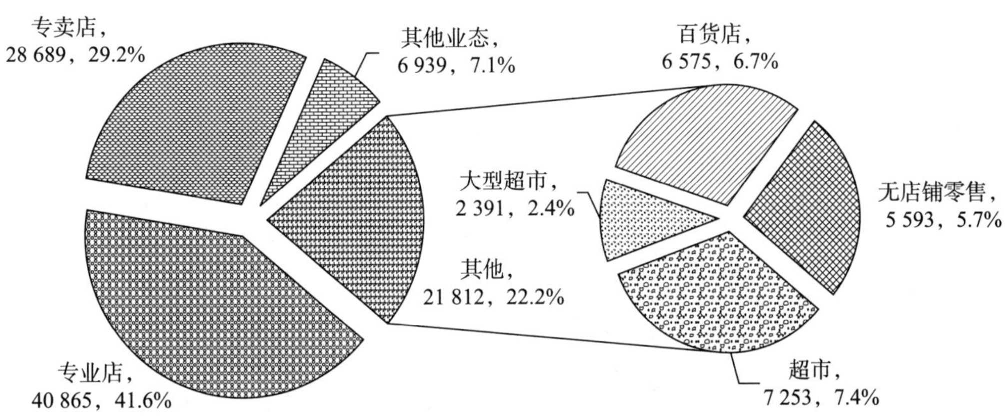

图 3-13 中国零售业法人企业数（个）的业态结构（2016 年）

3.2.3.2 中国零售业分业态从业人员数量结构分析

如图 3-14 所示，专业店、专卖店、大型超市和百货店吸纳了 80.9%的零售业从业人员，共计吸纳从业人员 564.3 万人。以上四种业态从业人员占比均高于 10%，这主要是由自身属性要求所决定的。吸纳就业人口最低的零售业态为无店铺零售，占比为 5%，较 2015 年有所上涨。

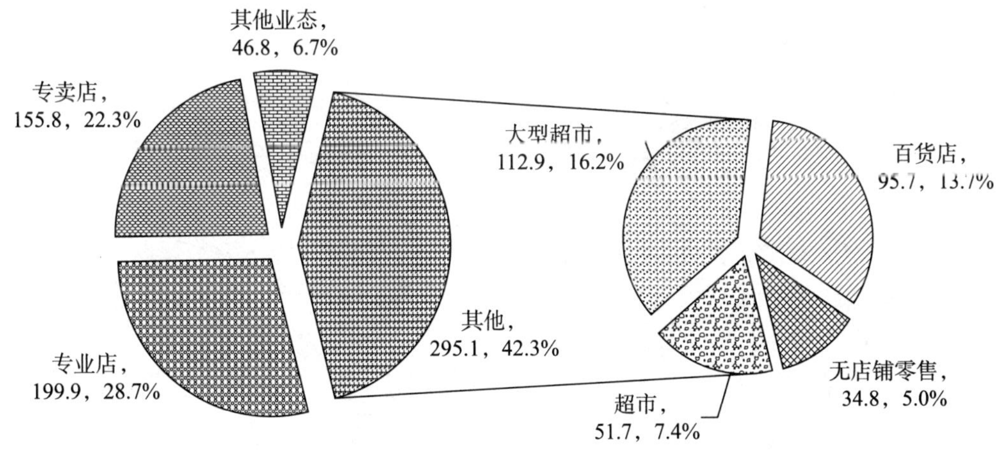

图 3-14 中国零售业从业人员（万人）的业态结构（2016 年）

3.2.3.3 中国零售业分业态营业面积总量结构分析

如图 3-15 所示，与从业人员占比结构相似，专业店、专卖店、大型超市和百货店占据了绝大部分的零售业营业面积，2016 年占比为 86.1%，这也从侧面印证了零售业作为劳动力密集型行业，其空间与人员之间的联系紧密。百货店和大型超市占比分别为 20.8%和 18.8%，体现出综合零售业态的特点。总体而言，与 2015 年数据相比，2016 年零售业营业面积上涨 3.84%，达到 33 905.3 万平方米。

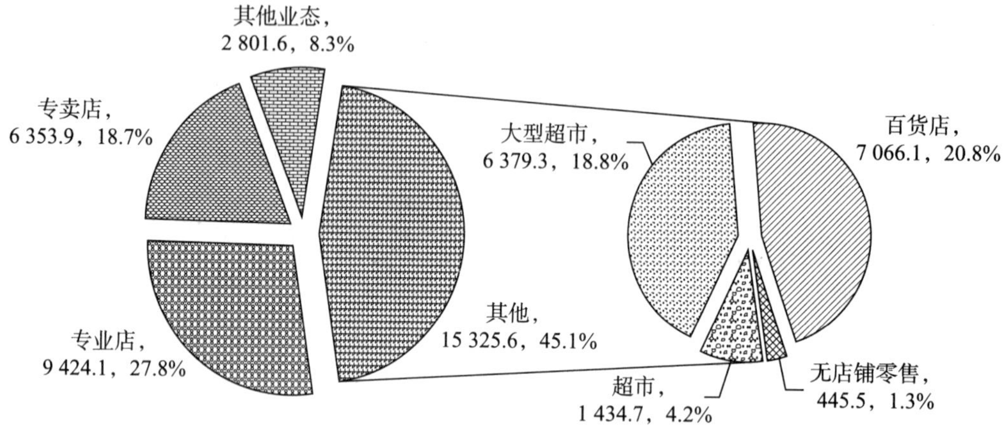

图 3－15　中国零售业营业面积（万平方米）的业态结构（2016 年）

3.2.3.4　中国零售业分业态企业资产规模结构分析

如图 3－16 所示，按照资产从高到低的前三种业态分别为专业店、专卖店和百货店，占比分别为 34.9%、25.9%、15.8%，其中专业店和专卖店 2016 年资产规模分别为 21 098.8 亿元和 15 640.9 亿元。2016 年无店铺零售资产规模相较于 2015 年上涨 118.80%，达到 4 701.1 亿元。六大业态相较于 2015 年均有不同程度的提升。

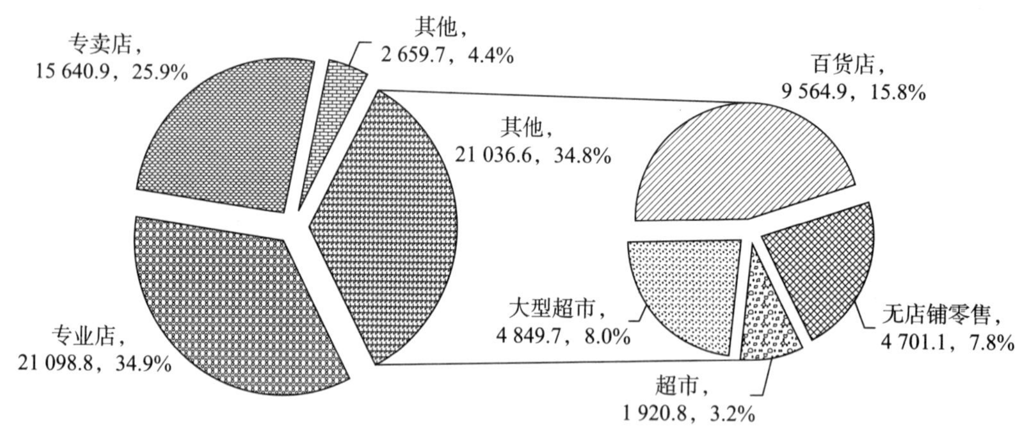

图 3－16　中国零售业资产（亿元）的业态结构（2016 年）

3.2.3.5　中国零售业分业态销售总额规模结构分析

如图 3－17 所示，2016 年专业零售业态和综合零售业态占商品销售总额的比重分别为 63.6%和 30.7%，商品销售额分别为 80 427 亿元和 38 974 亿元。在专业零售业态

中，专卖店和专业店 2016 年商品销售额分别为 36 277 亿元和 44 150 亿元，占零售业商品销售总额的比重分别为 28.7%和 34.9%。在综合零售业态中，按照占比排序分别为百货店、大型超市、无店铺零售和超市，占比分别为 11.0%、8.3%、7.9%、3.5%。与 2015 年相比，专业零售业态和综合零售业态增长率分别为 10.4%和 11.3%。无店铺零售业态在所有业态中增长率最高，为 40.0%，增长率排名第二和第三的业态分别为超市和专卖店，增长率为 31.4%和 12.6%，其他业态增长率均在 10%以下，其中百货业增长率为−2.0%。综合来看，有店铺零售和无店铺零售商品销售总额占比分别为 92.1%和 7.9%，较 2015 年增长率分别为 12.0%和 40.0%，一方面反映出零售业总体的快速发展，另一方面反映出无店铺零售在零售业中的地位日益重要。

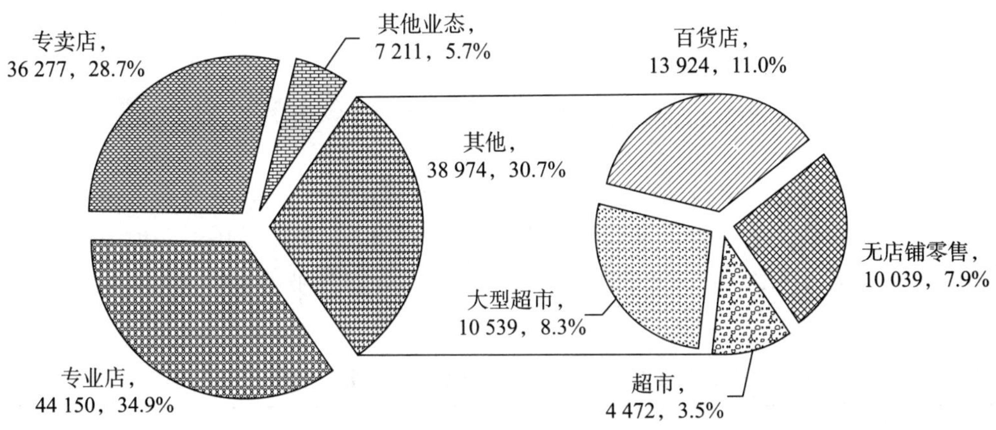

图 3-17　中国零售业商品销售总额（亿元）的业态结构（2016 年）

3.2.4　中国零售产业批零结构分析

3.2.4.1　中国零售产业批零比率的总体分析

本节使用《中国贸易外经统计年鉴》及中经网统计数据，对中国零售产业批零比率（批发额和零售额的比值）做总体分析。由于数据均来自限额以上的商品购、销、存情况中的批发业和零售业，因此本节所涉及的批零比率指标都基于限额以上口径。

一般而言，批零比率越低，代表商品流通速度越快、流通效率越高。如图 3-18 所示，中国限额以上批发业和零售业的销售总额在 2005—2016 年波动上升，批发业销售总额远高于零售业销售总额。零售额在 2005—2016 年稳步上升，批发额曾经在 2009 年和 2015 两个年份出现了显著下降，批发额和零售额分化的结果是批零比例在 2009 年和 2015 年有明显下降，2016 年降低到 3.41。这反映了我国商品流通速度自 2013 年开始持续加快，流通效率提升。

从企业所有制类型角度出发，批零比率-商品销售额指标在不同所有制之间表现出

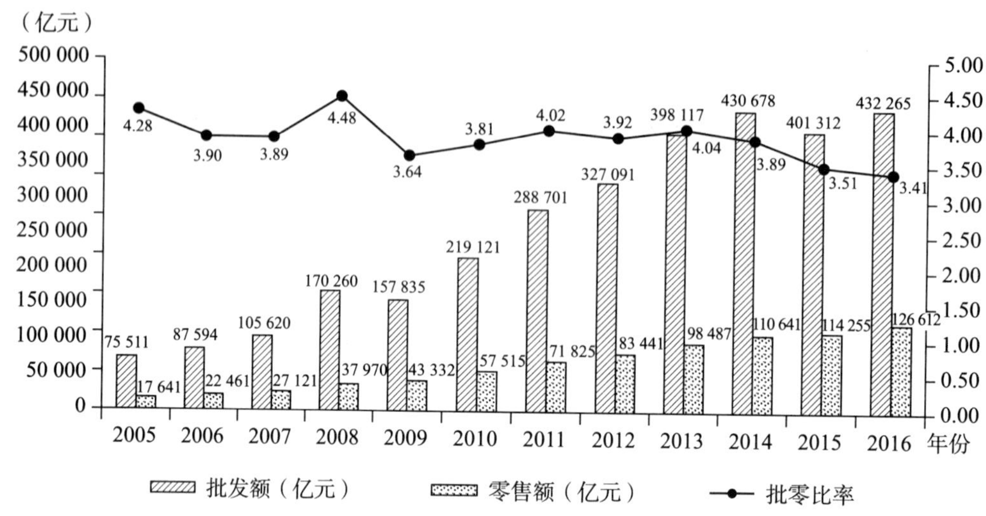

图 3-18　中国限额以上批发业与零售业商品销售总额及批零比率（2005—2016 年）

明显差异，内资企业的该指标在波动中下降，2016 年达到 3.29，港澳台商投资企业和外商投资企业在波动中上升，2016 年分别达到 3.08 和 5.50，反映出向供应链上游整合的趋势。表 3-4 展示了 2009—2016 年中国限额以上批发业与零售业的其他各项主要指标对比。

表 3-4　　中国限额以上批发业与零售业主要批零比例指标（2009—2016 年）

批零比例指标	2009 年	2010 年	2011 年	2012 年	2013 年	2014 年	2015 年	2016 年
批零比率-商品销售总额	3.64	3.81	4.02	3.92	4.04	3.89	3.51	3.41
内资企业	3.77	3.88	4.05	3.94	4.02	3.80	3.39	3.29
港澳台商投资企业	1.77	1.86	2.31	2.09	2.55	3.12	3.20	3.08
外商投资企业	3.44	4.30	5.00	5.29	5.54	5.77	5.59	5.50
毛利率（%）-批发业	7.71	7.22	6.62	6.35	6.69	6.25	6.84	7.10
毛利率（%）-零售业	11.94	11.61	11.29	11.17	12.06	11.60	11.76	11.78
净利率（%）-批发业	2.44	2.23	1.89	1.70	1.97	1.57	1.66	1.96
净利率（%）-零售业	2.36	2.55	2.22	1.73	2.45	2.09	2.00	2.61
批零比率-企业法人数	1.24	1.14	1.14	1.11	1.14	1.07	1.01	0.97
批零比率-年末从业人数	0.72	0.70	0.71	0.71	0.74	0.73	0.72	0.71
批零比率-资产总计	3.37	3.42	3.48	3.38	3.53	3.47	3.39	3.33
批零比率-主营业务收入	3.70	3.87	4.09	4.02	4.15	4.00	3.60	3.48
批零比率-净利润	3.83	3.37	3.49	3.95	3.33	2.99	3.00	2.61

零售业和批发业的毛利润和净利润在稳定中略有波动，批发业和零售业的毛利率分别处在7%、11%上下波动，净利率均在2%上下波动，零售业的毛利率和净利率均略高于批发业。毛利率与净利率之差反映了企业控制费用的效率，而较低的毛利率和净利率一方面反映了行业差异，另一方面也是竞争加剧的结果。此外，企业法人数、主营业务收入与净利润维度的批零比例指标近年来呈现下降趋势，零售业在流通渠道中的地位凸显。

3.2.4.2　中国零售产业分类商品的批零结构分析

表3-5展示了21类商品[①]的批发额、零售额及批零比率。该表数据来源于2016年和2017年的《中国贸易外经统计年鉴》。可以看出，从横向角度分析，2015年与2016年各类商品的批零比率未发生明显变化，但从纵向角度分析，21类商品的批零比率存在明显的异质性。其中，2016年煤炭及其制品类、机电产品及设备类、棉麻类3类商品批零比率均高于14，其中棉麻类批零比率为46.36，剩余18类商品批零比率均小于8，其中大部分商品批零比率集中在1～3的区间内，而化妆品类、五金与电料类、书报杂志类、电子出版物及音像制品类、家用电器和音像器材类、家具类、汽车类等商品的批零比率均低于1。批零比率越低，代表商品流通速度越快与流通效率越高，这几类商品均具有明显的以厂家直销为主的流通体系特征，中间批发环节较少。

表3-5　　中国零售业分类商品的批零结构（2016年）

项目	批发额（万元）		零售额（万元）		批零比率	
	2015年	2016年	2015年	2016年	2015年	2016年
1. 粮油、食品、饮料、烟酒类	460 558 906	480 477 830	194 655 345	215 297 202	2.37	2.23
2. 服装、鞋帽、针纺织品类	186 052 624	197 159 734	134 835 050	144 329 548	1.38	1.37
3. 化妆品类	11 927 725	13 641 510	20 493 970	22 218 727	0.58	0.61
4. 金银珠宝类	36 932 424	40 751 660	30 693 147	29 957 117	1.2	1.36
5. 日用品类	57 778 090	62 203 586	48 417 797	54 672 962	1.19	1.14
6. 五金与电料类	27 219 086	10 943 587	12 042 475	13 734 396	2.26	0.80
7. 体育、娱乐用品类	8 849 903	10 943 587	5 411 601	10 893 617	1.64	1.00
8. 书报杂志类	8 562 945	9 327 428	11 005 082	10 893 617	0.78	0.86
9. 电子出版物及音像制品类	772 091	670 709	1 177 293	1 232 159	0.66	0.54
10. 家用电器和音像器材类	86 015 317	88 637 131	82 695 414	90 039 622	1.04	0.98

① 根据《中国贸易外经统计年鉴》的商品分类，零售业商品分类应为25类。但由于其中4类商品相关指标存在不同程度的数据缺失，故在本报告分析中将其剔除。被剔除的4类商品为“木材及其制品类”“化工材料及其制品类”“金属材料类”“种子饲料类”。

续前表

项目	批发额（万元）		零售额（万元）		批零比率	
	2015 年	2016 年	2015 年	2016 年	2015 年	2016 年
11. 中西药品类	159 725 684	183 312 631	78 954 992	84 603 662	2.02	2.17
12. 文化办公用品类	98 610 971	105 392 520	29 627 092	33 060 647	3.33	3.19
13. 家具类	8 945 314	9 583 871	24 449 850	27 809 583	0.37	0.34
14. 通信器材类	119 366 667	131 264 990	34 696 791	38 939 317	3.44	3.37
15. 煤炭及制品类	209 447 404	215 404 259	11 679 257	10 041 917	17.93	21.45
16. 石油及制品类	512 093 269	527 091 600	184 500 748	186 969 135	2.78	2.82
17. 建筑及装潢材料类	55 363 790	62 425 227	30 603 396	33 722 343	1.81	1.85
18. 机电产品及设备类	153 023 445	163 147 130	11 693 912	11 207 175	13.09	14.56
19. 汽车类	243 012 834	299 262 241	360 062 930	403 715 244	0.67	0.74
20. 棉麻类	20 209 238	19 530 822	363 097	421 248	55.66	46.36
21. 其他类	198 876 443	228 980 868	30 856 697	31 517 581	6.45	7.27

3.3 中国零售业盈利能力分析

本节从毛利率、购销差价比、营业利润率、净利率、净资产收益率以及资本金收益率六个维度对中国零售业盈利能力进行分析。具体而言，毛利率即为主营业务利润率，是主营业务利润与主营业务收入的比值；购销差价比为销售总额减去购进总额的差价与销售总额的比值，采用的是流转角度的购销总额数据进行分析；营业利润率为营业利润与销售收入的比值；净利率为净利润与销售收入的比值；净资产收益率为净利润与所有者权益的比值；资本金收益率为净利润与实收资本的比值。本节数据来源于《中国贸易外经统计年鉴 2017》，基于数据统计口径的约束，本节分析依然针对限额以上零售业企业。

3.3.1 中国零售业主要所有制类型盈利能力分析

如表 3－6 所示，内资企业和港澳台商投资企业、外商投资企业盈利能力各指标存在较大差异。港澳台商投资企业、外商投资企业的毛利率显著高于内资企业，2016 年分别为 18.60%和 17.88%，分别高出内资企业 7.63 和 6.91 个百分点，但内资企业、港澳台商投资企业和外商投资企业的营业利润率基本持平，内资企业和国有控股企业的净利率高于港澳台商投资企业和外商投资企业。国有控股企业的营业利润率显著低于限额以上零售业平均水平，国有控股企业和港澳台商投资企业的购销差价比显著高于行业平均水平，说明对渠道控制力较强。

相较于2015年，四种所有制类型企业的净利润2016年均有改善，特别是内资企业、港澳台商投资企业的增长率分别高达47.86%、58.75%，也因此直接带动全行业净利润实现了45.4%的增长。净资产收益率从高到低依次为：内资企业、外商投资企业、国有企业和港澳台商投资企业，国有控股企业的资本金收益率最高，2016年达到24.88%。

表3-6　　中国零售业主要所有制类型的盈利能力（2016年）

项目	所有制				
	内资企业	#国有控股	港澳台商投资企业	外商投资企业	限额以上零售业合计
主营业务利润（亿元）	10 244.67	174.90	1 100.70	1 104.22	12 449.59
毛利率（%）	10.97	10.30	18.60	17.88	11.78
购销差价比（%）	13.15	20.81	22.35	18.64	14.00
营业利润率（%）	3.09	0.56	3.04	2.91	3.08
利润总额（亿元）	30 273 596	6 187 105	1 850 494	1 837 742	33 961 832
净利润（亿元）	2 626.6	517.1	127.8	131.48	2 885.9
净利率（%）	2.68	2.53	2.10	2.08	2.61
所有者权益（亿元）	15 903.17	4 737.04	1 377.19	1 027.16	18 307.52
净资产收益率（%）	16.52	10.92	9.28	12.80	15.76
实收资本（亿元）	143 394 142	20 782 512	11 696 812	8 405 157	163 496 108
资本金收益率（%）	18.32	24.88	10.93	15.64	17.65

3.3.2　中国零售业分行业盈利能力分析

如图3-19所示，六大盈利能力指标值在各行业之间有较大异质性。在购销差价比上，纺织、服装及日用品专门零售和百货零售表现突出，2016年购销差价比分别为28.63%和24.95%。家用电器及电子产品专门零售的购销差价比为4.81%，是各分行业中的最低值。从毛利率来看，纺织、服装及日用品专门零售和百货零售在分行业中最高，分别为27.26%和15.22%，最低为汽车、摩托车、燃料及零配件专门零售，2016年毛利率为7.31%。与2015年相比，综合零售业，五金、家具及室内装饰材料专门零售，家用电器及电子产品专门零售购销差价比有所下降，其余行业均有所上升；而除了综合零售业和五金、家具及室内装饰材料专门零售，其他行业的毛利率在2016年均有所上升。

各分行业的营业利润率差异较小，各分行业在净利率与营业利润率上排序基本一

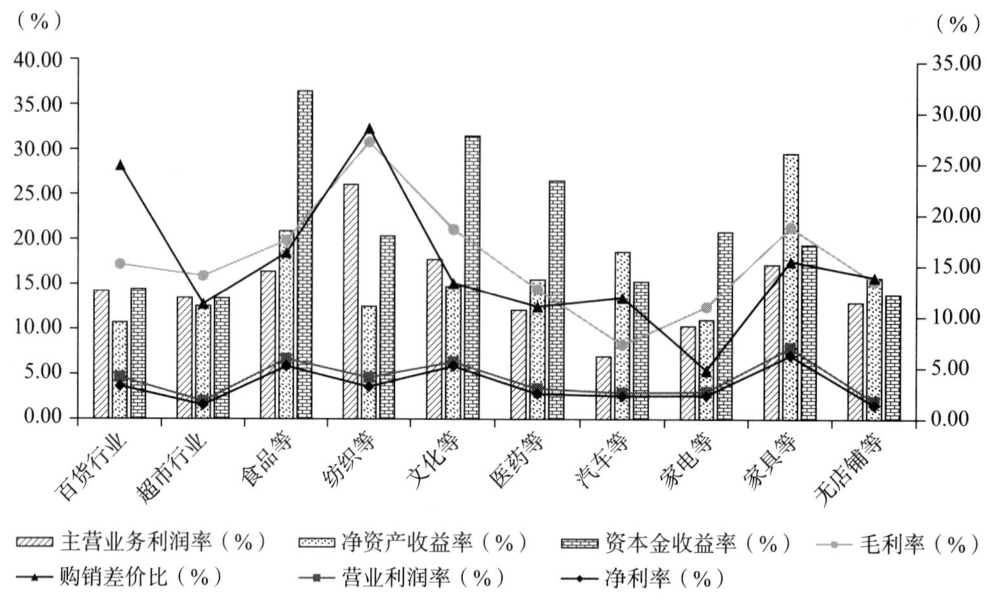

图 3-19　中国零售业分行业盈利能力（2016 年）

致，最高的为五金、家具及室内装饰材料专门零售，2016 年营业利润率和净利率分别为 7.03%和 6.26%，最低为超级市场零售，2016 年营业利润率和净利率分别为 1.76%和 1.38%。相较于 2015 年，除了家用电器及电子产品专门零售和五金、家具及室内装饰材料专门零售，其余行业的营业利润率均有所上升。在净利润指标上，相较于 2015 年，除了家用电器及电子产品专门零售和五金、家具及室内装饰材料专门零售分别下降 0.72 和 0.15 个百分点外，其余分行业均有所上升。

在净资产收益率上，专业零售业高于综合零售业 5.46 个百分点，2016 年综合零售业和专业零售业平均净资产收益率分别为 11.88%和 17.34%。五金、家具及室内装饰材料专门零售超过 20%，在分行业中最高，达到 29.92%。从资本金收益率来看，2016 年专业零售业和综合零售业平均分别为 18.91%和 14.25%，排名前三的分行业为食品、饮料及烟草制品专门零售，文化、体育用品及器材专门零售，医药及医疗器材专门零售，资本金收益率分别为 36.87%、31.87%和 26.79%。相较于 2015 年，综合零售业净资产收益率从 12.20%下降至 11.88%，而专业零售业由 13.25%上升至 17.34%，其中汽车、摩托车、燃料及零配件专门零售上升 10.54 个百分点，而家用电器及电子产品专门零售下降 10.26 个百分点，反映出我国零售业竞争日趋激烈的客观事实。

3.3.3　中国零售业分业态盈利能力分析

图 3-20 展示了 2016 年中国零售业分业态盈利能力的相关指标。具体而言，在毛利率与购销差价比指标上，百货店均高于其他零售业态，其 2016 年毛利率与购销差价

比分别为 15.95%、26.44%，其余零售业态在这两大盈利指标上分别在 15%和 20%以下。与 2015 年相比，在毛利率指标上，超市、大型超市和百货店有所下降，无店铺零售、专卖店、专业店有所上升。而在购销差价比指标上，超市、大型超市、无店铺零售较 2015 年有所下降，专卖店、专业店和百货店有所上升。大型超市与无店铺零售的净利率均低于 1%，其中无店铺零售的净利率为 0.54%，但是二者的营业利润率在 2016 年相较于 2015 年都有一定程度的提升，分别从 1.06%和 0.11%升为 1.30%和 1.82%。除了大型超市，其余五种业态的净资产收益率和资本金收益率均在 10%以上，专卖店和无店铺零售则在 15%以上，2016 年大型超市的净资产收益率和资本金收益率分别为 8.22%和 8.44%。

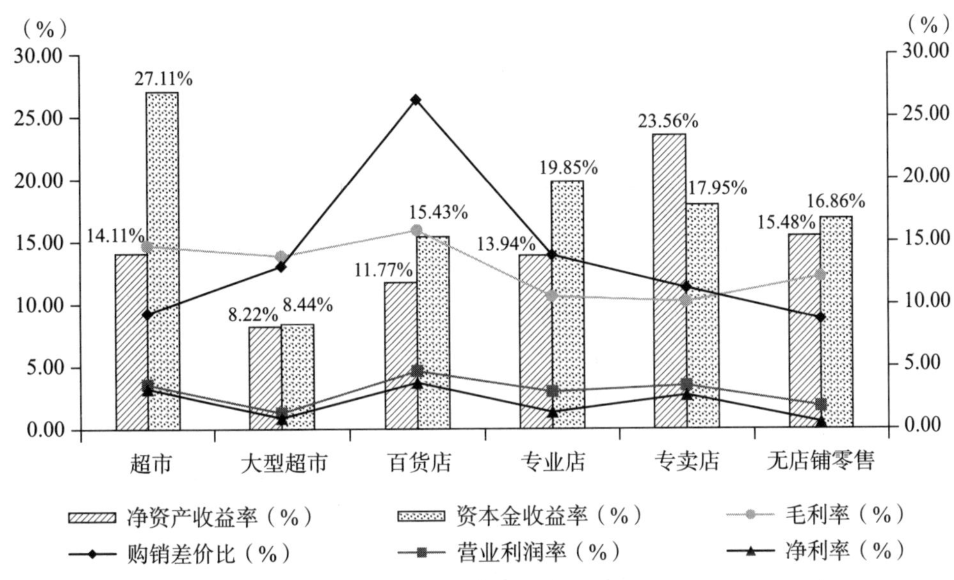

图 3-20　中国零售业分业态盈利能力（2016 年）

3.4　中国零售业费用控制分析

本节将用销售费用率、管理费用率、财务费用率以及总费用率四个指标对中国零售业的费用控制情况进行分析。费用率为各项费用与主营业务收入的比重，总费用率为前三项费用之和与主营业务收入的比重。本节数据来源于《中国贸易外经统计年鉴 2017》，全部采用限额以上口径。

3.4.1　中国零售业主要所有制类型费用控制分析

如表 3-7 所示，从绝对额来看，2016 年中国零售业费用总额约为 10 861.73 亿元，相较于 2015 年的 11 495 亿元有所减少，但由于主营业务收入由 118 759 亿元降为

110 428.1亿元，导致总费用率由 9.68%上升至 9.84%。从结构来看，三大费用率由高到低为销售费用率、管理费用率、财务费用率，分别为 6.12%、3.04%、0.68%。从不同所有制类型来看，港澳台商投资企业和外商投资企业的总费用率分别为 18.41%和 17.02%，分别高出内资企业 9.57 和 8.18 个百分点，主要是由于其较高的销售费用率和管理费用率，港澳台商投资企业与外商投资企业相较于内资企业，销售费用率高出 7～8 个百分点，管理费用率高出约 2 个百分点。

表 3-7　　中国零售业主要所有制类型的费用控制（2016 年）

项目	所有制				
	内资企业	#国有控股	港澳台商投资企业	外商投资企业	限额以上零售业合计
主营业务收入（亿元）	98 022.78	20 426.614	6 082.66	6 322.66	110 428.1
费用总额（亿元）	8 666.22	1 710.71	1 119.67	1 075.85	10 861.73
总费用率（%）	8.84	8.41	18.41	17.02	9.84
销售费用（亿元）	5 186.93	1 156.85	796.85	779.10	6 762.88
销售费用率（%）	5.29	5.66	13.10	12.32	6.12
管理费用（亿元）	2 796.99	485.79	291.03	264.68	3 352.70
管理费用率（%）	2.85	2.38	4.78	4.19	3.04
财务费用（亿元）	682.30	68.06	31.78	32.07	746.15
财务费用率（%）	0.70	0.37	0.52	0.51	0.68

3.4.2　中国零售业分行业费用控制分析

如图 3-21 所示，零售业各子行业在各项费用率之间有较大差异，纺织、服装及日用品专门零售，超级市场零售和百货零售是所有子行业中总费用率最高的三个行业，2016 年总费用率分别为 23.36%、15.89%和 14.13%。汽车、摩托车、燃料及零配件专门零售的总费用率为 5.76%，在所有子行业处于最低水平。从总费用率的构成来看，所有列出的行业费用率由高到低排序为：销售费用率、管理费用率、财务费用率。

在销售费用率指标上，各行业的排序情况与总费用率一致，纺织、服装及日用品专门零售的销售费用率达 15.95%，销售费用率最低的汽车、摩托车、燃料及零配件专门零售为 3.24%，无店铺零售的销售费用率为 8.75%。管理费用率方面，纺织、服装及日用品专门零售和汽车、摩托车、燃料及零配件专门零售分别为子行业中最高和最低的行业，管理费用率分别为 6.58%和 1.85%。在财务费用率方面，仅有百货零售的财务费用率超过 1%，其余均在 1%以下。汽车、摩托车、燃料及零配件专门零售因为销售产品的特点，相对而言的费用率水平保持在低位。此外，尽管纺织、服装及日用品专门零售有较高的总费用率，但是其购销差价和毛利率较高，从而冲抵了这部分成

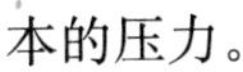

本的压力。

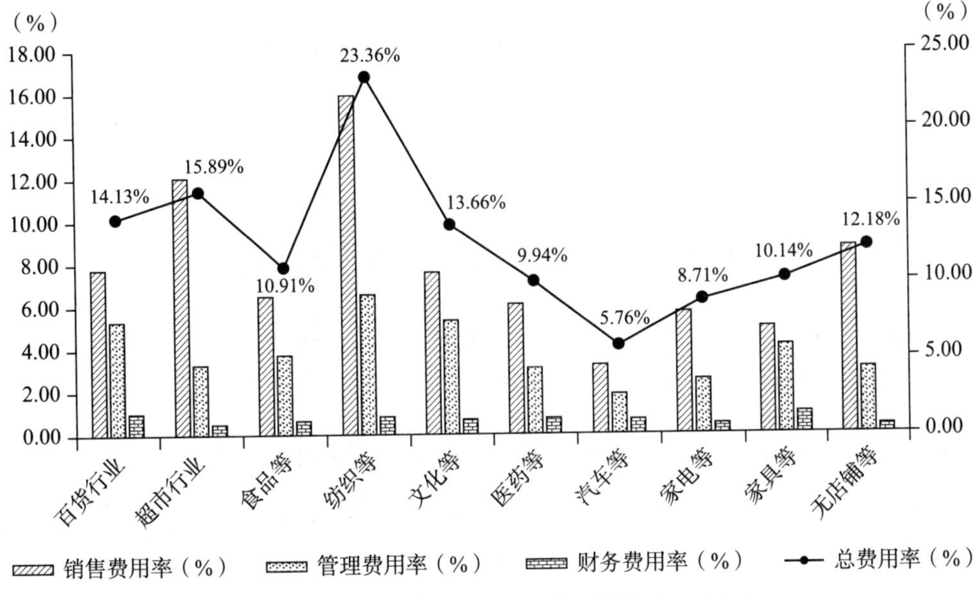

图 3-21　中国零售业分行业费用控制（2016 年）

3.4.3　中国零售业分业态费用控制分析

如图 3-22 所示，2016 年总费用率最高的业态为大型超市，达到 16.38%，专卖店和专业店的总费用率分别为 8.19%和 7.81%，为所有业态中的最低水平。专卖店和专业店在费用控制方面表现突出，以百货店和超市为代表的综合零售业态虽然有优于专

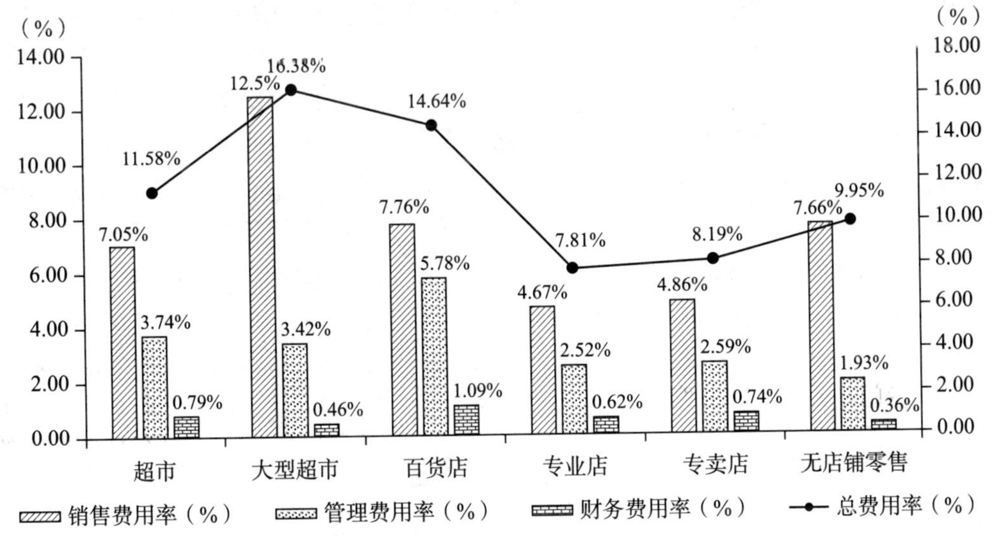

图 3-22　中国零售业分业态费用控制（2016 年）

业零售业态的商品宽度和深度，但并没有同时实现规模经济和范围经济。在销售费用率方面，大型超市以 12.5%的费用率处于各业态最高水平，主要是其竞争激烈，各种促销活动繁多，导致销售费用居高不下。其他业态均值水平在 6.4%左右。百货店的经营方式使得其管理费用率居所有业态之首，达到 5.78%，其余业态均在 3%上下。在财务费用方面，百货店以 1.09%的财务费用率成为所有业态中唯一财务费用率超过 1%的业态。

3.5 中国零售业劳动效率分析

本节将从企业的所有制类型、行业和业态三个角度，通过人均销售额、人均营业面积、人均工资和单位工资产出四个指标来衡量中国零售业劳动效率。其中，人均销售额是考核全员劳动效率的指标，即限额以上零售业商品销售额与年末从业人数的比值；人均营业面积为年末总营业面积与年末从业人数的比值；人均工资为应付职工薪酬与年末从业人数的比值；单位工资产出为人均主营业务收入与人均工资的比值。本节数据均来源于《中国贸易外经统计年鉴 2017》，全部采用限额以上口径。

3.5.1 中国零售业主要所有制类型劳动效率分析

相较于 2015 年，中国零售业的人均销售额、人均营业面积、应付职工薪酬在 2016 年均有所上升，人均工资和单位工资产出略有下降。如表 3－8 所示，内资企业的人均销售额为 183.88 万元，高于港澳台商投资企业和外商投资企业，其中国有控股企业的人均销售额为 274.87 万元。在人均营业面积方面和应付职工薪酬方面，内资企业和港澳台商投资企业和外商投资企业的数据基本持平，在人均工资指标上，港澳台商投资企业和外商投资企业的数据仍然高于内资企业，并且相较于 2015 年均有所上升。单位工资产出指标反映了每一单位工资投入对主营业务收入的贡献程度。内资企业和国有控股企业在这一指标上基本持平，且均高于港澳台商投资企业和外商投资企业，限额以上零售企业单位工资产出相较于 2015 年略有下降。

表 3－8　　中国零售业主要所有制类型的劳动效率（2016 年）

项目	所有制				
	内资企业	#国有控股	港澳台商投资企业	外商投资企业	限额以上零售业合计
人均销售额（万元）	183.88	274.87	150.53	180.99	181.48
人均营业面积（平方米）	49.32	67.24	40.10	47.49	48.60
应付职工薪酬（万元）	31 759 389	6 869 826	3 051 822	2 902 503	37 713 712
人均工资（万元）	5.22	7.59	6.56	6.77	5.41
单位工资产出	30.86	29.73	19.93	21.78	29.28

3.5.2　中国零售业分行业劳动效率分析

如图3-23所示，在人均销售额指标上，排名最高的三个行业是汽车、摩托车、燃料及零配件专门零售，货摊、无店铺及其他零售业和家用电器及电子产品专门零售，其人均销售额均在200万元以上，其余行业均值为125.58万元/人。汽车、摩托车、燃料及零配件专门零售2016年的人均销售额为333.37万元，这与其相较于其他子行业较高的营业额和按照销售额考核从业人员销售业绩的管理方式有关，货摊、无店铺及其他零售业较高的人均销售额与快速增长的营业收入和利润以及较少的营业人员有关。

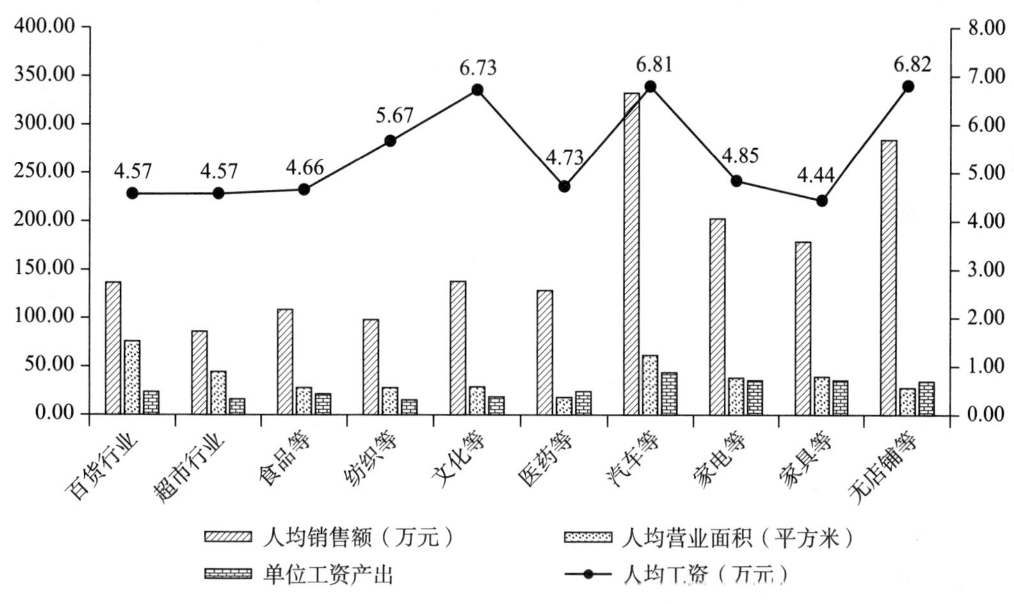

图3-23　中国零售业分行业劳动效率（2016年）

在人均营业面积指标上，百货零售和汽车、摩托车、燃料及零配件专门零售居前两位，人均营业面积分别为75.96平方米和61.78平方米，这与商品的属性和对展示陈列的需要有关。在单位工资产出方面，汽车、摩托车、燃料及零配件专门零售和家用电器及电子产品专门零售表现突出，分别达到43.82和35.73，但相较于2015均有所下降。单位工资产出最低的两个行业为超级市场零售和纺织、服装及日用品专门零售，分别为16.28和15.33，反映出行业的劳动密集型特点以及行业的盈利能力。人均工资排名由高到低居前三位的行业为：货摊、无店铺及其他零售业，汽车、摩托车、燃料及零配件专门零售和文化、体育用品及器材专门零售，人均工资分别为6.82万元、6.81万元和6.73万元。各子行业的人均工资与行业盈利水平与分配制度有关，且与人均销售额基本对应。

3.5.3 中国零售业分业态劳动效率分析

如图 3－24 所示，在人均销售额方面，排名最高的三种业态为：无店铺零售、专卖店、专业店，其人均销售额分别为 288.61 万元、232.77 万元、220.83 万元。尽管无店铺零售人均销售额仍居所有业态之首，但相较于 2015 年有明显下降，其他业态人均销售额在 2016 年均有所上升，这反映了劳动生产率的普遍提升。在人均营业面积指标上，百货店和大型超市位居前两位，人均营业面积分别为 73.86 平方米和 56.51 平方米，人均营业面积最低的业态为无店铺零售，仅为 12.81 平方米。人均营业面积与各业态的经营规模有关，相比于 2015 年，各零售业态 2016 年的人均营业面积均有所上升，但相对规模保持不变。在单位工资产出指标上，专卖店、无店铺零售和专业店三种业态表现突出，分别为 34.72、34.67 和 32.42。无店铺零售的高单位工资产出凸显了网络零售的飞速发展，相较于有店铺零售业态，无店铺零售在降低人员成本、提高净利润和劳动效率方面有突出表现。人均工资与人均销售额基本对应，由高到低依次为：无店铺零售、专卖店、专业店、大型超市、百货店、超市。其中，无店铺零售业态以 9.93 万元/人的水平高出限额以上零售业各业态工资平均值约 83.7%。

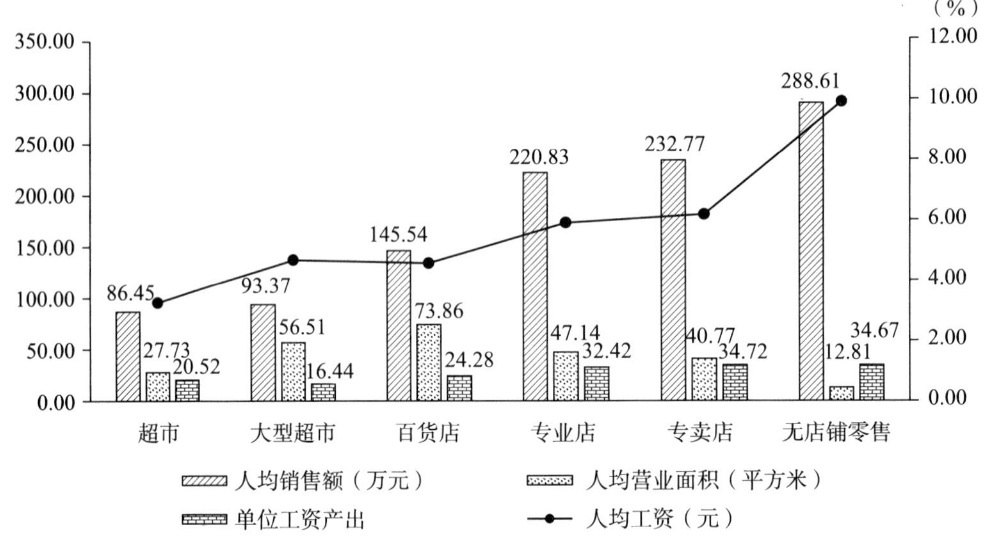

图 3－24 中国零售业分业态劳动效率（2016 年）

3.6 中国零售业企业效率分析

本节将从企业所有制类型、行业和业态三个角度，通过企均销售、企均资产、企均从业人数、企均营业面积四个指标衡量中国零售业企业效率。其中，企均销售为总销售额与法人企业数的比值，企均资产为行业总资产与法人企业数的比值，企均从业人数为年末零售业从业人数与法人企业数的比值，企均营业面积为年末营业面积与法人企业数的比值。本节数据均来源于《中国贸易外经统计年鉴 2017》，全部采用限额以上口径。

3.6.1　中国零售业主要所有制类型企业效率分析

如表 3－9 所示，在四项企业效率指标上，内资企业都明显低于国有控股企业、港澳台商投资企业和外商投资企业。2016 年限额以上零售业企均销售合计为 1.29 亿元，港澳台商投资企业和外商投资企业的企均销售分别约为 4.97 亿元和 7.86 亿元，分别为内资企业的 4.25 倍和 6.72 倍，国有控股企业企均销售水平也高于内资企业平均水平。2016 年限额以上零售业企均资产为 6 148 万元，港澳台商投资企业和外商投资企业分别为 28 250 万元和 37 132 万元，分别约为内资企业的 5.13 和 6.75 倍，国有控股的零售业企业企均资产为 23 044 万元，限额以上零售业企均销售和资产相较 2015 年分别上涨 2.87%和 4.86%。值得注意的是，在限额以上零售企业企均销售和企均资产均上涨的同时，2016 年中国内资零售企业企均面积和企均从业人数分别较去年下降 3.75%和 5.97%，达到 3 128 平方米和 63 人的水平，这反映出企业经营效率的提升、零售形式的多样以及科技对零售业劳动力的替代。

表 3－9　　中国零售业主要所有制类型的企业效率（2016 年）

项目	所有制				
	内资企业	＃国有控股	港澳台商投资企业	外商投资企业	限额以上零售业合计
企均销售（万元）	11 662	45 539	49 678	78 612	12 880
企均资产（万元）	5 504	23 044	28 250	37 132	6 148
企均营业面积（平方米）	3 128	11 139	13 235	20 629	3 449
企均从业人数（人）	63	166	330	434	71

3.6.2　中国零售业分行业企业效率分析

如图 3－25 所示，在零售业各分行业中，百货零售、超级市场零售等综合零售业的企均资产、企均销售、企均营业面积和企均从业人数都明显高于其他专业零售业。2016 年综合零售业中百货零售的企均资产和企均销售分别约为 15 066 万元和 21 982 万元，超级市场零售的企均资产和企均销售约为 9 208 万元和 19 861 万元，百货零售是零售分行业中企均销售超过 2 亿元的唯一行业。在专业零售业中，2016 年企均销售超过 1 亿元的有医药及医疗器材专门零售，汽车、摩托车、燃料及零配件专门零售和货摊、无店铺及其他零售，等等。食品、饮料及烟草制品专门零售的企均销售额最低，这与其商品属性、单价以及经营形式有关。

企均资产和企均销售在排名上基本一致，分行业中企均资产超过 1 亿元的仅有百货零售，2016 年达到约 15 066 亿元，企均资产最低的为食品、饮料及烟草制品专门零

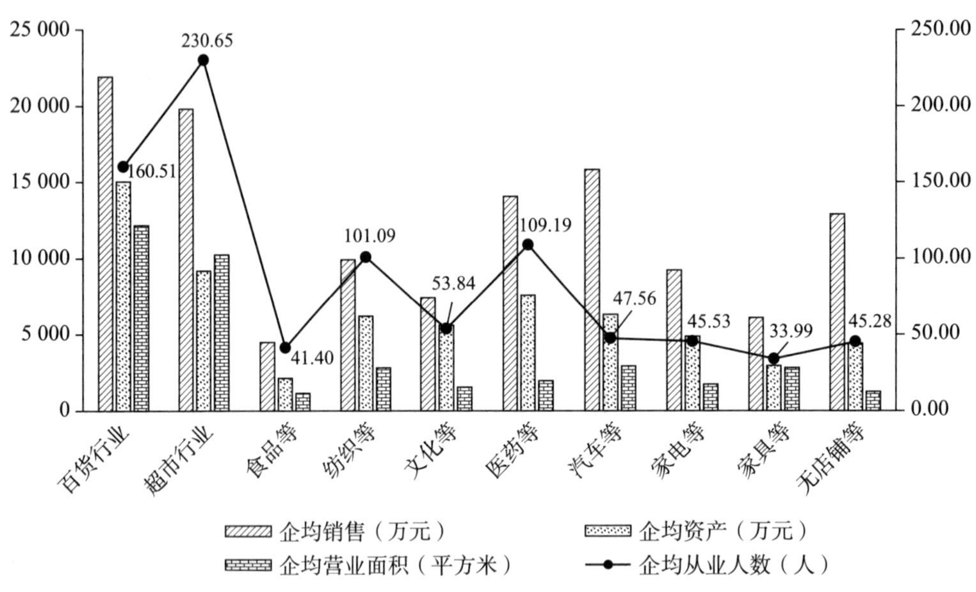

图 3-25　中国零售业分行业企业效率（2016 年）

售。纺织、服装及日用品专门零售，文化、体育用品及器材专门零售，家用电器及电子产品专门零售企均资产在 2015—2016 年有所下降。企均营业面积和企均从业人数基于业态分化的经营形式和规模特点，百货零售和超级市场零售 2016 年的企均营业面积分别约为 12 192 平方米和 10 263 平方米，其他各行业的企均营业面积均不足 3 000 平方米。从企均从业人数角度看，百货零售和超级市场零售是吸纳就业的最主要行业。

3.6.3　中国零售业分业态企业效率分析

如图 3-26 所示，中国零售业企业效率在各业态之间有较大差异。具体而言，在企均销售指标上，大型超市表现最为突出，2016 年企均销售高达约 44 078 万元，相较于 2015 年 43 932.41 万元增长约 146 万元，大型超市是唯一企均销售超过 4 亿元的零售行业。除了百货店和无店铺零售之外，其余业态的企均销售相较于 2015 年均有所增长，百货店和无店铺零售的企均销售较 2015 年分别下降 5.14%和 17.83%，尤其是无店铺零售虽然总量增长很快，但是由于吸引了大量社会资本进入，整体企业规模有缩小的倾向，竞争压力也开始有所显现。

分业态企均资产指标与企均销售排名基本一致，大型超市仍居首位，2016 年企均资产超过 2 亿元，位居第二的百货店企均资产近 1.5 亿元。专业店、专卖店资产均略高于 5 000 万元。超市企均资产在所有业态中最少，2016 年不足 3 000 万元。值得注意的是，尽管 2016 年无店铺零售企均销售相较于 2015 年下降约 17.83%，但是其企均资产增长 28.39%，达到 8 405 万元。

在企均营业面积上，大型超市和百货店远大于其他零售业态，在所有业态中，仅

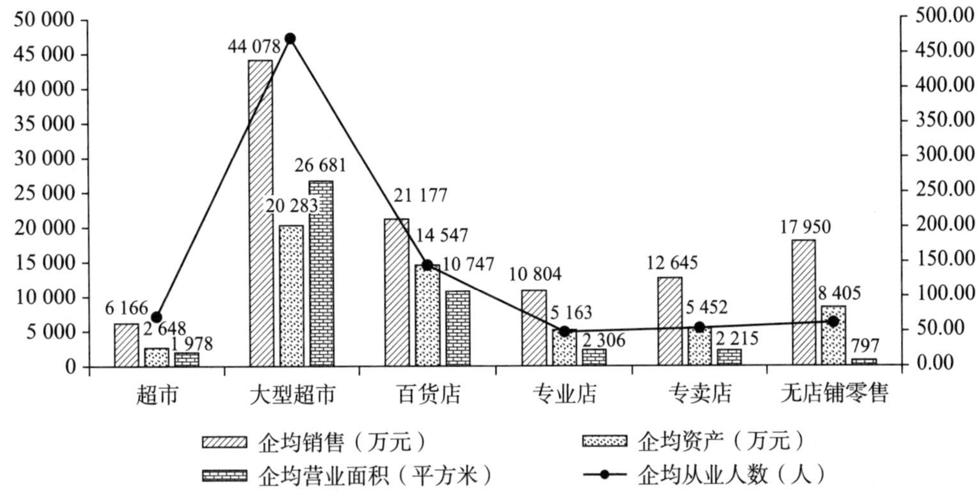

图 3－26 中国零售业分业态企业效率（2016 年）

有大型超市的企均营业面积超过 2 万平方米，百货店的企均营业面积超过 1 万平方米，超市、专业店、专卖店的企均营业面积均在 2 000 平方米左右，无店铺零售的企均营业面积约为 797 平方米。在企均从业人数方面，大型超市仍然远高于其他业态，2016 年企均从业人数为 472 人，百货店为 146 人，但大型超市和百货两种业态相较于 2015 年分别下降 6.53%和 8.18%。

3.7 中国零售业经营效率分析

本节将以从企业所有制类型、行业和业态三个角度，通过存货周转率、资产周转率、坪效三个指标衡量中国零售业企业效率。其中，存货周转率反映存货流动性高低，不仅可以衡量企业生产经营中的存货运营效率，还可以反映企业经营绩效。本节采用两种口径来度量该指标，商品销售口径 1 采用商品购进额与平均商品库存的比值衡量，存货周转口径 2 采用主营业务成本与平均存货的比值衡量。资产周转率反映了企业整体资产的营运能力，一般而言，周转速度越快，营运能力就越强。该指标度量同样采用两种口径度量，口径 1 为商品销售额与资产总计的比值，口径 2 为主营业务收入与资产总计的比值。坪效为每平方米的销售收入，以反映商场的经营效率。该指标同样从两大口径进行度量，口径 1 为商品销售额与年末零售业营业面积的比值，口径 2 为主营业务收入与年末零售业营业面积的比值。本节数据均来源于《中国贸易外经统计年鉴 2017》，全部采用限额以上口径。

3.7.1 中国零售业主要所有制类型经营效率分析

如表 3－10 所示，两种口径下的企业经营效率指标略有差异，但总体变化趋势一致。在存货周转率指标上，外商投资企业与内资企业水平相近，在两大口径上均明显高于港澳台商投资企业。资产周转率在两种口径下由高到低均依次为内资企业、外商投资企业、国有控股企业和港澳台商投资企业。国有控股企业 2016 年在两种口径下的坪效分别为 40 882 元/平方米和 33 567.24 元/平方米，均高于内资企业、港澳台商投资企业和外商投资企业。

表 3-10　中国零售业主要所有制类型的经营效率（2016 年）

项目	所有制				
	内资企业	#国有控股	港澳台商投资企业	外商投资企业	限额以上零售业合计
口径 1 存货周转率	9.99	8.26	6.19	11.46	9.76
口径 2 存货周转率	11.49	15.18	9.02	11.19	11.32
口径 1 资产周转率	2.25	2.06	1.88	2.24	2.22
口径 2 资产周转率	1.97	1.69	1.64	1.82	1.94
口径 1 坪效（元/平方米）	37 278.96	40 882	37 536.47	38 108.13	37 342.92
口径 2 坪效（元/平方米）	32 669.37	33 567.24	32 619.04	31 053.58	32 569.57

3.7.2 中国零售业分行业经营效率分析

如图 3-27 所示，在存货周转率指标上，货摊、无店铺及其他零售业在两种口径下的存货周转率都居于各行业之首，反映出其轻资产、高周转的经营优势；纺织、服装

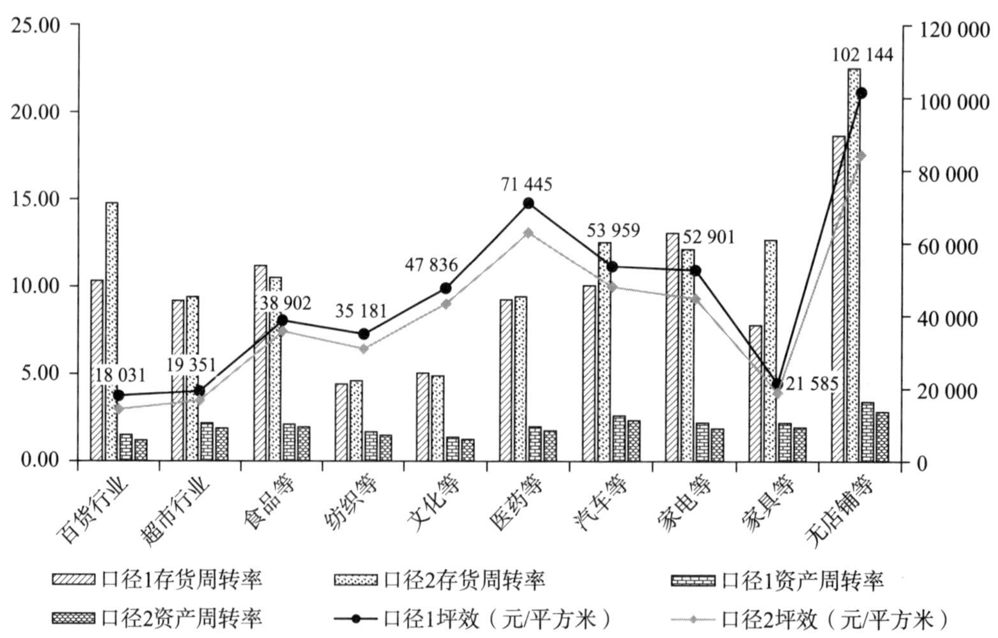

图 3-27　中国零售业分行业经营效率（2016 年）

及日用品专门零售和文化、体育用品及器材专门零售的存货周转率最低，其经营面临较大的库存压力并面临存货占压资金的风险。各行业的存货周转率较 2015 年基本都有所上升，这反映出经营效率的提升，特别是货摊、无店铺及其他零售业在口径 1 下的存货周转率由 2015 年的 15.07 提升至 18.77。在资产周转率方面，货摊、无店铺及其他零售业，汽车、摩托车、燃料及零配件专门零售，家用电器及电子产品专门零售处于行业最高水平，以口径 1 为例，三大零售行业资产周转率分别为 3.45、2.63、2.22。文化、体育用品及器材专门零售的资产周转率最低，在口径 1 下仅为 1.27，资产运营效率有待提升。在坪效方面，货摊、无店铺及其他零售业，医药及医疗器材专门零售的表现最为突出，以口径 1 为例，两大行业的坪效分别为 102 144 元/平方米和 71 445 元/平方米。百货零售，超级市场零售和五金、家具及室内装饰材料专门零售的坪效最低，分别为 18 031 元/平方米、19 351 元/平方米和 21 585 元/平方米。

3.7.3　中国零售业分业态经营效率分析

如图 3－28 所示，无店铺零售在存货周转率和资产周转率都处在各业态首位，相较于 2015 年有最高的增长率，口径 1 和口径 2 衡量的存货周转率分别为 17.33 和 20.65，远高于行业 9.76 和 11.32 的平均水平。资产周转率方面，各零售业态按照由大到小的顺序排列，依次为无店铺零售、专卖店、超市、专业店、大型超市、百货店。百货店的资产周转率按照两种口径分别仅为 1.47 和 1.12，这与百货店需要大规模的营业面积、装修资金等前期投入和流动资产的经营需求有关。在坪效方面，无店铺零售的坪效在两种口径下分别约为 225 347 元/平方米和 268 921 元/平方米，远高于行业平均值37 343 元/平方米和 32 570 元/平方米。其次是专卖店和专业店，在口径 1 下分别约为 57 094 元/平方米和 46 848 元/平方米。坪效最低的大型超市和百货店的数据均在 2 万元/平方米以下。

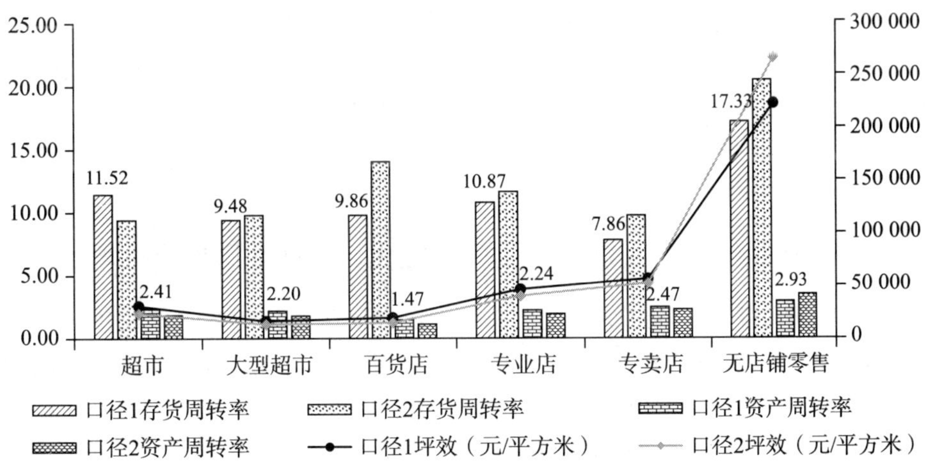

图 3－28　中国零售业分业态经营效率（2016 年）

（杨　萌）

第 4 章　中国零售业地区发展分析报告

本章旨在对中国零售业在全国主要区域层面、省级层面、地级及以上城市层面三大层面的发展情况，以及农村零售业的发展情况进行监测与分析。

本章 2017 年数据采用各级政府和统计局 2018 年年初官方公布的《2017 年国民经济和社会发展统计公报》口径数据，本报告其他部分的数据主要采用《中国统计年鉴 2017》《中国贸易外经统计年鉴 2017》、中经网统计数据库、国研网统计数据库、EPS 数据平台的 2016 年及以前年份数据。本章共有数据附表 10 张，请读者朋友扫描本书第 242 页的二维码免费查阅。

4.1　中国经济区零售业发展分析报告

本部分为中国零售业在各主要经济区的发展分析，从人口与 GDP 分析、社会消费与零售业发展总体分析、零售业发展相对分析三个层次展开横向比较。经济区的划分方法采用两组口径：一是按照国家统计局四大区域口径，即东部（北京、天津、上海、河北、山东、江苏、浙江、福建、广东、海南）、中部（山西、河南、湖北、安徽、湖南、江西）、西部（内蒙古、新疆、宁夏、陕西、甘肃、青海、重庆、四川、西藏、广西、贵州、云南）和东北（黑龙江、吉林、辽宁）四大地区；二是按照国家发改委八大综合经济区口径，即东北综合经济区（黑龙江、吉林、辽宁）、北部沿海综合经济区（北京、天津、河北、山东）、东部沿海综合经济区（上海、江苏、浙江）、南方沿海综合经济区（广东、福建、海南）、黄河中游综合经济区（陕西、山西、河南、内蒙古）、长江中游综合经济区（湖北、湖南、江西、安徽）、大西南综合经济区（云南、贵州、四川、重庆、广西）、大西北综合经济区（甘肃、宁夏、青海、新疆、西藏）八大综合经济区。

4.1.1　东北地区经济与人口状况进一步恶化，其他地区均小幅增长

从四大区域角度看，各经济区生产总值、各经济区人均生产总值及年末常住人口如图 4－1 所示。2017 年东部地区、中部地区、西部地区、东北地区的生产总值分别占国内生产总值的 52.56%、20.97%、19.98%、6.48%，相较于 2016 年数据，东部和中部地区占比略有增加，西部和东北地区占比出现下滑。在各经济区人均生产总值①方

---

① 本报告之各经济区人均生产总值指标，系根据各经济区所属省份 GDP 合计值/该经济区年末常住人口合计值求得。

面，东部地区最高，为 8.43 万元。此外，东部地区的常住人口占全国人口的比重也为最大，达到 39.81%。2017 年，各经济区常住人口占全国人口比重基本维持了 2016 年的水平。

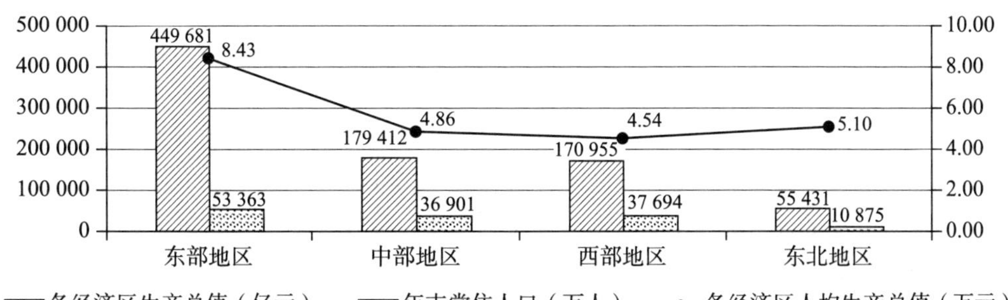

图 4-1　中国四大经济区生产总值、人均生产总值及年末常住人口（2017 年）

2017 年，东部地区、中部地区、西部地区和东北地区四大经济区的生产总值从总体上看均呈现上涨趋势，相较于 2016 年，地区生产总值涨幅分别为 11.38%、12.76%、9.22%和 5.97%，东北地区增速明显低于其他三大经济区。从人口增长看，四大经济区 2017 年人口与 2016 年相比的变化幅度分别为 7.6‰、5.2‰、7.5‰和－3.2‰，东北地区继续出现人口增长的负值，说明了这一地区人口流失问题仍未缓解。各地区人均生产总值的变动情况与 GDP 总量变动类似，东部地区、中部地区、西部地区和东北地区的人均生产总值涨幅分别为 10.63%、12.24%、8.61%和 6.47%，东北地区明显落后于其他三大区域。

从八大综合经济区角度看，2017 年各综合经济区生产总值、人均生产总值及年末常住人口情况如图 4-2 所示。与 2016 年相比，东北（－0.3%）、北部沿海(－0.2%)、黄河中游（－0.33%）、大西北（－0.02%）综合经济区生产总值的全国占比均有不同程度的下降，其他综合经济区的生产总值占比均有所增长。八大综合经济区的生产总值占全国生产总值的比重分别为 6.48%、18.15%、19.62%、14.80%、11.45%、13.96%、12.50%、3.04%。从人口情况分析，各综合经济区常住人口占比与 2016 年

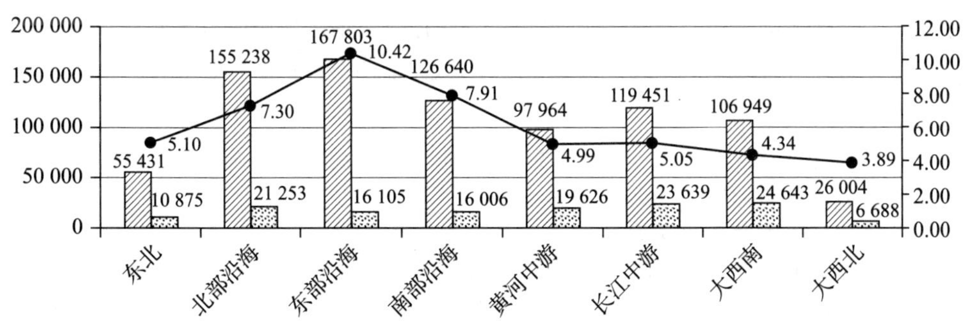

图 4-2　中国八大综合经济区生产总值、人均值及年末常住人口（2017 年）

基本持平，其中大西南和长江中游综合经济区 2017 年年末常住人口占全国人口的比重相对其他综合经济区来说较多，二者均超过 17%。各个综合经济区的常住人口占全国人口的比重分别为 7.83%、15.31%、11.60%、11.53%、14.14%、17.03%、17.75%、4.82%。

从发展趋势看，相较于 2016 年，各综合经济区生产总值均存在较大幅度上涨，涨幅分别为 5.97%、9.62%、11.84%、13.00%、7.79%、12.66%、12.47% 和 9.99%，其中南部沿海、长江中游、大西南、东部沿海综合经济区的涨幅均超过 10%。从人口的变动看，除东北综合经济区外，各综合经济区年末常住人口变动均为正。南部沿海、大西北综合经济区常住人口增长较快，常住人口变动率分别为 13.7‰、12.2‰。东北综合经济区常住人口变动率为−3.2‰，人口流失问题仍未得到解决。从人均生产总值看，各综合经济区的人均生产总值与生产总值总量相适应，大多呈现大幅上涨趋势，其中长江中游综合经济区的人均生产总值涨幅为 11.98%，在八个综合经济区中蝉联第一。人均生产总值涨幅超过 11%的经济区还有大西南、南部沿海和东部沿海经济区。东北综合经济区虽然常住人口呈现负增长，但由于地区生产总值增长缓慢，其人均生产总值相较于 2016 年仅增长 6.47%，在八个综合经济区中仍然垫底。

4.1.2 各大经济区消费与零售业发展总体稳定，西部地区内部发展出现分化

2017 年四大经济区的社会消费品零售总额如图 4－3 所示。其中，东部地区社会消费品零售总额达到约 18.76 万亿元，超过其他三大经济区的社会消费品零售额总和。东北地区社会消费品零售额在全国社会消费品零售总额中的占比为 8.45%，明显高于其 GDP 的全国占比，但其社零额占比相较于 2016 年仍下降了 0.34 个百分点，在四大经济区中跌幅最大。2017 年四大经济区的人均社会消费品零售总额[①]分别为 3.51 万元、2.10 万元、1.81 万元、2.83 万元。

2017 年四大经济区的人均收支情况如图 4－3 所示。在这里，各经济区人均可支配收入[②]和人均消费性支出[③]是由各省级地区人均可支配收入和人均消费性支出按照人口加权得到的。从排名来看，与人均社零总额的排名一致，东部地区的人均可支配收入和人均消费性支出均为最高，人均可支配收入和人均消费性支出排名最末的都是西部地区。从收入盈余[④]来看，四大经济区的人均收入盈余分别为 1.05 万元、0.69 万元、

① 本报告之各经济区人均社会消费品零售总额指标，系根据各经济区所属省份社会消费品零售总额合计值/该经济区年末常住人口合计值求得。

② 本报告之各经济区人均可支配收入指标，系根据（各经济区所属省份人均可支配收入×该省年末常住人口合计值）/该经济区年末常住人口合计值求得。

③ 本报告之各经济区人均消费性支出指标，系根据（各经济区所属省份人均消费性支出×该省年末常住人口合计值）/该经济区年末常住人口合计值求得。

④ 本报告之各经济区人均收入盈余指标，系根据各经济区人均可支配收入减去该经济区人均消费性支出求得。

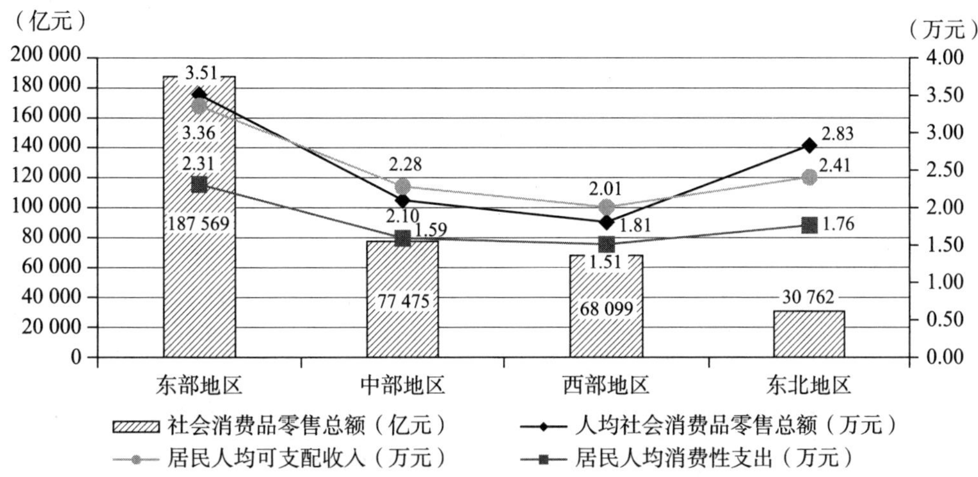

图 4－3　中国四大区域社零额及其人均值、人均可支配收入、消费性支出（2017 年）

0.50 万元、0.65 万元，其中人均可支配收入较低的中部地区却拥有较高的人均收入盈余，说明中部地区还有较大的消费潜力有待开发。

2017 年八大综合经济区的社会消费品零售总额如图 4－4 所示。其中，东部沿海社零额占比超越北部沿海成为第一，两者占比分别为 18.65％和 18.37％。社零总额占比最低的仍为大西北，占比进一步下降到 2.41％。同处西部的大西南地区则延续了增长态势，社零总额占比增长了 0.24 个百分点，增幅在八个综合经济区中排名第一。人均社会消费品零售总额方面，东部沿海的人均社会消费品零售总额最高，达 4.21 万元，大西北的人均社会消费品零售总额最低，仅 1.31 万元。2017 年八大综合经济区的人均可支配收入和人均消费性支出从图 4－4 中可以看出来，其中东部沿海的人均可支配收

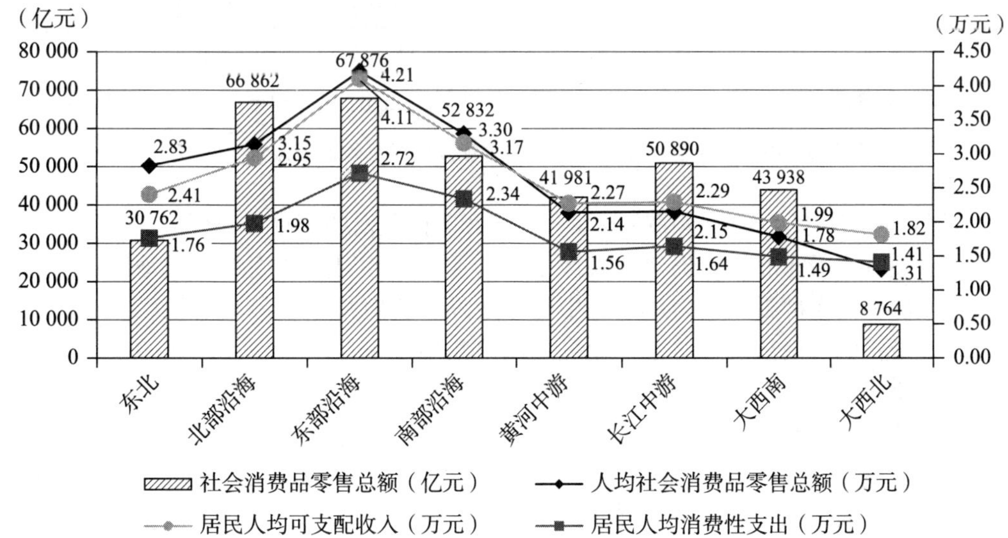

图 4－4　中国八大综合经济区社零额及其人均值、居民人均可支配收入、居民人均消费性支出（2017 年）

入和人均消费性支出水平均为最高，分别为 4.11 万元和 2.72 万元，大西北的人均可支配收入和人均消费性支出均为最低，仅有 1.82 万元和 1.41 万元。

4.1.3 经济发达地区零售业相对集中度更高，消费倾向更低

从零售业发展集中度看，中国各经济区零售业发展的相对集中度可以用各经济区社会消费品零售额占比与地区国民生产总值占比的比值和各经济区社会消费品零售额占比与地区常住人口占比的比值来表示，其比值与 1 相比越大，表示该经济区单位国民生产总值或单位人口基础上的零售业发展的相对集中度越高。两个比值分别反映了去除生产总值和人口因素影响的相对消费水平。

如图 4－5 所示，2017 年东部地区、中部地区、西部地区零售业发展相对集中度保持稳定。其中，东北地区 2016 年受人口流失的短期影响，零售业发展相对集中度有明显提升，在 2017 年该指标再度回归正常水平。在居民平均消费倾向方面，东部地区、中部地区居民平均消费倾向略有下降。东北地区居民平均消费倾向方面重新登上 0.7 的关口，说明东北地区零售业发展状况有所改善。西部地区受较低的人均可支配收入影响，其居民平均消费倾向仍为最高，维持在 0.75 的水平。

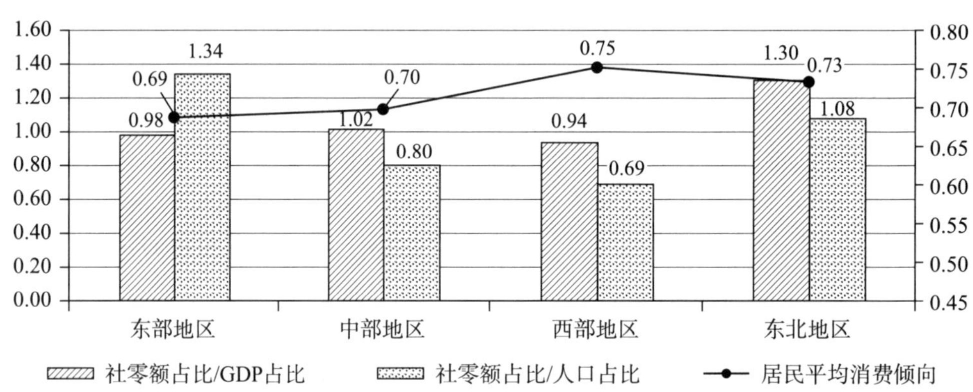

图 4－5　中国四大区域零售业发展集中度及居民平均消费倾向（2017 年）

如图 4－6 所示，2017 年中国各综合经济区零售业发展相对集中度的变化不大。去除生产总值因素后东北地区仍为八大区中零售业发展相对集中度最高的地区，而去除人口因素影响后东部沿海仍为八大区中零售业发展相对集中度最高的地区。在其他区域中，北部沿海、南部沿海的零售业发展相对集中度也比较高，大西北的零售业发展相对集中度仍为最低。

至于八大综合经济区的居民平均消费倾向，最高的为零售业发展集中度排名靠后的大西北，达到了 0.78 的水平，而东北、南部沿海、大西南、长江中游四个地区的居民平均消费倾向也超过了 0.70。东部地区虽然绝对消费水平更高，但由于收入水平也很高，居民平均消费倾向较低；西部地区绝对消费水平较低，但相对于更低的收入水

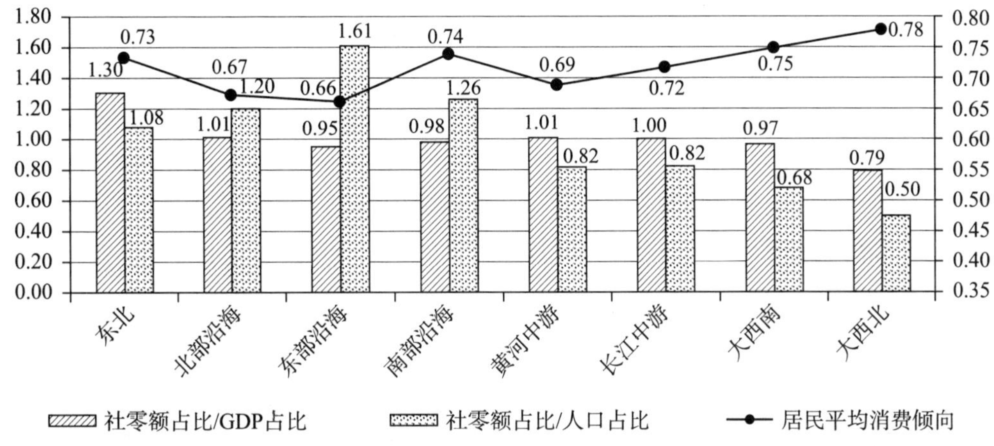

图 4－6　中国八大综合经济区零售业发展集中度及居民平均消费倾向（2017 年）

平，居民平均消费居民倾向反而更高。

4.2　中国省级地区零售业发展分析报告

本部分为中国零售业在各个省级地区的发展分析，从总体情况、发展绩效水平、连锁零售企业三个方面，从不同公司产权性质、国民经济行业及销售类值划分的零售企业发展状况等多个角度，监测与分析各个省级地区零售业的发展情况。该部分搜集了中国 31 个省、自治区、直辖市的零售业基本数据，使用基本现状、流转效率、经营绩效和连锁企业指标，不仅在各省内进行纵向比较，还在各省间进行横向比较。

4.2.1　中国省级地区发展总体分析

4.2.1.1　西部省份 GDP 增速亮眼，天津、甘肃、内蒙古 GDP 增速垫底

2017 年各省级地区生产总值排名与 2016 年相比变化较小。地区生产总值变化最为显著的省级地区为内蒙古，在调减掺水经济数据后①，其排名由 2016 年的第 16 名大幅跌落至 2017 年的第 22 名。同样排名下跌的还有吉林省，由 2016 年的第 22 名下跌到 2017 年的第 23 名。重庆市和云南省的排名近年来一直保持上升趋势，重庆市由 2013 年的第 22 名稳步升至 2017 年的第 18 名，云南省由 2013 年的第 24 名稳步升至 2017 年

① 2018 年 1 月 3 日，在内蒙古自治区第十届委员会第五次全体会议暨全区经济工作会议上，自治区党委自曝家丑：自治区政府财政收入虚增空转，部分旗县区工业增加值存在水分。财政审计部门在反复核算后，调减 2016 年一般公共预算收入 530 亿元，占总量的 26.3%；同时经初步认定，应核减 2016 年规模以上工业增加值 2 900 亿元，占全部工业增加值的 40%，2016 年地区生产总值基数也相应核减。

的第 20 名。

从经济增速来看（见图 4－7），2017 年增速最快的是贵州，增速为 10.2%，其次分别为西藏、云南和重庆，增速分别为 10.0%、9.5%和 9.3%。受 GDP 调整的影响[①]，天津 2017 年经济增速全国垫底，仅为 3.6%。增速排名靠后的还有甘肃和内蒙古，2017 年经济增速分别为 3.6%和 4.0%。天津、甘肃和内蒙古三地经济增长放缓，除受 GDP 调整的影响外，还跟三地产业结构转型升级缓慢、新动能增长点青黄不接有很大关系。2017 年全国经济平均增长率为 6.9%。

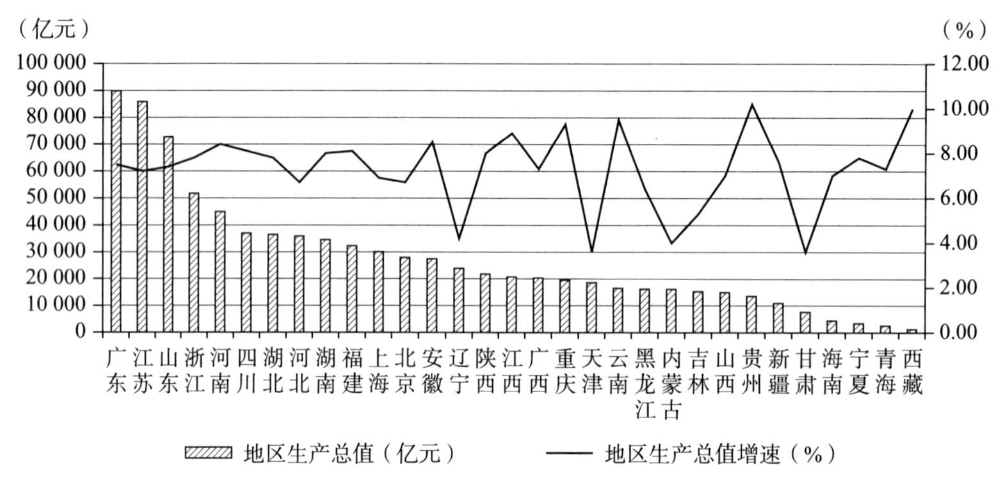

图 4－7　中国省级地区生产总值及其增速（2017 年）

4.2.1.2　山东人口首次破亿，天津、北京、上海对年轻劳动力的吸引力下降

2017 年中国各省常住人口数及增长率如图 4－8 所示，各省人口数排名与 2016 年一致。广东、山东、河南、四川、江苏的年末常住人口数均超过 8 000 万人。其中，广东省的年末常住人口数为 10 999 万人，广东省仍为全国第一人口大省。山东省年末常住人口数为 10 006 万人，成为全国第二个常住人口破亿的省份。河北、湖南、安徽的年末常住人口数均超过 6 000 万人。目前，东部沿海地区仍然是中国人口密度最大的地区，西北地区人口总数少、密度低。

从常住人口增长率看，东北三省继续保持常住人口负增长，其中 2017 年年末吉林常住人口增长率为－5.71‰，黑龙江常住人口增长率为－2.76‰，辽宁常住人口增长率为－2.03‰。除东北三省外，天津、北京和上海也出现了常住人口负增长，其常住人口增长率分别为－3.36‰、－1.01‰和－0.57‰。考虑到同期天津、北京和上海的

① 2018 年 1 月 11 日，天津滨海新区两会上宣布，在更改统计口径（注册改为在地）、挤掉水分后，滨海新区 2016 年的万亿地区生产总值调整为 6 654 亿元，2017 年预计为 7 000 亿元。滨海新区生产总值总量占到天津的一半以上，此前曾宣布其超越了上海浦东新区，成为全国首个迈入万亿俱乐部的国家级新区。

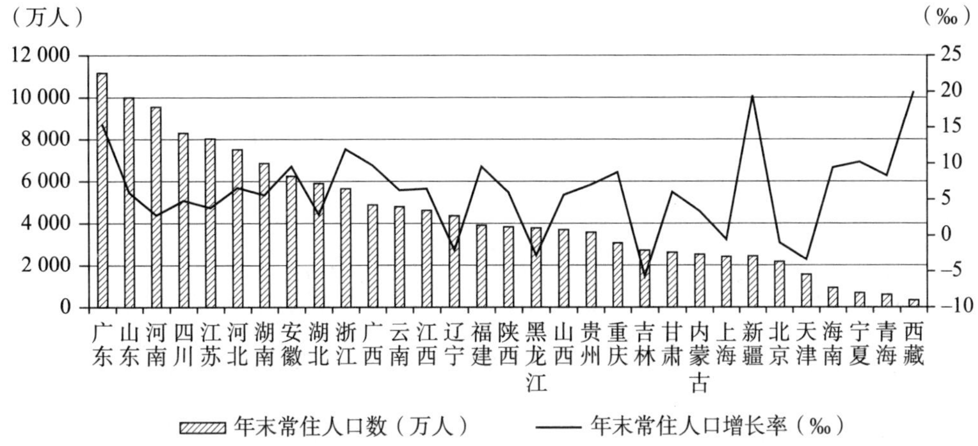

图 4－8　中国省级地区年末常住人口数及其增长率（2017 年）

人口自然增长因素①和老龄常住人口增长因素②，三地在 2017 年的常住人口流失主要发生于年轻劳动力群体中，这三地对于年轻劳动力的吸引力明显降低。其余省级地区均有不同幅度的人口上涨，其中西藏常住人口增长率达到 20.00‰，超越新疆成为第一。新疆位列第二，年末常住人口增长率为 19.43‰。作为经济发达地区的代表，广东、浙江也拥有较高的年末常住人口增长率，其年末常住人口增长率分别为 15.46‰和 11.99‰。

4.2.1.3　西部省份社会消费领跑增长，天津、辽宁增速垫底

2017 年中国全年社会消费品零售总额 36.6 万亿元，增速持续下降到 10.2%。如图 4－9 所示，从各省级地区的发展水平和速度看，2017 年社会消费品零售总额超 1 万亿元的省级地区有广东、山东、江苏、浙江、河南、四川、湖北、河北、湖南、辽宁、福建、上海、北京、安徽 14 个，其中四川省取代湖北省成为第 6 名，上海市取代北京市成为第 12 名。从增速上看，2017 年各省级地区社会消费品零售总额增长率差异较大，超过全国平均水平的省级地区有 17 个，其中西藏增速最快，增长率为 13.91%，增长率超过 12%的省份还有陕西、四川、江西、云南、贵州。天津市以 1.67%的增长率垫底，辽宁省为倒数第二，增长率仅为 2.93%。

4.2.1.4　人均支出增幅低于人均收入增幅，全国居民平均消费倾向进一步下降

如图 4－10 所示，2017 年人均可支配收入超过 3 万元的省级地区有上海、北京、浙江、天津、江苏、广东和福建，分别为 5.90 万元、5.72 万元、4.20 万元、3.70 万

① 根据地方统计局数据，2017 年，天津人口自然增长（出生人口减去死亡人口）4.03 万人，北京人口自然增长 8.2 万人，上海人口自然增长 6.8 万人。

② 根据地方统计局 2017 年数据，2017 年，天津 65 岁及以上常住人口增加 1.58 万人，北京 65 岁及以上常住人口增加 7.2 万人，上海 65 岁及以上常住人口增加 26.99 万人。

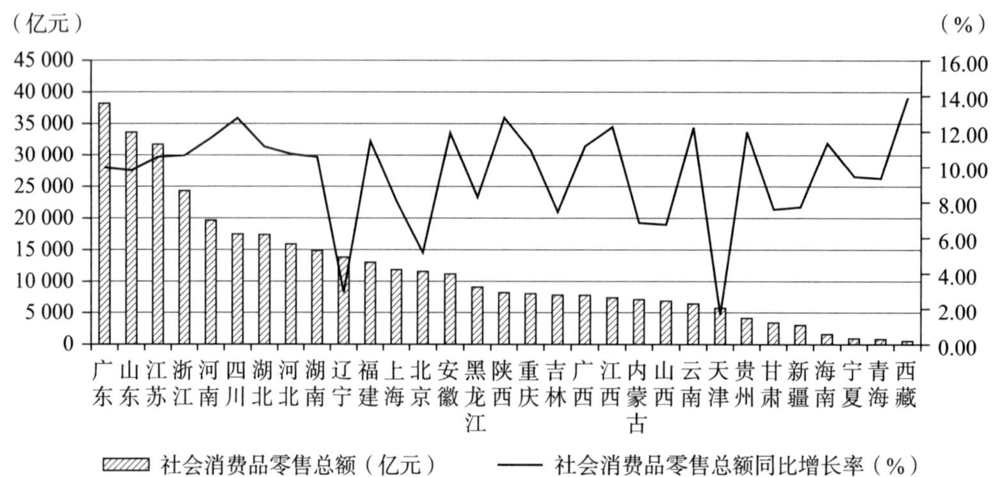

图 4-9 中国省级地区社会消费品零售总额及其增长率(2017 年)

元、3.50 万元、3.30 和 3.00 万元，其中福建的人均可支配收入首次达到 3 万元。全国的人均可支配收入为 2.60 万元，同比增长了 9.24%。超过全国人均可支配收入平均水平的省级地区有 11 个，西藏、甘肃、贵州的人均可支配收入最低。

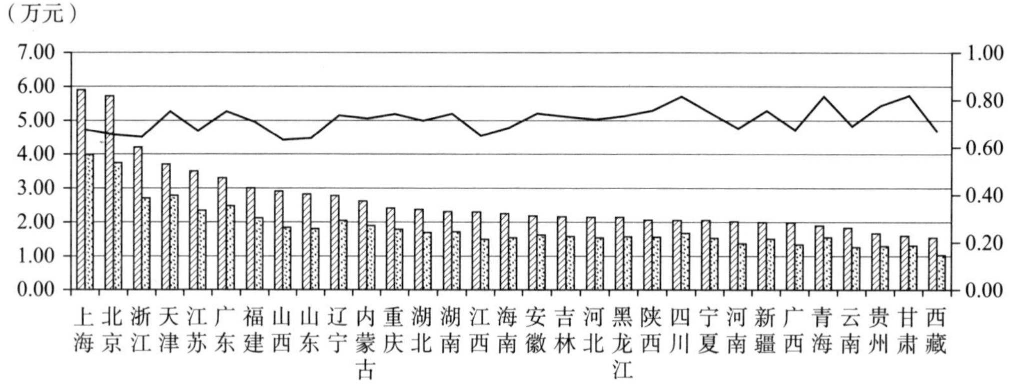

图 4-10 中国省级地区居民人均可支配收入与消费性支出、平均消费倾向(2017 年)

人均消费性支出超过 2 万元的省级地区有上海、北京、天津、浙江、广东、江苏和福建，其中上海和北京的居民平均消费性支出超过 3 万元，分别为 3.98 万元和 3.74 万元。居民平均消费性支出的全国平均水平为 1.83 万元，同比增长了 7.02%，超过全国平均水平的省级地区有 10 个。

从居民平均消费倾向[①]看，全国大部分省级地区的居民消费倾向与 2016 年相比继

① 本报告估计的各省级地区居民平均消费倾向指标，系根据各省级地区人均消费性支出/该级地区人均可支配收入求得。

续呈现下降趋势，居民平均消费倾向最高的省级地区为甘肃，其居民平均消费倾向为 0.819，青海、四川的居民平均消费倾向与甘肃接近，分别为 0.816 和 0.815。其余省级地区的居民平均消费倾向均低于 0.80。人均可支配收入较高的上海、北京和浙江的居民平均消费倾向都较低，分别为 0.67、0.65 和 0.64，且均低于 2016 年水平。全国的居民平均消费倾向水平为 0.71，同比下降了 1.39%。

4.2.2　中国省级地区零售企业基本分析

本节及以后本章各小节数据，主要来源于《中国贸易外经统计年鉴 2017》、国研网、中经网统计数据库发布的各省级地区限额以上零售企业的基本情况数据、商品流转数据、财务数据三类数据。鉴于统计数据公布的时效，本节及以后本章各小节使用的都是 2016 年的数据。

4.2.2.1　各地区零售法人企业呈明显梯队，区域分布结构有所优化

2016 年，中国限额以上零售企业商品销售总额为 12.7 万亿元，全国限额以上零售企业法人单位数为 98 305 个，企均商品销售额[①]为 1.29 亿元。如图 4－11 所示，各省份按照限额以上法人企业数可明显分为四大梯队。第一梯队登记注册法人企业均超过

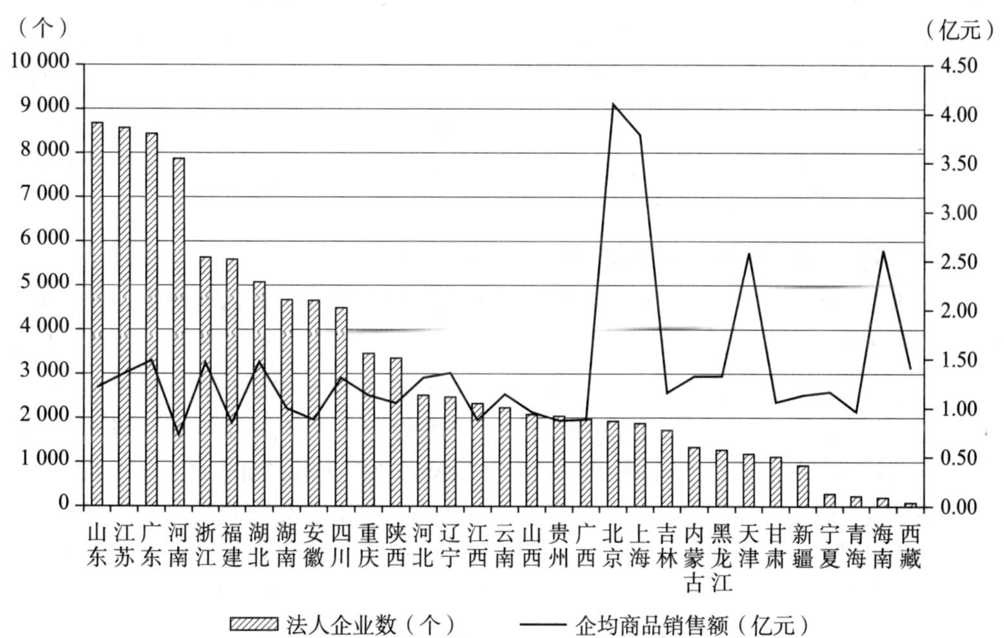

图 4－11　各省级地区限额以上零售企业法人单位数及企均商品销售额（2016 年）

---

① 本报告之企均商品销售额指标，系根据限额以上零售企业商品销售总额/限额以上零售企业法人单位数求得。

7 000 个，包括山东、江苏、广东、河南。其中，山东的登记注册法人企业数量仍为全国最多，为 8 677 个，占全国限额以上零售企业法人单位数的 8.83%，但法人数量及占比相较于 2015 年略有下降。江苏的登记注册法人企业数量名列全国第二，进一步上涨到 8 571 个，占全国限额以上零售企业法人单位数的 8.72%。第二梯队的浙江、福建、湖北、湖南、安徽、四川的登记注册法人企业均超过 4 000 个。第三梯队的重庆、陕西、河北、辽宁、江西、云南、山西、贵州的登记注册法人企业数量在 2 000 个以上，其余的登记注册法人企业数量在 2 000 个以下的省级地区属于第四梯队。

全国限额以上零售企业法人单位分布集中在东部沿海地区，西部、东北地区企业数目明显偏少，其中限额以上零售企业法人单位数最少的省级地区为西藏，仅有 85 家，仅占全国限额以上零售企业法人单位数的 0.09%。但相较于 2016 年，黄河中游、长江中游、大西南地区新增的限额以上法人数量都超过 1 000 个，在各个区域中位居前列，这表明限额以上零售企业的地区分布结构有所优化。

2016 年限额以上零售企业平均商品销售额的地区分布也呈现明显的第三梯队特征。第一梯队的省级地区包括北京、上海、海南和天津，其企均商品销售额均超过 2 亿元。其中，企均商品销售额最高的地区为北京，实现平均商品销售额 4.10 亿元。第二梯队包括中国大部分的省级地区，其企均商品销售额都较为接近，在 1.3 亿元左右。其中，吉林由于限额以上零售企业数量大幅上涨 44.58%，其企均销售额由 2015 年的 1.52 亿元骤降至 1.16 亿元。第三梯队包括青海、山西、安徽、广西、江西、贵州、福建、河南，其限额以上零售企业平均商品销售额均低于 1 亿元，零售企业规模较小。总体看来，第一梯队的四个地区均为限额以上法人企业数量较少的发达沿海地区，而在第三梯队中也存在许多限额以上法人企业数量较多的省份，限额以上零售企业的企均销售额分布与企业数量分布呈现两种不同的梯队特点。

4.2.2.2 零售业劳动效率整体提升，天津增幅巨大

2016 年，中国限额以上零售企业年末从业人数为 697.68 万人，如图 4－12 所示，限额以上零售企业年末从业人数前三名是广东、山东和江苏三省，分别为 69.66 万人、58.78 万人和 54.70 万人。2016 年全国限额以上零售企业人均商品销售额[①]为 181.48 万元，比 2015 年上升 8.46%。2016 年限额以上零售企业人均商品销售额最高的仍是天津，且人均商品销售额大幅上涨了 26%，达到 316.28 万元，湖北升至第二位，人均商品销售额为 222.04 万元。西藏、贵州、海南这些社会消费品零售总额较少的省级地区，人均商品销售额却相对靠前。2016 年中国限额以上零售企业人均商品销售额超过 200 万元的地区有天津、湖北、浙江、北京、江苏、吉林、上海，与 2015 年相比，湖北、江苏、上海首次超过 200 万元。2016 年限额以上零售企业人均商品销售额不足 120 万元的仅有宁夏，与 2015 年的情况相比，青海、河南两省限额以上零售企业人均商品销售额重又超过 120 万元。

---

① 本报告之人均商品销售额指标，系根据各省零售企业商品销售总额/该省零售企业年末从业人数求得。

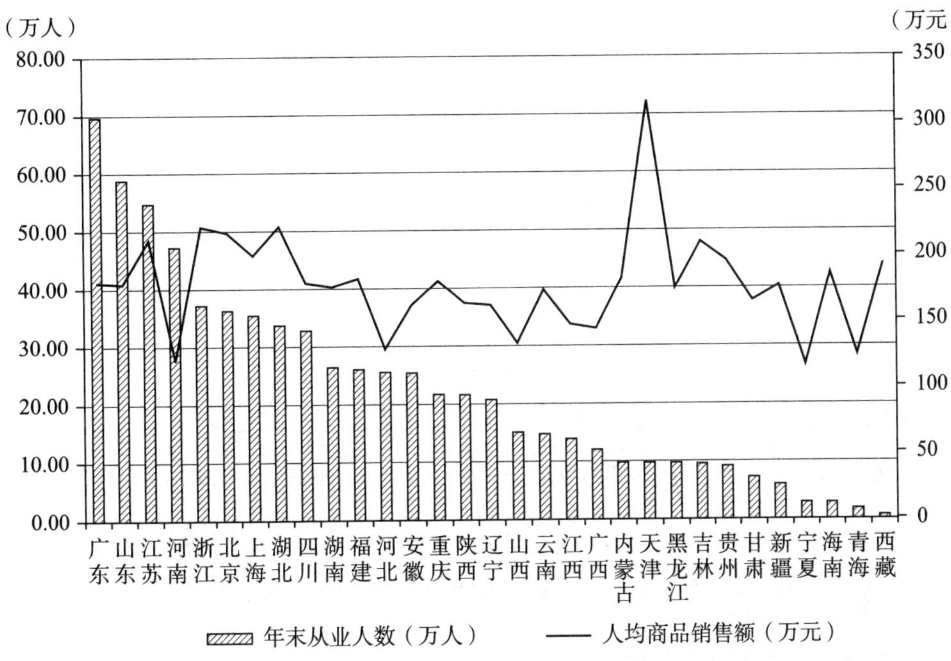

图 4－12　各省级地区限额以上零售企业年末从业人数及人均商品销售额（2016 年）

4.2.2.3　各地区购销存稳定增长，营运能力（存货周转率）进一步提升

2016 年中国限额以上零售企业商品购进额为 10.89 万亿元，其中进口额为 3 249.72亿元，商品销售额为 12.66 万亿元，其中出口额为 115.87 亿元，期末商品库存额为 1.11 万亿元。中国各省级地区限额以上零售企业的商品销售额、商品购进额和存货周转率如图 4－13 所示。

从商品购销规模来看，广东、江苏、山东、北京、浙江、湖北、上海、四川、河南的商品流转规模明显超过其他省级地区，商品销售额和商品购进额均超过 4 000 亿元。福建、湖南、安徽的商品购进额不足 4 000 亿元但商品销售额超过 4 000 亿元。其余省级地区的商品销售额、商品购进额均低于 4 000 亿元。与 2015 年相比，各省级地区的商品销售额和商品购进额均有不同幅度的上升。总体上来说，经济发达的北京、上海、江苏、浙江等省级地区的商品流转规模也较大，而西部地区的商品购销规模则与东部沿海地区有极大的差距。

存货周转率反映了存货的流动性及存货资金占用量是否合理。2016 年中国限额以上零售企业存货周转率[①]约为 11.35 次，较 2015 年有了极大提升。其中存货周转率最高的省级地区为天津，达到 18.61 次。此外，存货周转率超过 14 次的省级地区还有重庆、吉林、山东、福建、四川、河南，这些地区存货周转速度较快。中国大部分省级

① 本报告之存货周转率指标，系根据各省销售额/平均库存额求得。平均库存额为期初库存与期末库存的平均值，其中期初库存用上一年的期末库存近似替代。

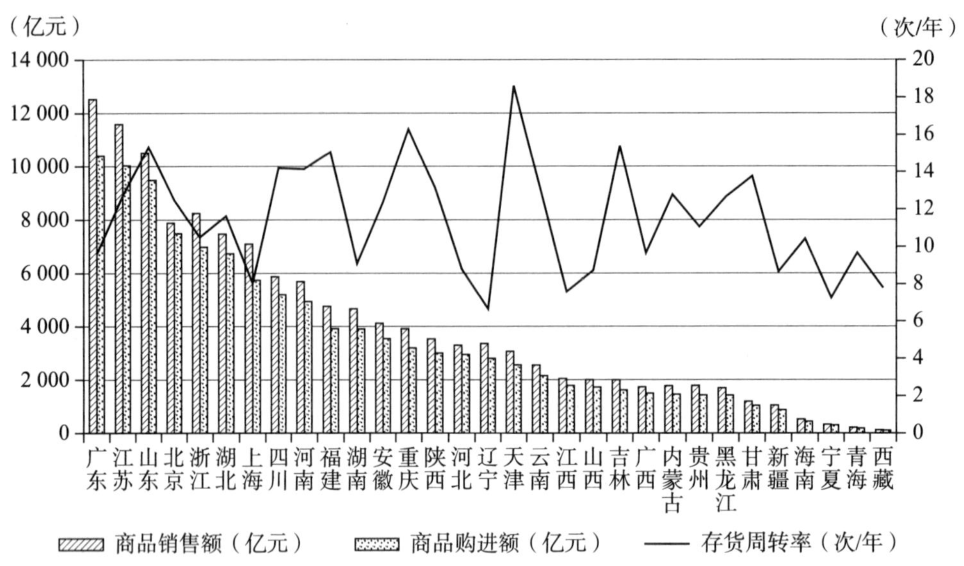

图 4-13 各省级地区限额以上零售企业商品销售额、商品购进额及存货周转率（2016 年）

地区的限额以上零售企业存货周转率超过了 10 次，辽宁以 6.65 次的存货周转次数垫底，而 2015 年排名末位的安徽的存货周转次数则跃升为 12.38 次。

4.2.3 中国省级地区零售业企业绩效分析

4.2.3.1 主营业务收入增长明显，企均收入排名稳定

2016 年中国限额以上零售企业主营业务收入总额为 11.04 万亿元，与 2015 年相比上涨 10.95%，增速大幅提升。全国限额以上零售企业法人单位数为 98 305 个，企业平均主营业务收入①为 1.12 亿元。如图 4-14 所示，2016 年全国限额以上零售企业平均主营业务收入排名中，北京仍然处于第一位，平均主营业务收入 3.54 亿元。北京、上海、海南、天津、西藏、广东、浙江等省级地区的限额以上零售企业平均主营业务收入超过 1.2 亿元。广西、贵州、安徽、福建、河南等省级地区的限额以上零售企业平均主营业务收入不到 8 000 万元，其中河南省限额以上零售企业平均主营业务收入为 6 387 万元，河南省仍为企业平均主营业务收入最低的省级地区。

4.2.3.2 零售企业资产集中于发达省市，资产创收能力有所下滑

2016 年中国限额以上零售企业年末资产总计 6.04 万亿元，零售企业资产明显集中在几个发达省市，如图 4-15 所示，2016 年江苏的限额以上零售业资产总额为 6 878.5 亿元，蝉联第一且增速达到了 30.58%。广东、北京、山东、浙江、上海等省级地区的

① 本报告之企业平均主营业务收入水平指标，系根据各省限额以上零售企业主营业务收入/限额以上零售企业法人单位数求得。

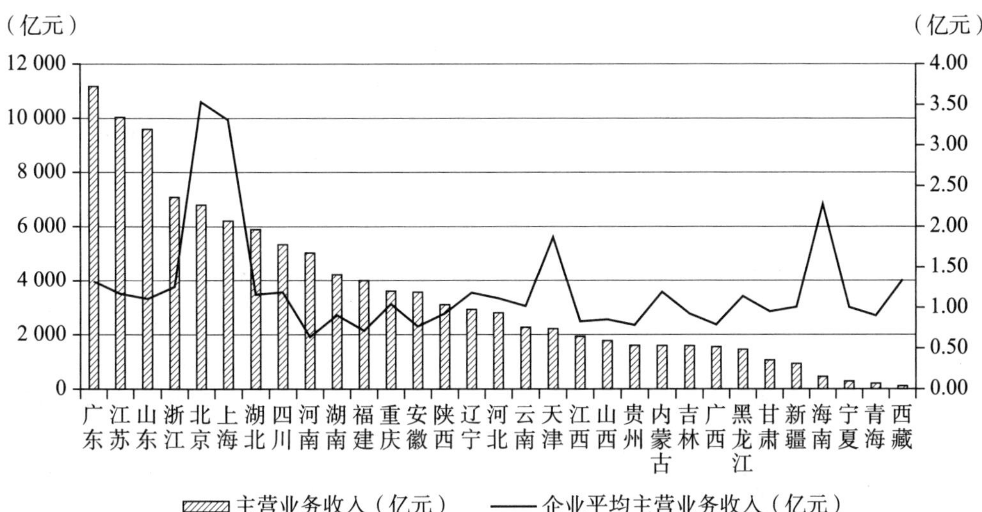

图 4－14　各省级地区限额以上零售企业主营业务收入及企均值（2016 年）

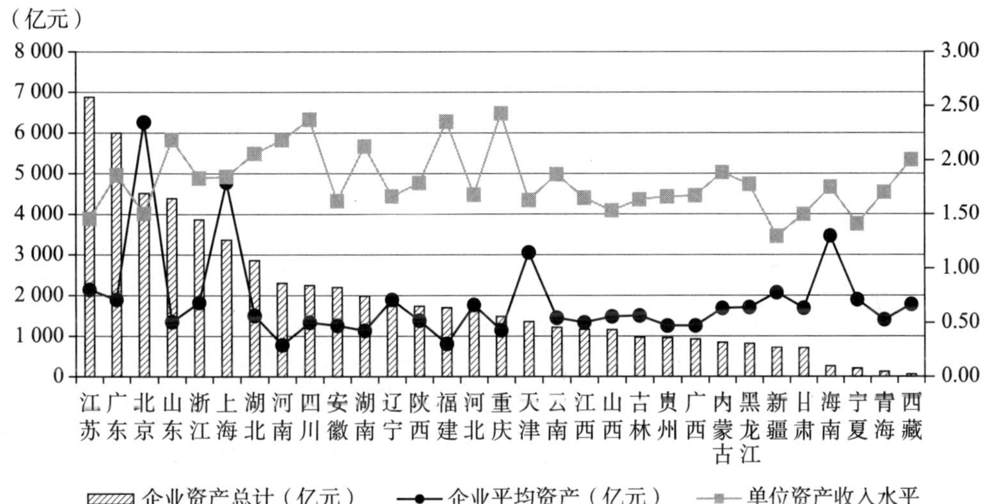

图 4－15　各省级地区限额以上零售企业资产总计、平均资产、单位资产收入水平（2016 年）

限额以上零售业资产总额超过 3 000 亿元。

从企业平均资产规模来看，中国零售企业平均资产[①]为 6 148 万元。2016 年北京的限额以上零售企业平均资产达到 2.35 亿元，居全国首位。上海、海南、天津、江苏、新疆、宁夏、广东、辽宁的零售企业平均资产均已超过 7 000 万元，这些省级地区的限额以上零售业市场主要由大型零售企业主导，企业规模和资产集中度较高。

① 本报告之企业平均资产指标，系根据各省限额以上零售企业年末资产总计/限额以上零售企业法人单位数求得。

2016 年中国限额以上零售企业单位资产收入水平[①]约为 1.83，与 2015 年相比下降了 1.61%。就单位资产收入水平而言，有 13 个省级地区高于全国平均水平。单位资产收入水平最高的省级地区是重庆，为 2.43，与 2015 年的 2.34 相比有小幅上升。整体而言，零售业比较发达、行业资产规模较大的北京、天津、上海等省级地区的限额以上零售企业单位资产收入水平排名都只处于中下水平。

4.2.3.3 零售企业人员效率稳中有进，天津人均主营业务收入居首位

2016 年中国限额以上零售企业年末从业人员总数为 697.68 万人，人均主营业务收入[②]为 158.28 万元，相较于 2015 年增长了 8.67%。如图 4－16 所示，其中天津限额以上零售企业人均主营业务收入为 228.50 万元，超越北京成为全国最高水平。浙江、北京分列第二、三位，限额以上零售企业人均主营业务收入分别为 190.52 万元和 187.47 万元。此外，西藏、江苏、贵州、上海、湖北、吉林、重庆、内蒙古、山东、四川、海南、广东等省级地区的限额以上零售企业人均主营业务收入均超过 160 万元。2016 年全国有 16 个省级地区的限额以上零售企业人均主营业务收入高于全国平均水平，且所有省级地区的限额以上零售企业人均主营业务收入均超过 100 万元。宁夏仍为限额以上零售企业人均主营业务收入最低的省级地区，其人均主营业务收入仅为 100.4 万元。

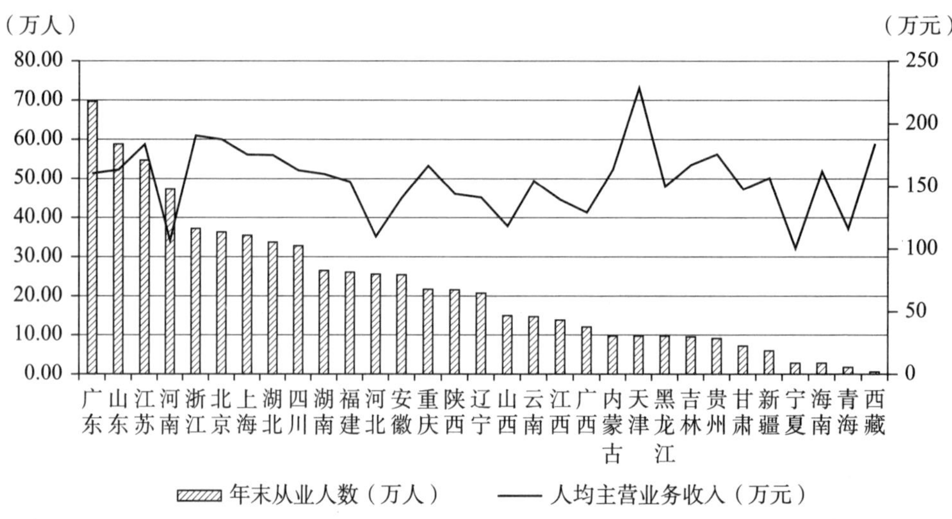

图 4－16 各省级地区限额以上零售企业年末从业人数及人均主营业务收入（2016 年）

4.2.3.4 单位工资产出略有下降，费用控制能力整体有所提升

作为劳动密集型服务类产业，用工成本是零售业运营过程中需要考虑的重要因素。

---

① 本报告之企业单位资产收入水平指标，系根据各省限额以上零售企业主营业务收入/限额以上零售企业资产总计求得。

② 本报告之人均主营业务收入指标，系根据各省限额以上零售企业主营业务收入/限额以上零售企业年末从业人员数求得。

2016 年中国各地区限额以上零售企业应付职工薪酬总额为 3 771.37 亿元，人均职工薪酬①为 5.41 万元/年，较 2015 年上升了 13.89%。如图 4-17 所示，2016 年中国所有省级地区的限额以上零售企业人均工资都超过 3 万元/年，其中甘肃、青海、云南、上海、北京、天津等②省级地区超过了 7 万元/年，分别达到 9.86 万元/年、8.91 万元/年、8.68 万元/年、8.11 万元/年、7.97 万元/年和 7.25 万元/年的水平，零售企业人均工资最低的省级地区是河南省，仅为 3.4 万元/年，零售业内部用工成本在不同省份间存在较大差异。

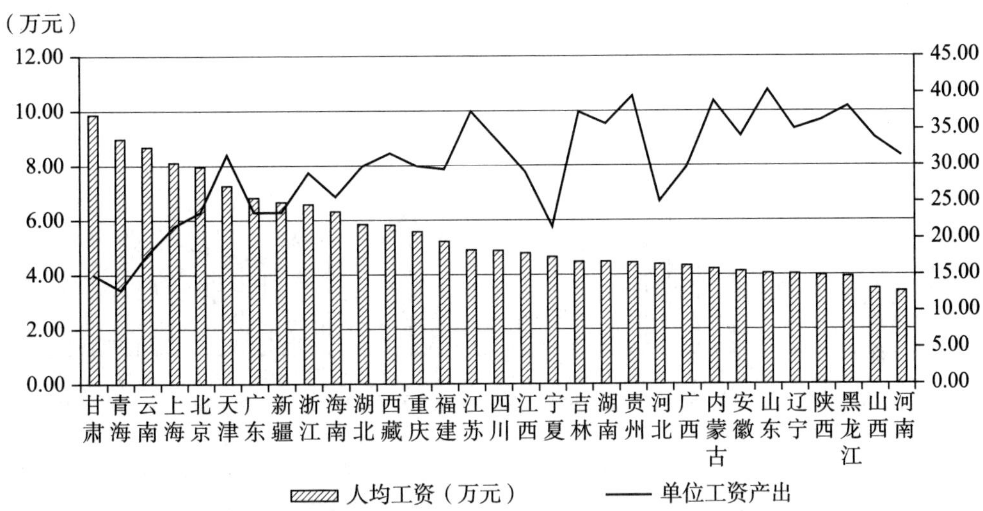

图 4-17　各省级地区限额以上零售企业人均工资及单位工资产出（2016 年）

2016 年中国各地区限额以上零售企业的单位工资产出③为 29.28，相较于 2015 年略有下降。山东的限额以上零售企业单位工资产出为全国最高，达到 40.36。全国有 19 个省级地区的限额以上零售企业单位工资产出超过全国平均产出水平。2016 年限额以上零售企业单位工资产出最低的省级地区仍然是青海，仅为 12.93，但相较于 2015 年有所提高。

2016 年全国限额以上零售企业的三项费用（销售费用、管理费用、财务费用）合计总额为 10 861.73 亿元，其中销售费用为 6 762.88 亿元，管理费用 3 352.70 亿元，财务费用为 746.15 亿元，与 2015 年相比均有所上涨。三项费用比率④分别为 6.12%、

---

① 本报告之人均职工薪酬指标，系根据各省限额以上零售企业应付职工薪酬/限额以上零售企业年末从业人员数求得。

② 根据《中国贸易外经统计年鉴 2017》数据，甘肃、青海、云南三省分别以零售企业人均工资 9.86 万元/年、8.97 万元/年、8.68 万元/年位居全国前三。因为此处数据可能存在统计口径误差，故在正文中略过以上三省区。

③ 本报告之单位工资产出指标，系根据各省限额以上零售企业主营业务收入/限额以上零售企业应付职工薪酬求得。

④ 本报告之三项费用比率指标，系根据各省限额以上零售企业销售费用/限额以上零售企业主营业务收入、限额以上零售企业管理费用/限额以上零售企业主营业务收入、限额以上零售企业财务费用/限额以上零售企业主营业务收入求得。

3.04%、0.68%，三项费用合计占主营业务收入的 9.84%，费用比率与 2015 年相比有所下降。三项费用比率能在一定程度上反映一个地区限额以上零售企业在运营过程中的费用控制水平。就各省级地区而言，如图 4－18 所示，上海、北京、宁夏、海南、广东、新疆、青海、天津、辽宁、吉林的三项费用比率高于全国平均水平，其中上海市仍为最高，但相较于 2016 年各项费用比例都有所下降，其三项费用比率分别为 12.73%、5.19%、0.41%，合计为 18.33%。2016 年各省级地区中限额以上零售企业三项费用比率最低的省级地区为甘肃，分别为 4.36%、1.88%、0.77%，合计为 7.01%。

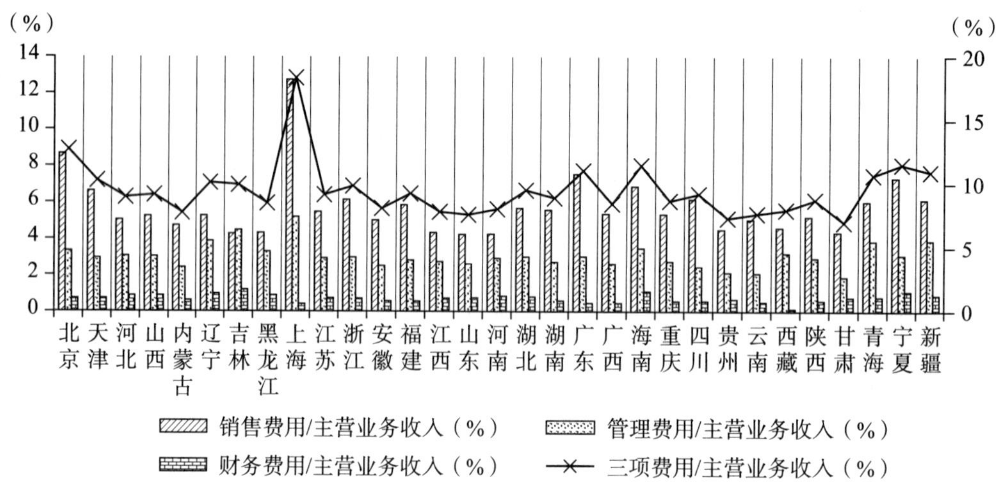

图 4－18　各省级地区限额以上零售企业三项费用比率（2016 年）

4.2.3.5　全国零售企业利润总额涨幅明显，山西零售企业效益状况继续恶化

2016 年全国限额以上零售企业平均毛利率①为 11.78%，如图 4－19 所示，其中上海的毛利率为 17.84%，为全国最高。毛利率高于全国平均水平的省级地区有上海、海南、广东、重庆、河南、陕西、山东、湖北、湖南 9 个省级地区。山西的毛利率仅为 8.28%，为全国最低。2016 年全国限额以上零售企业平均购销差价比率②为 14%，购销差价水平超过全国平均水平的省级地区有 17 个。其中，贵州的购销差价比率为全国最高，达到 20.18%，代表贵州的零售企业有着较强的议价能力。

2016 年中国限额以上零售企业利润总额为 3 396.18 亿元，比 2015 年大幅上涨了 39.56%，应交所得税为 510.27 亿元，净利率③为 2.61%。如图 4－20 所示，中国限额

① 本报告之平均毛利率指标，系根据各省限额以上零售企业毛利润/限额以上零售企业主营业务收入求得，其中毛利润为主营业务收入与主营业务成本的差值。

② 本报告之购销差价比率指标，系根据（各省限额以上零售企业商品销售额－限额以上零售企业商品购进额）/限额以上零售企业商品销售额求得。

③ 本报告之净利率指标，系根据各省限额以上零售企业净利润/限额以上零售企业主营业务收入求得，其中净利润由利润总额扣除应交所得税求得。

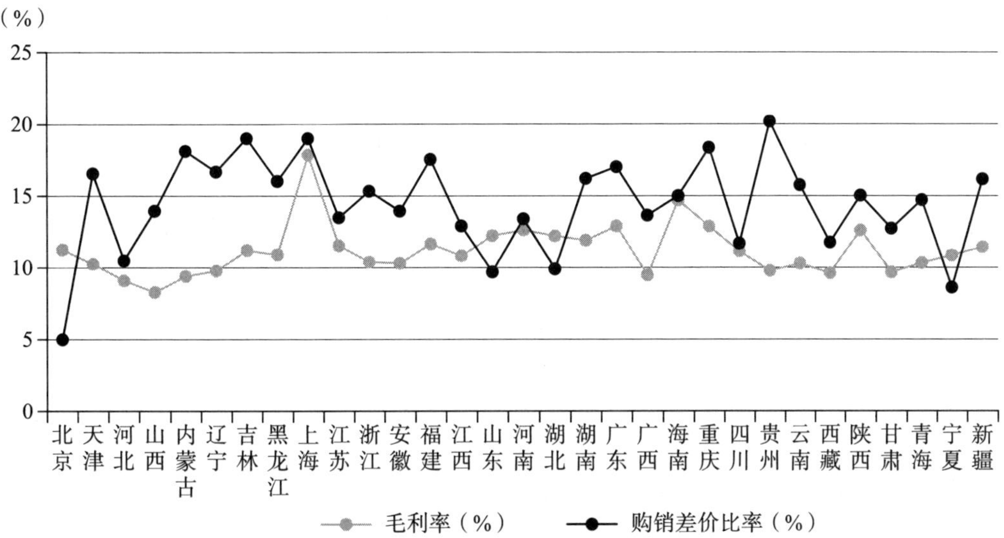

图 4-19　各省级地区限额以上零售企业毛利率（2016 年）

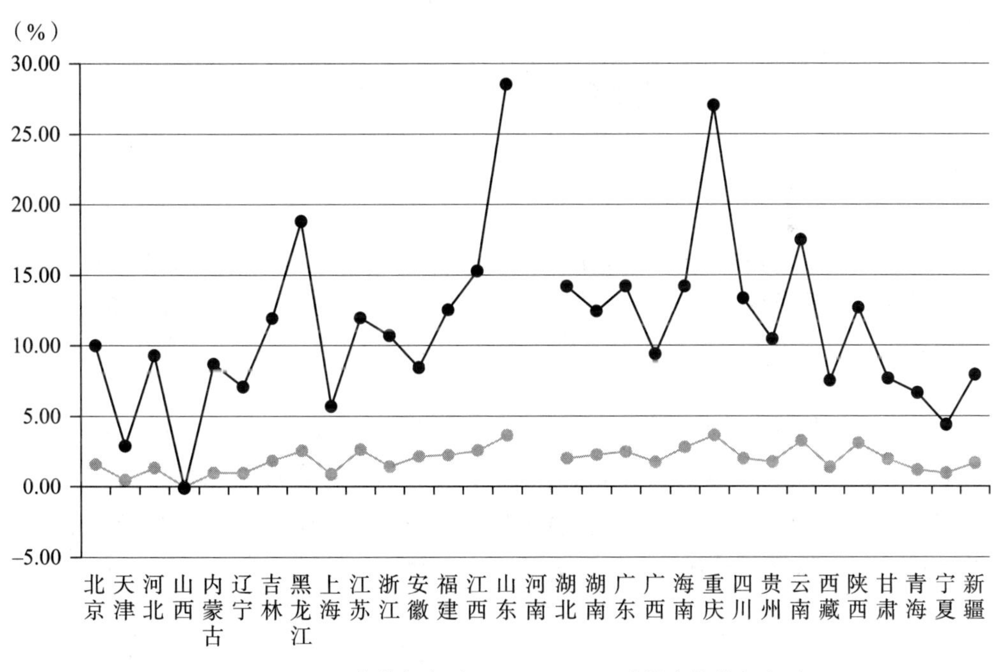

图 4-20　各省级地区限额以上零售企业净利率及净资产收益率（2016 年）

以上零售企业净利率最高的省级地区为重庆①，达到 3.64％的水平，其次为山东、云南和陕西，分别为 3.63％、3.25％和 3.07％。其余省级地区净利率均未达到 3％，显示出了区域差异。内蒙古、辽宁、宁夏、上海、天津、山西等省级地区限额以上零售企业净利率则不到 1％，其中山西净利率再次出现负值（－0.02％），显示出山西在零售业经营效益上面临严峻局面。中国各省级地区限额以上零售企业净利率差异较大，基本与主营业务利润率保持相对一致的变化，一般主营业务利润率较高的省级地区，其净利率较高。但也有例外的省级地区，比如天津、上海，其净利率偏低与当地零售市场主体间竞争激烈、费用率较高有着密切关系。

净资产收益率②指标值越高，说明投资带来的收益越高。2016 年净资产收益率超过 20％的省级地区有山东和重庆。山西连续第三年净资产收益率出现负值，为－0.12％，反映出当地整体的投资回报情况在恶化。

4.2.4 中国省级地区连锁零售业发展分析

2016 年，中国连锁零售企业实现商品销售额 3.59 万亿元，比 2015 年增加了 1.48％。从业人员为 244.99 万人，比 2015 年减少了 1.25％。门店总数和营业面积有所增长，且增长速度有所加快。连锁企业门店总数达到 23.24 万家，较 2015 年增加了 22 632 个，增长了 10.79％。营业面积为 1.80 亿平方米，比 2015 年增长了 6.27％。

从行业口径看，综合零售行业的四项规模指标最高：门店总数最多，达到 70 169 个；营业面积达 8 772.55 万平方米，比 2015 年增加了 12.84％；商品销售额达 13 173.71 亿元，比 2015 年增加了 1.12％；从业人数达 134.38 万，比 2015 年减少了 2.97％。在营业面积大幅扩张的情况下，综合零售行业的从业人数略有下降，说明该行业劳动效率指标有所提升。但其商品销售额的增长幅度远低于营业面积扩张的幅度，反而导致了行业经营效率指标（坪效）的下降。从业态口径看，连锁零售企业中门店数总量超过 1 万家的业态有超市、专卖店和便利店，以及超过 11 万家的专业店（其中包括 35 970 家加油站）。

中国各省级地区的连锁零售业发展与运营基本情况数据见附表 4－3。

4.2.4.1 浙江门店数量连续第三年减少，吉林门店数量涨幅巨大③

2016 年，中国连锁零售企业在各省级地区的分布很不均匀。如图 4－21 所示，各省级地区的门店数量差异很大，广东、浙江、上海、江苏、湖南、四川、重庆、山东

① 根据《中国贸易外经统计年鉴 2017》数据，河南以限额以上零售企业净利率 12.72％位居全国第一。因为河南地区限额以上零售利润数据可能存在统计口径误差，为更好地反映出其他省级地区的差异，本部分在分析、制图过程中选择性地略过了部分数据。

② 本报告之净资产收益率指标，系根据各省限额以上零售企业净利润/限额以上零售企业所有者权益合计求得。

③ 西藏、青海地区数据可能存在统计口径误差，为更好地反映出其他省级地区的差异，本部分在分析、制图过程中选择性地略过了部分数据。

拥有 1 万家以上连锁零售企业门店。其中，广东的连锁零售企业门店数量为 27 716 家，超过浙江成为第一。浙江连锁零售企业门店数量连续第三年减少，2016 年为26 359 家。吉林连锁零售企业门店数量大幅增长至 1 572 家，增幅达到 57.99%。但中国还有不少省级地区连锁零售企业门店数量不到 1 000 家，如宁夏、甘肃、海南、内蒙古、青海、西藏等地。

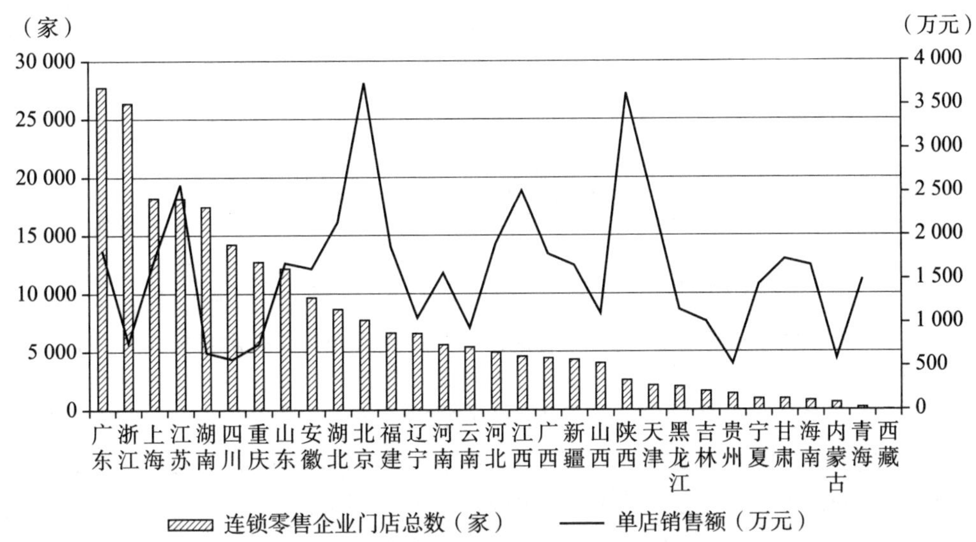

图 4－21　中国各省级地区连锁零售企业门店总数及单店销售额（2016 年）

2016 年中国连锁零售企业单店销售额①全国平均值为 1 545.44 万元。超过 3 000 万元的省级地区有西藏（11 933.33 万元/店）、北京、陕西，与 2015 年相同，其中西藏、陕西的连锁零售企业发展呈现门店数量少但单店销售额较大的特点。2016 年中国各省级地区中连锁零售企业单店销售额最低的五省区为贵州、四川、内蒙古、湖南、重庆。

4.2.4.2　中国省级地区连锁零售企业坪效进一步下降，吉林降幅尤为明显

2016 年中国连锁零售企业营业面积为 1.80 亿平方米，连锁零售企业店均营业面积②为 772.66 平方米。如图 4－22 所示，除西藏外，中国各省连锁零售企业店均营业面积最高的省级地区为山东。店均营业面积超过 1 000 平方米的省级地区有西藏、山东、福建、江苏、河北、北京、河南、宁夏、青海、陕西 10 个省级地区。店均营业面积低于 500 平方米的省级地区有海南、黑龙江、湖南、浙江、内蒙古、云南、吉林、重庆、四川、贵州 10 个省，其中，贵州的连锁零售企业店均营业面积仅为 250.07 平方米，连锁零售企业经济规模较小。

① 本报告之单店销售额指标，系根据各省连锁零售企业销售额/连锁零售企业门店数求得。

② 本报告之店均营业面积指标，系根据各省连锁零售企业营业面积/连锁零售企业门店数求得。

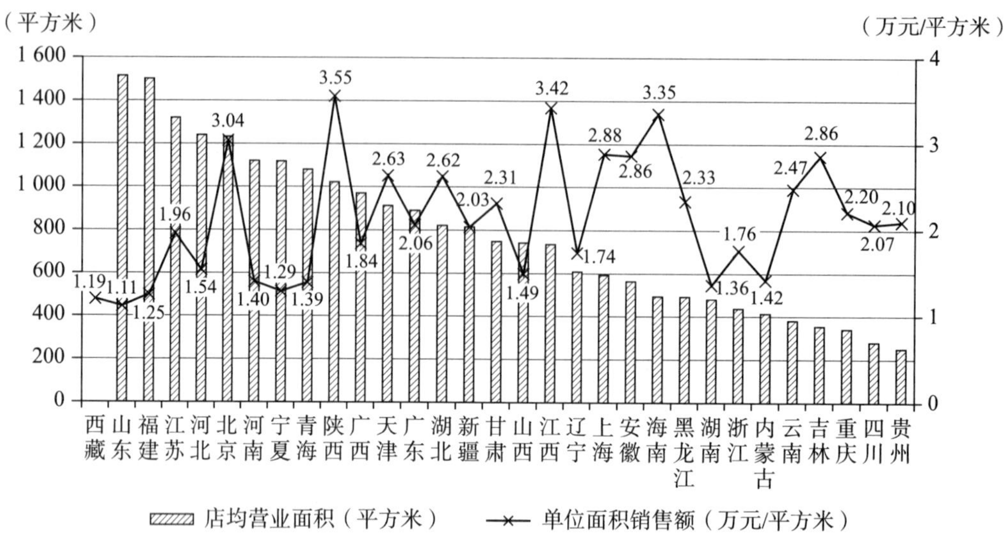

图 4-22 中国各省级地区连锁零售企业店均营业面积及单位面积销售额（2016 年）

从坪效指标看，2016 年中国连锁零售企业单位面积销售额[①]为 2.00 万元/平方米，连续第二年出现下降。图 4-22 显示了中国各省级地区的单位面积销售额的相应数据，其中陕西的单位面积销售额取代吉林成为全国最高，为 3.55 万元/平方米，而吉林因为门店面积的大幅扩张，单位面积销售额大降 39.16%至 2.86 万元/平方米。地区连锁零售企业发展差异较大，这与当地经济发展程度、居民购买力水平、开店及用工成本、消费品偏好及购买行为密切相关，中国大部分地区的连锁零售企业销售能力和获利能力有待提高。

4.2.4.3 中国省级地区连锁零售企业劳动效率有所提升，省际差异进一步缩小

2016 年中国连锁零售企业共有 244.99 万从业人员，实现人均销售额[②]为 146.63 万元，较 2015 年提升了 2.76%。图 4-23 显示了中国各省级地区的相应数据，其中陕西的连锁零售企业人均销售额为 265.33 万元，蝉联全国第一。2016 年中国连锁零售企业人均销售额高于 200 万元的省级地区有陕西、海南、江西、广西和甘肃，地区数量相较于 2015 年有所下降。四川、贵州、内蒙古、青海、西藏等连锁零售企业人均销售额低于 100 万元，其中西藏仍为最低，连锁零售企业人均销售额仅为 44.75 万元，但相较于 2015 年已经大幅上涨了 24.31%。各省人均销售额的标准差由 2015 年的 59.10 下降为 53.50，省际劳动效率差异进一步缩小。

2016 年中国连锁零售企业单店从业人数[③]平均为 11 人[④]。除西藏、青海外，其余大部分省级地区的单店从业人数都在 20 人及以下。单店从业人数最少的省份是浙江

① 本报告之单位面积销售额指标，系根据各省连锁零售企业销售额/连锁零售企业营业面积求得。

② 本报告之人均销售额指标，系根据各省连锁零售企业销售额/连锁零售企业从业人员数求得。

③ 本报告之单店从业人数指标，系根据各省连锁零售企业从业人员数/连锁零售企业门店数求得。

④ 西藏、青海地区的数据可能存在统计口径误差，导致平均数据偏高。

省，仅为 5.05 人，其人均销售额为 152.61 万元/年。

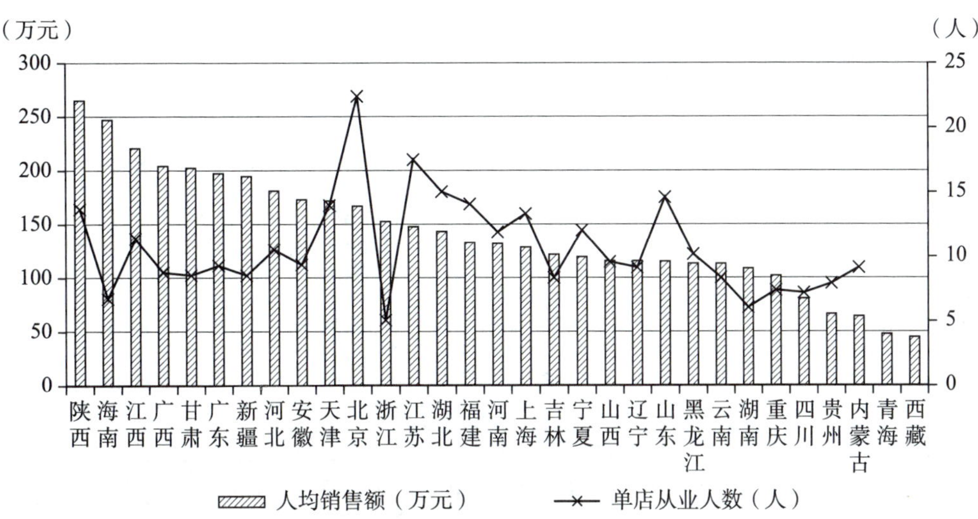

图 4-23　中国各省级地区连锁零售企业人均销售额及单店从业人数（2016 年）

4.2.5　中国省级地区类别商品及零售分行业发展分析

本部分主要搜集整理了中国 31 个省、自治区、直辖市的限额以上零售业的按登记注册类型和国民经济行业划分的不同零售类别的法人企业数、年末从业人数、购进总额、销售总额、期末商品库存额、资产合计及主营业务收入，以及按照销售类值划分的 14 种主要零售类别商品的批发额、零售额及批零比率①。本部分重点监测了包含综合零售、食品、纺织、医药、家用电器等在内的 9 个国民经济行业的限额以上零售企业分省区的基本情况、流转效率、资产规模和利润状况。

4.2.5.1　在中国省级地区中，上海、广东、浙江、北京等地区商贸辐射能力强大

批零比率可以反映各省级地区在主要类别商品方面的流通渠道状况和商业辐射能力。2016 年中国各销售类值限额以上零售企业批零比率情况摘要如表 4-1 所示，完整数据可见附表 4-4。

就平均批零比率而言，2016 年各销售类值中最高的为通信器材类，达到了 3.37。最低的为家具类，仅为 0.34。各销售类值平均批零比率的差异反映了不同类型商品适应的不同流通结构，通信器材类和文化办公用品类等以批发为主，家具类、化妆品类和电子出版物及音像制品类等以零售为主。就地区排名而言，各销售类值批零比率排名前三的名单中，上海和广东都出现了 8 次，浙江出现了 6 次，北京出现了 4 次，这反映了这些省级地区综合、强大的商贸辐射能力。

① 本报告之批零比率指标，系根据各省各销售类值零售企业批发额/零售额求得。

表 4－1　　中国各销售类值限额以上零售企业批零比率情况摘要（2016 年）

销售类值	平均批零比率	地区排名					
		第一名		第二名		第三名	
		地区	批零比率	地区	批零比率	地区	批零比率
粮油、食品、饮料、烟酒类	2.23	海南	8.35	新疆	6.14	贵州	4.62
服装鞋帽、针纺织品类	1.37	浙江	3.73	福建	3.54	江苏	3.06
化妆品类	0.61	上海	2.24	重庆	1.50	广东	1.23
金银珠宝类	1.36	广东	4.83	北京	3.76	天津	2.75
日用品类	1.14	上海	3.64	广东	2.93	浙江	2.45
五金、电料类	2.38	上海	54.57	广西	15.60	天津	11.25
体育、娱乐用品类	1.72	北京	5.48	上海	5.28	浙江	1.50
书报杂志类	0.86	广东	2.34	青海	1.95	西藏	1.88
电子出版物及音像制品类	0.54	浙江	2.69	上海	1.50	黑龙江	1.15
家用电器和音像器材类	0.98	北京	3.00	广东	1.86	浙江	1.79
中西药品类	2.17	海南	32.64	西藏	21.19	天津	15.04
文化办公用品类	3.19	广东	7.89	上海	6.88	北京	4.26
家具类	0.34	广东	2.29	浙江	1.41	上海	1.11
通信器材类	3.37	上海	11.61	青海	9.16	广东	6.57

4.2.5.2　中国省级地区零售分行业发展分析

2016 年中国各省级地区分行业的限额以上零售企业发展情况摘要如表 4－2 所示。各指标的具体情况详见附表 4－5 至附表 4－8。

从存货周转情况看，2016 年中国各零售子行业中限额以上零售企业的库存占销售额比重最小的为无店铺及其他行业，仅为 5.40%，比重最大的为文化、体育用品及器材行业，达到 17.07%。库存占销售额的比重越小，代表零售企业的存货周转情况越好。从企业平均销售额看，2016 年中国限额以上零售企业平均销售额最高的零售子行业为综合零售行业，达到 19 656.01 万元，最低的食品、饮料及烟草制品行业，仅为 4 501.72万元。从人均销售额来看，2016 年中国限额以上零售企业人均销售额最高的零售子行业为汽车、摩托车、燃料及零配件行业，达到 333.37 万元，最低的为纺织、服装及日用品行业，仅为 98.30 万元。从净利率来看，2016 年中国限额以上零售企业净利率最高的零售子行业为五金、家具及室内装饰材料行业，达到 6.26%，最低的为无店铺及其他行业，仅为 1.39%。

表 4 - 2　　中国各省级地区分行业限额以上零售企业发展情况（2016 年）

零售子行业	库存占销售额比重①			平均销售额（万元）			人均销售额（万元）			净利率		
	全国平均值	最低值		全国平均值	最高值		全国平均值	最高值		全国平均值	最高值	
		地区	数值		地区	数值		地区	数值		地区	数值
综合零售	8.28%	吉林	3.92%	19 656.01	北京	85 438.94	109.41	吉林	208.48	2.36%	黑龙江	4.86%
食品、饮料及烟草制品	7.73%	福建	4.87%	4 501.72	西藏	18 796.20	108.74	西藏	519.23	5.19%	江苏	8.77%
纺织、服装及日用品	15.64%	河南	5.99%	9 936.98	海南	74 140.29	98.30	西藏	256.17	3.18%	海南	9.76%
文化、体育用品及器材	17.07%	云南	3.12%	7 446.48	云南	34 505.53	138.30	云南	649.05	5.21%	安徽	18.38%
医药及医疗器材	10.14%	山东	6.33%	14 088.46	北京	30 355.51	129.02	天津	279.32	2.50%	西藏	7.21%
汽车、摩托车、燃料及零配件	8.02%	甘肃	4.71%	15 854.66	海南	45 509.68	333.37	上海	459.72	2.28%	河南	20.47%
家用电器及电子产品	7.89%	重庆	3.61%	9 255.52	北京	68 781.25	203.29	湖北	490.31	2.34%	山东	5.20%
五金、家具及室内装饰材料	13.42%	青海	0.001 5%	6 101.86	新疆	33 680.70	179.53	天津	407.16	6.26%	内蒙古	13.87%
无店铺及其他	5.40%	天津	0.39%	12 915.50	上海	122 559.46	285.21	天津	1 230.58	1.39%	云南	14.97%

① 本报告之库存占销售额比重指标，系根据各省各类值零售企业期末商品库存额/商品销售额求得。

4.3　中国地级及以上城市零售业发展分析报告

本部分监测分析中国各省份（不含港澳台地区）全部的地级及以上城市的零售业基本数据，使用宏观经济状况、城市及市辖区消费市场规模、居民收入状况、用工成本、零售业发展集中度等指标，在城市间进行横向与纵向比较，以分析中国零售业在地级及以上城市发展所处的经济环境及发展状况。本部分数据的主要来源是国研网城市数据库，本报告据此编制了附表 4－9“中国地级及以上城市零售与消费发展基本数据（2016 年）”。

2016 年中国地级及以上行政区划（不含港澳台地区）共有 338 个。本报告今年监测分析了其中 288 个地级及以上城市的相关数据。附表 4－9 中显示的是中国地级及以上城市的 GDP、人均 GDP、社会消费品零售总额、人均社会消费品零售总额、人口以及城镇居民人均可支配收入等核心数据在不同水平上的分布情况。其中人口数据以各地级及以上城市的年末常住人口数为准。附表 4－10 和附表 4－11 则分别反映了这些核心数据的区间分组情况和前 30 名的排名情况。

4.3.1　中国地级及以上城市 GDP 发展分析

4.3.1.1　中国地级及以上城市 GDP 整体稳定增长，万亿俱乐部扩至 12 城市

2016 年中国地级及以上城市 GDP 基本情况及区间分组见附表 4－10。城市 GDP 处于万亿级别的有上海、北京、广州、深圳、天津、重庆、苏州、成都、武汉、杭州、南京和青岛 12 个城市，比 2015 年增加 2 个，其中南京、青岛首次突破 GDP 万亿元大关，这些城市 GDP 总和占全国 GDP 的 24.17%，相较于 2015 年，其比重上升了 1.74 个百分点。2016 年上海 GDP 仍居全国城市 GDP 榜首，达到约 2.82 万亿元。中国 GDP 水平在 8 000 亿～10 000 亿元的城市有 5 个，分别是长沙、无锡、宁波、佛山和郑州。中国 GDP 水平在 5 000 亿～8 000 亿元的城市有 18 个，占全国 GDP 的 13.42%。中国 GDP 水平在 2 000 亿～5 000 亿元的城市有 73 个，占全国 GDP 的 26.76%。其余地级市 GDP 水平在 2 000 亿元以下，其中 81 个城市的 GDP 水平在1 000 亿元以下，比 2015 年减少了 5 个。2016 年，中国城市 GDP 不足 250 亿元的城市仅有 4 个，分别是嘉峪关、金昌、七台河和固原，其中嘉峪关仍为最少，仅有 153.41 亿元，是唯一一个 GDP 在 200 亿元以下的地级市，且相较于 2015 年大幅下降了 19.49%。

就人均 GDP 而言，2016 年人均 GDP 超过 10 万元的城市在数目上仍保持在 26 个，其中人均 GDP 超过 15 万元的城市仍为 3 个，鄂尔多斯人均 GDP 仍居首位，约为 21.50 万元。深圳、东营紧随其后，分别约为 16.37 万元和 16.32 万元。2016 年人均 GDP 在 5 万～10 万元的城市有 105 个，较 2015 年增加了 10 个。其余城市人均 GDP 均在 1 万～5 万元。

4.3.1.2　GDP 排名前 30 位城市的 GDP 总和占比略有下降

2016 年中国地级及以上城市 GDP 及人均 GDP 排名（前 30 名）情况见附表 4-11。2016 年中国 GDP 排名前 10 位的城市，分别是上海、北京、广州、深圳、天津、重庆、苏州、成都、武汉和杭州，与 2015 年相比成都取代了武汉成为第 8 名。前 10 位城市的 GDP 总和占全国 GDP 的 21.69%，比重较 2015 年下降了 0.74%。2016 年中国 GPD 排名中前 10 位的城市 GDP 均值为 1.79 万亿元，是全国各地级及以上城市 GDP 均值的 6.73 倍。2016 年中国 GDP 排名前 30 位的城市，其 GPD 总和占全国 GDP 总额的 39.60%，较 2015 年下降了 2.17%。

2016 年中国人均 GDP 排名前 10 位的城市，分别是鄂尔多斯、深圳、东营、克拉玛依、苏州、无锡、广州、包头、珠海、南京。2016 年中国 GDP 排名前 10 位的城市的人均 GDP 均值为 15.12 万元，是全国各地级及以上城市人均 GDP 均值的 2.81 倍，其中人均 GDP 最高的城市鄂尔多斯的人均 GDP 是全国各地级及以上城市平均水平的 4 倍。

4.3.1.3　中国地级城市市辖区 GDP 占城市 GDP 比重总体仍保持较高水平

2016 年市辖区 GDP 超过万亿元的城市有上海、北京、广州、深圳、天津、重庆和南京，GDP 分别约为 2.82 万亿元、2.57 万亿元、1.95 万亿元、1.95 万亿元、1.79 万亿元、1.74 万亿元和 1.05 万亿元。市辖区 GDP 最低的城市为黑河，仅为 470.81 亿元。2016 年中国各城市市辖区 GDP 占城市 GDP 比重①总体较高，如图 4-24 所示，119 个城市的市辖区 GDP 占城市 GDP 比重在 50%以上，而市辖区 GDP 占城市 GDP 比重不到 20%的城市在中国只有 20 个，占全国城市比重的 6.94%。

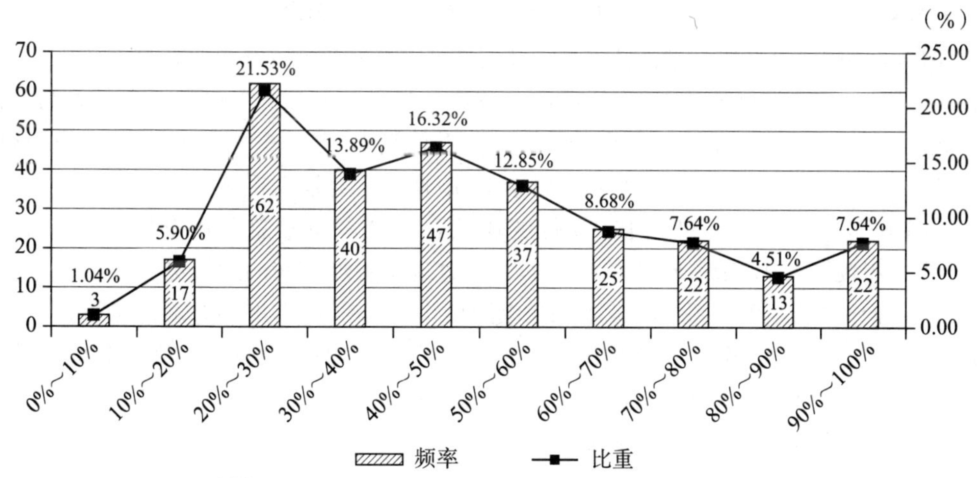

图 4-24　中国地级城市市辖区 GDP 占全市比重的频率分布（2016 年）

① 本报告之市辖区 GDP 占城市 GDP 比重指标，系根据各市市辖区生产总值/全市生产总值求得。

4.3.2 中国地级及以上城市社会消费分析

4.3.2.1 大部分城市人均社零额进入万元时代

2016 年中国地级及以上城市社会消费基本情况及区间分组见附表 4－10。社零总额超过 6 000 亿元的城市仍为北京、上海、广州、重庆，4 个城市的社零总额合计占全国社零总额的 10.36%，其中北京为 1.10 万亿元，上海为 1.09 万亿元，广州为 8 706.49 亿元，重庆为 7 271.35 亿元，相较于 2015 年均有所上涨。2016 年社零总额在4 000 亿～6 000 亿元的城市有 9 个，分别是成都、天津、武汉、深圳、杭州、南京、苏州、长沙和青岛。社零总额在 1 000 亿～4 000 亿元的城市有 72 个，占全国社零总额的 38.35%。2016 年中国有 203 个城市的社零总额低于 1 000 亿元，其中社零总额低于 500 亿元的城市有 105 个，比 2015 年减少 13 个。社零总额大小不仅仅取决于当地的经济状况和人口总量，也与当地流通产业发展情况密切相关。

2016 年中国人均社零总额[①]最高的城市是广州，为 61 996.56 元。与社零总额的分布类似，全国有 73 个城市的人均社零总额超过全国人均社零总额水平，254 个城市的人均社零总额超过 10 000 元，比 2015 年增加 27 个。随着越来越多的城市人均社零总额进入万元时代，消费对经济增长的拉动作用将更为显著。中国消费品市场将进入更加广阔、容量更加巨大的发展空间，居民消费需求将呈现升级、丰富、多元的特征，市场将充满更多商机。尽管如此，中国各城市之间的零售业发展存在着明显的差距，2016 年仍有 3 个城市的人均社零总额低于 5 000 元。

4.3.2.2 社会消费排名前 30 位城市的社零总额占比有所下降

2016 年中国地级及以上城市社零总额及人均社零总额排名（前 30 名）见附表 4－11。2016 年中国社零总额排名前 10 位的城市，分别是北京、上海、广州、重庆、成都、天津、武汉、深圳、杭州和南京。2016 年中国社零总额排名前 10 位的城市的社零总额均值为 7 069.54 亿元，是全国各地级及以上城市平均社会消费品零售总额的 6.32 倍。2016 年中国社会消费总量排名前 30 位的城市，其社零总额总和占全国社零总额的 38.05%，相较于 2015 年占比下降了 4.27%，这说明各城市间的发展更显均衡。

2016 年中国人均社零总额排名前 10 位的城市，分别是广州、南京、珠海、大连、杭州、长沙、武汉、济南、威海和北京。2016 年中国人均社零总额排名前 10 位的城市的社零总额均值为 55 829.64 元，是全国各地级及以上城市人均社零总额的 2.58 倍，相较于 2015 年的 3.95 倍的差距明显缩小。

4.3.2.3 市辖区社零总额占城市社零总额比重总体仍较高

2016 年市辖区社零总额在 6 000 万元以上的城市有北京、上海、广州和重庆，其社零

---

① 本报告之人均社会消费品零售总额指标，系根据各市社会消费品零售总额/该市年末常住总人口求得。

总额分别为 11 005.10 万元、10 946.57 万元、8 706.49 万元和7 271.35万元。如图 4－25 所示，2016 年中国有 150 个城市市辖区的社零总额占城市社零总额比重①在 50％以上，而中国城市的市辖区社零总额占城市社零总额比重低于 20％的城市有 9 个，仅占全国城市的 3.14％。

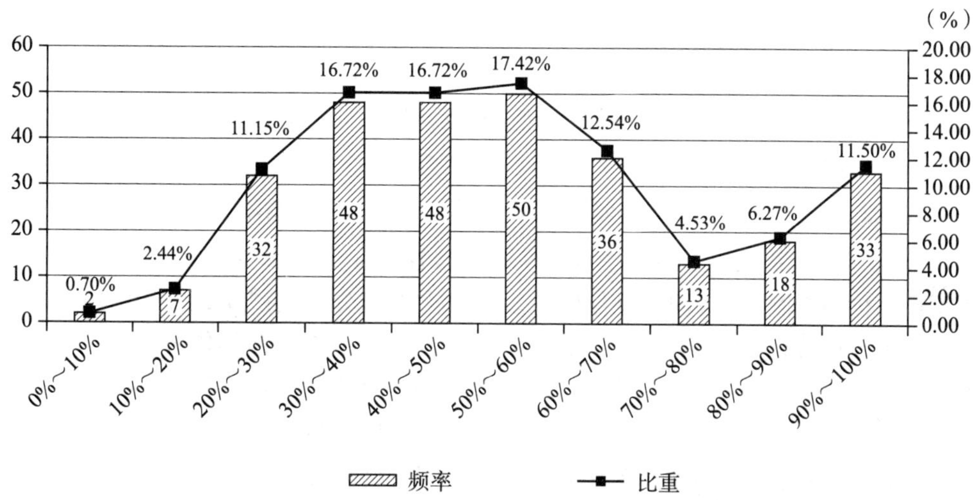

图 4－25 中国地级城市市辖区社零总额占全市比重的频率分布（2016 年）

4.3.3 中国地级及以上城市人口、工资与消费倾向分析

4.3.3.1 中国地级及以上城市人口、工资与消费倾向分析

2016 年中国地级及以上城市人口、工资与消费倾向基本情况及区间分组见附表 4－10。2016 年年末全国总人口（不含港澳台地区）为 13.83 亿人，其中重庆有 3 048.43 万人，为全国年末常住人口最多的城市。重庆、上海、北京、成都、天津、广州、深圳、石家庄、武汉、苏州、邯郸、临沂、保定的年末常住人口超过 1 000 万人。13 个年末常住人口超过1 000 万人的城市的人口总数占到全国人口总数的 14.28％。中国地级及以上城市年末总人口低于 100 万人的城市有 10 个，其中嘉峪关的年末常住人口仅为 24.59 万人，为年末常住人口最少的地级城市。已有地级及以上城市的数据显示，中国地级及以上城市的平均年末常住人口为 447.77 万人，城市总体人口规模较大。

2016 年中国地级及以上城市的职工平均工资超过 9 万元的有 4 个，分别是北京、上海、拉萨和南京，其中北京的职工平均工资约为 12.27 万元，为全国最高，上海和拉萨的职工平均工资也超过 10 万元，分别约为 12.05 万元和 11.10 万元。2016 年中国

① 本报告之市辖区社零总额占城市社零总额比重指标，系根据各市市辖区社零总额/全市社零总额求得。

地级及以上城市的职工平均工资的均值为 5.88 万元，其中全国有 122 个城市的职工平均工资高于全国平均水平。伊春市为全国职工平均工资最低的城市，其职工平均工资仅约 3.68 万元。

2016 年中国地级及以上城市的平均消费倾向①为 0.37。全国有 123 个地级及以上城市的消费倾向超过全国平均水平，其中威海、呼和浩特、珠海、大连、包头、淄博、福州、武汉、沈阳的消费倾向超过 0.7，为全国地级及以上城市中消费倾向较高的一类城市。而昭通、陇南、固原、铜仁、定西、毕节、中卫、普洱等城市的消费倾向不足 0.1，为全国地级以上城市中消费倾向偏低的一类城市。总体来看，经济发展程度较高的城市其平均消费倾向也较高。

4.3.3.2 中国城市估计消费倾向城际差异巨大，存在严重不平衡性

2016 年中国地级及以上城市估计消费倾向排名（前 30 名）见附表 4-11。2016 年中国城市估计消费倾向排名前 10 位的地级及以上城市分别是威海、呼和浩特、珠海、大连、包头、淄博、福州、武汉、沈阳、广州，其估计消费倾向均值为 0.77，是前 30 名城市估计消费倾向均值 0.68 的 1.13 倍，是全国城市估计消费倾向均值 0.37 的 2.08 倍。城市间的巨大差异，反映了中国零售业地域发展的不平衡性。

4.3.3.3 中国地级城市市辖区人口及零售业发展集中度仍保持较高水平

2016 年全国市辖区年末常住人口②超过 1 000 万人的城市有重庆、上海、北京、天津、广州和深圳，人口密度较大，市辖区年末常住人口分别为 3 048.43 万人、2 419.70 万人、2 172.90 万人、1 562.12 万人、1 404.35 万人和 1 190.84 万人。市辖区年末常住人口最少的城市为丽江，人口仅有 128.50 万人。如图 4-26 所示，2016 年中国各城市市辖区户籍人口占全市年末总户籍人口的比重③中有 64 个城市超过 50%，而 2016 年中国市辖区人口占全市年末总人口的比重不足 20%的城市有 75 个，占全国城市的比重为 26.05%。

本报告使用各地级市市辖区社会消费品零售额占比与年末常住人口占比的比值表示该市辖区零售业发展的相对集中度，其中比值越大于 1，表示该经济区单位人口基础上的零售业发展的集中度越高。2016 年各地级市市辖区社会消费品零售额占比与年末总人口占比的比值的均值为 1.68。如图 4-27 所示，地级市市辖区零售业发展集中度主要在 1.00～2.00，占到了地级城市总数的 74.57%。市辖区零售业发展集中度不到 1.00 的城市数目非常少，仅占 2.79%。这说明在除去人口分布的因素以外，大部分城市的市辖区仍具有较强大的消费吸引力，同时零售业发展集中度也很高。2016 年中国城市市辖区集中度排名前 10 位的地级及以上城市分别是怀化、六盘水、丽江、思茅

---

① 本报告之平均消费倾向指标，系根据各市人均社零额/该市职工平均工资求得。

② 本报告之市辖区年末常住人口指标，系根据各市年末常住人口×市辖区户籍人口占全市年末户籍人口比重求得。

③ 本报告之市辖区户籍人口占全市年末总户籍人口比重指标，系根据各市市辖区年末户籍人口/全市年末户籍人口求得。

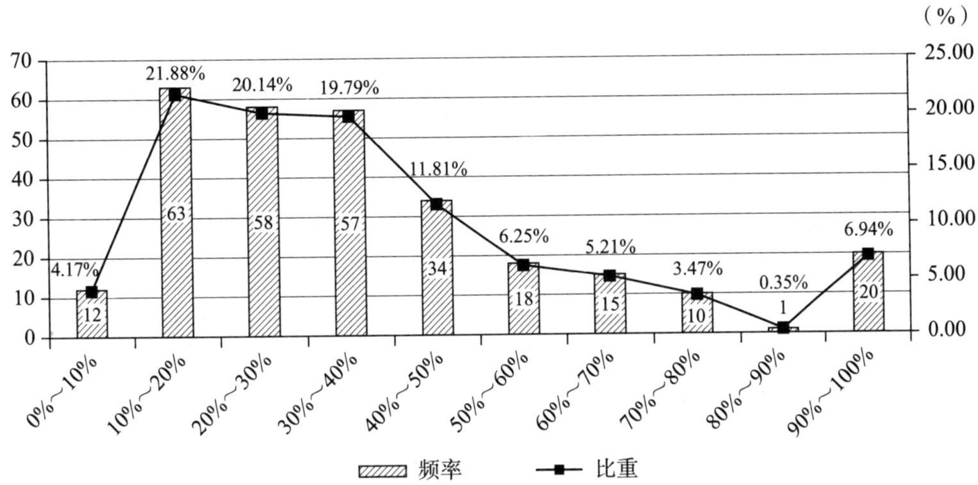

图 4－26　中国地级城市市辖区年末户籍人口占全市比重的频率分布（2016 年）

(普洱)、百色、九江、河源、衡阳、郴州和河池，位居前 30 位的地级及以上城市名单可见附表 4－11。

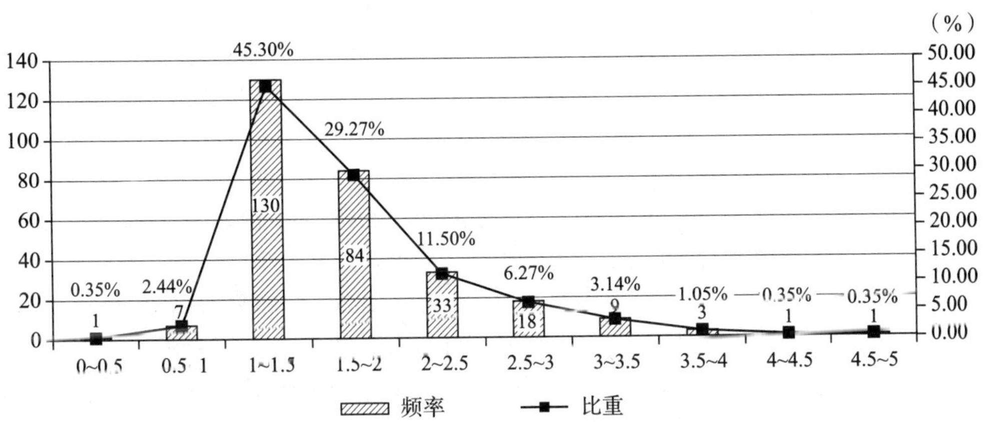

图 4－27　中国地级城市零售业发展集中度的频率分布（2016 年）

4.3.4　中国地级及以上城市商业贸易辐射能力分析

4.3.4.1　中国地级及以上城市商业贸易辐射能力两极分化严重

2016 年中国地级及以上城市的商业贸易辐射能力①的均值为 1.03，该指标反映的

① 本报告之商业贸易辐射能力指标，系根据各市限额以上批发零售贸易业商品销售总额/该市社会消费品零售总额求得。

是超出本地消费需求之外的商品流通能力，即辐射能力。全国有 84 个地级及以上城市的商业贸易辐射能力超过全国平均水平，其中厦门市的商业贸易辐射能力位居第一，为 7.30。全国有 198 个地级及以上城市的商业贸易辐射能力不到 1，萍乡、自贡、辽源、抚州、丹东、乌兰察布、铁岭、白山、张家口、汕尾、齐齐哈尔的商业贸易辐射能力不到 0.3，其中齐齐哈尔的商业贸易辐射能力仅为 0.17，为全国最低。

4.3.4.2 商贸辐射能力排名前 10 位的城市具有公认的区域流通中心地位

2016 年中国商业贸易辐射能力位居前 10 位的地级及以上城市，分别是厦门、上海、天津、北京、深圳、南京、宁波、乌鲁木齐、舟山和广州，且其商业贸易辐射能力均值高达 4.74，是全国商业贸易辐射能力均值的 4.6 倍，区域商贸流通中心地位显著。2016 年中国商业贸易辐射能力位居前 30 位的地级及以上城市，如附表 4－11 所示。

4.4 中国农村零售业发展分析报告

4.4.1 中国农村地区人口与居民收支分析

中国的城镇化水平不断提升。如图 4－28 所示，2017 年，中国年末总人口（不含港澳台地区）为 13.90 亿人，其中农村人口为 5.77 亿人，城镇人口为 8.13 亿人。2000 年以来，中国城镇化水平不断提升，从 2000 年的 36.22%，逐年提升到了 2017 年的 58.52%。中国乡村人口数量从 2000 年的 8.08 亿下降到 2017 年的 5.77 亿，农村人口占总人口的比重从 63.78%下降到 41.48%。

城乡收入①差距进一步缩小，但缩小速度放缓。2017 年中国农村居民家庭人均可支配收入为 13 432 元，首次突破 1.3 万元大关，较 2016 年上涨 8.65%，增长率略有增加，农村消费市场潜力进一步释放。如图 4－29 所示，2017 年城镇居民家庭人均可支配收入为 3.64 万元，城乡差距为 2.30 万元，城乡收入比为 2.71。就城乡收入差距而言，2013 年以来，中国农村居民家庭人均纯收入的增长率始终高于中国城镇家庭人均可支配收入的增长率，城乡收入差距持续缩小。但近几年农村居民人均可支配收入的增长明显放缓，导致城乡收入差距的缩小速度也明显下降。

农村居民的消费水平逐年提高，城乡消费支出差距明显缩小。如图 4－30 所示，2017 年中国农村居民人均消费性支出约为 1.10 万元，约为 2007 年水平的 3.40 倍。同期我国城镇居民家庭人均消费性支出约为 2.44 万元。自 2013 年以来，农村居民消费性支出增长率一直高于城市 2～3 个百分点，整体城乡消费支出差距明显缩小。从城乡差距值看，中国城镇居民家庭人均消费性支出与农村居民人均消费性支出的比值由

---

① 从 2013 年起，国家统计局开展了城乡一体化住户收支与生活状况调查，2013 年及以后数据来源于此项调查。此调查与 2013 年前的分城镇和农村住户调查的调查范围、调查方法、指标口径有所不同。

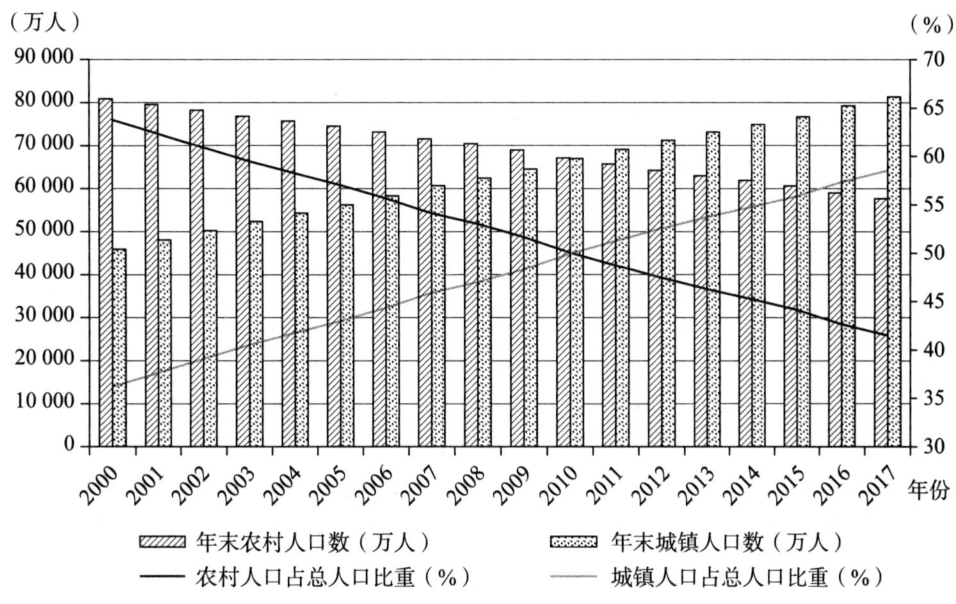

图 4－28　中国农村人口变动及城市化率（2000—2017 年）

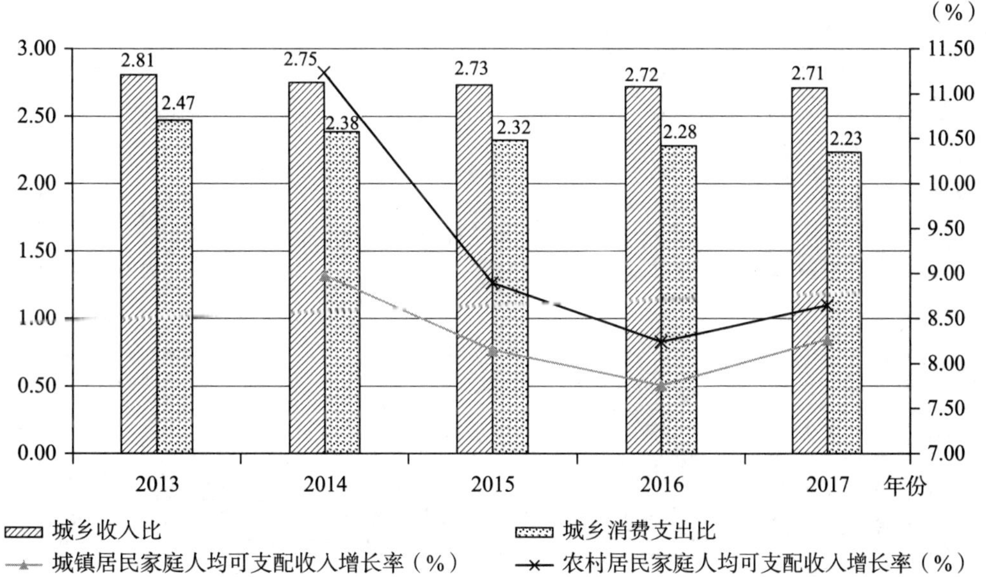

图 4－29　中国城乡居民收入增长率及城乡收、支比（2013—2017 年）

2005 年的 3.07 逐渐下降为 2017 年的 2.23。中国农村居民消费支出的持续快速增长，带来了中国农村商业和零售的持续繁荣。

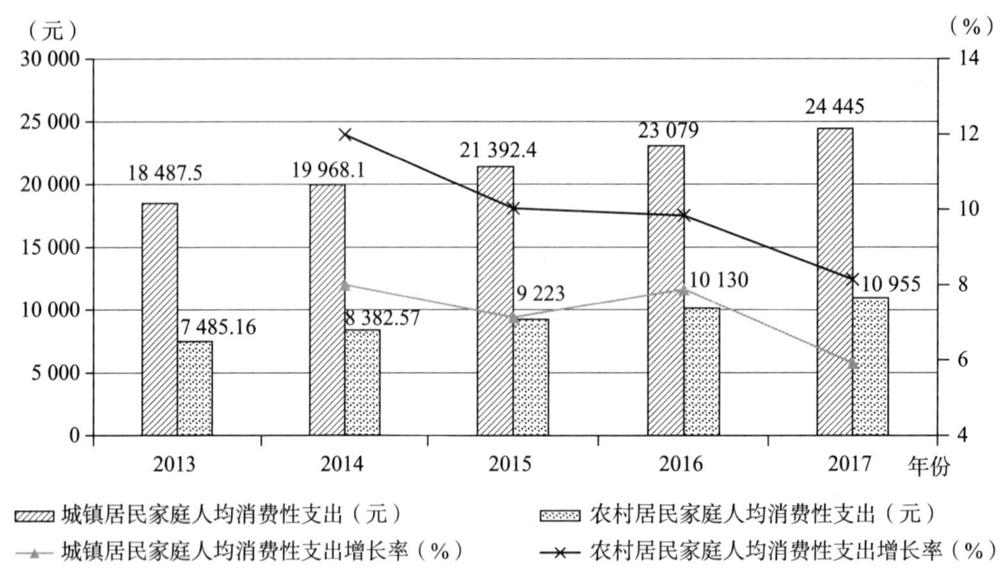

图 4-30　中国城乡居民消费支出及增长率(2013—2017 年)

农村居民消费结构[①]明显升级。如图 4-31 所示,2000—2016 年,中国农村居民的食品支出比重从 49.13%下降到 32.24%,反映出农村居民的恩格尔系数逐渐降低,生活水平有所提高。家庭设备及用品支出的比重从 4.52%上升到 5.88%,居住支出比重从 15.47%上升到 21.19%,医疗保健支出比重从 5.24%上升到 9.17%,交通和通信支出比重从 5.58%上升到 13.43%,衣着支出比重从 5.75%略微下降到 5.68%,文教

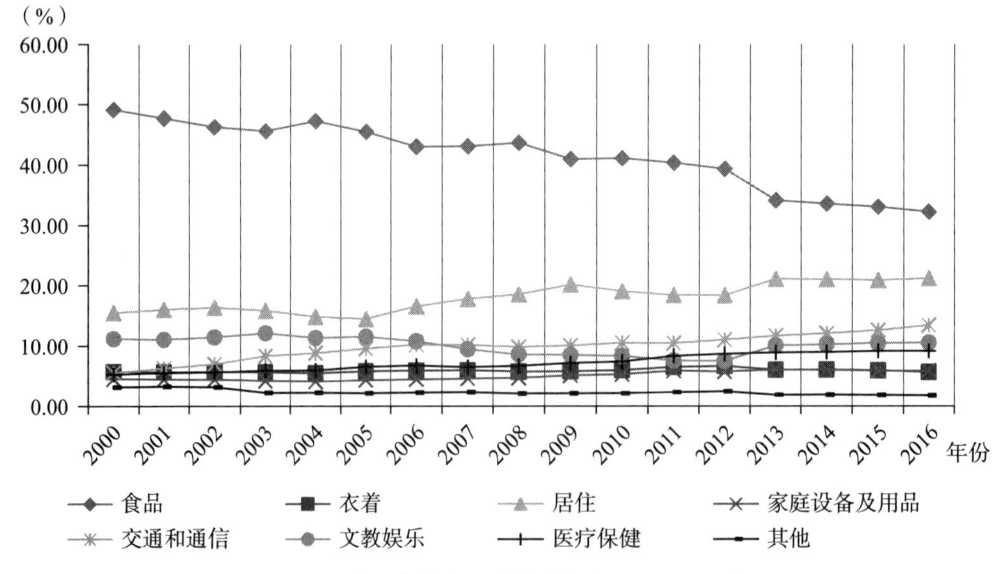

图 4-31　中国农村居民消费结构(2000—2016 年)

① 本报告之消费结构指标,系使用各项消费占总消费的比重衡量。

娱乐支出比重则从 11.18%降为 10.56%。农村居民消费支出比重排序从食品、居住、文教娱乐、衣着、交通和通信、家庭设备及用品、医疗保健转变成了食品、居住、家庭设备及用品、文教娱乐、医疗保健、衣着。未来中国农村居民的消费结构将进一步升级。

4.4.2　中国农村地区零售消费分析

由于统计口径的变更，反映中国农村人民物质文化生活水平、社会商品购买力实现程度、零售市场规模状况的指标在 2009 年之前使用的是县及县以下社会消费品零售总额、消费品零售额占比及增长率，2010 年以后使用的是农村社会消费品零售总额、消费品零售额占比及增长率，两者存在较大的差异。

农村零售市场发展态势良好。如图 4-32 所示，中国农村社会消费品零售总额不断增加，占社会消费品零售总额的比重保持稳定增长，2017 年占比已达到 14.19%。近年来，伴随农村消费能力增长和国家的大力支持，农村社会消费品零售总额增长率自 2012 年开始一直高于城市。虽然随着市场规模基数的扩大，农村消费品零售额的增长率在近几年也呈现波动下降的趋势，但其绝对增量一直稳定在每年 5 000 亿元左右。

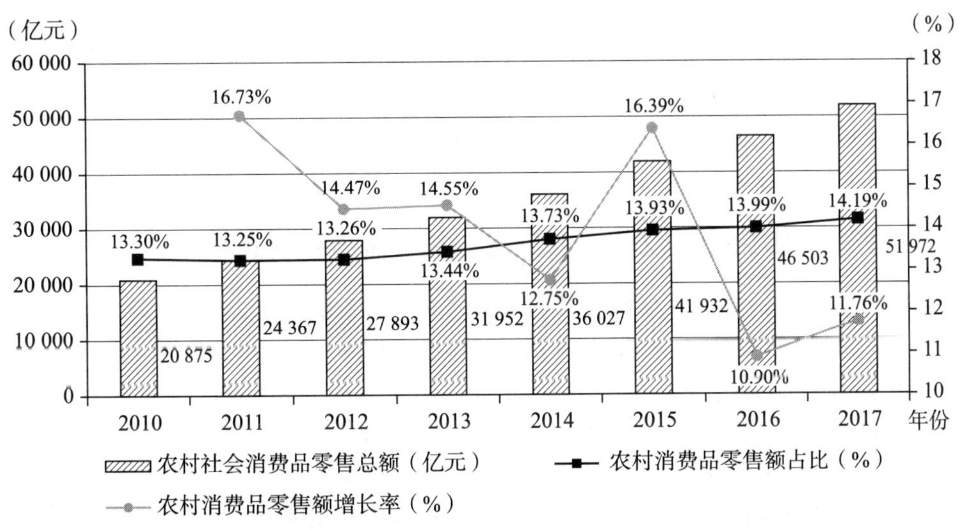

图 4-32　中国农村社会消费品零售总额及增长率（2010—2017 年）

农村商业从业人员的规模进一步扩大，劳动效率略有提升。本报告根据《中国统计年鉴》中公布的就业数据“各地区按行业分民营企业和个体就业人数”扣减其中的城镇部分，作为农村地区的批发和零售业从业人员数量的近似值。如图 4-33 所示，2016 年的农村地区批发和零售业就业人数①约 3 527 万人，较 2015 年增长了 8.68%。

① 本报告之农村地区批发和零售业就业人数指标，根据民营企业和个体就业人数-城镇民营企业和个体就业人数所得。

2016 年中国农村地区的商业从业人员的劳动效率，即从业人员实现的人均社零额[①]为 13.19 万元，相较于 2015 年增长了 2.04%。

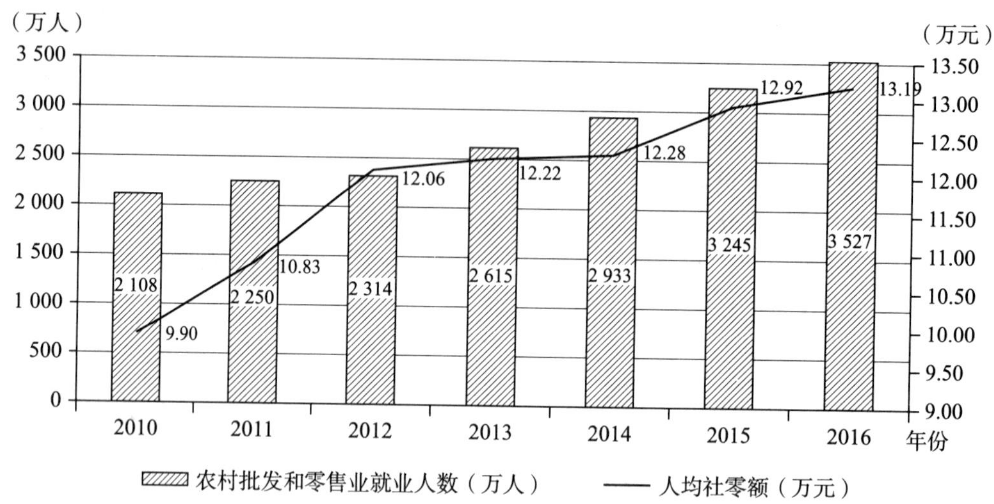

图 4-33　中国农村地区批发和零售业就业人数、从业人员实现人均社零额（2010—2016 年）

总体而言，随着农村消费潜力的释放和消费结构的优化，农村商业呈现愈发旺盛的生命力，批发和零售业就业人数的大幅上涨正是农村零售业快速发展的写照，农村零售业已经成为现代零售业发展越来越重要的一环。

4.4.3　供销合作社综合改革深入推进，积极服务乡村振兴

2017 年全国供销合作社系统（以下简称全系统）实现销售总额 54 218.1 亿元，同比增长 13.5%。分类别看：农业生产资料类销售额为 8 831.8 亿元，同比增长 10.60%；农副产品类销售额为18 413.9亿元，同比增长 22.20%；消费品类销售额为 17 587.7 亿元，同比增长 13.90%；再生资源类销售额为 2 711 亿元，同比增长 1.70%。各项销售和交易的具体情况见表 4-3。

截至 2017 年年末，全系统有县及县以上供销合作社机关 2 777 个，其中，省（区、市）供销合作社（以下简称省社）32 个，省辖市（地、盟、州）供销合作社（以下简称省辖市社）342 个，县（区、市、旗）供销合作社（以下简称县社）2 402 个。2017 年年末，全系统有基层社 30 281 个，比上年增加 1 265 个。全系统组织农民兴办的各类专业合作社有 185 934 个，比上年增加 16 038 个；入社农户 1 582 万户。2017 年年末，全系统共有各类法人企业 21 852 个（不含基层社）。其中，省社所属企业 1 193 个，省辖市社所属企业 3 100 个，县社所属企业 16 054 个。2017 年年末，各级供销合

① 本报告之农村地区从业人员实现人均社零额指标，系根据农村地区社会消费品零售总额/农村批发和零售业就业人数求得。

作社所属事业单位有 277 个。其中，省社所属事业单位 67 个，省辖市社所属事业单位 74 个，县社所属事业单位 118 个。2017 年年末，全系统主管、领办的各类社会组织有 17 953 个，会员有 275.4 万个（人）。2017 年年末，全系统共有职工 344.8 万人，其中，实际从业人员 219.8 万人，离开本单位仍保留劳动关系的人员 29.5 万人，离退休人员 95.5 万人。

表 4-3　　全国供销合作社系统综合经营情况（2017 年）

综合经营情况	单位（亿元）	同比增长(%)	分类经营情况	单位（亿元）	同比增长(%)
销售总额	54 218.1	13.5	农业生产资料类	8 831.8	10.60
			农副产品类	18 413.9	22.20
			消费品类	17 587.7	13.90
			再生资源类	2 711	1.70
汇总利润	441.5	8.29			
资产总额	1.5 万	8.12			
商品交易（批发）市场交易额	9 200.7	4.20	农副产品市场	7 247.4	4.30
			再生资源市场	753.8	14.10
连锁配送销售额	10 042.1	13.00			
进出口额	682.5	27.50	进口额	280	41.10
			出口额	402.5	19.60
农产品购进额	14 404.8	23.10			
农业生产服务收入额	150.1	−11.96			
金融服务营业额	1 072.6	6.00			
综合服务营业额			居民生活服务业营业额	156.9	38.80
			物流业营业额	43.9	68.50
			资产经营额	126.1	27.90
			房地产开发经营额	173.2	22.90

数据来源：全国供销合作社系统 2017 年基本情况统计公报。

2017 年，全国供销合作社系统企业汇总实现利润总额 441.5 亿元，同比增长 8.29%，资产总额 1.5 万亿元，同比增长 8.12%，综合实力进一步增强。

根据中华全国供销合作总社第六届理事会第五次全体会议工作报告，2017 年全系统深入贯彻中发〔2015〕11 号文件[①]精神，推动综合改革由点到面、全面深化。2017 年召开的全面深化供销合作社综合改革工作电视电话会议上，汪洋代表党中央、国务院出席会议并做重要讲话，他深入总结了供销合作社综合改革和试点工作的成效，部

① 《中共中央 国务院关于深化供销合作社综合改革的决定》（中发〔2015〕11 号）。

署了下一阶段深化综合改革的工作。中华全国供销合作总社坚持抓重点、抓关键，研究开展构建双线运行机制、创新联合社治理机制等 7 个方面的专项改革试点，深化重点领域和关键环节的改革。同时，坚持总社领导班子定点联系工作机制，班子成员带队到 20 多个省（区、市）开展调研督导，推动综合改革任务落实。

当前，全国所有省（区、市）和 93%的地市、73%的县出台了贯彻中发〔2015〕11 号文件的实施意见，福建、江西等 10 个省（区、市）的全部县都出台了实施意见，改革呈现良好态势。河北、浙江、山东、广东 4 省圆满完成了改革试点任务，在土地托管、“三位一体”综合合作、上下贯通等 11 个方面，形成了可复制、可推广的经验。在中央全面深化改革领导小组办公室、中央农办、中华人民共和国国务院法制办公室等部门的关心指导下，《供销合作社条例》经过多次征求意见和修改，已经具备出台的基础和条件。

此外，全系统积极服务乡村振兴战略，坚持把为农服务放在首位。供销合作社已经从以流通服务为主，拓展到为农服务各领域、农民生产生活各方面。土地托管服务从无到有，推广到全国 29 个省份，托管对象从大田托管发展到草场托管、林果托管、高原农业托管，服务内容从农资供应延伸到耕、种、管、收、售各环节，土地托管等农业社会化服务面积超过 1.4 亿亩，探索出了在“大国小农”基本国情、农情下，以服务规模化推进农业现代化的路子。生产、供销、信用“三位一体”综合合作大力推进，浙江已完成省、市、县、乡四级农合联体系建设，供销合作社正在成为整合涉农资源，并使其凝聚为农服务合力的重要载体，为农服务综合平台作用日益显现。

4.4.4 电子商务进农村

2017 年，农村电子商务（简称电商）继续呈现井喷态势，在数量和质量上不断刷新纪录，实现新的突破。当前，农村电商已然成为深化农村供给侧改革、培育农村发展新动能、推动社会主义新农村建设的重要力量，并且在精准扶贫领域发挥着不容忽视的作用。

4.4.4.1 政府新政策：推动农产品上行，强化电商扶贫

2017 年中央一号文件《中共中央 国务院关于深入推进农业供给侧结构性改革加快培育农业农村发展新动能的若干意见》再次聚焦“三农”，并首次将推进农村电商发展单独成段。文件指出要促进新型农业经营主体、加工流通企业与电商企业全面对接融合，推动线上线下互动发展；加快建立健全适应农产品电商发展的标准体系；支持农产品电商平台和乡村电商服务站点建设；推动商贸、供销、邮政、电商互联互通，加强从村到乡镇的物流体系建设，实施快递下乡工程；深入实施电子商务进农村综合示范；鼓励地方规范发展电商产业园，聚集品牌推广、物流集散、人才培养、技术支持、质量安全等功能服务；全面实施信息进村入户工程，开展整省推进示范；完善全国农产品流通骨干网络，加快构建公益性农产品市场体系，加强农产品产地预冷等冷链物流基础设施网络建设，完善鲜活农产品直供直销体系；推进“互联网+”现代农业

行动。

财政部、商务部、国务院扶贫办发布《关于开展 2017 年电子商务进农村综合示范工作的通知》，提出要在总结前一阶段工作的基础上，深入建设和完善农村电商公共服务体系，进一步打牢农村产品“上行”基础，培育市场主体，构建农村现代市场体系，推动农村电商成为农村经济社会发展的新引擎。

农业部、商务部发布《关于深化农商协作大力发展农产品电子商务的通知》，要求各地落实开展农产品电商出村试点、打造农产品电商供应链、推动农产品产销衔接、实施农村电商百万带头人计划、开展农产品电子商务标准化试点等十项重点任务，以突破制约农产品电商发展的瓶颈和问题，推动农业转型升级，带动农民脱贫增收，同时更好地满足人民群众对农产品日益增加的品质化、多样化、个性化需求。

此外，商务部、公安部、交通运输部等 5 部门联合发布《城乡高效配送专项行动计划（2017—2020 年）》，提出加强城乡配送网络衔接，形成衔接有效、往返互动的双向流通网络，打造“一点多能、一网多用、深度融合”的城乡配送服务网络；商务部、中国农业发展银行发布《关于共同推进农产品和农村市场体系建设的通知》，支持各地公益性农产品市场、农产品冷链等项目建设；商务部还在政府网站首页“商务热点”栏目开通电商扶贫频道汇总信息平台，并组织阿里、京东等 20 家电商企业开通扶贫频道，对接 300 多个贫困县，给予贫困县流量支持、减免费用等优惠，打造农村产品上行直通车。

4.4.4.2　企业新动向：传统电商继续加码，社交电商表现抢眼

2017 年 6 月，阿里巴巴农村淘宝宣布与淘宝、天猫等平台实现系统通、商品通、服务通，借以升级村淘战略。在打通淘宝、天猫等阿里系电商平台后，村淘将从阿里生态中吸取更多能量，为农村消费者带去更多的选择，让物流基础薄弱的农村也同样实现网货的快速触达。2017 年 12 月，马云宣布成立阿里巴巴扶贫基金会，并于接下来的 5 年内投入 100 亿元到扶贫业务中，阿里体系内的每个独立公司都会负责一个脱贫项目，总裁会被进行脱贫 KPI 考核。

2017 年 4 月，刘强东宣布出台“京东百万便利店计划”，接下来的 5 年京东将在全国开设超过一百万家京东便利店，其中将有一半便利店设于农村。2017 年 11 月，刘强东担任河北省阜平县平石头村名誉村主任，提出要通过产业方式，在 5 年内让全村家庭平均收入提高 10 倍，让全村村民实现脱贫。

除了传统电商巨头继续加码农村外，社交电商在农村电商领域也表现得格外抢眼。云集微店在 2017 年 5 月发布“百县千品”计划，计划在 3 年时间内，培育孵化 100 个地理标志农产品品牌。2017 年，云集农产品品类网站成交金额（GMV）超 10 亿元，占总 GMV 的 10%，并创造了 40 秒抢光安徽界首 12 500 千克滞销土豆、3 小时卖完 5 万千克陕西洛川苹果等战绩。另一社交电商品牌拼多多同样表现不俗，2017 年拼多多投入 34 亿元，帮助全国农户销售 183.4 万吨农货，催生了 9 亿多笔扶贫订单。同时，拼多多还在 730 个国家级贫困县，扶持起 4.8 万个商家，带动其年销售额增速超过 310%，并带动 5 万多青年返乡创业。

从融资来看，根据中国国际电子商务研究中心统计数据①，2017 年已披露的涉及农村电商的融资事件超过 59 起，行业总融资金额不少于 62 亿元。其中，较为成熟的生鲜电商平台在融资金额方面领先，包括：阿里领投的易果生鲜 3 亿美元获得 D 轮融资，腾讯、华创资本等投资的每日优鲜获得 C 轮 6.4 亿元融资，等等。同时，电商服务商类平台如汇通达、农分期等开始成为融资的重点，2017 年获得融资的次数多达 22 次。

4.4.4.3 发展新成果：区域分布结构优化，扶贫成效显著

根据商务部网站信息②，2017 年全国农村实现网络零售额 12 448.8 亿元，同比增长 39.1%。截至 2017 年年底，农村网店达到 985.6 万家，较 2016 年增加 169.3 万家，同比增长 20.7%，带动就业人数超过 2 800 万人。

农村实物类产品网络零售额 7 826.6 亿元，同比增长 35.1%，占农村网络零售总额的 62.9%。其中，服装鞋包、家装家饰、食品保健位居实物类产品前 3 位。农村服务类产品网络零售额达到 4 622.2 亿元，同比增长 46.6%，占农村网络零售总额的 37.1%。其中，在线旅游、在线餐饮、生活服务居服务类产品前 3 位。在线旅游、在线餐饮较 2016 年分别增长 66.8%和 58.6%，对农村网络零售额增长贡献率分别达到 21%和 17.2%，在农村网络零售全部 19 个品类中居于前 2 位。

从区域分布看，2017 年东部、中部、西部、东北农村分别实现网络零售额7 904.5 亿元、2 562.1 亿元、1 700.5 亿元、281.8 亿元，同比分别增长 33.4%、46.2%、55.4%、60.9%。其中，东部农村网络零售额占比达到 63.5%，优势依然明显。中、西部及东北农村网络零售额合计为 4 544.4 亿元，同比增长 50.4%，高出东部农村增速 17 个百分点，结构优化趋势明显。

从扶贫成效来看，2017 年我国共支持了 260 个县开展电商进农村综合示范，其中包括 237 个国家级贫困县。截至 2017 年年末，我国已累计支持 756 个县开展示范，其中覆盖 499 个国家级贫困县，占国家级贫困县总数的 60%；已累计建设 257 个公益性农产品批发市场和 9 613 个零售市场，覆盖全国 30 个省（区、市）。2017 年，全国 832 个国家级贫困县实现网络零售额为 1 207.9 亿元，同比增长 52.1%，高出农村增速 13 个百分点。

（李文俊）

① 中国国际电子商务研究中心《中国农村电子商务发展报告（2017—2018 年）》。

② 商务部 2018 年 1 月 25 日例行新闻发布会信息、2017 年商务工作年终综述。

第 5 章　中国综合零售业发展分析报告

本章旨在对 2017 年中国综合零售行业及其各业态的发展情况进行监测与分析。本报告从综合零售发展全景、五大类代表性综合零售行业（即百货、超市、购物中心、便利店、无店铺零售）发展，以及行业内代表性企业三个层次进行分析。主要监测的指标有规模、扩张情况、开关店情况、效益效率、代表性零售企业 2017 年经营动态等。本章共有数据附表 10 张，请读者朋友扫描本书第 242 页的二维码免费查阅。

5.1　综合零售业全景分析

5.1.1　本报告综合零售业数据及分类说明

本报告监测与分析所选取的企业以各地区、各行业、各业态的代表性大中型零售企业为主①，以中国连锁经营协会公布的“中国连锁企业百强（2017）”榜单企业为辅，监测和分析它们在 2017 年期间的各项经营动态情况。代表性企业的数据与信息主要来自企业官方网站及其官方授权的机构所公布的业务数据和经营动态信息（含上市公司年度报告信息、董事会报告信息与其他相关数据），同时参考了中国商业联合会、中国连锁经营协会、联商网等行业协会及业内专业网站关于行业和代表性企业的资讯信息。

对于涉及行业和业态的宏观统计数据，本报告保持与国家统计局统计口径的一致性，整体上继续使用《中国贸易外经统计年鉴 2017》和中经网统计数据库、国研网统计数据库等公布的数据，受统计数据公布时间的限制，本报告所用数据均截至 2016 年年底。

本报告对综合零售业的分类方法，在国家统计局两种口径划分方法的基础上进行了适当调整，具体如下：

一是行业口径，即按照国家统计局现行的国民经济行业划分，把限额以上零售业，分为综合零售、七大类专业零售和货摊、无店铺及其他零售业共计九大类。其中，综合零售类别之中，又划分出百货零售和超级市场零售两类；货摊、无店铺及其他零售业之中，又划分出互联网零售。本报告的限额以上口径综合零售业，调整为包含上述综合零售（含百货零售和超级市场零售）、无店铺及其他零售业（含互联网零售）两类合计。

此外，国家统计局还公布了连锁零售企业口径的数据，其按国民经济行业划分，

---

① 本报告监测的中型企业系中国连锁经营协会公布的“中国连锁企业百强（2017）”榜单企业之外的企业，即“百强”之外的各地区、各行业、各业态的代表性中型企业。

也分为综合零售、七大类专业零售和货摊、无店铺及其他零售业共计九大类。本报告的连锁零售企业口径综合零售业，调整为包含上述综合零售、无店铺及其他零售业两类合计。

二是业态口径，即按照国家统计局现行的零售业态划分，把限额以上零售业分为有店铺零售和无店铺零售。其中，有店铺零售又划分出超市、大型超市、百货店、专业店、专卖店等。本报告的限额以上口径综合零售业态，调整为包含上述超市、大型超市、百货店、无店铺零售四类合计。

此外，国家统计局还公布了连锁零售企业口径的数据，其按零售业态划分，分为便利店、折扣店、超市、大型超市、仓储会员店、百货商店、专业店（含加油站）、专卖店、家居建材商店、厂家直销中心、其他共计十一类。本报告的连锁零售企业口径综合零售业态，调整为包含上述便利店、折扣店、超市、大型超市、仓储会员店、百货商店、厂家直销中心七类合计。

5.1.2 综合零售业销售规模分析

2017 年，随着宏观经济稳中向好，消费结构升级、技术创新加速，百货零售业加快转型升级，互联网、大数据、人工智能等新技术与传统零售深度融合，新模式、新业态、新物种不断涌现，行业呈现万千气象，整体业绩回稳向好。

伴随着政策环境影响，零售业迎来了发展的有利契机。党的十九大报告明确提出，我国社会主要矛盾已经转化为人民日益增长的美好生活需要和不平衡不充分的发展之间的矛盾。美好生活需要中，必然包括更好的消费和体验，而不平衡不充分的发展中，也必然蕴含着零售行业迭代升级的市场机遇。

一方面，在总体规模方面，如图 5-1 所示，行业口径、业态口径、连锁行业口径、连锁业态口径统计的综合零售业商品销售额分别为 35 576 亿元、38 974 亿元、13 184 亿元、12 843 亿元。无论是按哪种口径，中国综合零售业在 2010—2016 年销售总量都呈现持续增长的态势。另一方面，综合零售业占零售行业的比重基本持平。按业态口径之销售额占比①，除 2013 年略有下降外，其他各年基本保持在 29%左右，2016 年还上升到近年来最高值 30.8%。

从趋势上看，业态口径数据显示近年来增长率波动较大。限额以上综合零售业态增长率在 2011 年达到峰值 36.9%后逐年下滑，到 2015 年仅为 8.1%。随着调整深化和逐渐适应竞争形势，2016 年限额以上综合零售业态的增长率出现小幅回升。

便利店成为 2017 年发展的亮点。根据连锁经营协会公布的连锁百强情况显示，2017 年，连锁百强企业销售规模达到 2.2 万亿元，同比增长 8.0%，占社会消费品零售总额的 6.0%。百强便利店企业 2017 年销售增长率达到 16.9%，成为实体零售企业

① 本报告之销售额占比指标，系根据不同口径综合零售业商品销售额/限额以上零售业商品销售总额分别求得。

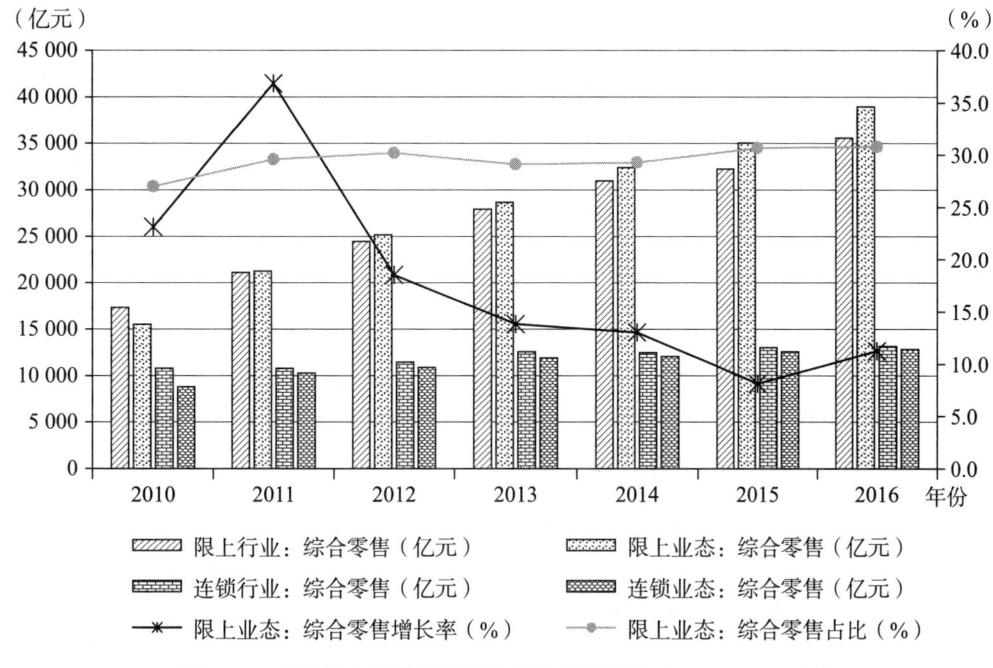

图 5－1　中国综合零售合计销售额及其增长率（2010—2016 年）

中增长最快的业态。从各业态单店销售增长情况看，平均增长率较高的也是便利店业态，达到 6.0%。社区超市、百货店和购物中心单店平均销售分别增长了 3.8%、4.5%和 3.4%，但大型综合超市单店平均销售出现负增长，为－2.3%。

5.1.3　综合零售业扩张情况分析

按照行业口径统计，如图 5－2 所示，2016 年限额以上综合零售业的法人企业数达到 21 812 个，同比增加 16.64%。营业面积为 15 325.63 万平方米，比上年增长了 3.64%，但是在零售业内部转型升级、提高效率的影响下，从业人数增长缓慢，从 2014 年的 293.9 万人增长到 2016 年的 295.1 万人。从业态口径的数据看，除 2011 年营业面积有所下降，其他各年综合零售业的法人企业数、从业人数和营业面积总量都在增加。

从连锁综合零售企业的角度看，一方面，总体而言，2016 年连锁综合零售业态的门店数、营业面积都有所增加，分别为 66 648 个和 8 682.48 万平方米，但从业人数在业态上有微幅下降，从 2014 年的 136.4 万人下降到 2016 年的 132.1 万人。

另一方面，横向对比的结果表明各业态的发展继续呈现分化的局面。从业态角度来看，便利店门店数量和从业人数同步增长，增长率分别为 5.17%和 0.8%。超市的从业人数增加 0.6 万人，大型超市的从业人数减少 4.9 万人。百货行业从业人数减少 5.7 万人，营业面积增长缓慢，2016 年为 12.4 万平方米。这也与各业态整体发展趋势

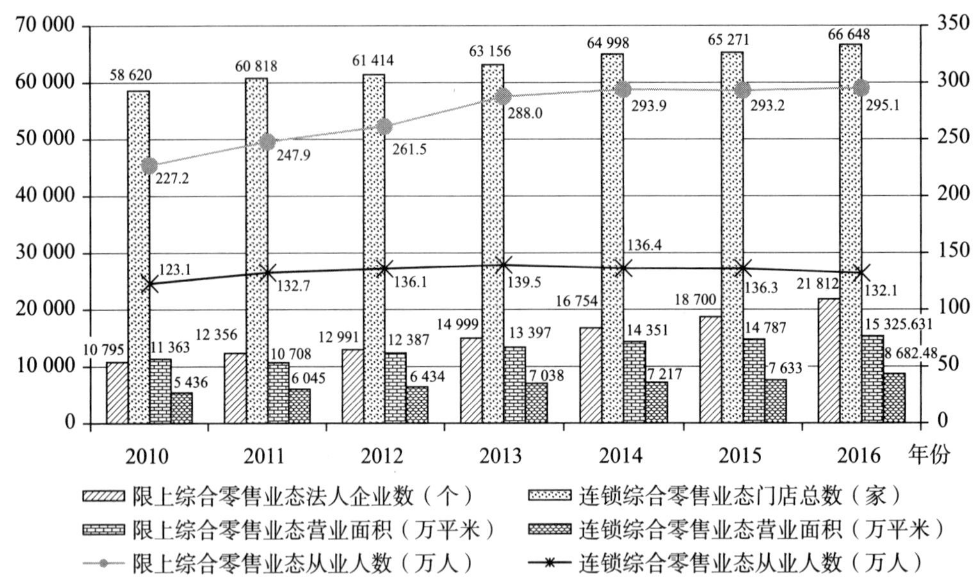

图 5－2　中国综合零售业态扩张情况（2010—2016 年）

相关，便利店近年来快速扩张，购物中心和超市增长放缓，而百货则面临衰退的趋势。连锁经营协会公布的连锁百强情况也印证了这一趋势。百强便利店企业 2017 年门店数量增长 18.1%，成为实体零售企业中增长最快的业态。百货店、购物中心开店数量明显减少，而小型门店数量增长较快，达到 7.7%。2017 年，百强企业新增门店 9 197 个，小型门店约占新增门店总数的八成。大型超市和超市门店数量仅分别增长 3.7%和 1.0%①。

5.1.4　综合零售业经营效益与效率分析

对于零售业的经营效益，本报告选取了毛利率②和净利率③两个指标。如图 5－3 所示，从整体趋势上看，2010—2016 年，这两个指标的变化幅度都比较小。数据显示，综合零售业的毛利率近年来维持在 14.5%左右，净利润基本上在 2.5%左右徘徊。但是从 2014 年开始，无论是按行业口径还是按业态口径，净利率和毛利率都呈下降趋势，2016 年虽然净利率有所回升，但毛利率依然在下降，分别为 2.2%和 14.0%。

---

① 数据来源：2017 年中国连锁百强发布.（2018－05－10）[2019－08－19]. https://www.ccfa.org.cn/portal/cn/view.jsp?lt=31&id=434638.

② 本报告之毛利率指标，系根据限额以上零售企业毛利润/限额以上零售企业主营业务收入求得，其中毛利润为主营业务收入与主营业务成本的差值。

③ 本报告之净利率指标，系根据限额以上零售企业净利润/限额以上零售企业主营业务收入求得，其中净利润由利润总额扣除应交所得税求得。

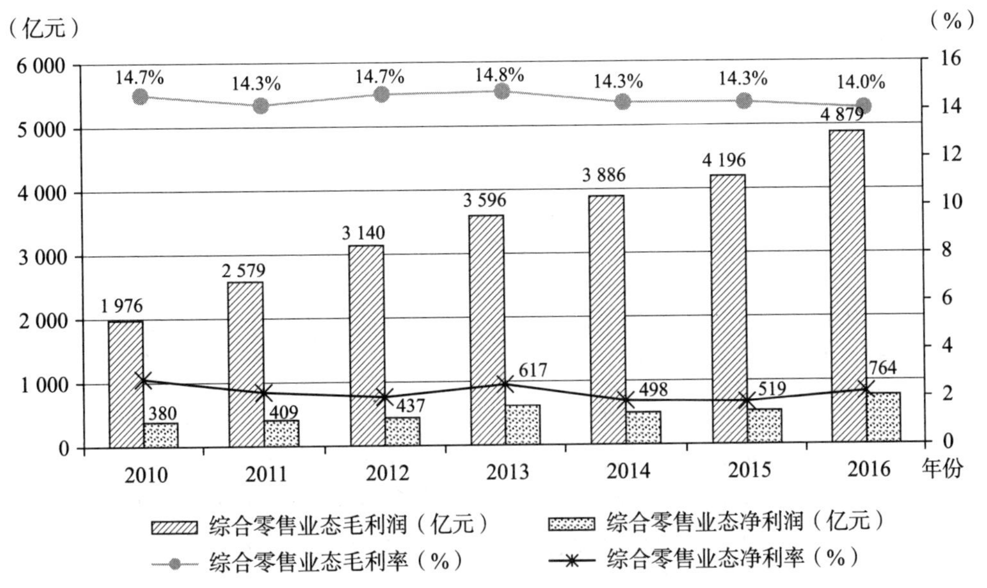

图 5－3 综合零售业利润情况（2010—2016 年）

为分析零售业的经营效率，本报告选取人效①和坪效②两个指标。如图 5－4 所示，按行业口径，2016 年综合零售业平均人效为 127.5 万元/人，同比上涨 11.3%，坪效为 2.33 万元/平方米，同比上升 6.88%。按业态口径，2016 年综合零售业态平均人效为 132.1 万元/人，同比上升 10.54%，坪效为 2.54 万元/平方米，比 2015 年增加 7.17%。从趋势上看，2010—2016 年，综合零售业态的人效和坪效指标整体上都呈现明显的稳步上升趋势。这也反映出综合零售企业为了扩大利润空间，正在努力地提高经营效率，与前面提到的从业人数下降、提高效率的调整相符。

从百强企业的数据来看，2017 年实体店坪效平均上升幅度为 1.2%，门店销售额平均上升 3.3 个百分点。超市业态租赁面积比上年增加 16%，大型超市门店形态呈现小型化趋势，单店营业面积平均减缩 12.7%，减缩营业面积在一定程度上提升了坪效。实体零售企业商品经营能力稳步提升。百强企业中，超市企业库存周转速度提高 3 个百分点，平均周转天数为 37.8 天，自有品牌 SKU 数量平均由 435 个增加到 633 个，进口商品销售占比由 2016 年的 7.6%提高到 8.9%。百强中的实体零售企业的综合毛利率由 15.6%上升为 16.5%③。

① 本报告之人效指标，系根据零售企业销售额/零售企业从业人员数求得。

② 本报告之坪效指标，系根据零售企业销售额/零售企业营业面积求得。

③ 数据来源：2017 年中国连锁百强发布.（2018－05－10）[2019－08－19]. https://www.ccfa.org.cn/portal/cn/view.jsp?lt=31&id=434638.

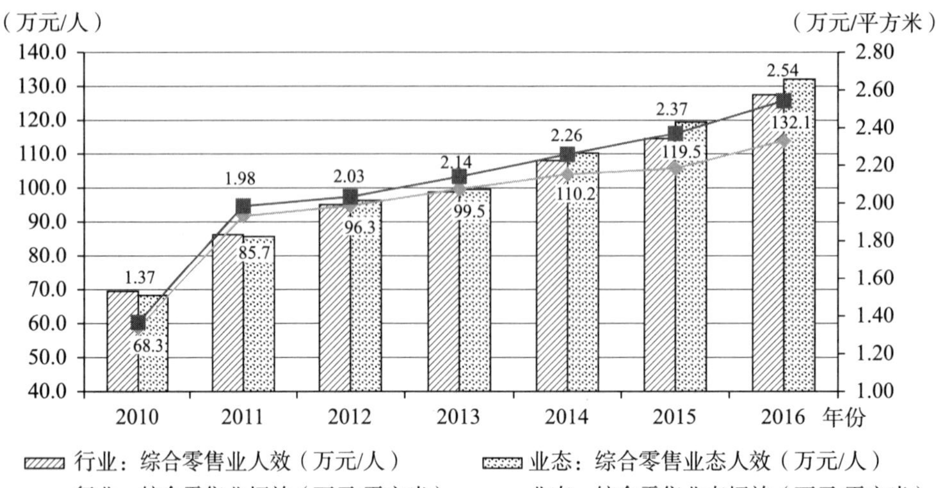

图 5-4 综合零售业态人效和坪效（2010—2016 年）

5.1.5 综合零售业发展综述

随着政府推出多项释放内需、刺激消费的措施，2017 年综合零售业保持整体较快发展，但同时零售企业经营成本继续上涨，企业间的竞争依然非常激烈。中国连锁经营协会的调查显示，百强企业用电支出上涨 4.6%，员工薪酬支出上涨 8.0%，房租支出上涨 5.6%。总体来看，综合零售业机遇和挑战并存。面对困难与机遇，综合零售业自身也在积极进行调整，发展趋势主要有以下几点。

5.1.5.1 零售资本深度整合

2017 年零售业进入加速整合期。一方面，阿里巴巴、腾讯等互联网巨头大规模向线下渗透，线上线下紧密结合。另一方面，实体零售价值凸显，优质的线下零售品牌得到资本市场的充分认可，估值不断高涨，发展前景广阔。

阿里巴巴先后与百联、三江、新华都和高鑫零售达成战略合作，以大润发、欧尚为代表的商超卖场集团从商业模式和资本结构上加入了由阿里巴巴推动的新零售革命。腾讯联合京东等入股万达，通过采用互联网、大数据、物流和支付等手段驱动线上线下融合，促进零售企业数字化转型。覆盖多业态领域的线下零售巨头步步高与腾讯达成战略合作，双方将在构筑数字化运营体系、营造零售新生态等领域开展深入合作。

与此同时，线下整合也在加速，王府井和首航开启战略合作，超市发罗森和中央商场落地加盟合作，家家悦收购维客商业股权，供销大集收购顺客隆，通过这些整合，推进打造全国性零售平台，企业实现了资源和品牌价值最大化。

5.1.5.2 技术变革助推发展

数字经济发展的基础，如移动互联网、智能手机、移动支付等在 2017 年已逐步完善，为零售转型创新提供了技术支撑，尤其是移动支付技术的发展带来无现金支付的稳步增长。便捷快速的移动支付等非现金支付方式已成为人们在零售行业购物支付的首选。移动支付提升了购物体验、积累了大量用户数据，成为打造智慧零售的一项重要基础技术。

从消费者体验切入的技术开发和应用，到业务中后台的核心流程数字化和技术含量的提升，物联网、数据分析、地图搜索、室内外定位、人脸识别等技术从采购、生产、供应、营销等各个环节改造着传统零售业，零售的深度和广度不断得以拓展延伸。顾客数字化、商品数字化、服务数字化、营销数字化、供应链数字化、经营管理数字化等全方位推动传统零售业运行效率的提升，商业模式发生深刻变革。

根据连锁经营协会的预测，2018 年，企业数字化投入预计与 2017 年持平，约占销售额的 0.8%左右。资金投向主要集中在多点获客与精准营销、会员体系建立、系统层面上的线下线上融合等几个领域，同时，消费者分析与洞察、客户体验提升、商品管理也是企业数字化应用比较关注的领域。

5.1.5.3　新零售发展迅速

2016 年马云在云栖大会提出新零售后，相关的创业热潮席卷全国，各种新零售项目层出不穷，在过去的一年里出现了盒马鲜生、淘咖啡、果小美、猩便利等零售新物种。从细分领域来看，无人零售是 2017 年零售领域最热门的业态，物流业在新零售业态中扮演着愈加重要的角色，生鲜零售洗牌加速，马太效应凸显。

无人零售领域的领头企业在 2017 年一年内完成多轮融资，如：小麦铺 A 轮、A+轮共收获 2.45 亿元的融资，缤果盒子获得两轮超 6 亿元的融资，智能售货机生产商甘来完成了 Pre-A 轮、A 轮、B 轮 3 轮融资。

生鲜零售相较其他细分行业更为成熟，行业开始进入淘汰洗牌阶段。据不完全统计，2016—2017 年倒闭的生鲜电商就有 14 家，包括美味七七、许鲜等知名生鲜平台。此外，果多美、一米鲜被百果园收购，美家鲜生被每日优鲜收购，爱鲜蜂被中商惠民网收购。随着阿里巴巴、腾讯等电商巨头入局，生鲜零售行业的马太效应将进一步凸显。易果生鲜于 2017 年 8 月获得阿里巴巴 3 亿美元的 D 轮融资，累计融资额约 70 亿元。腾讯扶持的生鲜配送平台每日优鲜于 2017 年 3 月获得 Tiger 老虎基金（中国）、元生资本等投资机构 2.3 亿美元的 C+轮融资，累计融资额接近 30 亿元。此外，京东、苏宁、顺丰等巨头在生鲜零售领域均有布局，可见生鲜零售领域竞争将愈发激烈，2018 年生鲜零售行业将进入加速洗牌阶段。

5.2　百货店发展分析报告

5.2.1　百货业全景分析

近年来，曾经风光无限的百货业陷入了困境，业绩下滑，接连关店，百货业式微之论甚嚣尘上，百货业甚至可以用一片肃杀来形容。经历了增速放缓甚至负增长之后，实体百货业一直在质疑声中调改前行。如今，基本完成了第一轮业态调整的百货业正触底反弹，迎来新的发展机遇。

从总量上看，如图5-5所示，2016年全国限额以上百货店的商品销售仍然延续了下降态势，其中百货店业态口径统计的数据为13 924亿元，百货零售行业口径统计为15 060亿元。另外，全国连锁口径的百货店商品销售总额为3 897亿元。按照行业口径计算，百货行业占全部限额以上零售业的比例约为11.9%①。

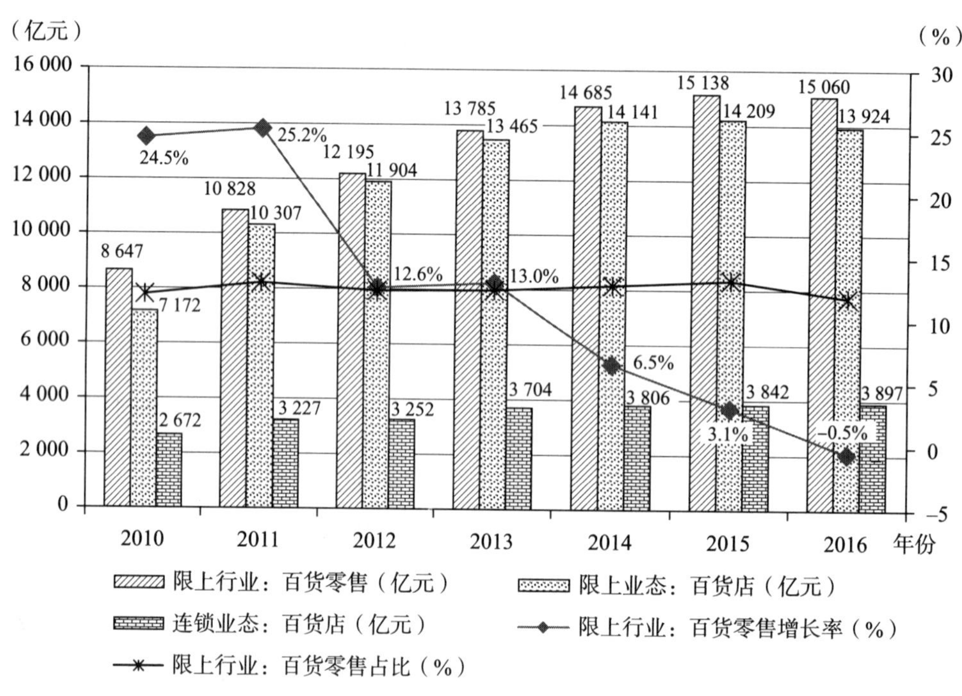

图5-5 百货业销售额情况（2010—2016年）

从发展趋势看，受到购物中心和网购冲击的百货店增长速度自2012年以来不断减慢，从2011年的25.2%降至2015年的3.1%，2016年首次出现负增长，为-0.5%。其中上市的百货企业情况略好于行业整体，据赢商网统计的50家百货上市企业2017年度业绩，2017年度50家百货上市企业的营业收入总额约为4 185.89亿元，同比增长8%，净利总额约172.86亿元，同比增长51.76%。50家企业中有46家实现盈利，仅4家亏损②。但上市百货企业业绩增长的主要因素来自多元化业务及非主营业务，百货零售业务本身的增长乏力，甚至持续减弱。

从扩张情况看，营业面积数据反映出百货行业的总体规模仍然呈扩大趋势，从2015年的8 029.28万平方米扩展到2016年的8 352.52万平方米。但从业人数方面则

① 数据由2015年限额以上行业百货零售额15 060亿元除以2015年限额以上零售业商品销售总额126 612亿元算出。

② 港元兑换人民币的汇率采用当年12月31日的汇率中间价，具体为2016年：1港币=0.860 0人民币，2017年：1港元=0.832 8人民币。

出现下滑，从业人数从峰值 2013 年的 117.86 万人下降到 2016 年的 109.96 万人。

从经营效益和效率情况看，如图 5-6 所示，近年来从业态角度看，百货店整体发展情况逐渐恶化，按业态口径统计的毛利率 2016 年为 15.22%，净利率为 3.72%，低于最景气时期 2013 年的 15.83%和 4.03%。从连锁百货店的单店销售情况看，2016 年单店销售额[①]出现明显的下降，从最高值 2013 年的 8 200 万元下降到 2016 年的 7 800 万元。百货业的经营面临多重压力，利润空间不断被压缩。

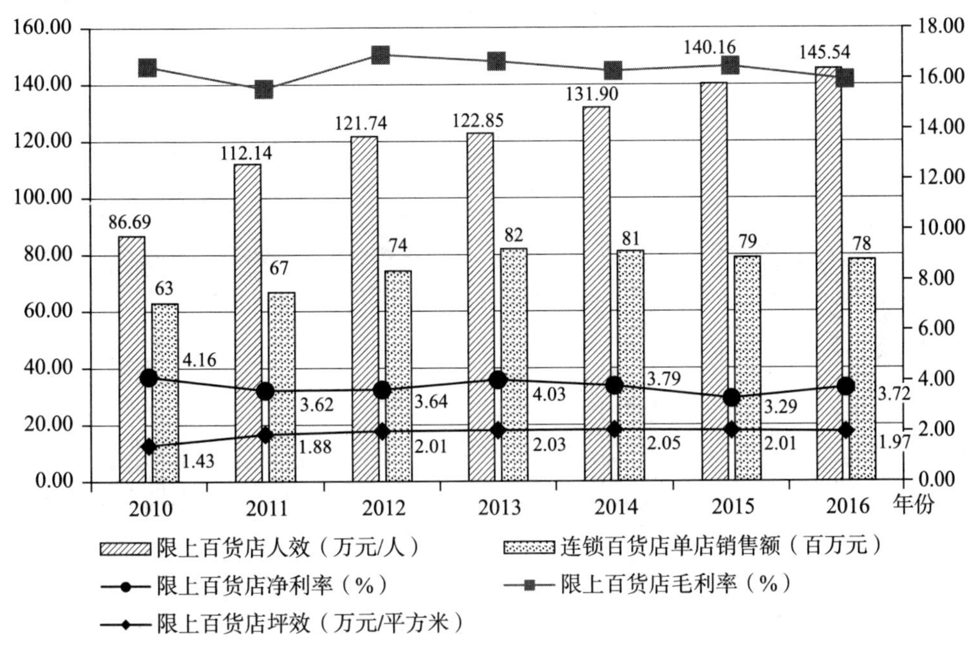

图 5-6 百货店经营效益与效率情况（2010—2016 年）

百货店的经营效率表现喜忧参半。在劳动效率方面，业态口径数据显示，2016 年百货店的平均人效达到 145.54 万元/人，同比增加 3.8%，行业口径的平均人效亦有 136.96 万元/人，减员提效效果明显；坪效方面，2016 年百货店坪效为 1.97 万元/平方米，较上年微幅下降 2%，行业口径的坪效也从 2015 年的 1.88 万元/平方米下降到 2016 年的 1.8 万元/平方米，销售额增幅明显滞后于营业面积扩张速度。

5.2.2 百货店开关店监测与分析

从行业整体情况看，如图 5-7 所示，近年来中国限额以上百货业的法人企业数持续增长，目前已经超过 6 000 个。具体来看，2016 年按业态口径限额以上百货店法人企业数总计有 6 575 个，比上年增加了 210 个，按行业口径法人企业数则达到 6 851

① 本报告之单店销售额，系连锁零售企业销售额/连锁零售企业门店总数求得。

个，比上年增加了319个。虽然法人企业数总量在稳定增加，但是增长率波动较大，且近年来不断放缓。以行业口径数据为例，限额以上百货零售的法人企业数每年的增长率都有较大的变化，其中2010年、2013年分别实现了17.58%、18.35%的增长，反映出国内经济增长和消费能力提高，社会资本对百货业的进入热情较高。但是自2014年以来，受到网络零售与购物中心的冲击以及中国经济进入“新常态”的影响，百货行业整体面临着“关店潮”的威胁。限额以上百货店零售法人企业数增长率急速下降到2014年的6.75%、2015年的4.81%和2016年的4.88%。

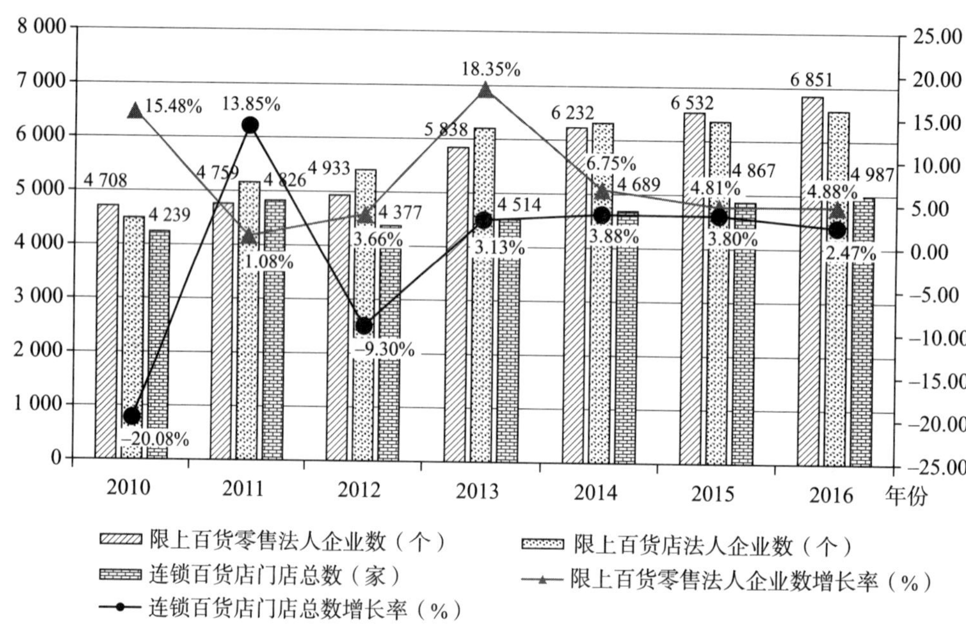

图5-7　百货店开关店情况（2010—2016年）

从连锁百货店的情况看，连锁零售业门店总数情况有所波动，除2010年、2012年外，其他各年中都有所增加，2016年总计为4 987家。连锁百货商店门店总数的增幅波动性较大，整体上呈缓慢上升趋势。

自2010年开始，增速放缓、负增长、质疑与调改一直伴随着百货业。2017年，据联商网不完全统计，停业或转型的百货店有46家，新开店铺有55家。考虑到大批存量百货店实质被改造为购物中心，但又并未宣布转型为购物中心，所以百货店的实际净增数量仍可能是负数。

关停百货店有三个走向：一部分转型为百货购物中心或城市奥莱，上海一百商业中心、宁波银泰百货东门店属于前者，上海五角场东方商厦、北京北辰北五环店属于后者。一部分为转租，南京同曦瑞都、成都仁和春天棕北店转租给了家具卖场。在办公需求较高的北京，庄胜崇光百货北馆转为办公物业。作为购物中心的主力百货，北京长楹天街百盛、成都锦华万达广场万达百货则在“去主力百货”的过程中永远消失了。在开业的55家百货店中，有42家位于母公司自建购物中心内。由此可见，商业地产及购物中心的发展是百货店增量的主因。

从地区上来看，在商业去中心化背景下，经济发达区域成了百货店衰退的重灾区，与此形成对比的是，核心商圈的优质百货店经过多年耕耘和升级调整，仍然会活得很滋润。在经济相对欠发达地区，尤其是北方区域和三线城市，百货店发展生机勃勃。据联商网不完全统计，2017 年百货店"关店潮"持续，华东关停 15 家、西南关停 11 家、华北关停 7 家、东北关停 2 家、华中关停 3 家、西北关停 2 家。从城市分布来看，成都有 8 家店停业，北京 7 家、上海 5 家、重庆 3 家、苏州 2 家紧随其后①。

百货新开店主要集中在北方和四五线城市，具体省份为：江苏新增 8 家百货门店，成为百货店热门大省，广东次之，山东 5 家、河北 4 家分列第三、第四，安徽、天津、四川均新开 3 家，并列第五。就城市类型来看，四大一线城市仅开百货店 3 家，占比 5%；新一线和二线城市新开 24 家百货店，占比 44%；三线及以下城市成为主力军，新开百货店数量占比 51%②。

这几年百货"关店潮"牵连甚广，遍及外资、国有及民企连锁百货。从百货所属集团来看，2017 年停业较多的是百盛（5 家）、香港新世界（3 家）、台湾远东集团和友好集团（各 2 家）。经过五年的持续关停，万达、世茂、宝龙等商业地产结束了自营百货的发展，远东等多个连锁百货集团已多年没有开设新店，北辰、尚泰中国、NOVO 等多个连锁百货系统更是彻底退出中国市场。在新开店的集团中，日本永旺和深圳天虹凭借旗下超市的黏性加速开店，成为去年开店最多的两大百货集团，分别新增 8 家和 5 家百货店。专攻四五线城市大众市场的信誉楼凭借独特的自营模式新增 4 家百货店，排名第三。

5.2.3　代表性百货企业监测与分析

在销售业绩上，本报告汇总了联商网、赢商网等公开发布的资讯，如表 5-1 所示，2017 年前 20 位的百货店的销售额都达到 20 亿元以上。从趋势上看，2017 年主要的百货大多能保持较高的销售增长率。

表 5-1　中国主要百货销售额（2017 年）

项目	企业	2017 年销售额（亿元）	2016 年销售额（亿元）	增幅
北京 SKP	华联集团	125	96	30.21%
杭州大厦	杭州解百	77.6	66	17.58%
南京中央商场	雨润集团	50.7	43.8	15.75%

① 数据来源：https://www.linkshop.com.cn/.

② 数据来源：一文看懂中国百货业的 2017.（2018-02-09）[2019-06-05]. https://www.linkshop.com.cn/club/dispbbs.aspx?rootid=863380.

续前表

项目	企业	2017 年销售额（亿元）	2016 年销售额（亿元）	增幅
南京金鹰（新街口店）	金鹰商贸	43	40.2	6.97%
南京新百	三胞集团	43	35.6	20.79%
上海八佰伴	百联集团	40	26.3	52.09%
武汉武商广场	武商集团	36.2	30.3	19.47%
上海新世界城	新世界中国	35.6	37	−3.78%
杭州武林银泰总店	银泰商业	35.2	38	−7.37%
石家庄北国商城	石家庄北国人百集团	31.5	34.5	−8.70%
沈阳中兴	中兴商业	30.7	30	2.33%
上海久光百货	利福国际	30	27.9	7.53%
西安开元商城	西安解放集团	29.3	29.9	−2.01%
北京汉光百货	汉光百货	28.2	25.2	11.90%
哈尔滨远大南岗店	远大集团	28.2	27.5	2.55%
烟台振华	振华集团	27.9	27.4	1.82%
成都王府井百货（一店）	王府井百货	26.8	25.2	6.35%
鞍山新玛特	大商集团	26.4	10.9	142.20%
深圳华强北茂业	茂业国际	25	19	31.58%
北京燕莎（金源）	新燕莎	24	10	140.00%

资料来源：根据联商网、赢商网数据整理。

5.2.3.1 多业态发展

在竞争激烈的百货行业，单一业态发展模式逐渐成为过去式，越来越多百货企业已朝多业态、多领域、协同化方向转型，通过多元化的经营业态来顺应消费者需求的转变。百联、百盛、金鹰、新世界百货、天虹等各大百货集团加大了对购物中心、奥特莱斯、新兴自营业态的投入。一些百货企业通过“更名”的方式“去百货化”，变身为多业态、综合服务的全零售企业。例如：2018 年 1 月，利群股份更名为“利群商业集团股份有限公司”。在不断做大做强百货业态的同时，利群的购物中心、超市、家电、便利店，以及以“利群·福记农场”为代表的生鲜社区店等零售业态也在迅速发展。物美集团旗下的新华百货更名为“物美新街口广场”，弱化了百货定位，通过转型购物中心寻找更大的发展机遇。2017 年 3 月，天虹商场股份有限公司决定更名为天虹股份。天虹方面认为，名称变更后更能适应公司全渠道、多业态的战略布局需要。

5.2.3.2 全渠道数字化

当前百货零售市场，线上线下深度融合（O2O）是大势所趋。为了全面探索零售业态升级，百货企业纷纷致力于建构“实体+线上+移动端”的全渠道数字化模式。

根据中国百货商业协会及利丰研究中心的调查发现，有高达 86.3%的受访企业当前已开展 O2O，54.8%的受访企业已经开展了电子商务业务。其中，73.3%的企业拥有自建网络销售平台，13.3%的企业同时拥有自建网络销售平台及入驻第三方网络销售平台，只入驻第三方网络销售平台的企业有 13.3%。

天虹百货一直都是转型创新、推进全渠道模式的佼佼者。自 2013 年启动业务模式转型以来，天虹提出了“全渠道”“体验式消费”和“价值链纵向整合”三大战略方向，天虹的全渠道战略包括打通线上线下生态圈，在商品、营销、物流、数据等实现资源共享，发展至今逐渐形成了“虹领巾 App＋天虹微信＋虹领巾 PC 端”的全渠道模式。2017 年 4 月，天虹商场电商事业部更名为数字化经营中心。天虹在门店的电商化和商品的数字化方面也进行了积极的尝试，供应链的数字化公司积极尝试产地直发的预售模式，做到售前、售中、售后全供应链数字化布局。天虹正在努力实现全渠道数字化布局，顾客数字化以微信服务号和虹领巾 App 为主要依托，到 2017 年上半年，微信会员达 560 万，虹领巾会员近 500 万，“天虹到家”销售额同比增长 872.6%。

银泰商业近年在强化会员体系建设方面下了不少功夫。银泰在 2017 年 8 月推出付费会员卡，建立双向互动的会员网络体系，线上线下全面收集顾客数据。会员在银泰的品牌购物时，享受折扣优惠。银泰商业根据用户在银泰 App 和淘宝天猫等平台的购物记录，识别顾客的需求，从而提供更个性化的商品推荐和服务。通过会员专享推广活动、积分折扣、会员私人定制和购物顾问服务等手段，掌握更准确的消费者数据，实现对会员的精准营销。

5.2.3.3　探索新经营模式

2017 年，整个零售行业都面临着转型升级的变革，各类新业态的布局速度可谓史无前例。许多百货企业积极探索新经营模式，开发“新物种”，瞄准更具体精确的目标市场。

在 2017 年 8 月，天虹旗下零售新物种“全球 in 选”正式开业。天虹首次尝试采用无线射频识别（RFID）技术，在无需人工的情况下，系统快速识别商品种类、数量、金额、优惠等信息，并可视化地呈现在屏幕之上，消费者通过天虹官方 App 虹领巾扫描屏幕付款二维码实现线上移动支付即可完成购物。

RISO 是百联集团于 2017 年 6 月在上海新推出的“新零售发现店”，主要销售一般食品、生鲜，设有很大的餐饮区、餐厅、咖啡厅、漂流书吧，还摆放着很多艺术展品。RISO 是百联“未来店项目”概念店，集合了“超市＋餐饮＋书籍＋音乐”各种生活元素，为顾客提供一站式的购物体验和独特、回归自然的生活方式。

为了尝试业态融合创新，2017 年 6 月，银泰百货和天猫联手打造 ONMINE 零食馆。该店位于杭州，面积近 300 平方米，设有零食陈列区和休闲体验区，还设有云货架，供顾客扫码线上下单。店内有约 800 个 SKU 的零食，进口零食占比 80%左右。作为银泰商业新零售创新项目，ONMINE 新概念零食店的成立标志着银泰商业正式进军零售业态。

为了不断改进产品策略和服务，向着更为年轻时尚的形象转型，百盛于 2018 年 8

月在长沙开了一家全新概念的化妆品专门店"Parkson Beauty"，它以美容、美妆为主，并配有美发、男士护肤等相关业态，还设有咖啡、家居等延展的生活方式类服务，为消费者提供时尚商品及量身打造的美妆建议。崭新的零售概念让百盛锁定那些相较于选择电子商务，更偏好线下消费、线下生活方式及线下体验的消费者。

2017 年，百货零售企业通过大力发展全渠道多元业务，逐步转变为综合服务的新型零售企业。许多领先的百货企业以打通线上线下为基础、以重构传统商业要素为核心、以创新商业发展及全业态融合为目标，大胆创新、积极转型，抗风险能力和综合竞争力大幅提升。百货在痛苦的轮转周期里将探索出更加适合的经营模式，也将形成新的百货商业伦理与价值追求。百货如果依托于外在模式与工具的驱动，只会加速衰退，只有依靠由内在价值导向驱动的转型，才能实现蜕变。

5.3 超级市场发展分析报告

5.3.1 超级市场全景分析

从销售规模上看，如图 5-8 所示，按行业口径，2016 年限额以上超市零售业商品销售额达到 10 957 亿元，占到整个零售业的 8.7%①；按业态口径，将大型超市和中小型超市的销售额加总，得到 2016 年超市业态合计销售额 1.5 万亿元，在整个零售业中的占比达到 11.9%②。从业态口径的内部构成看，大型超市和中小型超市的销售规模存在较大差距，就 2016 年而言，大型超市的销售额达到 1.05 万亿元，约为中小型超市的 2.3 倍。

从趋势上看，按照行业口径数据，超市零售行业整体的销售规模呈现稳步上升的状态，但每年的增长率波动幅度较大：2010 年实现了 19.4%的增长，达到顶峰；从 2012 年以后逐年递减，到 2014 年，销售额增长率降为 6.4%，2015 年仅是 3.6%，2016 年略有回升，达到 4.7%。另外，按照业态口径数据，与大型超市相比，中小型超市的销售状况波动性更强，而大型超市基本上能保持稳定上升。但整体大型超市+中小型超市的销售额增长率，在 2015 年达到了近年来的最低点 6.16%，2016 年有所回升，达到 9.9%。

从扩张情况看，整体而言，超市行业的门店规模逐渐扩大，年末营业面积呈上升趋势，从业人数方面则出现下降。按行业口径，超市零售业 2016 年年末营业面积达到 5 662.3 万平方米，从业人数为 127.3 万人，比 2015 年年末减少 4.7 万人；按业态口径，大型超市和中小型超市加总的营业面积达到 7 814 万平方米，从业人数总计为 164.6 万人，比 2015 年年末减少 4.3 万人。同时，从业态口径的数据看，中小型超市

---

① 本报告之超市零售销售额占比指标，系限额以上超市零售商品销售额/零售业商品销售总额求得。

② 本报告之超市业态零售销售额占比指标，系限额以上（大型超市商品销售额+中小型超市商品销售额）/零售业商品销售总额求得。

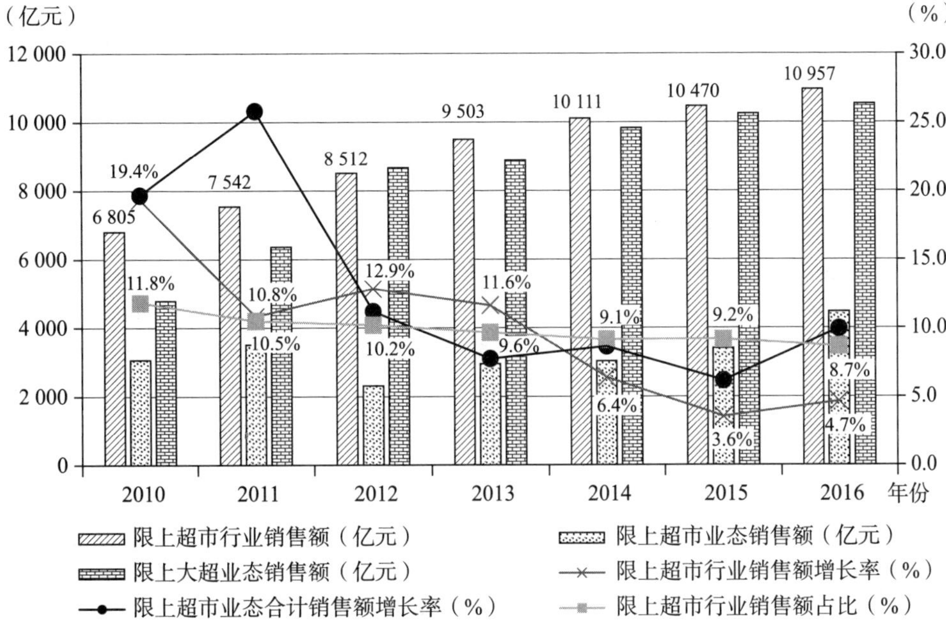

图 5-8　超市零售销售额情况（2010—2016 年）

和大型超市还存在较大的差距，而且差距在不断拉大。无论是营业面积还是从业人数，大型超市都远远超过中小型超市，而且整体上呈上升趋势。

从经营效益看，按行业口径，如图 5-9 所示，超级市场零售业的毛利率近年来稳定在 12.5%～15%，2016 年相较于 2015 年出现下滑。净利率 2016 年仅为 1.38%，和

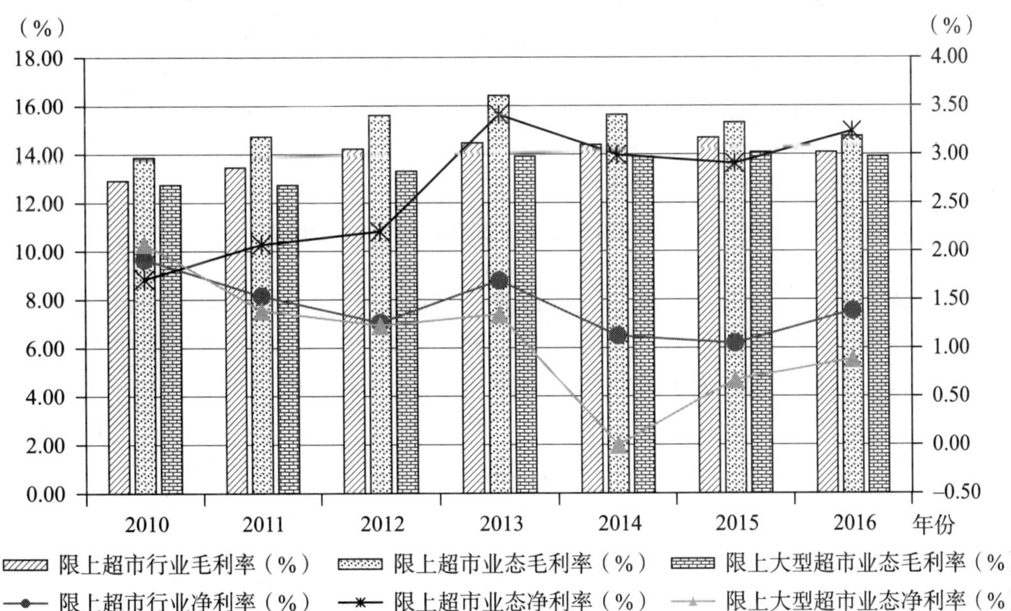

图 5-9　超市零售经营效益情况（2010—2016 年）

百货业之间存在不小的差距。按业态口径，大型超市和中小型超市的毛利率、净利率都存在明显差距。除 2010 年之外，中小型超市的净利率整体上高于大型超市。大型超市仅 2010 年的净利率超过 2%，其余各年都低于 1.5%。其中，2014 年的净利润首次为负，2016 年净利率也仅为 0.89%。由此可见，相较于中小型超市，大型超市面临的成本问题和盈利压力更大。

在劳动效率方面，如图 5－10 所示，从行业口径的数据看，就 2016 年的状况而言，超市零售业人效为 86.11 万元/人。从业态角度，限额以上中小型超市业态人效 2016 年为 86.45 万元/人，而大型超市更是达到 93.37 万元/人。从中小型超市和大型超市的差异来看，无论是限额以上口径，还是连锁口径，都存在大型超市劳动效率指标高于中小型超市的情况。从趋势上看，无论是行业平均水平，还是分中小型、大型超市，人效都呈现上升趋势。

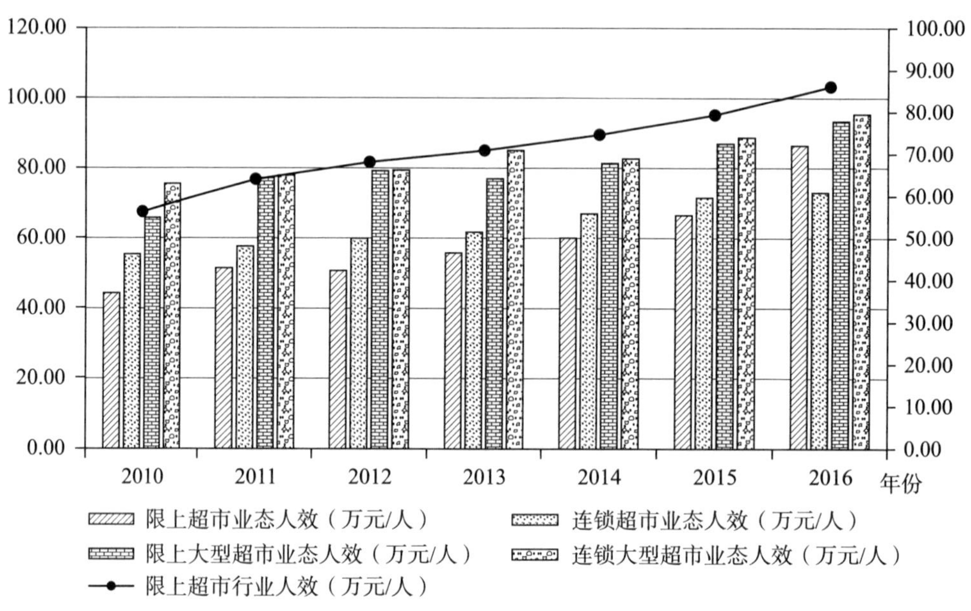

图 5－10　超市零售经营劳动效率（2010—2016 年）

在坪效方面，如图 5－11 所示，从行业口径的数据看，就 2016 年的状况而言，超市零售业 2016 年坪效为 1.94 万元/平方米。大型超市的人效高于整体水平，但坪效低于行业均值，中小型超市的情况则恰恰相反。从趋势上看，2010—2016 年，行业的平均坪效先上升后基本保持稳定：中小型超市的坪效先快速上升，到 2012 年达到最高值后保持稳定；大型超市的坪效也呈先上升后下降的趋势，2011 年是拐点，2016 年有所回升，而且自 2012 年以后，大型超市的坪效就远远低于连锁口径的中小型超市坪效水平。这也反映了店面过大在一定程度上会给超市经营造成负面影响。

从连锁超市企业的单店销售额数据看，大型超市和中小型超市的单店销售状况也存在显著的差异。整体而言，大型超市的单店销售额远大于中小型超市的水平。在变化趋势上，大型超市的单店销售额除去异常年份后，整体呈现上升趋势，但是 2014 年有所下降，为 4 902 万元/店，2016 年达到 6 044 万元/店。中小型超市的单店销售额自 2011 年以来基本上在单店 900 万元的水平上下波动。

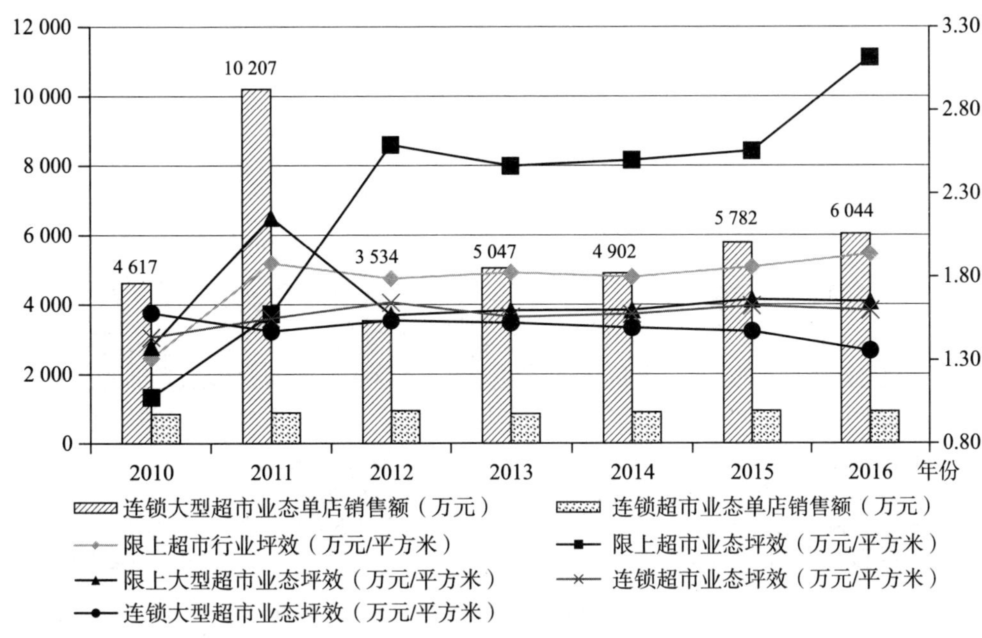

图 5－11　超市零售经营坪效与单店销售额（2010—2016 年）

5.3.2　超级市场开关店监测与分析

从超级市场的法人企业数量来看，如图 5－12 所示，按行业口径，2016 年限额以上超市零售法人企业数达到 5 517 个，同比增长 4.47%。将业态口径的限额以上超市和大型超市的数据合并之后，业态口径统计的 2016 年超市行业法人企业数总计为 9 644 个，比上年增加了 591 个。

从连锁门店总数看，2016 年中小型连锁超市、大型连锁超市合计共有 41 824 家门店，同比减少 0.15%。其中，大型连锁超市共有 8 452 家门店，大约占连锁超市（包括大型超市、中小型超市）总数的 20.2%。

从 2010—2016 年的变化趋势看，限额以上超市零售法人企业数稳中有增，但增长率波动较大。在内部结构上，法人企业数的变化趋势也出现了一定程度的分化，具体来看，2014 年前大型超市法人企业数的增幅大于中小型超市，2015 年后情况则相反。连锁超市门店总数增长率恶化情况更为严峻，2010 年以来持续下滑，2014—2016 年甚至出现了连续三年的负增长困局。

具体来看，对于超市行业而言，2017 年是理性开店、主动关店的新时期，结构调

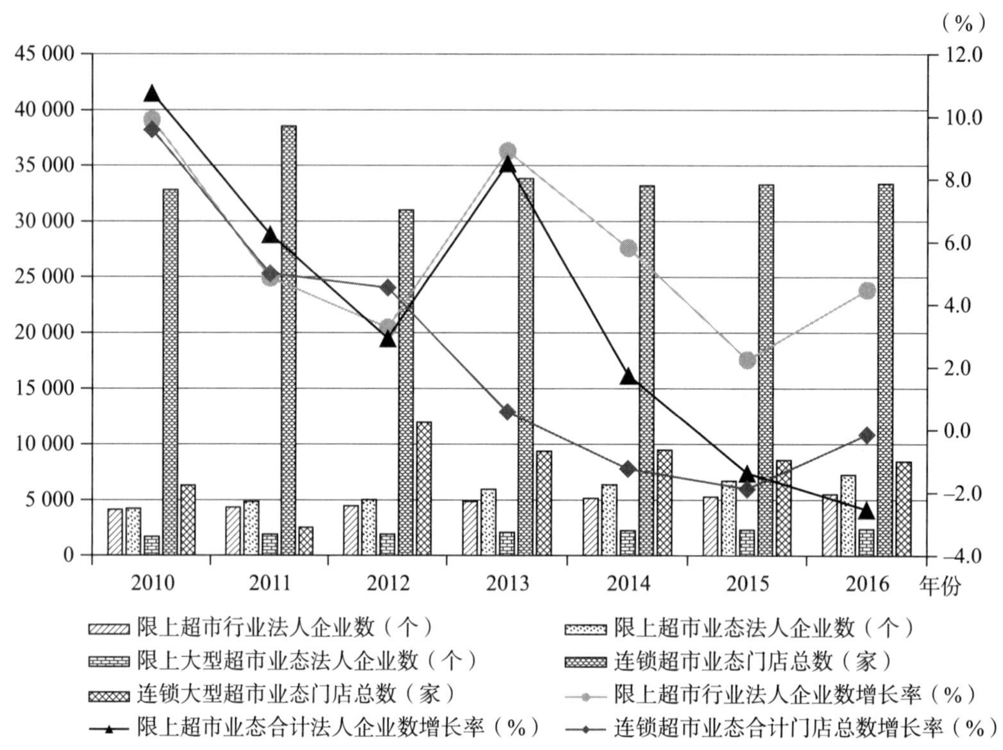

图 5-12 超市法人企业数和连锁超市门店总数（2010—2016 年）

整与发展方式转变都在这一年体现得淋漓尽致。据赢商网不完全统计，2017 年，永辉超市、步步高、华润万家、物美、大润发、沃尔玛、家乐福、卜蜂莲花、永旺、百佳十大超市零售企业旗下的大卖场及精品超市业态共开店 293 家。其中，永辉超市开店最多，共 133 家。值得注意的是，永辉超市新开的门店里仅有四川郫都区时代豪庭店为传统大卖场，其他均为 Bravo 精品超市。步步高以 38 家居第二位。整体来看，虽然本土超市品牌开店依然迅猛，但开店速度已经有所放缓。与本土超市相比，外资超市企业开店则显得十分谨慎。沃尔玛、卜蜂莲花、永旺、麦德龙、家乐福等全年共开店 63 家。从地区上来看，2017 年，华东地区备受各大超市宠爱，共有 102 家新店，占比约 34.81%；华中、西南、华南地区不相上下，占比均为 18%左右；华北地区所占份额也不大，仅 5.80%；东北、西北地区最少，占比均为 3%左右。

与此同时，2017 年关店调整也在加速进行。外资超市中，沃尔玛、家乐福、永旺以及麦德龙共关闭 34 家门店。沃尔玛关闭的门店遍布七大区域：华东地区最多，共有 11 家；华中、东北、华北地区均有 3 家门店关闭；华南地区则关闭了广州以及佛山的 2 家门店；此外还关闭了西安和重庆的各 1 家门店。家乐福关闭的 6 家门店中，有 5 家位于华东地区，另 1 家则位于河南洛阳；永旺关闭了深圳、东莞和广州的 3 家门店；麦德龙也关闭了佛山的 1 家门店。本土超市关店的有华润万家、大润发、永辉超市等。华润万家关闭的 9 家门店中，有 6 家在华东和东北地区（分布在江苏、辽宁和山东），同时关闭了河北唐山、河南郑州以及天津的各 1 家门店；大润发、永辉超市都各关闭了上海的 1 家门店。各大超市闭店原因各有不同，有的是因为租约到期，有的是因为区域战略调整而停业。

超市闭店背后的原因更多的是大卖场生存空间遭到挤压，盈利不理想，加上线上零售分走部分客流、租金水涨船高等因素，企业无奈闭店止损。然而，超市闭店不能表明实体零售衰退，闭店调整也是企业优化商业布局、寻找优势区域、适应市场发展的有力举措，是情理之中的事情。

5.3.3　代表性超市企业监测与分析

在市场逐渐饱和、增长乏力，“大而全”已经不能完全适应消费需求的情况下，转型成为超市行业的共识。有的企业开始尝试新业态，有的企业则对原有的商业模式加以改进。从部分代表性企业的最新动向，我们可以看到目前出现的主要转型方向。

5.3.3.1　布局“精而美”，优化消费体验

近年来大卖场的销售比重遭到挤压，不少超市开始转向“精而美”，精品超市成了首要选择，如永辉超市将精品超市作为发展主线，2017 年新增门店几乎全为精品超市。此外，2017 年，步步高也加大精品超市的布局，新开了 5 家精品超市，华润万家新开了 6 家 Ole' 以及 1 家 BLT 精品超市，永旺新开了 2 家美思佰乐。此外，卜蜂莲花也在广州开了 2 家泰友高端社区超市。

5.3.3.2　线上、线下加速融合

不少超市都尝试自主研发 App，将门店和线上商品库存打通，如“永辉超级物种”“大润发优鲜”和步步高的“鲜食演义”等，消费者可以在 App 上完成购物、下单、付款等一系列活动。

除了自主研发外，也有超市选择与电商平台进行合作，如物美超市牵手多点，用户用多点 App 扫描商品条码，便可将商品加入电子购物车。此外，沃尔玛与京东的合作也进一步加深，沃尔玛旗下的 100 多家门店提供“京东到家”、1 小时极速送达服务，进一步加强了线上线下的融合。

同时，实体超市“联姻”互联网巨头也成为 2017 年超市行业的一个趋势。先是大润发宣布与阿里巴巴进行合作，将门店进行数字化改造，包括实现线上线下一体化、现代物流及个性化的消费者体验；随后永辉超市通过转让股份的方式与腾讯“联姻”，借助后者巨大的线上流量对会员的消费行为进行精准画像和营销。实体超市与电商巨头“联姻”或许会成为未来的大趋势。

5.3.3.3　无人零售风头正盛

2017 年，无人零售店异军突起，如缤果盒子、F5 未来商店、GOGO 无人超市等出现在各大购物中心，传统商超也把目光瞄准无人零售领域。

人人乐在西安门店推出自助收银机，永辉超市对福州万科广场门店进行升级，门店撤掉人工收银台，消费者可通过手机下载永辉生活手机 App 完成消费付款。物美超市牵手多点推出自助购物模式，消费者用多点 App 扫描商品条码后，商品便可自动加入电子购物车。消费者在结账支付后，离开店面时，走向自助收银台，往其上的“小白盒子”扫描自助购物生成的二维码，系统核验后便可离店，这样消费者可以直接跳过排队支付这一环节。不仅如此，沃尔玛也宣布筹备自己的无人超市，代号“开普勒项目”（Project Kepler）。同时，互联网巨头也把业务范围拓展到实体店超市。京东无人超市、阿里巴巴的无人货架、腾讯云的无人零售解决方案等纷纷亮相。

2017 年被誉为新零售元年，电商巨头也从线上走到线下，纷纷布局实体店，如阿里巴巴开出盒马鲜生，京东开出 7FRESH 等。对新业态的尝试，以及对传统商业模式的突破，一切都还在探索中，所有的创新都是为了更好地满足新的消费需求。未来冲击依然会有，传统超市业态如何顺利转型需要全行业共同探索和努力。

5.4 中国购物中心发展报告

5.4.1 购物中心发展全景分析

近年来，百货业式微之际，正是购物中心急速发展之时。凭借大体量、多业态、优体验，购物中心体现出强大的竞争力，一直是实体零售回暖并走出谷底的急先锋。2017 年，全国商业地产仍高速发展，商业项目蜂拥开业。据联商网数据中心统计，2017 年全国新开业的大型项目高达 323 家，购物中心项目占比达九成以上。

鉴于近年来中国居民消费水平快速提高，消费需求也开始升级，购物中心顺应了当前居民对体验式消费的需求，具有良好的发展潜力，进而吸引了更多的资本投资。同时，传统综合业态比如超市、百货也有向购物中心方向发展的意愿，一些企业甚至已经付诸实践，推动了我国购物中心的快速发展。

目前，我国购物中心在地域上正在由一二线发达城市向三四线城市快速延伸覆盖，经营方式从大而全向主题化、精细化的方向转变；目标客户向年轻化、时尚化、精品化方向演进；具体的选址也开始由传统市中心向城市新兴商圈或城郊转移；服务定位更注重生活配套、家庭娱乐的主题。但近年来快速发展导致市场高度泡沫化以及电商的冲击，使购物中心发展的增速也有所放缓。

在销售业绩上，本报告汇总了联商网、赢商网等公开发布的资讯，如表 5－2 所示，2017 年排名前 20 位的购物中心的销售额都达到了 30 亿元以上[①]。从趋势上看，2017 年主要的购物中心大多能保持较高的销售增长率。

---

① 数据来源：http：//www.hzpb.com.cn/article/609.

表 5-2　　　　　　　　　　**中国主要购物中心销售额（2017 年）**

购物中心	企业	2017 年销售额（亿元）	2016 年销售额（亿元）	增长率
南京德基广场	德基集团	90	76.6	17.49%
武汉国际广场	武商集团	87.3	37	135.95%
北京国贸商城	中国国际贸易中心	79.6	56.5	40.88%
深圳万象城	华润置地	77	66.3	16.14%
上海 IFC 国际金融中心	新鸿基地产	70	60	16.67%
广州天河城	广东天河城（集团）股份有限公司	60	55	9.09%
西安赛格国际购物中心	西安赛格集团	58.5	45	30.00%
广州正佳广场	正佳企业集团	58	55	5.45%
广州太古汇	太古地产	50.4	39.6	27.27%
成都 IFS 国际金融中心	香港九龙仓	49	38	28.95%
上海恒隆广场	恒隆地产	48.5	38.5	25.97%
成都远洋太古里	远洋集团、太古地产	43	29	48.28%
北京朝阳大悦城	中粮置业	42.4	35	21.14%
北京西单大悦城	中粮置业	41.4	41.1	0.73%
沈阳万象城	华润置地	40	30	33.33%
南宁万象城	华润置地	37.1	30.5	21.64%
杭州湖滨银泰 in77	银泰裕盛	37	33	12.12%
北京三里屯太古里	太古地产	35.5	34	4.41%
深圳海岸城	海岸城	34.8	30.5	14.10%
郑州丹尼斯·大卫城	丹尼斯集团	33	17.7	86.44%

资料来源：根据联商网、赢商网数据整理。

5.4.2 购物中心开关店监测与分析

据赢商网的数据统计，2017 年全国开业大型商业项目 504 个，营业面积约 4 600 万平方米，开业数量创历史新高。对比 2017 年年初拟开业数量（970 个），开业率约为 51.96%。对比 2016 年开业数量增长 8.39%，营业面积增长 6.55%，不过增速大幅下滑近 25%。这说明购物中心开业速度逐渐趋缓，扩张步伐趋于理性。

从区域上看，“老大哥”华东区以 202 家高居榜首，占开业总量的 40.1%，与 2016 年相当。另外，华东、华南、华中、西南、东北五个区域开业项目较 2016 年度有不同程度的增长，增长最明显的是华中区，比上一年增加 22 个项目，达到 70 个。开业量下滑的是华北、西北区域，华北区减少项目 20 个，为 39 个，西北区减少 5 个，降为 22 个。

具体到省市，浙江、江苏、广东三大经济强省分别以 34 家、33 家、32 家占据前 3 位。其他诸如福建、山东、安徽、江西、湖南、湖北、四川、陕西、辽宁、吉林以及重庆、上海等省市开业的大型商业项目数量均在 10 家以上。

从开店企业角度来看，开店企业以大型的开发集团及连锁企业为主。万达、新城控股、银泰、凯德、龙湖、华润置地、永旺、保利商业、宝龙、百联、王府井、天虹、华南城、金鹰、茂业、绿地、杉杉控股、砂之船、正荣均是国内外知名的开发企业。这其中，万达的表现最为抢眼。2017 年万达新开 49 家万达广场。另一大知名开发企业新城控股，2017 全年新开 12 家吾悦广场。另外，诸如步步高、苏宁置业、红星商业、远洋商业、欧亚、泰禾、兴隆、首创矩大、益田商业、友阿、禹洲商业、亿丰、奥园、恒大、港龙控股、中航、华宇、国贸、立天唐人、嘉兆控股等企业 2017 年开业的大型商业项目数量均不止一家。

5.4.3 代表性购物中心监测与分析

相较于其他零售行业，购物中心虽然顺应时代特点，打造体验化购物，发展还算良好，但是近两年的快速扩张和同行业间激烈的竞争让很多购物中心面临巨大的经营压力。很多企业也在积极探索适应市场变化、突出自身竞争优势的良策。

5.4.3.1 存量改造项目增多

随着部分重点城市商业地产发展渐趋成熟，不少在过往行业竞争中被淘汰的存量资产，也往往因为占据核心商圈、地铁等优势被其他开发商看上，历经升级改造或者更名、更换运营商之后重新回归。

据联商网数据中心统计，2017 年存量改造的商业项目（包括百货转型、更名重开、调整升级等模式）超过 30 个。这主要是因为存量改造项目一般都是面积较小、业态单一的传统商业项目，为适应市场竞争而调整升级。诸如原易买得漕宝购物中心被盈石收购后更名为上海星宝购物中心重开，北京漂亮购物中心被华讯股份收购后调整重开，潍坊世纪泰华广场是由原世纪泰华百货转型而成，常德步步高广场也是百货转型项目。面积较大的存量改造项目有五角场万达广场、宁波余姚银泰城、宁波奉化银泰城、南京金鹰湖滨天地 B 区、福州东百中心 A、B 馆等。

5.4.3.2 巨型项目不断激增

如今大型购物中心已遍布一二线城市。巨型购物中心面积大，可以配置更多更全的业态和特色品牌，且巨型购物中心用地往往因竞争者少而拿地单价成本较低，更主要的是如今购物中心竞争激烈，吸引客流的重大砝码在于持续进行各类推广活动，巨型购物中心相对于大型尤其是中型购物中心，无论是营销费用还是专业团队的成本支出，都更容易分摊至租金收入中。因此，近几年，巨型购物中心不断出现。

据联商网数据中心统计，2017 年商业建筑面积在 25 万平方米以上的购物中心多达 17 个，占全部开业数量的比例为 5.3%。其中 2017 年开业的巨型购物中心，商业体量越来越大，诸如 50 万平方米的南京金鹰世界和扬州金鹰新城市中心、40 万平方米的杭州新天地中心和大连中央大道旅游文化购物中心、37 万平方米的西安砂之船、36 万平方米的深圳壹方城、35 万平方米的重庆新光天地、34 万平方米的北京世界之花假日广场等。

5.5　中国便利店发展报告

5.5.1　便利店全景分析

便利店凭借投资成本低、成熟周期短，加之具备的空间、时间、服务便利性以及贴近消费者的特性，成为相对灰暗的实体零售市场中的一抹亮色。而且，便利店和无人店也是近年来资本推动和涌入的核心业态。如图 5 - 13 所示，从现有的指标看，2016 年便利店的发展情况良好。截至 2016 年年末，连锁便利店的商品销售额达到 422.45 亿元，同比增长 9.10%，营业面积达到 162.25 万平方米，同比增长 8.44%，门店数总计 18 588 家，比 2015 年多出 913 家，年末从业人数为 8.42 万人，也高于 2015 年的数据。

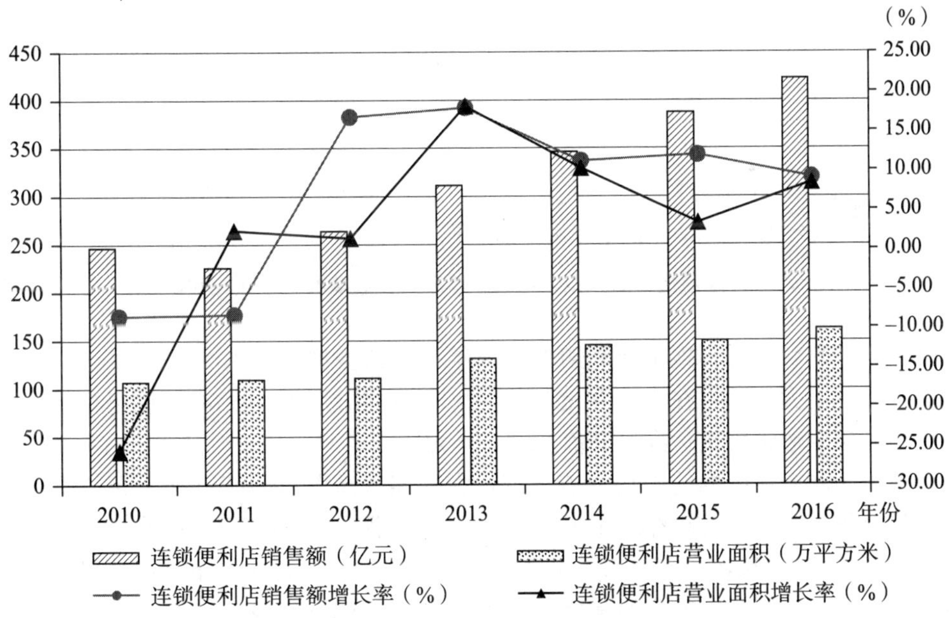

图 5 - 13　连锁便利店商品销售额和营业面积（2010—2016 年）

纵观近年的情况，2011 年、2012 年可以说是便利店发展的转折点。2008—2011 年，连锁便利店的销售额连年减少，2012—2016 年开始逆转，连锁便利店销售额保持高速增长，2013 年的增长率达到顶峰。营业面积的变化呈现类似的态势。另外，连锁便利店的门店数、从业人数虽然在 2013 年之前逐年降低，但从 2011 年开始降低的幅度明显缩小，到 2013 年已经开始呈现正增长。

同时，便利店行业除了总量在不断扩大外，经营效率也有所提高。如图 5-14 所示，连锁便利店的人效从 2015 年的 46.37 万元/人增长到 2016 年的 50.17 万元/人，坪效从 2.59 万元/平方米增长到 2.60 万元/平方米。从最近七年的变化趋势看，人效和坪效整体上呈上升态势，2016 年的水平大约为 2010 年的 1.5 倍。但是两个指标的增长率波动较大且出现分化：2011 年之前，坪效提高得较快；而 2011 年以后，人效的提高速度明显快于坪效。

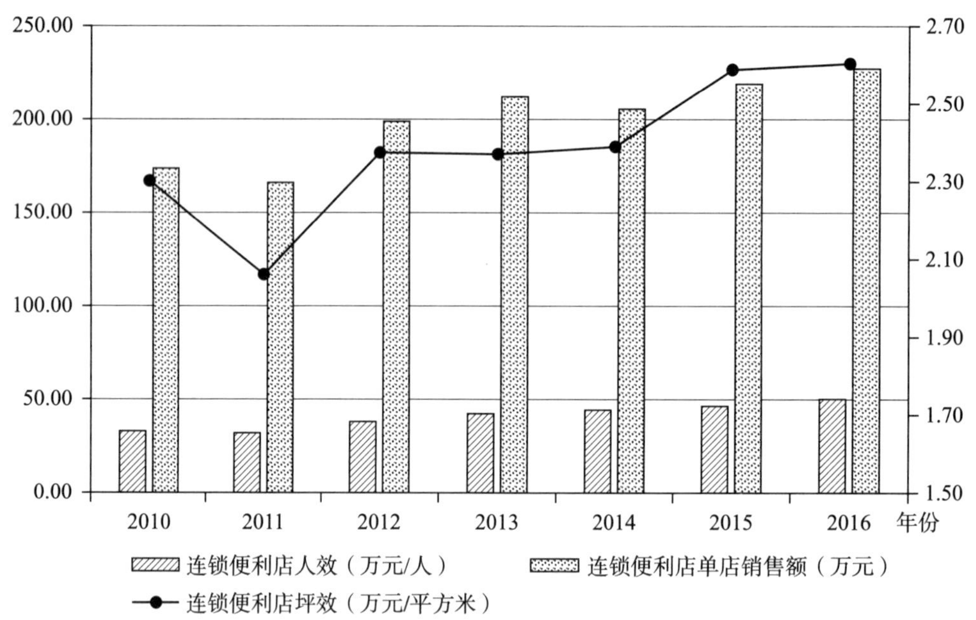

图 5-14　连锁便利店人效、坪效和单店销售额情况（2010—2016 年）

从单店销售状况看，连锁便利店的单店年平均销售额波动上升。2010—2011 年单店销售额变化不大，基本在 170 万元左右。到 2012 年，情况开始有了明显好转，2016 年连锁便利店单店销售额达到最高值 227.3 万元。

具体到便利店在国内的市场发展程度，中国连锁经营协会统计并发布“中国城市便利店发展指数”，2017 年的调查涉及 36 个城市，涵盖中国（不含港澳台地区）除拉萨市外的 30 个省会城市、直辖市，4 个计划单列市和 2 个其他城市。指数以连锁品牌化的便利店数量、便利店数量的增速、24 小时便利店的比例及政策支持力度为核心数据，在此基础上计算统计出各个城市便利店的发展指数，最终结果为长沙、深圳、太原、东莞、成都名列前 5 位①。

① 数据来源：2017 中国城市便利店指数发布.（2018-05-24）[2019-08-10]. http://finance.sina.com.cn/roll/2018-05-24/doc-ihaysvix5770422.shtml.

总之，无论是在行业规模还是在经营效率上，便利店近几年的发展情况比较乐观。随着生活节奏的加快，便利性对于消费者而言愈发重要，因而拥有位置优势的便利店自然受到消费者的青睐。另外，居民收入水平的提高为便利店行业的成长提供了必要条件。但是与此同时，便利店运营成本的上升幅度也远远大于过去。2017 年，便利店的房租成本平均增加 18%，人工成本增加 12%，水电成本增加 6.9%。其中房租成本是上涨最快的，2016 年便利店房租成本的涨幅仅为 7%。这是由于资本持续关注便利店发展，优质店铺资源可能会加速稀缺，未来便利店仍然面临很大的租金成本上涨压力。

5.5.2　便利店开关店监测与分析

如图 5 - 15 所示，2016 年连锁便利店的门店总数达到 18 588 家，同比增长 5.17%。从趋势上看，门店数呈先下降后上升的状态。受整体经济环境的影响，2010 年连锁便利店门店总数的增长率将近－10%，后来情况逐渐好转，2013 年连锁便利店门店总数开始增加，增长率从 2012 年的－2.44%迅速上升到 10.57%，2014 年的增长率又在此基础上略有增加，2015 年和 2016 年的增长率有所回落。

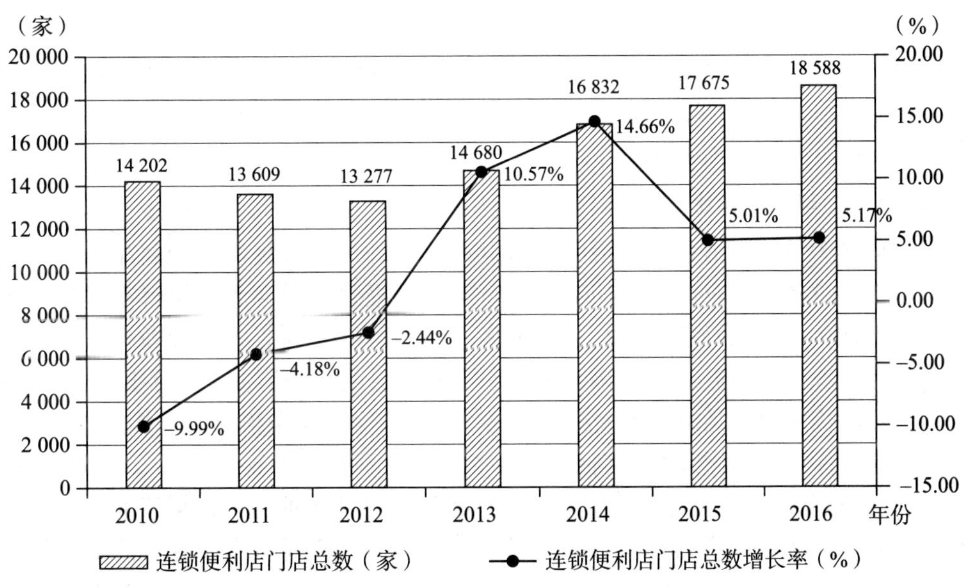

图 5 - 15　连锁便利店门店总数（2010—2016 年）

到 2017 年，随着消费不断升级，在消费者尤其是年轻人更加追求便捷的背景下，便利店行业仍然保持较高的扩张速度。中国连锁经营协会报告显示便利店 2017 年行业市场规模从上年的 1 300 亿元上涨到 1 900 亿元，门店数量则从上年的 9.4 万家增长为 10.6 万家。并且，这 10.6 万家便利店中有 40.7%不是连锁品牌，这一比例在上年是 41.5%。和上年一样，门店数量最多的便利店品牌仍然是美宜佳、天福、红旗和全家。

2017 年，资本和创业公司都加速进入便利店行业。全家计划到 2024 年达到 1 万家店；罗森计划在 3 年内将门店数量从 1 000 家扩张到 3 000 家；阿里巴巴和京东都推出了面向“夫妻老婆店”的改造计划；便利蜂、猩便利等创业公司也在过去一年内拿到亿元规模融资，其便利店以一年几十家店的速度开业。

5.5.3 代表性便利店监测与分析

提供极致的便利，精选商品和丰富服务，高度统一的特许加盟管理体系使得便利店可以被快速复制，成为社区商业的核心。但也正是因为上述优势，房租、水电、人力成本居高不下始终是困扰便利店的核心问题。2017 年，便利店行业不断被注入新概念、新技术，再加上资本的助推，中国便利店行业继续保持着两位数的快速发展。一线城市便利店市场已趋于成熟，二线城市便利店行业发展差异较大，地区间发展差距较为明显。

5.5.3.1 资本瞄准“最后一公里”

在便利店快速发展的趋势下，各大零售商纷纷加强对便利店的投资。各大巨头纷纷看重便利店的方便和灵活性，瞄准城市和农村“最后一公里”的问题。京东在 2017 年初宣布 5 年内收编百万家“夫妻老婆店”，去哪儿创始人庄辰超重金投资便利店，天虹商场计划 2017 年开设 50～80 家“微喔”便利店，传统零售商和电商都看重快速发展的便利店行业，资本被不断注入。

5.5.3.2 与民生紧密相关

便利店作为最接近消费者生活的零售业态，在为消费者提供各种商品的同时，也为消费者提供着各种即时性服务。例如：今年见诸报道的天津津工超市在部分地区的撤店，导致社区居民取奶不方便；上海地区好德、可的便利店因为管理问题全面停止快递包裹代收业务被附近居民抱怨；等等。与此对应的则是诸如北京 7-Eleven 东直门店开始销售蔬菜和半成品肉，很大程度上方便了居民生活这类报道。

2018 年，农业农村部联合其他 10 部委，首次开展“菜篮子”市长负责制考核。“菜篮子”市长负责制考核的内容包括“菜篮子”产品生产能力、市场流通能力、质量安全监管能力、调控保障能力和市民满意度五个方面。便利店作为可为消费者提供便利性服务的零售业态，其在城市中的发展规模也可在一定程度上反映出城市民生服务的水平。

5.5.3.3 竞争进一步激烈

随着国内便利店龙头企业的供应链配送能力不断加强，后台系统技术持续迭代升级，以及商品开发水平不断提高，2017 年便利店企业跨区域发展呈现加速趋势。跨区域发展使得品牌之间的竞争进一步加剧，这在一定程度上促进了便利店企业的充分竞争，有利于区域间的资源整合与品牌升级。

当然，行业的发展离不开外部环境的支持，在政策上，便利店行业也迎来了一些变化。2018 年年初，北京市财政局、商务委员会、工商行政管理局和食品药品监督管理局 4 个部门共同发布了一份文件——《进一步优化连锁便利店发展环境的工作方案》，计划通过提供开店优惠，在 2 年内将北京便利店数量扩充到 3 000 家左右。上海市食品药品监督管理局也在 2018 年印发《关于小型超市（便利店）从事菜肴复热、分装类经营活动食品经营许可监管工作指南》，为便利店发放热食许可。

总之，随着生活节奏的加快、生活水平的提高，消费者对便利性的需求越来越高，未来便利店还有很大的发展空间。在未来的发展过程中，便利店需要通过各种方式突出自身“便利”“及时”“贴心”的特性。

5.6　无店铺零售发展报告

5.6.1　无店铺零售全景分析

无店铺业态一般包括电视购物、邮购、网上商店、自动售货亭、电话购物五大类。为具体分析无店铺零售行业的发展情况，本报告选取了直销、电视购物和网络零售三种典型业态进行具体的监测与分析。

从总量上看，2010 年以来我国无店铺零售业规模持续扩大。如图 5－16 所示，从行业角度看，2016 年无店铺零售销售额达到 8 183 亿元，同比增长 54.4%；法人企业数共计6 336家，同比增加 33.6%。另外，2016 年无店铺零售行业从业人数达到 28.7 万人，同比增加 32.8%。在互联网零售的强力推动下，无店铺零售发展迅速。

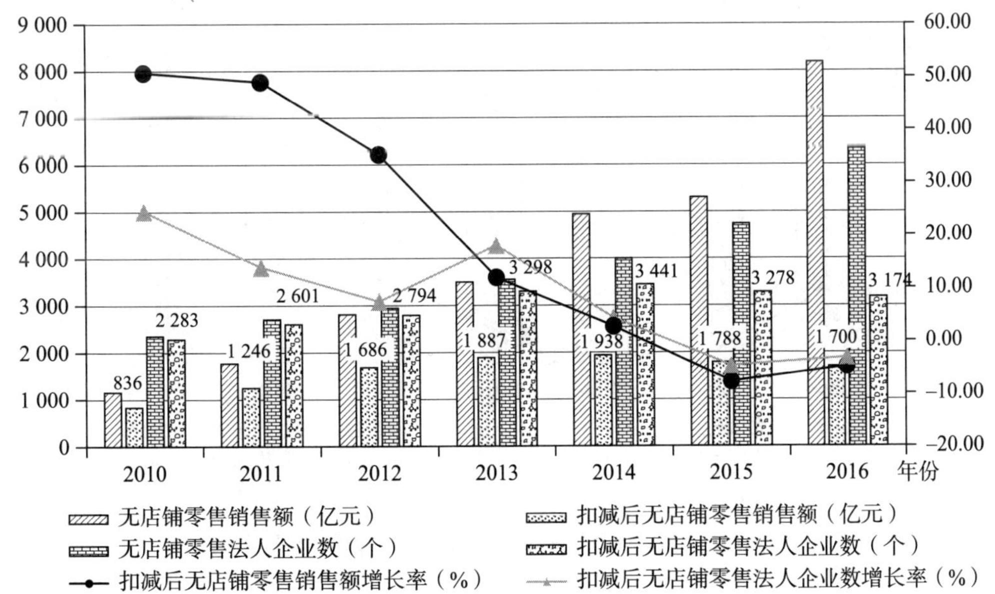

图 5－16　无店铺零售业商品销售额及法人企业数（2010—2016 年）

但是，为更准确反映中国无店铺零售业的实际发展情况，本报告对统计局口径的限额以上零售业-货摊、无店铺及其他零售业数据，扣减了其中的限额以上零售业-互联网零售的数据后，得出一个扣减后的各项数据，反映了网络购物之外的真实的无店铺零售业的发展情况。遗憾的是，本类别在销售额、法人企业数、营业面积、从业人数等核心指标上，全部是负增长，分别为－4.88%、－3.17%、－0.75%和－2.08%，局面不容乐观。

业态方面，从2010—2016年的发展趋势看，无店铺零售的商品销售额、法人企业数以及从业人数都呈指数级上升。商品销售额从2010年的501亿元增加到2016年的10 039.2亿元，增长了近19倍。在法人企业数方面，2016年无店铺零售的法人企业数达到5 593个，是2010年（356个）的15倍多。另外，无店铺零售的从业人数从2010年的2.7万人增长到2016年的34.8万人，增加了近12倍。

此外，中国电子商务研究中心监测数据显示，未来5年无人零售商店将迎来发展红利期，至2022年市场交易额将超2万亿元。用户规模方面，至2022年，用户规模可达2.45亿人次。在目前消费升级的背景下，新消费业态、新消费模式，如网络交易、无现金支付，以及各类生鲜智能店和无人店等发展前景广阔。

在经营效率方面，如图5－17所示，无店铺零售的人效很高且几乎逐年增加，只有在2015年出现了明显的下降：从2010年的126.1万元/人增加到2014年的251.7万元/人，但2015年下降到245.4万元/人，2016年又增长到285.2万元/人的新高。

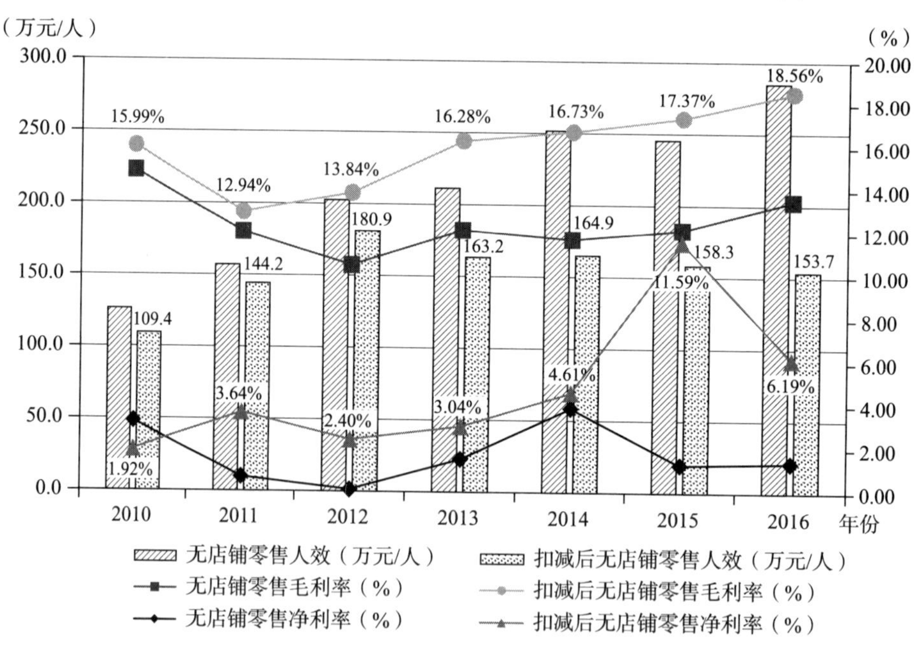

图5－17　无店铺零售经营效益与效率（2010—2016年）

在经营效益方面，无店铺零售目前的经营情况并不理想。其行业毛利率在13%左右徘徊，2016年达到13.53%。另外，虽然无店铺零售的销售规模很大，但迄今为止利润率不高，2016 年全行业净利率 1.39%。

5.6.2　直销行业发展分析

5.6.2.1　总体规模

直销行业一直风风雨雨较多，这与中国对直销的认识程度、从业人员素质以及中国的直销环境有关。随着市场的发展，中国的直销业也在向前迈步。从国外直销公司进入中国的自由期，到发展混乱期，再到国家的整顿期，逐步到现在的规范期，直销行业在中国市场上已占有一席之地。从发放直销牌照的数量来看，最近几年直销行业发展较快。2006—2012 年，国家发放直销牌照的数量较少，这个时期，直销审批门槛很高，很多企业没有办法拿到直销牌照，直销市场中，拿到牌照的企业非常少，更多的是无牌照直销企业。但从 2013 年到现在，直销企业牌照发放的速度明显加快。商务部直销行业信息管理系统统计数据显示，截至 2017 年 12 月 31 日，我国共有 89 家企业正式获得直销经营许可证。

5.6.2.2　运行特征及新动态

2017 年对中国直销企业而言注定是充满挑战的一年。一方面，相关政策利好效应逐渐显现，社会认可度逐步提高，利于直销企业发展；另一方面，受“互联网＋”搅局、传统企业入局、金融传销以及新零售模式冲击等各种因素的影响，部分直销企业正处于市场份额减少、业绩增长乏力的尴尬境地。

道道舆情监控室和第三方数据研究机构海伦国际直销研究中心共同发布的《2017 年中国直销企业业绩报告》显示，参与统计的 63 家企业在 2017 年创造了1 964.43亿元的业绩。其中，无限极以 213 亿元的成绩位居 2017 年业绩排行榜榜首，这是无限极自 2015 年以来连续第三年位居榜首位置，安利与完美紧随其后。尚赫则取代中脉跻身前五，苏州绿叶成为 2017 年度业绩增长最快的直销企业。

从内外资企业 2017 年总业绩来看，受无限极、安利、完美等传统老牌外资企业业绩持续下滑的影响，2017 年外资企业总业绩为 1 135 亿元，较 2016 年业绩下滑 1.05%；至于内资企业，2017 年总业绩达 829.43 亿元，较 2016 年业绩增长 3.54%。虽然目前中国直销业仍是外资巨头领跑，但内资企业正逐步迎头赶上，尤其是随着内资企业获牌数量的不断增多，相信未来的差距将会进一步缩小。①

从行业前五的市场份额来看，据道道舆情监控室统计，2015 年业绩排行榜前五的无限极、安利、完美、权健以及中脉共创造了 1 186 亿元的业绩，占当年直销企业市场份额的 59.3%；2016 年，这五家企业的总业绩下降为 1 022 亿元，占 2016 年直销企业市场份额的 52.5%。2017 年尽管尚赫取代中脉跻身前五，但其与无限极、安利、完

① 数据来源：2017 年中国直销企业业绩报告.（2018－01－29）[2019－08－05]. https://www.sohu.com/a/219629736_171082.

美、权健 4 家企业在 2017 年的总业绩共计只有 863 亿元，占 2017 年直销企业市场份额的 44.1%。这是自 2015 年以来，连续三年前五市场份额下降。

造成行业前五市场份额持续下降的原因主要集中在传统企业入局、网络传销造成的负面影响以及新零售模式兴起等方面。首先，近年新获牌直销企业，大多在其传统业务领域有着深厚的市场基础，而目前正在申牌的企业中，还包括在化妆品、保健器材、纺织等领域排名靠前的行业巨头。这些强有力的竞争者的入局，不仅使直销市场的竞争变得复杂，它们还不断从老牌行业巨头处抢夺人才、研发、原料等资源，导致资源集聚效应下滑。其次，大量网络传销的出现给直销行业造成了负面影响。虽然截至 2017 年年底，获商务部正式公示的直销企业已达 89 家，但有报告显示大众对于直销与传销的区别还不是特别了解。随着互联网的发展，大量网络传销、类传销骗局的出现，不少人将直销与传销二者混为一谈，令直销行业形象受损，造成了负面影响。最后，微商、跨境电商等新零售模式的兴起也让直销失去了原有的优势。直销最大的好处是购物的便利性，但是这个优势在电商环境以及物流发达的情况下正慢慢消失，现在消费者可以通过微信朋友圈、电商平台等不同渠道便捷地购买到不同的产品。

直销行业要想获得长久的发展，就必须主动融入主流商业，加强产品研发，树立良好的行业形象。相信随着移动社交与直销模式的进一步融合，相关法律法规的不断完善，直销行业必将愈加规范有序，经过优化调整后的直销行业在今后也将会迎来一个更好的发展势头。

5.6.3 电视购物行业发展分析

5.6.3.1 总体规模

无店铺零售业中的电视购物行业在我国已经经历了二十多年的发展，从 1992 年广州电视购物频道成立，随后多家电视购物频道应运而生并快速发展，截至 2017 年，行业内共有 34 家购物频道，其中信号覆盖全国的电视购物企业有 11 家，覆盖省域的有 15 家，覆盖跨省域的有 1 家，覆盖跨市域的有 3 家，覆盖市域的有 4 家。在市场规模方面，由于受到网购的挤压，电视购物市场呈现下滑态势。2017 年全国经新闻出版广电总局批准的 34 家电视购物企业实现销售额 363 亿元，同比下滑 0.8%，降幅比 2016 年减少 7.5 个百分点，市场规模相对趋于稳定。

根据《2017 年中国电视购物业发展报告》数据[①]，2017 年整体电视购物企业的平均利润率为 10.7%，比 2016 年的 10.1%增加了 0.6 个百分点，利润总额同比增长 5%。2017 年家居用品销售额占比最大，达到 28%；食品和保健品行业次之，占比 19%。从增长速度来看，2017 年电视购物业中，珠宝销售额增长速度最快，达到 27%；收藏品类则为 23%，排名第二。

---

① 数据来源：商务部发布《2017 年中国电视购物业发展报告》.（2018－06－22）[2019－06－10]. http://www.mofcom.gov.cn/article/ae/ai/201806/20180602757777.shtml.

5.6.3.2　运行特征及新动态

从主要用户群体来看，中年女性占电视购物消费群体总数的 63%。同时，电视购物商品均价较高（约 670 元），且以日常家居、养生保健类产品居多。这表明电视购物的主力是经济条件较好、追求生活品质的中老年人群。的确，时髦的网购对于中老年群体来说，始终存在着一层技术壁垒。因此，电视购物相较于网购依然存在一些优势，比如更具感染力和直观性。

多渠道经营是未来的主要趋势。近年来，随着互联网和手机端购物渠道发展，大众消费习惯有所改变，客户分流压力增大，部分消费者转移到网络零售购物，电视购物企业与零售实体店一样面临来自网购的竞争压力。电视购物全渠道营销是趋势，传统单一的电视渠道将向电视、网络 PC 端、移动终端、IPTV、实体店、广播、纸质媒介和上门营销等多渠道融合转变，电视购物与网络、移动终端、实体店融合发展将全面加深。

同时，伴随着相应政策支持，“走出去”战略是必然选择。随着我国“一带一路”发展战略和供给侧结构性改革的逐步深化，国内产品“走出去”、整合“一带一路”沿线资源将成为未来的发展方向，电视购物正具备这方面的优势。如哈尔滨天鹅购物先后与奥地利、德国、俄罗斯等国家开展跨境资源合作，探索国内产品“走出去”、国外产品“引进来”的互惠共赢模式。

电视购物是一个横跨媒体与零售两大领域的综合业态。可以说，传统电视媒体的发展从根本上决定了电视购物的用户规模和发展框架，零售业的整体环境则决定了电视购物应该在怎样的层面上开展竞争。首先，从中国传媒行业的发展视角来看，电视购物一直依赖于有线电视的发展，在一定程度上受制于整体电视行业的发展态势。以电视为核心平台的电视购物行业直接受到电视媒体下行趋势的影响，面临严峻的生存挑战。其次，从中国零售业的发展视角来看，电视购物从本质上来说还是零售业，且处于线上、线下零售方式激烈竞合的环境中。综上所述，在这样高度自由、充分竞争的零售坏境中，电视购物无论是在资本实力、人才吸引力、零售规模、影响力、渠道，还是在国际化管理经验上，都处于明显的竞争劣势地位，是一个非主流角色。如果不能顺势而为，实现转型升级，中国电视购物行业将会进一步萎缩。

5.6.4　互联网零售发展分析

5.6.4.1　互联网零售全景分析

最近几年，互联网零售在中国市场快速发展，“双 11”“6·18”等电商节逐渐深入人心。2017 年互联网零售业依旧保持快速增长。从《中国贸易外经统计年鉴》公布的限额以上互联网零售的数据来看，互联网零售的销售额也呈现爆炸式增长。如图 5－18 所示，互联网零售销售额从 2010 年的 321 亿元增长到 2016 年的 6 483 亿元[①]，增长了

① 公报口径的网络零售数据与统计年鉴有数量级的差距。

约19倍。同时，企业和员工数量也在增加，2010—2015年，互联网零售的法人企业数从73个猛增到了3 162个，从业人数从1.5万人增加到了17.6万人。

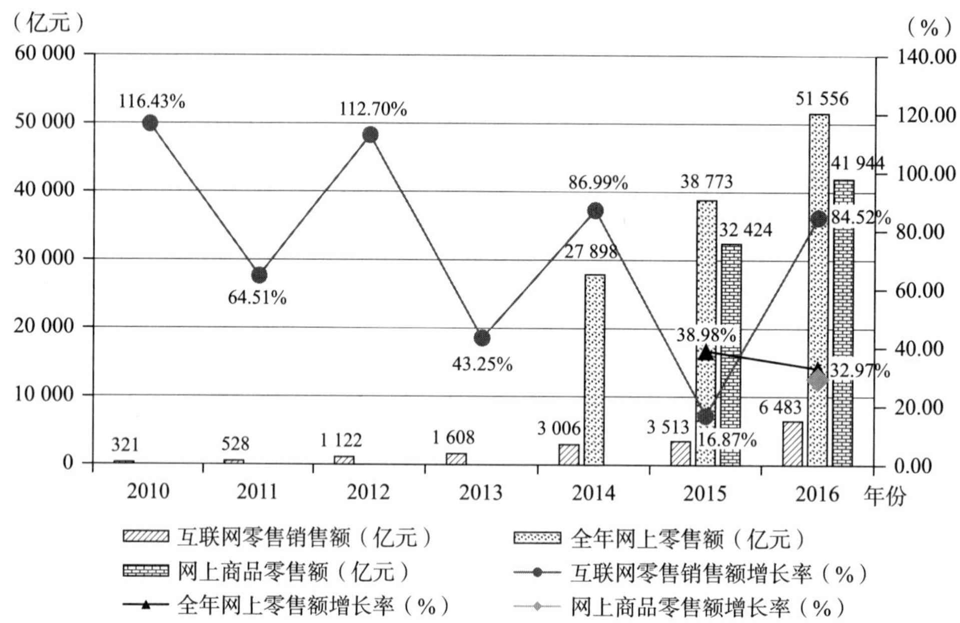

图5-18 限额以上互联网零售商品销售总额及增长率（2010—2016年）

从发展趋势看，互联网零售每年的销售额增长率也基本保持在高位。其中，2010年销售额的增长率高达116.43%，2015年增长率最低，但也有16.87%。另外，互联网零售企业数和员工数量每年也基本上处于两位数增长的发展态势。

在经营效率方面，互联网零售的人效一直处于较高水平，但是在2015年、2016年有所下滑：2014年达到381万元/人，2015年下滑到341万元/人，2016年又恢复到367.7万元/人。2015年互联网零售法人企业数和从业人数的增长率远高于销售额，导致了人效的下降。同时，2016年互联网零售的毛利率低于无店铺销售的整体水平，为12.00%，净利率则更是表明整个行业处于亏损状态，为-0.12%。

从典型的电商促销活动数据来看，2017年6月1日至6月18日24点，京东“6·18”全民年中购物节累计下单金额达到1 199亿元。其中，女性用户数量达到上年同期的近2倍，美妆个护、食品饮料、生鲜、母婴、生活旅行等品类女性用户占比远超男性。6月18日当天京东下单金额排名前五的品类是：手机、空调、平板电视、冰箱、洗衣机。下单量排名前五的品类是：手机、纸品湿巾、空调、衣物清洁、牛奶乳品。

来自阿里巴巴官方的统计数据显示，2017年天猫“双11”全球狂欢节全天成交额再次刷新纪录达到1 682亿元，无线成交占比90%，全天支付总笔数达到14.8亿笔，全天物流订单达8.12亿个，交易覆盖全球225个国家和地区。

5.6.4.2 代表性互联网零售企业监测与分析

经济社会的高速发展与互联网的普及，新生代消费群体普遍拥有超前的国际视野与新的消费理念，追求个性化的生活方式，注重优质的生活品质，期待丰富的购物体验，他们将成为消费市场的主导力量和最有影响力的消费群体。在消费持续升级、消费意愿不断增强、新消费群体崛起的宏观背景下，互联网零售发展前景广阔。2017 年全国网络零售额达 7.18 万亿元，由高速增长转向高质量发展。同时，市场规模不断扩大，区域结构逐步优化，业态多元化、消费品质化趋势显现。从 2017 年部分代表性企业的运营动态看，行业总体呈现以下特征。

(1) 增长迅速，但结构还需调整

2017 年，全国网上零售额同比增长 32.2%，增长率较上年提高了 6 个百分点。其中，实物商品的网上零售额达到 5.48 万亿元，增长 28%，占社会消费品零售总额的比重为 15%，比上年提升 2.4 个百分点。网络零售对消费的拉动作用进一步增强。在网络零售快速发展的同时，我国网络零售市场仍然保持着东强西弱的基本格局，中西部地区发展势头迅猛。根据商务部的监测，2017 年网络零售交易额排名前五的广东、浙江、北京、上海、江苏五个省市，其交易额占全国网上零售额的比重为 74.8%，较上年下降了 3.8 个百分点，区域集中度有所下降。西部地区的交易额增长率达到 45.2%，比东部地区高出 12 个百分点。青海、西藏、甘肃等西部省份，2017 年网店数量增长率居全国前列。

(2) 关注政策热点

一方面是农村电商促进精准扶贫取得了新成效。从 2014 年开始，政府对农村电商的重视力度不断加强，各个平台动作频频，各路创业者激情高涨。连续四年的中央一号文件都涉及农村电商的问题，市县镇村的电商园区遍地开花，各个电商平台也积极跟进。据商务部统计，截至 2017 年年底，农村网店达到 985 万家，带动就业 2 800 万人，“电商扶贫”将会是接下来农村电商的发展重点。中国要在 2020 年达到全民小康，在全民小康之路上，“电商扶贫”将会是国家重点主导的方向。商务部持续推进电子商务进农村的综合示范，主要电商平台通过产业培育、物流建设、用工帮扶、金融支持等多种形式，助力脱贫攻坚。例如：2017 年 4 月 10 日，国内电商巨头京东首席执行官刘强东宣布将在全国开设超过一百万家京东便利店，其中一半在农村。

另一方面是“丝路电商”助推企业“走出去”。2017 年，商务部积极推动“丝路电商”国际合作，与“一带一路”沿线 7 个国家建立双边电子商务合作机制，推动成立金砖国家电子商务工作组，达成《金砖国家电子商务合作倡议》，有力推动了我国电子商务企业“走出去”，不断提高国际化的经营水平。

同时，跨境电商继续高速发展。阿里巴巴的全球战略正式布局后，阿里巴巴希望通过这个新经济体，让全世界的年轻人、全世界的中小企业能够做到全球买、全球卖、全球付、全球运、全球邮。阿里巴巴的全球化战略在 2017 年大放异彩。菜鸟生态连接了全球 231 个仓库服务天猫“双 11”跨境物流，其中包括 10 个全球订单履约中心，让进口物流更便捷、信息更透明、商品可溯源。菜鸟也在马来西亚落地了 eWTP 首个海外枢纽，在东南亚部署了智能机器人仓库，并且与马来西亚海关打通了系统，让出口更便捷。通过海外仓和本地化运营的物流网络，俄罗斯、法国、西班牙、荷兰等国和东南亚地区都陆续实现了72小时送达。2017年“双11”天猫出海了一大批中国品牌，其中三只松鼠、南极人、美的卖到了160多个国家和地区。

（3）电商销售模式不断创新，电商和线下商业全面融合，升级新零售

国内电商行业发展在战略布局、商业模式、技术手段等方面发生了重大变化。一方面，京东收购1号店并与沃尔玛进行战略合作，阿里巴巴收购三江购物，电商巨头资本密集注入线下优质实体零售资源，网上零售业开始主导零售业全渠道融合变革；另一方面，以必要、网易严选、卷皮为代表的新兴电商，将C2B、ODM等制造方式成功应用于网上零售，进一步推动了网上零售市场向品质化发展升级。此外，移动互联网直播应用爆发，阿里巴巴、京东、唯品会等主流电商平台，也从传统的货架式营销转向“内容＋社区＋电商”的创新营销模式，着重挖掘用户价值，重塑流量走向。

（4）物流行业双线并进

在新零售趋势下，消费者对物流时效及质量的要求将不断提高。就物流时效来说，如何快速配送商品将是流通升级过程中永恒的话题。针对消费者对高时效的需求，京东、苏宁等电商自营物流，通过仓配一体化在自营商品的配送时效上获得了极大的提升，阿里巴巴为了提高配送速度现在也在努力通过菜鸟网络打造“互联网＋流通”体系。近两年电商物流时效大幅提高，京东物流、苏宁物流、菜鸟物流均推出了当日达、次日达、极速达等服务。就物流服务质量来说，消费者越来越需要个性化、有参与感的服务，因此电商物流推出了夜间配、定时达、高端配送等定制化服务。

技术创新方面主要集中于三方面。其一，无人驾驶、无人仓等智能设备将在下一阶段极大地促进物流行业发展——提高效率、降低错误率；其二，大数据和互联网会改变物流协同的方式，目前货车帮、运满满、新达达等创业物流企业均在做这些尝试；其三，人工智能将全链条优化物流，无人仓、无人驾驶等智能设备成为物流行业下一阶段升级的必备技术，目前京东、苏宁等电商的物流智能设备发展领先。伴随着电商发展起来的中国快递物流产业已经发展相对成熟，未来仍将与电商双线并进。

（5）微商小程序创新购物模式

微信坚持“去中心化”原则，帮助商户接入并运营私域流量。以蘑菇街小程序电商“双11”数据为例，通过微信好友分享达成交易的用户占总成交用户人数的44%——几乎一半用户来自社交分享行为。单件商品通过快速裂变，在微信端分享人数达11万人，呈几何倍数增长，提高了电商运营效率。

小程序入口的多元化和简便化，将极大提升小程序打开率，吸引更多用户，提高小程序的使用率，为中小电商长期存在的“流量困扰”给出最佳解决方案。统计数据显示，小程序电商用户年龄大多在26～40岁，其中女性是小程序电商的主要用户群体。小程序电商地域覆盖在不断扩大，已逐渐下沉至三四线城市以及农村地区（三线城市使用率占22.1%，且还将快速扩张）。

（王　超）

第 6 章　中国专业零售业发展分析报告

本章旨在对 2017 年中国专业零售业及其各业态的发展情况进行监测与分析。本章从专业零售发展全景、七大类专门零售行业发展，以及行业内代表性企业动态三个层次进行分析，主要监测的指标有规模、扩张情况、开关店情况、效益效率、代表性零售企业 2017 年经营动态等。本章共有数据附表 14 张，请读者朋友扫描本书第 242 页的二维码免费查阅。

6.1　专业零售业全景分析

6.1.1　本报告专业零售业数据及分类说明

本报告监测与分析所选取的企业，以各地区、各行业、各业态的代表性大中型企业为主①，以中国连锁经营协会公布的“中国连锁企业百强（2017）”榜单企业为辅，主要监测和分析它们在 2017 年的各项经营动态情况。代表性企业的数据与信息主要来自企业官方网站及其官方授权的机构所公布的业务数据和经营动态信息（含上市公司年度报告信息、董事会报告信息与其他相关数据），还参考了中国商业联合会、中国连锁经营协会、联商网等行业协会及业内专业网站关于行业和代表性企业的资讯信息。

对于涉及行业和业态的宏观统计数据，本报告保持与国家统计局统计口径数据的一致性，整体上继续使用《中国贸易外经统计年鉴 2017》和中经网统计数据库、国研网统计数据库等所公布的数据，受统计数据公布时间的限制，本报告所用数据均为截至 2016 年年底数据。

为保持与国家统计局统计口径数据的一致性，本报告整体上继续使用《中国贸易外经统计年鉴》的分类方法，将专业零售业依据其所处行业划分为七大类：1）食品、饮料及烟草制品专门零售；2）纺织、服装及日用品专门零售；3）文化、体育用品及器材专门零售；4）医药及医疗器材专门零售；5）汽车、摩托车、燃料及零配件专门零售；6）家用电器及电子产品专门零售；7）五金、家具及室内装饰材料专门零售。并对应分为七个小节来监测与分析中国专业零售业的发展及行业代表性企业的动向。

同时，为科学而合理反映现实中国零售行业内各子行业的发展情况，本报告将统计口径的七个大类继续细分为 13 个更为具体的监测类别，分别是：1）食品饮料及烟草制品类；2）服装类；3）个护化妆类；4）金银珠宝类；5）儿童玩具和母婴用品类；6）图书音像类；7）办公文具类；8）户外运动类；9）医药及医疗器械类；10）汽车

---

① 本报告监测的中型企业系中国连锁经营协会公布的“中国连锁企业百强（2017）”榜单企业之外的企业，即“百强”之外的各地区、各行业、各业态的代表性中型企业。

燃料类；11）家用电器及电子产品类；12）家居建材类；13）室内装饰材料类。这些类别代表性企业的详细动态信息，详见本章数据附表 6－1 至附表 6－13。

6.1.2 专业零售业销售规模分析

从发展的总体规模看，如图 6－1 所示，专业零售业 2016 年商品销售总额达 9 万亿元，按照限上行业口径为 91 036 亿元，按照限上业态口径则为 80 427 亿元。近年来专业零售业占零售业总体的比重维持在 60%～70%，而且比重变化基本稳定，2016 年限上行业和限上业态口径下专业零售业占零售业的比重分别为 71.90%和 63.50%，占据着绝对主体地位。此外，连锁行业口径和连锁业态口径销售总额分别为 11 980 亿元和 22 610 亿元。

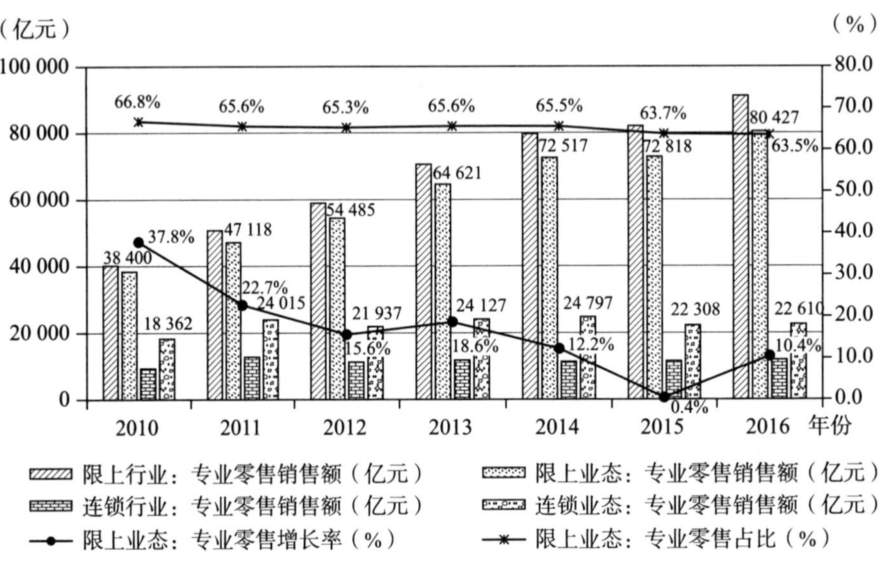

图 6－1 专业零售总体销售额及其增长情况（2010—2016 年）

从发展趋势看，中国专业零售业的销售额呈现逐年提升的增长态势，在 2016 年增长率较前几年有了明显上升，专业零售业整体出现复苏迹象。从限上业态角度看，增长率先在 2010 年达到峰值 37.8%，此后逐年下降，到 2015 年达到低谷，仅为 0.4%，接近零增长，2016 年销售额增长率回升，达到 10.4%；从限上行业口径角度看，增长率变化与限上业态口径角度下的基本一致，同样是先增后减的过程，在 2010 年达到峰值 36.37%后逐年下降到 2015 年的 2.93%的最低点，到 2016 年又重新回升至 11%。连锁口径下，专业零售的销售额增幅尽管波动很大，但是其变化态势与限上口径的总体相似，都在 2015 年达到最低点，并在 2016 年出现回升。

6.1.3　专业零售业扩张情况分析

随着互联网流量红利接近尾声和消费者对体验的需求增加，消费者网购增速减缓，流量费用高、转化率低与退货率高成为传统电商的痛点，互联网零售对实体店的冲击偃旗息鼓。同时，随着新零售理念的提出，实体店作为消费者体验的主要输出口又逐渐受到零售企业的关注。因此，2016 年，专业零售的线下扩张速度较上一年度有所上升。从限上行业口径看，专业零售业 2016 年的法人企业数、年末从业人数和年末零售营业面积分别为 78 033 个、418.6 万人和 18 641 万平方米。从限上业态口径看，专业零售业 2016 年的法人企业数、年末从业人数和年末零售营业面积则分别为 69 554 个、355.8 万人和 15 778 万平方米（见图 6－2）。其中行业口径和业态口径下各项指标与 2015 年相比，都有超过 3%的增长，增长率与 2015 年同期相比，都有明显的提高。

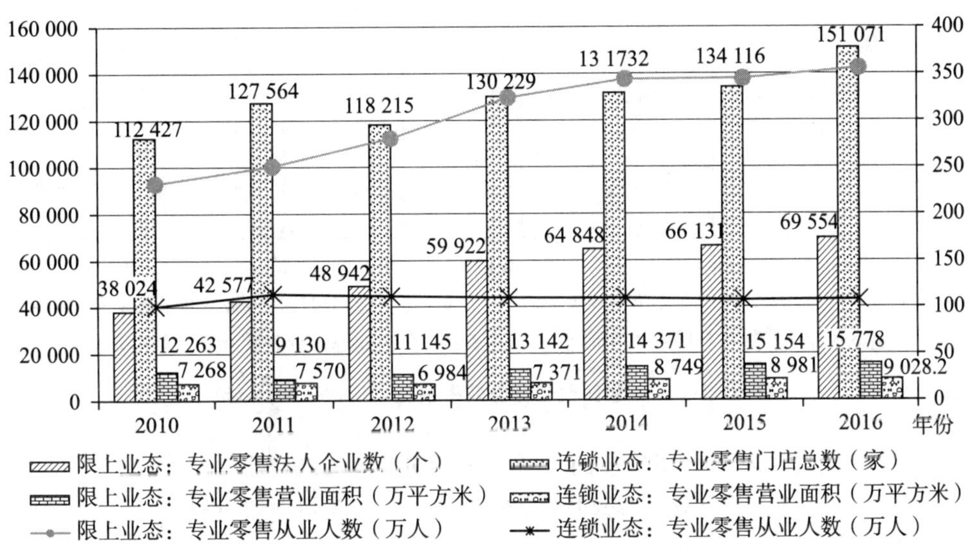

图 6－2　专业零售业总体扩张情况（2010—2016 年）

从连锁零售角度看，按照连锁行业口径，专业零售业的门店总数实现了 23.58%的增长，达 112 534 个，年末零售营业面积和年末从业人数均实现了 1.5～3 个百分点的增长，数值分别为 4 707.32 万平方米和 82.3 万人。从连锁业态口径看，专业零售业的门店总数和年末零售营业面积与 2015 年相比，分别增长了 12.64%和 0.53%，达到 151 071 家和 9 028.2 万平方米。整体来看，专业零售业的扩张速度增快，专业零售业出现回暖迹象。不过，专业零售业年末从业人数较上年减少了 0.6%。

从发展趋势看，自 2013 年起，连锁行业口径和连锁业态口径下的门店总数均呈现增长趋势。在增速方面，无论是连锁行业口径还是连锁业态口径，年末零售营业面积的增长速度呈现波动加大的现象，且 2016 年增幅为 2013 年以来最大。这说明了外界环境的波动对专业零售业的实体扩张有较大程度的影响。

6.1.4 专业零售业经营效益与效率分析

从经营效益情况看，根据限上业态口径，专业零售业态的毛利润、净利润分别约为 7 492.27 亿元、1 999.55 亿元，毛利率、净利率分别为 10.44%和 2.79%（见图 6-3）。限上行业口径的情况和业态口径基本一致，毛利润、毛利率、净利润、净利率分别为 8 758 亿元、10.81%、2 257.3 亿元和 2.79%。从趋势上看，无论是行业口径还是业态口径，毛利润和净利润总额都呈逐年上涨趋势，而毛利率和净利率波动较大，但整体维持在一定的比例区间内变动。

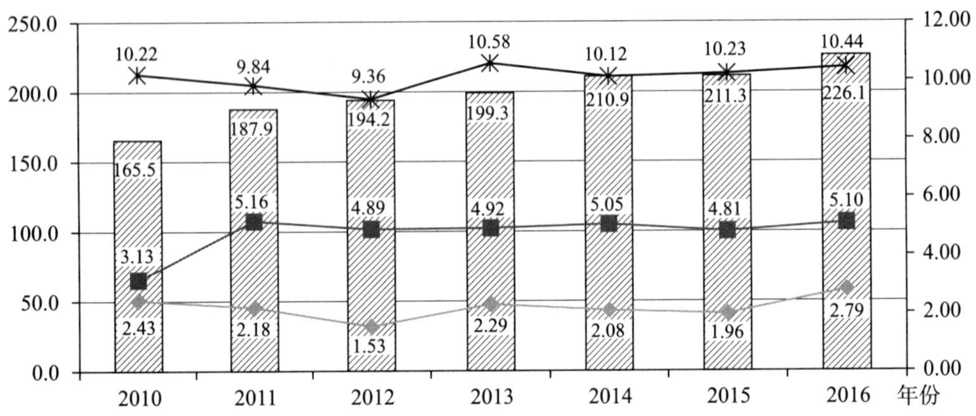

图 6-3 专业零售业效益与效率情况（2010—2016 年）

从效率情况看，限上业态口径的人效和坪效分别为 226.1 万元/人和 5.1 万元/平方米，限上行业口径的指标比业态口径的略小一些，人效和坪效分别为 217.5 万元/人和 4.88 万元/平方米。

从限额以上角度看，无论是业态口径还是行业口径，专门零售行业绩效指标发展稳健，人效和坪效指标均呈现逐年递增的态势，波动幅度较小，2016 年增长速度为近六年来最快。

6.1.5 专业店与专卖店发展分析

本报告对 2008 年以来中国的专业店和专卖店两个业态的发展基本情况进行了整理和汇总，见表 6-1“中国零售业专业店业态和专卖店业态发展情况（2008—2016 年）”。

表 6－1　　中国零售业专业店业态和专卖店业态发展情况（2008—2016 年）

		时间	2008	2009	2010	2011	2012	2013	2014	2015	2016
专业店业态	限额以上口径	限上零售业商品销售总额（亿元）	14 365.32	15 718.2	21 816.73	27 306.47	31 199.1	36 857.01	41 238.59	40 592.12	44 149.9
		限上零售业法人企业数（个）	17 914	18 032	23 944	26 566	29 765	36 346	38 667	39 012	40 865
		限上零售业年末零售营业面积（万平方米）	5 588.22	5 892.05	7 728.79	5 790.54	6 970.71	8 110.8	8 609.99	9 066.1	9 424.15
		限上零售业年末从业人数（万人）	115.73	118	146.28	153.8	165.04	189.35	196.09	195.01	199.93
		限上零售业人效（万元/人）	124.13	133.21	149.14	177.55	189.04	194.65	210.3	208.16	220.83
		限上零售业坪效（万元/平方米）	2.57	2.67	2.82	4.72	4.48	4.54	4.79	4.48	4.68
		限上零售业企业毛利润（亿元）	1 411.11	1 555.04	2 032.28	2 391.42	2 433.02	3 510.27	3 712.58	3 756.63	4 074.92
		限上零售业企业毛利率（%）	11.39%	11.11%	10.49%	9.98%	8.90%	10.76%	10.30%	10.52%	10.64%
		限上零售业企业净利润（亿元）	361.71	350.23	484.84	606.5	545.52	870.09	948.23	908.45	967.26
		限上零售业企业净利率（%）	1.72%	1.39%	1.40%	1.45%	1.13%	1.52%	1.47%	1.42%	1.35%
	连锁口径（包含加油站）	连锁零售业总店数（家）		1 203	1 269	1 354	1 383	1 453	1 460	1 481	1 511
		连锁零售业门店总数（家）	93 656	82 704	84 678	95 680	89 227	104 054	108 809	112 959	118 601
		连锁零售业年末从业人数（万人）	74.48	75.29	83.12	96.34	93.79	93.49	94.31	92.81	90.01
		连锁零售业年末零售营业面积（万平方米）	5 111.21	6 075.35	6 755.27	7 142.53	6 480.38	6 848.2	8 260.76	8 480.62	8 547.76
		连锁零售业商品销售总额（亿元）	12 315.32	13 373.94	17 233.23	22 919.28	19 628.96	22 492.8	23 345.78	20 520.99	20 573.71
		连锁零售业人效（万元/人）	165.35	177.63	207.33	237.9	209.29	240.59	247.54	221.11	228.57
		连锁零售业坪效（万元/平方米）	2.41	2.2	2.55	3.21	3.03	3.28	2.83	2.42	2.41

续前表

		时间	2008	2009	2010	2011	2012	2013	2014	2015	2016
专业店业态	连锁口径（包含加油站）	连锁零售业门店单店销售额（万元）	1 314.95	1 617.09	2 035.15	2 395.41	2 199.89	2 161.65	2 145.57	1 816.68	1 734.7
		连锁零售业总店平均销售额（万元）		111 171.6	135 801.7	169 270.9	141 930.3	154 802.5	159 902.6	138 561.7	136 159.6
		统一配送比率（%）		82.25%	77.80%	81.61%	80.24%	82.32%	84.66%	84.82%	
	连锁口径（不含加油站）	连锁零售业总店数（家）		994	1 044	1 126	1 153	1 176	1 171	1 179	1 206
		连锁零售业门店总数（家）	66 295	53 359	53 638	63 835	63 927	72 981	73 824	77 249	82 631
		连锁零售业年末从业人数（万人）	50.6	49.28	54.58	64.68	67.81	64.87	64.58	63.83	62.18
		连锁零售业年末零售营业面积（万平方米）	1 698.47	1 780.12	2 013.67	2 404.63	2 814.12	2 768.63	2 770.36	2 729.25	2 867.49
		连锁零售业商品销售总额（亿元）	3 841.91	4 377.73	5 410.67	7 176.67	7 215.41	7 701.1	6 559.48	7 207.05	7 616.73
		连锁零售业人效（万元/人）	75.93	88.83	99.13	110.96	106.41	118.72	101.57	112.91	122.49
		连锁零售业坪效（万元/平方米）	2.26	2.46	2.69	2.98	2.56	2.78	2.37	2.64	2.66
		连锁零售业门店单店销售额（万元）	579.52	820.43	1 008.74	1 124.25	1 128.7	1 055.22	888.53	932.96	921.78
		连锁零售业总店平均销售额（万元）		44 041.55	51 826.34	63 735.97	62 579.44	65 485.54	56 016.05	61 128.5	63 156.97
		统一配送比率（%）		84.72%	74.64%	74.46%	79.32%	82.26%	90.94%	83.70%	
专卖店业态	限额以上口径	限上零售业商品销售总额（亿元）	9 582.67	12 152.29	16 583.34	19 811.75	23 285.85	27 763.67	31 278.71	32 226.02	36 277.04
		限上零售业法人企业数（个）	10 345	11 513	14 080	16 011	19 177	23 576	26 181	27 119	28 689
		限上零售业年末零售营业面积（万平方米）	2 653.86	3 360.62	4 533.73	3 339.13	4 174.56	5 031.08	5 761.43	6 087.57	6 353.9
		限上零售业年末从业人数（万人）	62.43	70.22	85.81	96.94	115.58	134.9	147.84	149.56	155.85

续前表

		时间	2008	2009	2010	2011	2012	2013	2014	2015	2016
专卖店业态	限额以上口径	限上零售业人效（万元/人）	153.49	173.05	193.26	204.37	201.46	205.8	211.57	215.47	232.77
		限上零售业坪效（万元/平方米）	3.61	3.62	3.66	5.93	5.58	5.52	5.43	5.29	5.71
		限上零售业企业毛利润（亿元）	905.98	1 050.14	1 501.22	1 728.23	2 066.16	2 542.98	2 827.18	2 789.48	3 417.36
		限上零售业企业毛利率（%）	10.51%	9.42%	9.87%	9.65%	9.96%	10.32%	9.90%	9.85%	10.20%
		限上零售业企业净利润（亿元）	147.86	224.66	354.41	305.51	189.51	439.61	394.55	344.64	1 032.29
		限上零售业企业净利率（%）	1.19%	1.61%	1.83%	1.28%	0.69%	1.35%	1.09%	0.97%	2.70%
	连锁口径	连锁零售业总店数（家）		268	294	256	305	318	313	320	352
		连锁零售业门店总数（家）	14 651	24 075	27 641	31 768	28 939	26 113	22 854	21 093	32 413
		连锁零售业年末从业人数（万人）	12.42	16.06	16.94	16.75	17.43	16.1	14.56	14.13	17.59
		连锁零售业年末零售营业面积（万平方米）	319.59	247.15	450.24	366.71	471.21	477.8	444.07	467.88	459.28
		连锁零售业商品销售总额（亿元）	1 112.71	697.31	1 072.9	1 031.01	2 260.4	1 582.7	1 400.31	1 739.7	1 992.18
		连锁零售业人效（万元/人）	89.59	43.42	63.34	61.55	129.68	98.3	96.18	123.12	113.26
		连锁零售业坪效（万元/平方米）	3.48	2.82	2.38	2.81	4.8	3.31	3.15	3.72	4.34
		连锁零售业门店单店销售额（万元）	759.48	289.64	388.16	324.54	781.09	606.1	612.72	824.78	614.62
		连锁零售业总店平均销售额（万元）		26 019.03	36 493.2	40 273.83	74 111.48	49 770.44	44 738.34	54 365.63	56 596.02
		统一配送比率（%）		73.67%	76.76%	78.39%	91.47%	91.70%	85.09%	64.42%	

6.1.5.1 销售规模分析

按照限上口径，2016 年专业店的商品销售额约为 4.41 万亿元。而根据连锁口径，在包含加油站的前提下，2016 年专业店的销售额约为 2.06 万亿元；在不包含加油站的前提下，其销售额仅为 7 616.73 亿元，减少了近 2/3。专业店占全部专门零售业态合计值的比例为 54.89%，与上年的 55.7%相比略有下降，连锁口径占比为 91.1%。无论是限上口径，还是连锁口径，专业店都是专门零售业态最主要的组成部分。

从趋势上看，按照限上口径，专业店的销售额在 2016 年扭转了下降趋势，开始回升，增长幅度为 8.76%。专业店的销售额增长率自 2010 年达到峰值 38.8%后，缓慢下降到 2012 年的 14.26%，到 2015 年跌至低谷，2016 年又有回升。连锁口径下的销售额发展趋势与限上口径的变化基本一致，但是数值波动更大一些，在 2012 年、2015 年分别出现了大幅度的负增长，分别为－14.36%和－12.1%，而 2016 年上升的幅度仅为 0.26%。

专卖店方面，按照限上口径，2016 年专卖店的商品销售额约为 3.63 万亿元，同比增长 12.6%。专卖店占专门零售业态销售额的比例为 45.1%，比 2015 年的 44.2%略高一些。但是，按照连锁口径，专卖店比重较低，商品销售额仅为 1 992.18 亿元，同比增长 14.5%。

从趋势上看，限上口径专卖店的增幅要高于专业店，波动程度要低于专业店，但总体变化的趋势是一致的。专卖店也是在 2010 年达到销售增长率的峰值 36.46%，然后逐渐下降到 2015 年的 3%，2016 年出现回升，至 12.6%。同时，在限上口径中，专卖店在专门零售业态中占比的波动幅度很小——自 2011 年以来，占比呈缓慢上升趋势，2015 年末达 45.1%，较 2008 年的 40.01%有一定的提升。

整体而言，专卖店的销售规模小于专业店，而在 2016 年度，无论限上口径还是连锁口径，专业店和专卖店的销售规模都呈上升趋势。2011 年以来的数据显示，在限上口径方面，专卖店与专业店的销售规模呈接近的趋势，专业店销售规模在整个专业零售业的占比，由 2011 年的 57.9%下降至 2016 年的 54.9%。在连锁口径方面，专业店和专卖店的销售规模波动较大，但专业店和专卖店的销售规模总体来看差距不断缩小，专业店（含加油站）销售规模占比，由 2011 年的 95.4%下降至 2015 年的 91.1%。

6.1.5.2 扩张情况分析

按照限上口径，专业店 2016 年的限上法人企业数、零售营业面积以及年末从业人数分别为 40 865 个、9 424.15 万平方米和 199.93 万人。连锁口径下的零售营业面积和年末从业人数要少于限上口径，分别为 8 547.76 万平方米和 90.1 万人，连锁总店数和连锁门店总数分别为 1 511 家和 118 601 家。在不包含加油站的前提下，一般专业店的零售营业面积和年末从业人数则仅为 2 867.49 万平方米和 62.18 万人，其连锁总店数和连锁门店总数则为 1 206 家和 82 631 家，平均每家企业约有 68 家分店。

整体看来，专业店呈现规模总量持续增长，2016 年的扩张速度较 2015 年有所加快，但从长期来看，扩张速度逐渐放缓。限上口径下，除年末营业面积外，2016 年各主要指标的增幅都有所回升，使得 2015 年出现了一个增幅的低谷。究其原因，一方面是因为 2016 年度整体经济好转带动零售业形势回暖，另一方面是因为互联网零售的红利渐渐消失，以及新零售概念的发展，推动了线下零售业朝着体验店的模式迅速发展。

从专卖店角度看，按照限上口径，专卖店 2016 年的限上法人企业数、零售营业面积和年末从业人数分别为 28 689 个、6 353.9 万平方米和 155.85 万人。按照连锁口径，零售营业面积和年末从业人数都大约为限上口径数据的 1/10，分别为 459.28 万平方米和 17.59 万人。此外，专卖店连锁总店数和连锁门店总数分别为 352 家和 32 413 家，平均每个企业约有 92 家分店，整体连锁化程度较高。

在发展趋势方面，限上口径下专卖店的三个扩张指标结束了 2009 年以来的高速增长态势，增速持续下降。2016 年，零售法人企业数、零售营业面积、年末从业人数增幅均降至 6%以下，分别为 5.8%、4.4%、4.2%。但是，连锁口径下的各项主要指标都较 2015 年有所改善。特别是连锁零售业商品零售总额达 1 992.18 亿元，增长率为 14.51%，虽然较 2015 年增幅有所下降，但仍然保持着较高速增长。应该说，面对互联网零售的红利逐渐消失以及线上线下统一发展等零售环境变化，我们发现专卖店的抗风险能力比专业店要弱一些。专业店多品类的产品和多样的选择将经营风险分散到各品类的产品之上，而专卖店则不得不把所有风险都放在一个品类、一个品牌的产品上，因此其相较于专业店受外界经济波动的影响更大，指标波动幅度也更大。因此，我们可以看到在近年来零售环境的急剧变化下，专卖店各项指标急剧变动。

6.1.5.3　效益与效率分析

从专业店的效益情况看，限上口径专业店 2016 年的毛利润、净利润、毛利率和净利率分别为 4 074.92 亿元、967.26 亿元、10.64%和 1.35%。从发展趋势来看，专业店效益指标的表现有所回升。毛利润增幅达 8.47%，远高于 2015 年的 1.19%（2013 年的增幅高达 44.28%、2014 年为 5.76%）；而净利润也出现回升，增长率为 6.47%（2013 年的增幅高达 59.5%、2015 年为－4.2%）。

专业店效率指标本年度表现也有所好转。限上专业店 2016 年人效和坪效指标分别为 220.83 万元/人和 4.68 万元/平方米，连锁口径专业店人效和坪效指标（包含加油站）分别为 228.57 万元/人和 2.41 万元/平方米。除连锁口径下坪效指标外，其他指标都出现了回升的趋势，限上口径下的人效增长率为 6.1%，结束了 2015 年的下降趋势；坪效增长率为 4.5%，也出现了回升。由此可见，专业店的效率在整体经济回暖和新零售发展的带动下，有所好转。

从专卖店的效益指标看，限上口径专卖店 2016 年的毛利润、净利润、毛利率和净利率分别为 3 417.36 亿元、1 032.29 亿元、10.2%和 2.7%。专卖店的毛利率和净利率都有所提高，且毛利润和净利润都出现了大幅增长，净利润的增长率更是高达约 200%。

在专卖店效率指标方面，限上口径专卖店的人效和坪效分别为 232.77 万元/人和 5.71 万元/平方米，连锁口径专卖店的人效和坪效各为 113.26 万元/人和 4.34 万元/平方米。与专业店相比，专卖店的效率指标变动的趋势有所不同，连锁口径下的人效出现了下降，同时长期来看，可以发现专卖店相关指标增长并不平稳，波动幅度大。以连锁口径专卖店的数据为例，人效增幅在 2015 年虽然达到了 28.01%，2016 年却跌至

-8.01%，结合自 2010 年以来的数据来看，增长率每年的变动幅度均超过 20%；坪效指标同样，坪效增幅在 2012 年达到 70.82%后，2013 年降至-31.04%，而 2016 年又达到 16.67%。以上数据说明专卖店的效率受环境变化的影响较大，其需要在店面管理方面多下功夫，增强经营的稳定性。

总体来看，虽然整个零售市场 2016 年开始回暖，大部分指标结束了 2015 年的下跌趋势，而单独比较专业店与专卖店，可以发现专业店的效率、效益以及经营的稳定性依然高于专卖店。

6.1.6 专门零售业发展综述

第一，新零售涌来，新科技与新业态接踵而至。如今，大多专门零售企业已经触网，但是如何正确、高效地利用线上渠道和平台，充分融合线上线下业务，创新商业模式，是新零售环境下所有零售企业都在探索的问题。同时，消费升级的大趋势使得消费者的购物习惯发生改变，个性化需求日益提升，也促使零售企业转型 O2O 全渠道经营，推动线下体验店、品牌店的建设，使其更加注重消费者体验。多数专门零售企业选择通过建立 O2O 全渠道运营模式，将线上和线下连接起来。大部分零售商选择了精简线下店面，将线下的实体店改造为体验店，大力推行体验式销售，以进一步弥补线上缺乏实际体验的劣势，全面为消费者创造更加舒适、便利的消费体验。还有一部分企业结合最新技术，开设无人店铺、智能店铺，推动新零售的发展。比如：李宁注重新建体验店，让消费者在购买中享受贴心的服务，买到称心的产品；居然之家推出体验馆；浙江五芳斋建设无人餐厅；等等。还有一部分零售商利用新兴技术和大数据分析来为消费者提供定制化的、新奇的、个性化的产品和服务。比如：屈臣氏打造第八代商店，推出 AR 虚拟试妆；七匹狼推出了导购机器人；等等。

第二，经营成本继续上涨，过度竞争有增无减。尽管零售环境有所好转，但随着线下门店的体验式转型，零售企业的经营成本也随之提高。根据连锁经营协会数据，2017 年百强企业用电支出上涨 4.6%，员工薪酬支出上涨 8.0%，房租上涨 5.6%。上述三项费用的平均上涨幅度更高，分别达到 8.5%、8.9%和 7.7%。对于线上零售企业而言，虽然物流渠道逐渐完善，物流成本有所降低，但随着互联网红利的消失，线上零售企业引流成本持续攀升，据连锁经营协会根据对部分百强企业的调查，目前线上引流的成本上升较快，个别企业的成本已近 200 元/客。从发展趋势看，线上业务的各项成本依然存在较大的上升压力。

另外，虽然有不少传统零售企业转型成功，经营业绩增长迅速，整体专业零售业出现良好的复苏趋势，但是除医药等专业零售行业外，其他大多数专业零售业已经处于或接近行业发展的成长期末期，随之而来的就是零售生态的破坏性重构行为愈演愈烈，主要表现为通过价格补贴形成过度竞争、商业地产过度开发、频繁无序的线上促销活动对之前相对平稳的零售经营活动造成强势挤压。数据显示，2017 年商业地产销售面积 1.3 亿平方米，新开工面积 2.0 亿平方米，继续保持较高水平。过度的零售竞争使得零售企业面临极大的竞争压力，不少企业在近年来因较差的业绩而被兼并收购或是部分业务被迫出售。

第三，电商与线下零售业合作更为密切，资本活动运作更加频繁。新零售要求线上与线下零售的联动，因为除了少数兼营线上线下的企业外，大多数单一运营的零售商盲目转型升级有很大的风险，所以大多数专门零售企业选择通过资本运作等方式，来实现风险分散的目的。不少线下零售商与电商巨头或互联网企业达成战略合作，来完善线上渠道搭建和大数据分析工作，同时结合新技术设计新的体验门店，提升消费者体验，从而增加企业的生产能力。例如：阿里巴巴入股居然之家，双方签订合作协议，合作开发新零售。此外，企业转型升级需要巨大的资金，但是单凭日常经营收入是不足以支撑企业度过转型期的。因此，不少专门零售企业转向投资市场，成立互联网金融服务公司，以保障资金链不会断裂。

整体而言，2017 年零售市场被“新零售”“智慧零售”“无界零售”等新词包裹，从一个侧面反映了过去一年零售市场的格局与变化，也孕育了去年底今年初的资本投资热潮。这一时期，随着经济形势的好转和消费升级的大趋势，零售业整体开始回暖。然而，新零售固然给零售业带来了新的机遇，但是如何真正地把握新零售背后的逻辑，准确地运用和发展新零售，以及应对竞争越来越激烈的零售市场，仍然是摆在零售企业面前的难题。

6.2　食品、饮料及烟草制品专门零售

6.2.1　发展全景分析

从总量上看，食品、饮料及烟草制品专门零售业销售情况良好。2016 年，该行业的销售总额为 4 213.16 亿元，较 2015 年增长了 12.7%。同时，该行业占零售业总体商品销售额的比重也在稳步提升，2016 年占专业零售业商品销售额的比重达到 4.63%，占零售总额的比重为 3.33%，与 2008 年相比（2008 年分别为 2.49%与 1.67%），所占比重翻了近一番。

从发展趋势看，食品、饮料及烟草制品专门零售行业的市场规模还在不断扩大。如图 6－4 所示，食品、饮料及烟草制品专门零售的销售额一直保持增长态势，且销售额增长率也一直维持在 10%以上。从 2010 年起，食品、饮料及烟草制品专门零售的增长率出现大幅波动。2011 年，销售额出现飞跃式增长，达到 1 907.48 亿元，增长率达到 2005 年以来的峰值 83.93%，2012 年后，销售额增长率逐年下降，从 26.1%下降至 11.37%，但 2015—2016 年，食品、饮料及烟草制品专门零售行业出现回暖迹象，销售额增长率开始上升。

从行业扩张情况看，各项指标显示的扩张速度还是比较快的。2016 年，食品、饮料及烟草制品专门零售的法人单位数、年末从业人数、零售营业面积与上年相比，增长幅度分别为 11.69%、6.1%和 11.8%，增长速度同上年基本持平。总体来看，食品、饮料及烟草制品专门零售在未来还有一定的发展空间。

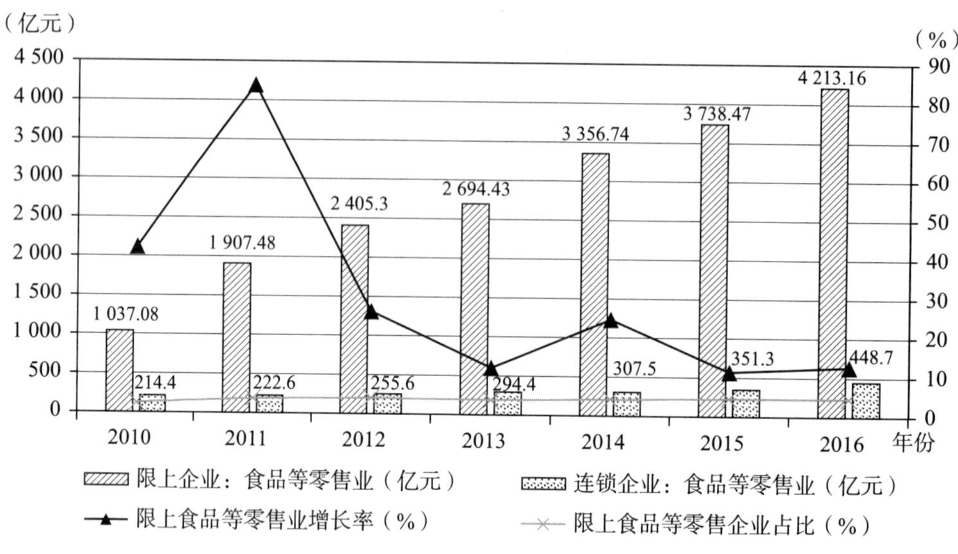

图 6－4 食品、饮料及烟草制品专门零售销售情况（2010—2016 年）

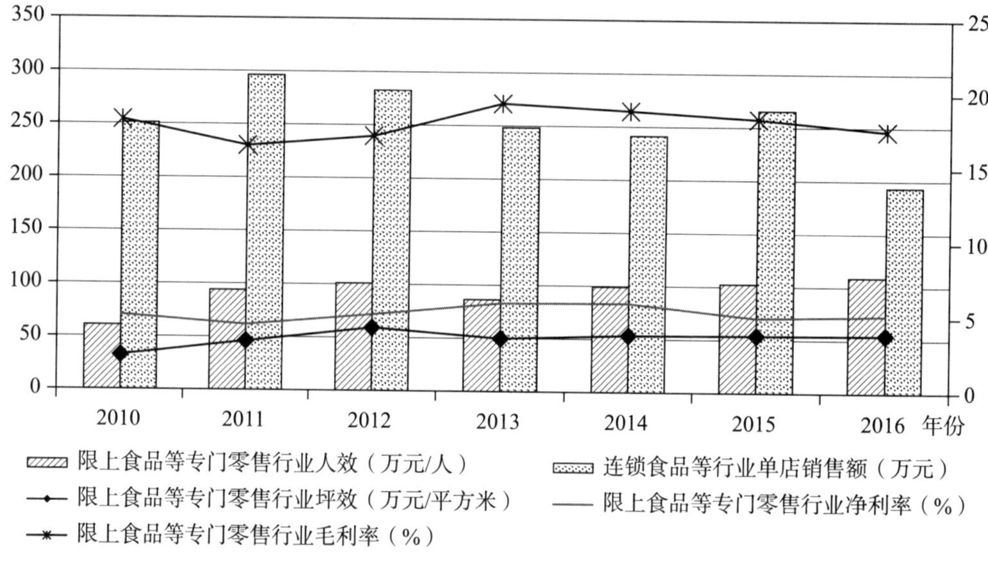

图 6－5 食品、饮料及烟草制品专门零售经营效益与效率情况（2010—2016 年）

从经营效益角度看，如图 6－5 所示，食品、饮料及烟草制品专门零售业 2016 年的毛利率为 17.58%，同比下降 0.79%，延续了 2013 年以来的下降趋势；净利率为 5.19%，同比上升 0.16%；毛利率、净利率指标都高于专业零售业的平均水平。毛利率的降低与净利率的提高说明了该行业整体的盈利空间进一步被压缩，但行业整体的管理效率和经营效率得到了提升，因而行业总体的盈利能力得以上升。

从效率指标看，人效、坪效指标延续了上升的趋势，但单店销售额出现下降，并且从近六年的数据来看，整体呈现波动下降的趋势。2016 年人效与坪效指标与 2015 年比，有一定程度的提升，但增长幅度减慢，分别为 6.2％和 0.7％。2016 年，单店销售额约为 193.56 万元，较 2015 年下降 27％。

从食品、饮料及烟草制品专门零售的经营指标综合来看，该行业总体处于行业发展期向成熟期过渡阶段，各项指标增长速度缓慢甚至出现了负增长。2016 年由于新零售、无人零售等新概念的引入，销售总额扭转了近年来的下降趋势，超过专业零售业整体销售额的增长速度。食品、饮料及烟草制品专门零售业总体仍处于上升趋势，因而行业未来仍有一定的发展潜力，但潜力有限。值得注意的是，该行业单店销售额出现了六年来的新低，这说明线下店的竞争加剧，获客能力开始下降，单纯的线下店销售模式在未来的盈利空间可能逐步缩小，行业需要借助新零售的浪潮，找到新的突破点。

6.2.2　开关店分析

从行业整体情况看，食品、饮料及烟草制品专门零售行业限上法人企业数呈现稳步上升趋势，如图 6－6 所示，由 2010 年的 2 639 个增长为 2016 年的 9 359 个，年均增长幅度超过 20％，峰值是 2013 年的 52.19％。虽然 2013 年后，限上法人企业数的增长幅度有所下降，但是 2014—2016 年，限上法人企业数仍保持着超过 10％的高速增长。从上述数据可以看出，食品、饮料及烟草制品专门零售行业仍处在发展阶段，社会资本对进入该行业的热情比较高涨。

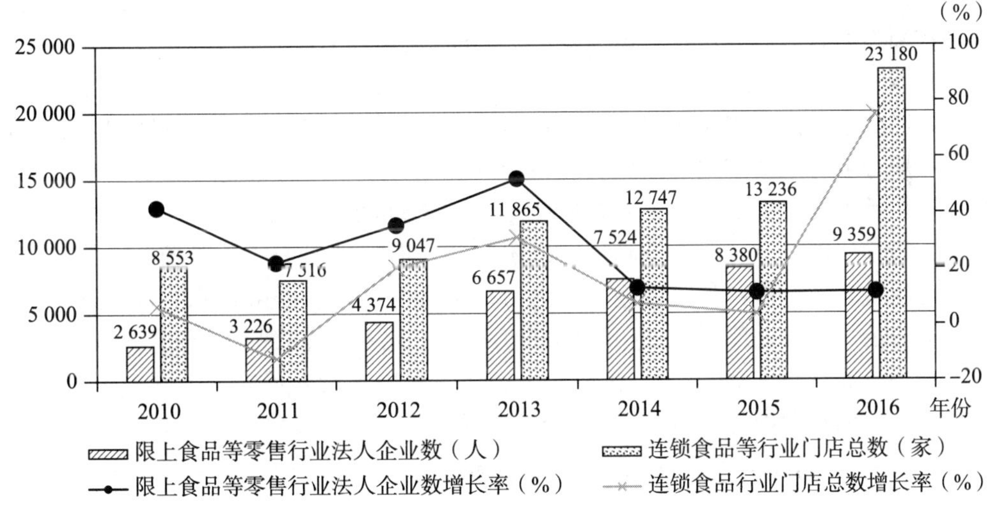

图 6－6 食品、饮料及烟草制品专门零售开关店情况（2010—2016 年）

从连锁门店角度看，尽管在监测年份中，连锁门店数有一定的波动，但是总体呈现上升趋势。2009—2011 年，由于受到互联网零售的冲击，一些企业精简实体店，连锁门店数出现短暂的下降。但随着新零售、无界零售等新概念的提出，线下店与线上店互联互动的新格局正在逐渐产生，连锁门店的数量也随之出现增长，2016 年连锁食品等行业的门店总数达 23 180 家，增长率创下历年新高。

从监测的企业方面看，一些连锁食品零售商与过去的一年相同，仍然在全国范围内进行门店扩张，但相比 2016 年，2017 年一些连锁食品零售商开始尝试新型门店的建设。例如：五芳斋与阿里口碑合作，在杭州推出了五芳斋无人餐厅；三只松鼠与阿里云合作，利用感知零售技术，推出了全新的“三只松鼠投食店”，其可以根据客户的心情进行定价；周黑鸭与微信合作在深圳推出了首家智慧门店。同时，诸如绝味、来伊份等连锁休闲食品企业，依然延续其门店建设计划，在全国范围内开拓市场，绝味在 2017 年度首次开辟了中国内地以外的市场，入驻了中国香港地区、新加坡。

与此同时，一些传统的食品、饮料的品牌地域化特点仍然比较明显，门店分布也都集中在本地和周边的省会。比如，味多美的主要门店分布在北京及其周边省市，桂花鸭的门店主要在江苏南京，元祖梦果子的门店主要分布在沪宁杭地区。而这些传统品牌，一方面在新零售的浪潮下，开始与互联网企业合作，开启自己的无界零售之旅；另一方面，通过文化节的方式，向消费者传达自身的品牌文化和价值。

6.2.3　代表性企业监测与分析

6.2.3.1　关注技术变革，与新零售接轨

2017 年，随着新零售概念的提出，不少零售企业借着互联网零售的余热，开始尝试这种新的零售方式。而在食品、饮料及烟草制品专门零售业中，对新零售的实践主要体现在新型科技门店的建设与新型零售场景的搭建之上。

2017 年至 2018 年上半年，五芳斋、周黑鸭、三只松鼠等食品零售连锁企业纷纷开始推出自己的智慧门店或无人门店，这种新型门店的好处在于，能够更好地为消费者提供快捷服务或者是精准地为消费者提供个性化服务——前者通过降低成本来实现企业的盈利，后者通过为消费者带来更好的效用来创造价值。

除了新型店铺外，一些企业利用新技术为消费者打造更好的消费场景。例如，良品铺子与墨迹天气合作，利用墨迹天气的新技术来为消费者提供新的消费场景，从而促成了双方的“跨界化反”，创造出新的营销模式。此外，良品铺子还利用 AR 技术在武汉打造了“零食小确幸专列”，在地铁上设计了多种消费者可能会遇到的消费场景，并利用 AR 与消费者进行互动，从而加强与消费者的联系，吸引消费者购买。

6.2.3.2　打破线上线下的边际，无界零售开启

除了利用新的技术来实现与客户的互动外，一些食品零售商开始与互联网或电商公司合作，实现线上线下的互联互通。

2018 年京东推出了无界联盟计划，与一些传统的零售商，如稻香村等，展开了全渠道的营销与资源的合作。稻香村在与京东合作时，推出了与瀚纳影业联合打造的以黄渤卡通形象“黄逗菌”为主题的冰糕礼盒，同时在京东“6·18”购物节上，线上线下同时开展活动，吸引消费者的参与；而同期，天猫推出了“天字号计划”，借助天猫平台，为传统中国品牌提供线上线下的数据互通、流量支持、营销支持和供应链绿色

通道支持等服务。

6.2.3.3　丰富盈利来源，探索新的市场

2016 年，食品行业掀起了一阵上市热潮，而到 2017 年，三只松鼠作为互联网食品零售商中的佼佼者，在 2017 年 12 月被证监会撤回了上市申请。但食品企业对新市场的探索并没有结束，绝味与饿了么共同成立了“绝了”投资基金，用来支持新的零食产品；上海元祖梦果子在 2017 年向“元祖梦世界”增资 3 842.5 万美元，以建设主题乐园。

6.2.3.4　重视客户体验，加强与客户的深度交流

目前，一些传统的食品零售企业，如吴裕泰、张一元、桂花鸭等，在加强线上渠道搭建的同时，也注重利用自己的文化和本土优势，同时举办传统文化节，在向消费者传播企业的更多信息的同时，激发本地消费者的文化认同，培养消费者对该种产品的使用习惯。同时，一些食品零售企业也开始涉足产品宅配业务。例如：上海元祖梦果子推出“127”服务，即 1 分钟订购、2 小时送达、7 公里内免费宅配服务；良品铺子与饿了么合作，推出年货一小时到家服务。

6.2.3.5　行业发展展望

根据国家统计局发布的限额以上批发和零售业商品销售总额数据，2015 年食品、饮料类产品的市场销售额高达 6.96 万亿元，而且从 2007 年至 2014 年一直维持着 10%以上的增长率，增长率最高在 2011 年，达到 30.99%。但是在随后年份，增长率逐渐下降，从 2015 年开始低于 10%，2016 年继续下滑至 6.19%。

与此同时，面对人工智能、智能机器人、信息技术的发展，食品、饮料及烟草制品专门零售业的企业要提高竞争力，仅仅采用前几年的电商化道路是行不通的。目前，以三只松鼠、良品铺子为代表的扎根互联网的食品电商为其他传统的食品、饮料及烟草制品专门零售企业树立了“食品＋互联网”的标杆，相信未来还会继续涌现更多积极创新的典范企业。但值得注意的是，三只松鼠等发源于互联网的零售企业近年来也开始发展线下渠道，这也是互联网零售企业发展的一次尝试。

6.3　纺织、服装及日用品专门零售

6.3.1　发展全景分析

纺织、服装及日用品专门零售的销售规模 2016 年达到 5 670 亿元，如图 6－7 所示，与 2015 年相比，增幅为 11.0%，继续保持了较快的发展。纺织、服装及日用品专门零售占零售业销售总额的比例与 2015 年持平，维持在 4.47%左右，这说明纺织、服装及日用品专门零售与零售业总体的平均发展速度持平，标志着该行业已经进入相对成熟阶段，需要通过商业模式创新进一步开发行业发展潜力。

从发展趋势看，2005—2008 年，纺织、服装及日用品专门零售销售额大幅增长，曾经达到过 33.85%的增长率峰值。而在 2009 年，受到金融危机和互联网零售的双重冲击，其增长率急速下降至 16.66%。2009 年之后，其增长率虽有一定的波动，但幅

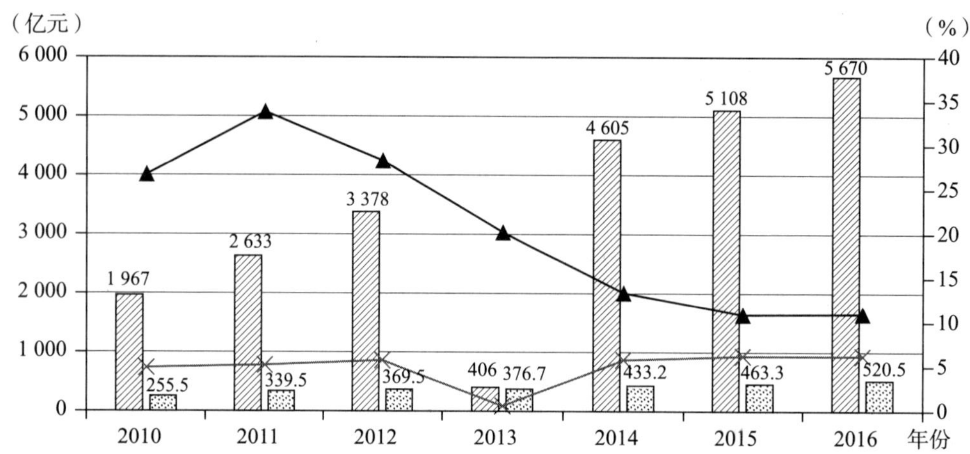

图 6－7　纺织、服装及日用品专门零售销售情况（2010—2016 年）

度较小。纺织、服装及日用品专门零售的增长率经过 2009—2011 年的短暂上升期之后，便缓慢下降，直到 2015 年降至 10.93%，2016 年增长率仍保持在 11.0%的水平。2016 年，连锁企业的纺织、服装及日用品专门零售的销售总额虽然逐年上升，但总量仅 520.5 亿元，所占比例始终很小。

从经营效益指标看，如图 6－8 所示，限上纺织、服装及日用品专门零售行业的毛利率仍然保持较高水平，为 27.26%，比上年略有上升。净利率指标 2015 年较 2014 年有所上升，上涨了 0.03 个百分点。总体来看，净利率的波动幅度一直较大，呈现波动下降趋势。

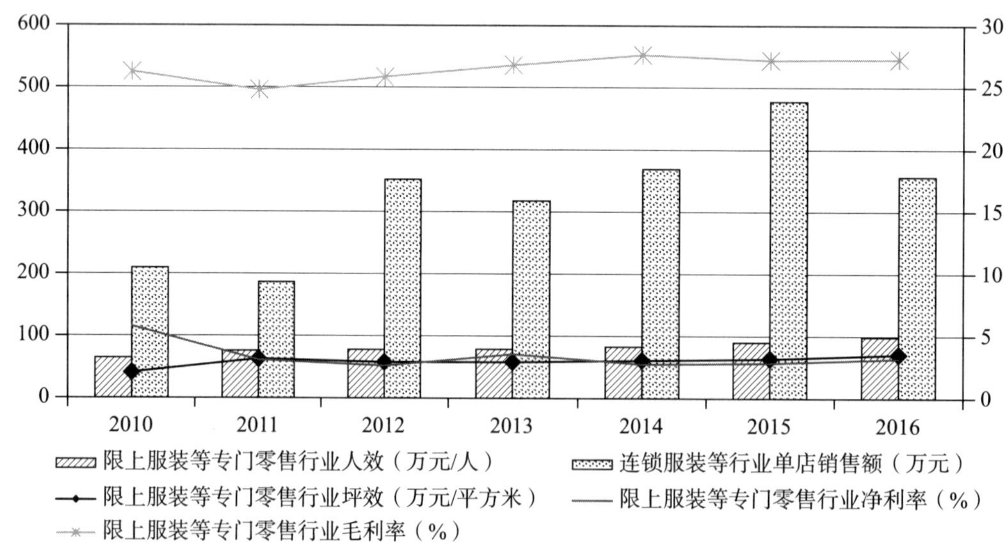

图 6－8　纺织、服装及日用品专门零售经营效益与效率情况（2010—2016 年）

从经营效率指标看，传统的纺织、服装及日用品专门零售企业已经总体适应了互联网零售飞速发展的大环境。面对挑战，企业在精简店面、提高服务效率和用户体验、提高经营效率、降低营业成本、增强竞争力方面的调整取得了成效。如图 6－8 所示，纺织、服装及日用品专门零售的各项效率指标整体呈现良好的增长势头。人效、坪效总体保持增长态势，但是单店销售额下降较为明显。2016 年，人效、坪效和单店销售额的数值分别为 98.29 万元/人、3.51 万元/平方米和 356.28 万元/店。与 2015 年相比，人效、坪效和单店销售额分别增长 8.56％、4.63％和－25.42％。

2016 年，纺织、服装及日用品专门零售行业的法人单位数、年末从业人数以及零售营业面积与 2015 年比，虽都有一定程度的增长，但增长速度较 2015 年有所下降，这与零售业整体情况相类似。

6.3.2　开关店分析

从行业发展整体情况看，如图 6－9 所示，自 2010 年至 2016 年，纺织、服装及日用品专门零售行业限上法人企业数一直保持着上升态势，2016 年达到 5 706 个。2012—2013 年的上升幅度最大，约为 33.53％，但 2013 年以后增长速度开始减缓，2016 年更是降低到 2.53％，从这些数据我们可以看出纺织、服装及日用品专门零售行业发展的竞争压力。

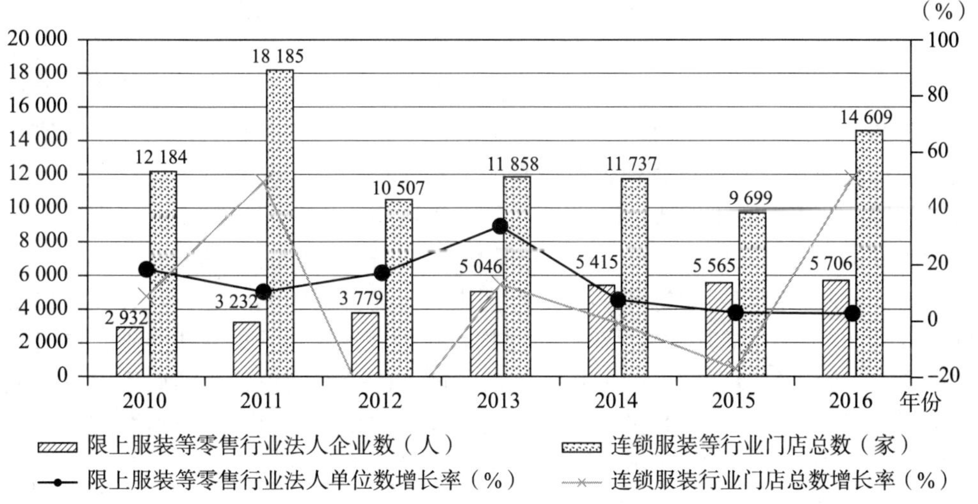

图 6－9　纺织、服装及日用品开关店情况（2010—2016 年）

从连锁门店角度看，自 2008 年之后，纺织、服装及日用品专门零售行业连锁企业的门店总数一直处在剧烈波动之中。连锁门店数在 2010—2011 年迅速增长，但 2011 年后，又重回低谷，随后缓慢波动上升至 2013 年的 11 858 家，但 2013 年之后又出现了“关店潮”，到 2015 年门店数降至 9 699 家，然而到 2016 年又增长到 14 609 家。

从监测的企业状况看，随着新零售的发展，纺织、服装及日用品专门零售企业开始对门店进行新的升级和转型。这一时期，大多数企业经历了一些无竞争优势的门店淘汰和新型门店的开设，加强线下门店的客户体验升级，完善线上和线下的互联互动。例如：森马在 2017 年虽然新开设了 1 684 家门店，但同时关闭了 1 513 家效益差的门店；雅戈尔男装门店净值减少了 200 家，其中新开店铺 489 家，关店 689 家。同时，一些效益较好的连锁零售企业，进一步拓展其线下销售网络，如安踏、海澜之家 2017 年分别新增了门店 607 家和 459 家。但同时，也有一部分服装零售企业因为无法适应零售市场整体环境的变化，退出了竞争，如 2017 年 4 月旭日企业有限公司出售了其旗下的真维斯。

另外，纯电商服装零售企业，进一步拓展其市场，韩都衣舍 2017 年入驻 JollyChic 平台，终端消费者主要定位于中东市场，开启了国际化发展之路。

6.3.3 代表性企业监测与分析

6.3.3.1 服装类

(1) 服装行业经营模式整体向精细化转变

根据专业人士的分析，目前我国的服装行业按照价格带区分，逐步演变为平价、中等及奢侈品三类市场。其中，平价品牌以国民基础款、基础时尚设计、低价格的特点占据了最大块的销售市场。体现在终端上，这些品牌大多以大面积店铺、最齐全的 SKU、涵盖男女幼童的品类出现在核心商圈的核心位置。中等市场最终将转型为个性化的轻奢品牌，以特定的品牌力感召特定的客群，最终形成总体庞大、单体规模较小的中端市场。奢侈品在短期内仍为海外品牌所占据。国内的服装品牌也逐步从原来粗放的管理和品牌定位中寻找适合企业本身的发展道路，从产品设计、价格设定、终端管理、品牌打造等方面再塑造，以迎合整个消费趋势的变化。目前来看，主流服装企业都初步具备了各自定位的雏形，正通过不断完善以贴合市场及消费。①

由于传统的服装市场的饱和，服装企业开始精确自己的品牌定位，开发新的细分市场。森马 2017 年凭借其童装品牌巴拉巴拉，成为我国童装业的龙头企业，同时其继续对梦多多小镇进行投资，进一步开拓儿童市场；佐丹奴则把目光转向了二三线城市和东南亚市场，抢在其他潮牌进入这一市场前，提前站稳了脚跟；而雅戈尔在经历了营业额连年下降后，2017 年为其旗下的美国男装品牌哈特马克斯（Hart Schaffner Marx）举办了大型周年纪念发布会，并宣布将加大对该品牌的投入，主打绅士型服装的销售；李宁针对篮球需求，推出了适合年轻人群体的“BAD FIVE”系列，针对跑步，推出了“空气弧”跑鞋、“超轻十四”跑鞋和“云四代”跑鞋；在 2017 年 5 月，韩都衣舍入驻 JollyChic 平台，终端消费者主要定位于中东市场，开始了其国际业务的扩张。

---

① 相关资料参考《福建七匹狼实业有限公司 2017 年年报》。

（2）发展新零售，进一步探索定制化、个性化模式，不断提高购物体验

新零售的核心是以消费者的体验为中心，通过各种方面的升级和革新来提高消费者的消费体验。在这一背景下，一部分零售商进行店铺升级，通过消费场景的设置和服务质量的提高来增强消费者的购物体验。例如：七匹狼线下门店引入智能机器人服务员；红豆男装募资 18.1 亿元打造的首家智慧门店在南京溧水正式开业；李宁在上海开设了首家跑步专营店，该店集专业跑步装备销售、跑步运动专业测试、运动社交于一体，旨在提高消费者的参与感与体验，李宁还在王府井开设了首家运动时尚店，从多种角度切入消费者。另一部分零售商开始探索产品定制化、个性化道路，提升产品体验。例如：奥康鞋业发布其 C2M 高端定制战略；雅戈尔宣布和欧洲五大顶级面料供应商达成战略合作，打造中国的高端成衣和定制品牌 MAYOR；浙江报喜鸟进入私人定制市场，公司子品牌 HAZZYS 的私人定制业务已占主品牌私人定制业务的 15%左右。还有零售商从供应链入手，提高供应链整体的运作效率，如海澜之家启动全渠道零售系统项目，通过整合实体门店、电子商务和移动端的渠道资源，增加品牌触点，加快 O2O 门店布局，提升消费者的购物体验。

（3）行业内发展分化严重

通过对代表性企业的监测，与上年相同，我们发现由于企业面对环境变化采取的转型方式不同，因此经营状况分化比较严重。同为潮牌服饰企业，佐丹奴通过开拓新市场，销售额增长了 5.19%，而真维斯的销售额减少了 4.37%（该部分业务已被公司出售）。而作为西装服饰业，红豆服饰 2017 年的销售额减少了 10.8%，而九牧王 2017 年的销售额增长了 12.94%。休闲服装零售的代表性企业森马，其销售额增长了 12.74%；而美特斯邦威在没有了转让子公司收入所得后，销售额减少了 0.72%。

（4）实现业务多元化，降低经营风险

近年来，服装行业刮起了“多元化”之风，不少企业跨界实现业务多元化战略。比如：海澜之家投资 4 亿元于兰卫检验，同时，以自有资金 4 500 万元出资设立消费金融公司，出资比例为 7.5%；九牧王拟缴 1 亿元设立杭州慕华股权投资基金合伙公司，投资文化教育及其衍生行业，同时董事会已审议并通过闲置资金投资议案，公司及其控股子公司将使用不超过 25 亿元的自有闲置资金进行投资理财；雅戈尔集团发布公告，称拟与全资子公司雅戈尔置业控股各出资 10 亿元，分别认缴注册资本的 50%，共同设立上海雅戈尔置业开发有限公司，进军地产行业。

（5）开展国际合作，提升竞争能力

为了更好地应对整体经济的低迷和互联网零售的冲击，一些零售企业选择积极与国外企业合作。比如，奥康鞋业继与 Cortina 以及 Woodland 合作之后，又与国际体育用品零售巨头宜动体育（INTERSPORT）达成合作，推动运动类品牌集合联动发展。

（6）行业发展展望

近年来，国内服装行业的增速放缓，但城镇化的持续推进、中高端收入阶层的崛起以及人均可支配收入的稳步增长，推动了居民在服饰方面的消费支出。国家供给侧结构改革的成效逐步显现，也为服装产业的发展提供了有利的政策环境。国家统计局

数据显示，2017 年国内社会消费品零售总额 366 262 亿元，同比增长 10.2%，增速较 2016 年同期下滑 0.2%；限额以上单位消费品零售额 160 613 亿元，增长 8.1%，服装鞋帽纺织品类增长 11%，保持了较高增速。

这一时期，伴随着消费升级的加速，消费者逐渐从满足基本需求转向品质、时尚和品牌，对服饰产品细分化需求不断提高，这对服装企业的创新能力和差异化经营能力提出了更高的要求。因此，这就要求纺织服装零售商通过转型和升级开辟出新的发展道路，通过开辟新的细分市场、优化供应链、升级产品或跨界合作等方式来实现企业的长期可持续发展。

6.3.3.2 化妆品类

(1) 运用新兴技术，推出体验店，全方位提升消费者购物体验

在新零售理念的指引下，一部分连锁店开始尝试新型体验店。屈臣氏在 2017 年初推出了第八代店铺，以彩妆和进口商品为主，同时提供 AR 虚拟试妆、皮肤测试等服务项目，同时在 2018 年年初结合热点 IP 推出 colorlab 彩妆概念店和“恋上屈臣氏”线下主题店；万宁在 2017 年 11 月上线了新一代形象店，重点推广其“M-Studio”；金甲虫也在 2017 年第二季度推出了新型概念店。此外，还有一些连锁店结合新兴技术打造消费场景来加强与消费者的互动，如丝芙兰进一步完善了其 AR 试妆应用 Virtual Artist，新增眼影功能，同时与支付宝合作推出手机 AR 扫一扫活动。

(2) 专营连锁店渠道继续稳步增长

受到化妆品电商销售渠道的冲击，超市、大卖场及百货店虽然现在还是主要的化妆品销售渠道，但其市场份额一直在下滑。相反，专营店凭借其多样细分的产品、极具吸引力的活动折扣、积极的客户体验以及灵活细致的供应链和渠道管理模式，在实体店遭遇寒冬的现在，不仅能够保持较快的增长速度，还在逆势扩展门店数量。例如：娇兰佳人计划在 2018 年再开店 1 100 家，总店数达到 3 300 家，向着建立万家门店的目标不断前进；屈臣氏也表示，2018 年将仍会维持开设 1 300 家店，其中内地将开设 400 家店。

(3) 本土个护化妆类专营店线下扩张迅速

个护化妆类专营店主要分为两类：以屈臣氏、丝芙兰等为代表的外资背景连锁专营店和以娇兰佳人、金甲虫等为代表的本土连锁店。2017 年度，外资背景的连锁专营店依然凭借其品牌优势和渠道优势占据主导地位，但本土连锁店增长也很迅速。可以发现，目前本土连锁店更加聚焦国内中低端化妆品品牌，注重连锁发展的速度，对于国内市场的反应也更为迅速，而且目前大多数的本土连锁店更加聚焦地区范围的服务市场，因而呈现较强的市场活力，在三四线城市占据大量的市场份额；而外资连锁店近年来更注重消费体验的提升。

(4) 进一步完善线上渠道布局

新零售并不意味着不注重线上渠道的布局与发展，相反，新零售对企业线上渠道的流通效率要求更高，因而就要求企业进一步打造其线上渠道，实现线上线下的互动。丝芙兰、万宁、屈臣氏这类的外资背景连锁店在 2017 年进一步完善了其线上渠道的布

局。比如：屈臣氏入驻饿了么平台，推出了移动 App“莴笋”，同时联手美宝莲尝试了直播销售；万宁推出微信电子会员卡，进一步完善了会员管理信息系统；而作为最传统的高端化妆品品牌专营连锁店的代表，在 2017 年圣诞节，丝芙兰举办了业内首个全直播形式的美妆大赛，打造了一场千人网红线上直播活动，更通过邀请网红进入丝芙兰实体门店直播的方式，将线上流量转化为线下的进店客流。

（5）行业发展展望

展望未来，化妆品零售市场的前景还是十分良好的。根据国家统计局的销售类值统计数据，2015 年化妆品类零售市场的销售规模为 2 218 亿元。尽管规模不是很大，但是增长幅度较大：2008—2013 年均维持着 20%以上的增长率，2014—2015 年一直维持着 12%的增长率，2015—2016 年增速有所下降，但仍为 8%。同时，根据中国产业信息网发布的数据，我国化妆品市场销售规模从 2010 年的 2 045.33 亿元增长到 2016 年的 3 360.61 亿元，复合增长率为 9.06%，中国成为仅次于美国的全球第二大化妆品消费国。近年来虽然由于零售终端不景气，行业增速开始下行，但化妆品零售行业整体仍保持较高的增速。同时，在化妆品市场中，护肤品是最大的细分市场，但目前与发达国家相比，我国年人均护肤品消费换算成美元仅为 17.96 美元，不仅远低于美国、德国等人均护肤品消费量较为成熟的国家，也远低于日本、韩国等亚洲邻国。未来随着消费升级以及护肤品消费习惯、理念的培育，这个差距有望不断缩小。①

6.3.3.3　金银珠宝类

（1）线上线下打通，体验店试验

随着电商红利的逐渐流失，纯电商企业很难在市场上长期存续下去，金银珠宝类零售店更是如此。在此环境下，一方面，一些企业开始进行线上线下的信息统一整合管理，宝岛眼镜的母公司——星创视野集团便是如此，其在 2017 年，将原本宝岛眼镜的线上线下渠道进行整合，推行全渠道营销。

另一方面，为了给消费者提供更好的购物体验，传统的珠宝零售店开始了对新型零售店铺和定制服务的尝试。例如：周人福华中第一家 4S 售后服务旗舰店落户武汉汉街黄金屋珠宝店，并在全国 2 000 余家珠宝零售门店全部开启珠宝 4S 服务；周大福旗下轻奢珠宝品牌 SOINLOVE 将在杭州开出其首家店铺，主打婚嫁钻戒定制服务；谭木匠也在自己的店铺中展示并出售它的新产品。

（2）积极开拓新市场

随着我们居民收入和消费水平的提高，二三线城市居民对首饰的需求也逐渐凸显，因而一部分珠宝零售商开始布局二三线城市，如老凤祥在 2017 年在三四线城市开辟了自己的终端零售市场，以此提高在当地的影响力。

除了深耕内地市场外，一些零售商还选择了对海外市场进行拓展。例如：2017 年，老凤祥以香港地区为核心市场，加紧海外市场的布局，在美国、加拿大、澳大利亚和中国香港地区已开设的 9 家银楼的基础上，又先后在中国香港地区新开了铜锣湾百德

① 数据来源：中国产业信息网发布的《2018 年中国化妆品行业发展现状及发展趋势分析》。

新街银楼、屯门市广场银楼、尖沙咀金冠大厦银楼以及元朗银楼；谭木匠作为唯一一家中国企业亮相年度东京会展，提高了其在海外市场的知名度。

(3) 对线上市场的充分使用

尽管金银珠宝零售商实体店面的存在具有必然性，但是传统珠宝饰品的龙头企业依然没有放弃在电商领域拓展业务的机会。周大福、潮宏基、周生生、老凤祥等品牌已经建立线上旗舰店、B2C 平台，通过 O2O 模式，逐步在电商渠道发力。未来，高端珠宝饰品行业的销售渠道与中低端的珠宝饰品的分化会越来越大。高端珠宝饰品行业线上线下渠道两手抓，以 O2O 模式发展业务。中低端珠宝饰品将主要通过电商渠道和独立工作室模式，凭借低价优势和新奇特的设计优势发展业务。例如，周大福在 2016 年“双 11”推出 BB 派单，线上线下结合起来进行配送，取得了可观的效果。

(4) 行业发展展望

根据国家统计局发布的限额以上零售业销售类值，2016 年金银珠宝类的零售市场规模为 2 995 亿元，同比下降 2.4%，增幅较上年同期有所下降，但纵向比较六年来的数据可以发现增幅整体上仍呈现上升趋势。珠宝市场回暖的原因大致有以下两点：1) 珠宝首饰属于奢侈品，需求弹性大，而当前随着我国居民人均可支配收入的提高，居民对于珠宝的需求也有所提高；2) 当前消费发展的另一个趋势是消费升级，过去金银珠宝首饰主要是作为婚庆用品进行使用的，但随着经济发展，居民的生活与消费观念发生了改变，金银珠宝首饰的作用也逐渐从传统的作为婚庆用品中跳脱出来，因而其需求量逐渐增大。

未来随着收入增长和消费升级的持续进行，大部分三四线城市收入刚刚或者暂未跨过人均 GDP 5 000 美元的门槛，未来这部分地区居民对于金银珠宝首饰的需求将成为珠宝首饰行业的重要新增需求。而一二线城市虽然珠宝首饰的普及率已较高，但仍集中于婚庆领域，且以黄金首饰为主，未来珠宝首饰的日常佩戴需求将增加，单个消费者的珠宝消费频次也会随之提升，非黄金首饰的需求也会逐渐提高。①

此外，在传统的珠宝行业纯实体经营模式中，产品只有经历过原材料购买、设计师设计、加工商生产制作、销售商分销等环节后才能到消费者手中，整条产业链各环节之间缺乏有效的信息沟通，设计师无法及时准确捕捉客户需求，而销售商也无法获得众多加工商的产品信息。珠宝属于标准化程度低、消费者个性化要求高的产品，信息的不对称导致产品无法及时反映消费者需求，产品同质化严重。在 O2O 模式下，企业通过互联网手段收集客户信息，根据消费者喜好和需求提前把握消费者的认知，通过 C2B 将信息提供给上游，连接产品生产，实现上下游的信息流通，并同时解决上下游原料采购和成品采购的资金沉淀问题，实现行业资源的有效整合。

6.3.3.4 儿童玩具和母婴用品类

(1) 努力拓展新渠道，积极进行产品创新

母婴市场内的大部分企业已经意识到了互联网平台的重要性，因此母婴用品行业

---

① 信息来源：中国产业信息网发布的《2017 年中国珠宝首饰市场发展现状及行业发展趋势》。

触网时间整体较早。如今，行业内的企业大多同时发展多种渠道，在销售上实现了多条腿走路的模式。例如：贝因美于 2015 年成立电子商务公司的同时，继续完善其数字化系统的建设，在 2017 年与软通动力战略合作以实现数字化转型。除了在销售渠道上实现多样化外，不少母婴用品公司还发展多样化的业务。贝因美还进入婴童服饰产业，推出环保品牌丽儿宝。

对于儿童玩具来说，2017 年虽然代表性企业积极地做出了转型的努力，但仍然无法遏制整体儿童玩具产业的颓势。2017 年，玩具反斗城在 9 月申请破产保护；乐高也被迫裁减 1 400 名员工。但值得注意的是，乐高尽管在全球市场整体表现差，但在中国市场实现了营业收入的增长，这与其积极推进授权店进驻购物中心是分不开的，这也从侧面反映出我国的儿童玩具市场仍然有一定的增长潜力。

（2）加强生产监督，提高产品质量

产品质量问题一直都是母婴用品产业和儿童玩具产业发展中最重要的问题。这是消费者关注的重点，也是该类型消费者体验的核心部分。同时，产品也是企业塑造品牌的关键。但是，本土母婴用品和儿童玩具产品质量问题频发，国内消费者大多失去了对国内产品的信心。目前，一些国内厂商仍然对质量问题不够重视。例如：上海丽婴房婴童用品有限公司生产的丽婴房婴幼儿内衣 2017 年被检测出 pH 值不合格；广东婴姿坊婴童用品实业有限公司生产的婴姿坊童装外套，附件拉力和耐唾液色牢度不合格。因此，我国的母婴产品和儿童玩具产品连锁零售市场的很大一部分被外资企业占有，本土母婴用品和儿童玩具产品，无论是品牌知名度还是企业规模，目前都难以与外资企业抗衡。如何打破外资企业在母婴产品和儿童玩具产品行业的垄断，赢得消费者信任，是所有中国儿童玩具和母婴用品类企业应该思考的问题。

（3）行业发展展望

根据国家统计局公布的儿童玩具类零售数据，2016 年，我国儿童玩具类市场的零售额为 365 亿元，同比增长 12.3%。自 2008 年以来，儿童玩具类零售市场规模保持着 10%以上的增长幅度，最高达到 45.72%。同时，根据中国产业信息网的数据，目前玩具行业消费群体有扩大的趋势，在诸多的年龄段中，儿童始终是玩具消费的主力军。一个国家的儿童数量往往是该国玩具消费的重要基础，而国家生育政策是影响儿童数量的主要因素。我国自 20 世纪 80 年代开始实行计划生育政策，1986—1997 年出生的人口均保持在2 000万人以上，形成一波小高潮，而 2011—2020 年我国的新生儿基本为 1986—1997 年出生的人口所繁育，按照人口年龄分布推算，新的一波婴儿潮在“十二五”和“十三五”期间到来，为玩具内销增长提供了现实的市场需求。同时，国家生育政策的放开有利于我国未来新生儿数量的增加，巩固内销的群体基础。由此可见，我国的儿童玩具类市场仍有发展的潜力，随着人民收入水平的提高，未来该市场的发展潜力将会相当可观。

与此同时，母婴网购市场规模也在飞速发展。2015 年至今，母婴电商进入了高速发展时期，电商平台加强了供应链整合，线下零售商积极布局线上渠道，打通线上线下交易，母婴电商 O2O 步入了全新的阶段。母婴产品的增长率相较于化妆品、3C 产品等高渗透率品类，仍有很大的提升空间。跟电商行业整体的发展速度比起来，2012 年、2013 年母婴电商市场规模增长率仍低于整体网购市场增长率，从 2014 年开始母婴电商市场迎来了两年的爆发式增长。据艾瑞咨询预测，未来三年，母婴电商将继续以高于整体网购增速的姿态高速发展。[①] 对于供应商而言，“大母婴”行业将是大势所趋。母婴产业将向上向下进行资源整合：向上延长产业链，包含母孕医疗和胎教等业务；向下拓展产业链，将婴幼儿教育活动、孕妇产后恢复等纳入业务中。“大母婴”的生态圈，主要扎根于大数据和互联网等新技术，将线上线下的资源和交易结合起来。随着未来二胎婴儿潮的到来以及跨境电商的发展，“大母婴”行业必将迸发出蓬勃的生命力。

6.4 文化、体育用品及器材专门零售

6.4.1 发展全景分析

从行业发展整体情况看，如图 6－10 所示，文化、体育用品及器材专门零售行业 2016 年实现商品销售总额 3 386.7 亿元，结束了上一年度的负增长情况，增长率为 10.2%。总体看来，文化、体育用品及器材专门零售的销售额占零售业总体销售额的比重在近年来出现了缓步下降，由 2013 年的 3.08%逐步下降为 2016 年的 2.67%，但总体维持在 2%～3%；占专业零售业的比重也同样缓步下降，由 2013 年的 4.3%下降至 2016 年的 3.72%。另外，按照连锁口径，2016 年该行业的连锁销售额为 556.2 亿元。

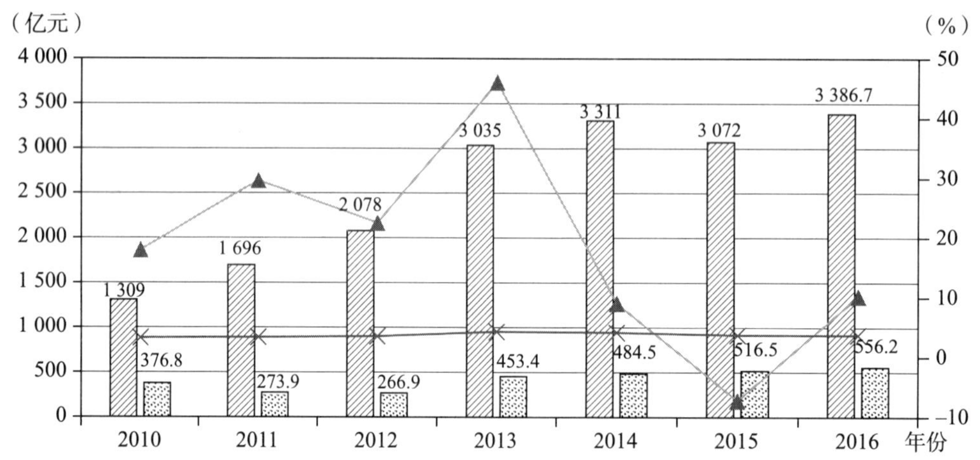

图 6－10 文化、体育用品及器材专门零售销售情况（2010—2016 年）

从发展趋势来看，文化、体育用品及器材专门零售行业自 2010 年以来快速发展。

① 信息来源：中国产业信息网《2018 年中国母婴行业市场现状及发展趋势预测》。

按照限上口径，2013 年增长率达到峰值 46.05%，但随后增长率在 2014 年、2015 年有较大回落，至 2015 年已为负增长，2016 年增长率下降的趋势结束，文化、体育用品及器材专门零售业出现回暖迹象。

从扩张情况看，2016 年文化、体育用品及器材专门零售业的零售营业面积增长 5.1%，连续五年实现增长。年末从业人数与上年相比实现了增长，幅度为 2%。2016 年文化、体育用品及器材专门零售业相较于 2015 年扩张速度明显提高，从侧面印证了该行业的回暖迹象。

从经营效益看，2016 年文化、体育用品及器材专门零售的毛利润为 575.2 亿元，毛利率为 18.67%。与 2015 年相比，两项指标都得到了上升。2016 年，该行业的净利润为 160.5 亿元，净利率为 5.21%。净利率在近两年呈现上升趋势，2016 年相较于 2015 年增长了 0.77 个百分点，增长幅度超越上年同期。

从经营效率看，2016 年文化、体育用品及器材专门零售业的人效、坪效和单店销售额相较于 2015 年都出现了上升。如图 6－11 所示，2016 年，限上口径的人效和坪效分别为 138.3 万元/人和 4.78 万元/平方米；连锁口径单店销售额为 2 842 万元/店。人效、坪效和单店销售额分别下降 8.12%、4.87%、20.02%。

从以上各指标可以看出，文化、体育用品及器材专门零售业摆脱了过去几年的颓势，整体开始回暖。

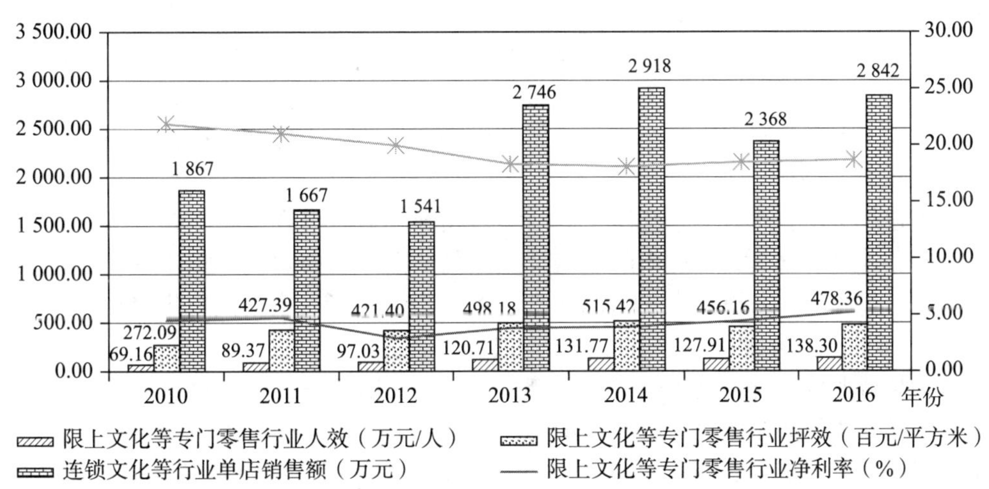

图 6－11　文化、体育用品及器材专门零售经营效益与效率情况（2010—2016 年）

6.4.2　开关店分析

从行业发展整体情况看，如图 6－12 所示，文化、体育用品及器材专门零售的法人企业数整体上维持着上升趋势。2011 年后，该行业从金融危机的影响中走出，逐渐回暖，连续三年保持着 7%以上的增幅。但到 2015 年，受到零售业整体低迷的影响，增长率大幅降低，仅为 1.05%。2016 年，文体行业整体出现复苏迹象，法人企业数增长率也随之有所提高。

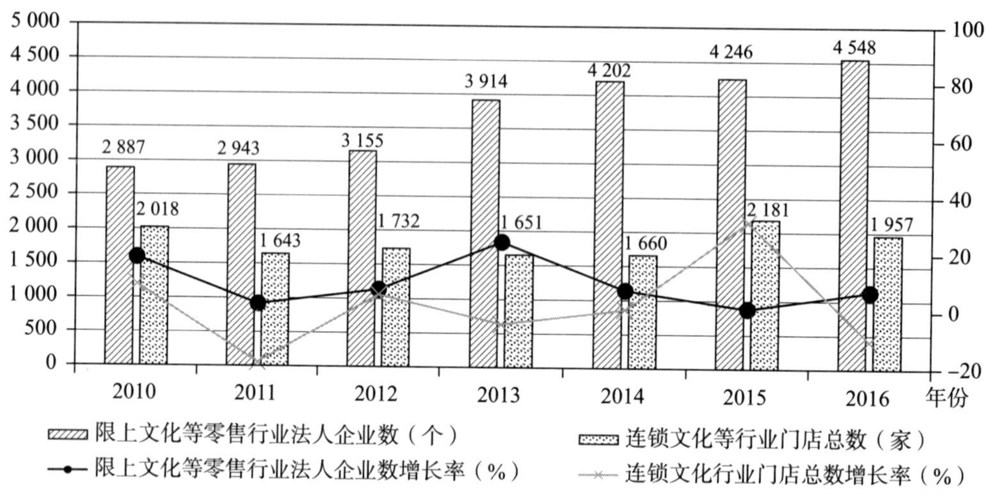

图 6-12　文化、体育用品及器材专门零售开关店情况（2010—2016 年）

从连锁门店角度看，文化、体育用品及器材专门零售的连锁门店数在 2010—2016 年波动比较大。受到互联网零售的冲击，自 2011 年以后，连锁门店数就一直在维持在 1 600～1 700 家。2015 年，文化、体育用品及器材专门零售的总店数 88 家，连锁门店数为 2 181 家，有小幅增长，但 2016 年连锁门店数又出现下降趋势，说明虽然文体零售行业整体出现复苏迹象，但企业面对新的市场环境还处于适应阶段，对门店的调整布局幅度较大。

本报告将文化、体育用品及器材专门零售又细分为图书音像类、办公文具类和户外运动类。经过对这三类行业内的代表性企业的监测，我们发现，实体书店在互联网的冲击下，传统的图书销售业务已经很难绽放出“第二春”，中信出版集团旗下的中信书店在 2016—2017 年度关闭了超过一半的机场书店。

虽然从行业数据看，整体转型效果甚微，但是，以新华书店为代表的将单一的书店转化为多元化的文化休闲场所的尝试，以及单向街书店在打造读书沙龙空间上的努力都取得了一定的成效。由此可见，实体书店未来的发展方向可能是扎根文化产品，提供文化衍生服务，提升客户消费体验。

6.4.3　代表性企业监测与分析

6.4.3.1　图书音像类

（1）进一步提供多元化服务

实体书店若只是单纯提供传统的零售服务是远远不够的。在电商的冲击下，实体书店需要从消费者的文化体验入手，满足消费者多样化的文化需求，提高消费者的零售体验，以此增加客户黏性，这是大多实体书店实现多元化服务的主要目标。实体书店不再扩张门店数量，而是从提高门店质量上入手。比如：2016—2017 年度，大量的新华书店进行重新改装，打造出优美的环境，代表性的如乌海新华书店，其将原先单一的书店转型为多元化的文化休闲场所，保定新华书店改装为日式清新风格；单向街书店的第二届文学节，以及三联书店通过提供定期的沙龙活动和文学交流活动，加强了与读者之间的联系，从而增加了读者的文化体验。

（2）营造文化氛围

互联网阅读一直以价格低、品类全等优势抢占着实体书店的市场份额。实体书店逆袭的关键就是为消费者提供互联网阅读所取代不了的服务，那就是为消费者营造文化氛围，给消费者一片宁静的知识世界。因此，很多实体书店在书店位置的选择、书店的装潢设计以及书架座椅摆放等方面下足了功夫，力争在环境氛围上与互联网阅读形成差异化优势。比如，南京先锋书店就被英国媒体评为“中国十大最美书店”之一，西西弗书店不仅店内装修带有独特的民族风情，店内还提供原创工艺品的销售服务。

（3）深化与电商合作

实体书店触网是众多实体书店积极转型的重要尝试。中信书店与当当网、天猫、亚马逊等网商达成合作，以其作为自己的线上渠道；三联书店在天猫商城建立了旗舰店，线下线上渠道两手抓。

（4）行业发展展望

根据国家统计局发布的限额以上零售业销售类值数据，2016 年中国图书音像类产品的零售市场规模为 1 089 亿元，同比下降 1%。2016 年电子书和互联网售书的冲击仍然在持续，电子读书设备的不断更新换代和电子图书阅读体验的不断升级，无疑对纸质书造成了极大的冲击，2016 年图书产品已经出现负增长。与此同时，根据中国产业信息网数据，2016 年移动阅读市场规模达 90 亿元，复合增速为 20%，同时，2016 年移动阅读覆盖人群规模达 2.97 亿人，增长迅速。

随着居民财富的逐步积累，人们将更加注重精神文化生活。因此，实体图书业的转型可以向阅读环境营造方向发展，实体图书业的角色可以由图书的销售者向阅读环境和阅读服务的提供者方向转变，注重人文情怀，从而在逆境中开辟出一条新的道路。

6.4.3.2　办公文具类

（1）全渠道发展，提高运营能力

晨光文具继续在全国扩展门店数量，以扩大品牌知名度和凸显规模效益。同时，晨光文具于 2017 年 6 月成功收购中国欧迪，享有其 10 年商标权，极大地提高了知名度，有利于促进其办公用品的直销能力。此外，传统文具零售企业也在进一步加强与电商平台的合作，拓展自己的线上渠道，如史泰博在 2015 年自主开设“全渠道商店”后，又于 2017 年与美国巨星公司合作，为自己的仓库配置了全新的机器人系统，提高了供应链管理能力和效率。

（2）进一步探索新业务模式

2017 年，齐心集团进一步发展其 SaaS 业务，2017 年年末该项业务营业收入达 3.43 亿元，占整体营业收入的比重由 2016 年的 7.95%上升到了 2017 年的 10.78%，毛利率达 70%以上。

（3）行业发展展望

根据国家统计局的限额以上零售业销售类值数据，2016 年文化办公用品类零售市场规模为 3 306 亿元，同比增长 11.58%，增长幅度的扩大说明了我国的办公文具类产品行业仍处于成长期，有较大的发展潜力。

办公文具行业是典型的“小产品，大市场”行业。就消费群体来说，仅国内就有 3 亿左右的学生和 1 亿左右的办公人士，他们构成了该产业的核心消费群体。尽管如此，办公文具市场却呈现市场集中度低、具有品牌和规模效应的企业少的态势。中国制笔协会的数据显示，我国的文具行业规模约为 1 500 亿元（约合 215 亿美元），国际文具市场规模更是高达 2 500 亿美元。Wind 的行业数据显示，我国办公文具行业规模以上生产企业的主营业务收入近几年都保持了 10%以上的较快增长速度，其中 2012—2014 年增速均保持在 20%左右。[①] 但是随着人力资本的逐步提高，人口红利丧失，中国办公文具产品在国外市场将会慢慢失去低价优势，逐渐被墨西哥、印度等国家的低价办公文具产品替代。

展望未来，办公文具产业的市场集中度将会逐步提高，低效能、产品单一的小企业将会逐渐被淘汰。同时，办公文具产业将会继续深化与电商的合作，在商业生态圈内建立大办公产业，促成办公用品品牌商、消费者、企业采购方和电商三方共赢的局面。

6.4.3.3 运动户外类

（1）拓展关联业务

专业户外产品由于本身成本较高，因此具有毛利率低的特点。为了更好地应对环境变化，探路者公司除了销售户外运动产品外，还涉及旅游和体育两项领域的投资业务，多角度推动户外运动和旅游服务板块的发展，但整个 2016—2017 年度，其非主营业务表现不佳。2017 年 5 月，探路者公司又将发展中心转移到销售户外运动产品上，这样的尝试使其变着法子来提升自己的销售额。

（2）行业发展展望

户外运动行业在国内是一个发展迅速的朝阳产业。我国户外运动行业起步较晚，在 20 世纪 90 年代初才登陆市场。我国户外运动市场大约在 2000 年后进入了爆发式增长期，据统计，2012 年、2013 年、2014 年为我国户外运动产品的增长率高峰期，户外零售总额分别为 145.2 亿元、180.5 亿元、200.8 亿元。[②] 近几年户外零售总额的增速有所下滑。

同时，由于运动户外产业是一个专业化程度和行业集中度都比较高的产业，因此

① 相关资料参考中国产业调研网《2017 年中国文具制造行业发展现状及市场前景预测》。

② 2016 年中国户外用品市场容量及行业现状分析. (2015 - 12 - 11) [2019 - 8 - 23]. http://www.chyxx.com/industry/201512/367867.html.

在较长一段时间内，国内运动户外产业的增速逐渐变缓且国内的高端运动户外市场逐渐被外资企业占据。尽管如此，近几年来探路者、万年青等一系列国产品牌渐渐崛起，奋起直追，通过不断创新工艺技术、运用多样化的商业模式，在国内市场占据着一席之地。如今受到经济下行的压力以及互联网的冲击，一些户外运动企业业绩表现较差，需要正确决策，合理转型。

未来，随着国人健康意识和消费水平的逐渐提高，户外运动的消费意愿将会逐渐增强，户外运动产业还将迎来下一轮增长高潮。

6.5　医药及医疗器材专门零售

6.5.1　发展全景分析

从总量上看，如图 6-13 所示，医药及医疗器材专门零售行业 2016 年实现了 7 102 亿元的销售额，同比增长 17.7%。这几年来医药及医疗器材专门零售的销售额一直在高速增长，从 2005 年的 764.09 亿元经过短短十年的发展，到 2016 年增长了 8 倍多。

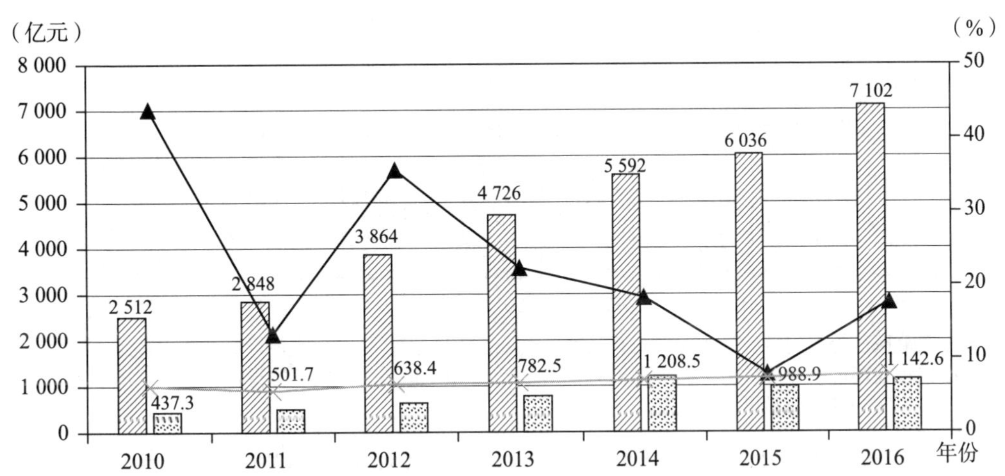

图 6-13　医药及医疗器材专门零售销售情况（2010—2016 年）

从发展趋势看，医药及医疗器材专门零售行业是处在成长阶段的朝阳行业，在未来拥有巨大的发展潜力。2008—2016 年，该市场一直保持较快的发展速度，其在 2010 年和 2012 年的增长率达到两个峰值：43.91%和 33.68%。虽然该行业在 2013—2015 年，受到零售业整体低迷的影响，增长率不断下降，到 2015 年降到了 7.94%，但 2016 年增长率又回升至 17.7%。高增长率说明该行业依然有较好的发展潜力，增长率的迅速回升说明该行业随着零售业的回暖而进入复苏期。

从扩张情况看，医药及医疗器材专门零售业的发展态势良好。在法人企业数、年末从业人数和零售营业面积等指标方面，三者的增长幅度分别为 9.75%、11.80% 和 11.40%，市场规模平稳扩大。医药及医疗器材专门零售业发展的推动因素主要来自市场和消费自身的成长。同时，自 2014 年以来，国务院、国家卫计委和国家发改委等多部门密集地颁布了各项医药行业法规，比如放开药品价格管制、放开处方药的互联网销售、促进医疗保险的发展、推进医疗市场化的改革、推动医药分离、促进连锁化发展等。这些政策推动了我国医药市场的连锁化进程，也会进一步推动中国医药及医疗器材专门零售业销售额的上升，医药及医疗器材专门零售业仍有长远的发展潜力。

从经营效益看，如图 6-14 所示，医药及医疗器材专门零售业的毛利率和净利率指标虽然有一定的波动，但分别维持在 13% 和 2.3% 左右的水平，效益指标表现良好。从单店销售额指标看，医药及医疗器材专门零售业的发展更为迅猛。虽然其 2015 年的单店销售额为 219 万元，同比下降 24.74%，但 2016 年单店销售额又重新回升至 223 万元，这说明医药行业整体仍处于上升阶段，具有较大的发展潜力。

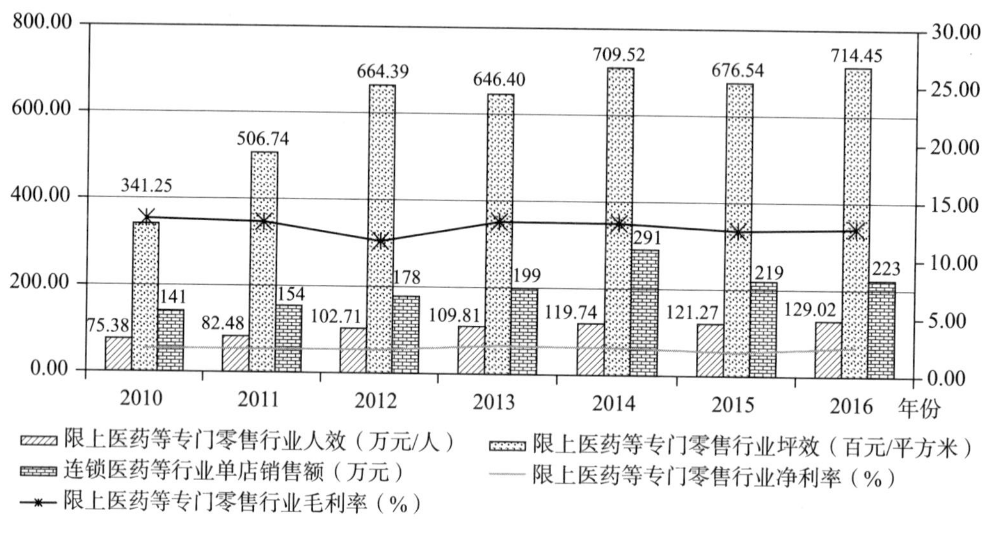

图 6-14　医药及医疗器材专门零售经营效益与效率情况（2010—2016 年）

从效率角度看，限上口径医药及医疗器材专门零售业的人效和坪效不仅增长速度快，而且绝对数量很大。2008—2016 年，人效由 51.79 万元/人增长为 129.02 万元/人，坪效则由 2008 年的 2.33 万元/平方米增长为 7.14 万元/平方米。而连锁口径下，医药及医疗器材专门零售业单店销售额在 2016 年也出现了回升，这说明医药及医疗器材专门零售业正处于成长期，并且在新技术的带领下迸发出了新的动力。

6.5.2　开关店分析

从行业发展整体情况看，如图 6-15 所示，医药及医疗器材专门零售行业的限上法人企业数 2016 年为 5 041 个，结束了自 2013 年以来增长率不断下降的趋势。连锁口径下的门店总数 2016 年达到 51 266 家，仍实现了 13.77%的高速增长，也是连锁零售业中门店总数最多的专业零售业态，占全部专业零售业态门店总数的 45.45%。

从发展趋势看，自 2005 年开始，截至 2016 年，医药及医疗器材专门零售业的发展一直呈现稳步上升的态势。具体看，2005—2008 年的连锁门店扩展速度较快。而在 2008—2011 年，受互联网零售的影响，门店扩展速度明显放缓。而在适应了互联网的大环境以及各种相关医改政策出台后，2011—2014 年的连锁门店总数增长率恢复到 5%以上，2016 年增长率达到 13.77%。同时，2016 年，连锁医药及医疗器材专门零售行业的总店数达 724 家，平均每家开设分店约 71 家，整体连锁化程度较高。

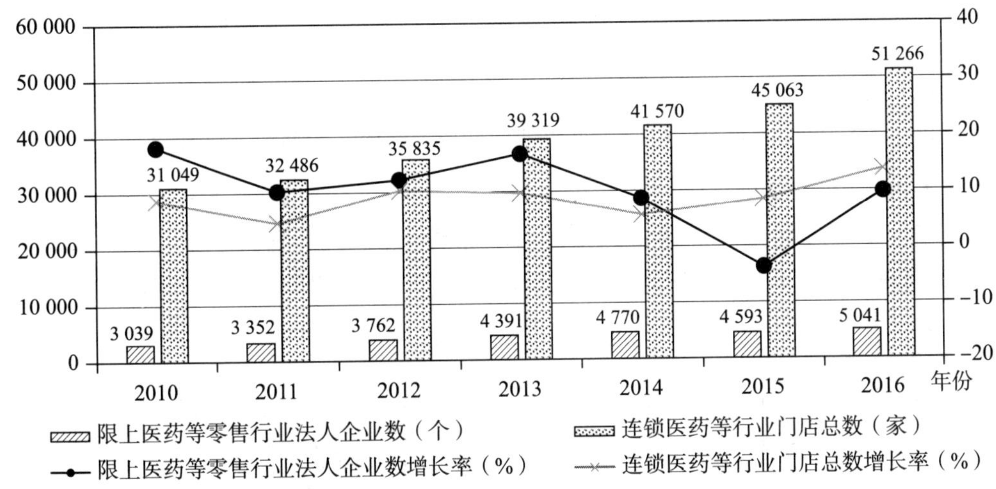

图 6－15　医药及医疗器材专门零售开关店情况（2010—2016 年）

从代表性企业的监测结果来看，2015—2017 年，随着并购行为井喷式增长，医药零售企业的连锁化程度不断提高，品牌集中度也随之提高。同时，为了进一步扩大线下销售额，大多数医疗公司在积极布局线下连锁网络。2017 年，以老百姓大药房为代表的一批连锁医药零售业开始大规模地收购线下药店和医药企业，在全国范围内铺设自己的销售网络。

医药及医疗器材专门零售行业门店扩张方式各具特色，自主扩张、收购和兼并都是主要模式。云南一心堂和老百姓大药房采取的是以收购现成药房为主的扩张方式，而深圳海王星辰则采取自主开新店的方式。

6.5.3　代表性企业监测与分析

6.5.3.1　医药企业的并购潮仍在继续

目前，我国的医药零售行业仍处于发展期，企业间的收购与兼并现象十分普遍，在 2017 年，大参林、一心堂、老百姓大药房和益丰药房四家已经上市的纯零售概念连锁药店更是这“并购潮”中的先驱。其中，2017 年一心堂已经有 5 066 家门店，成为当之无愧的“店王”，相较于 2016 年，门店数增长了近 1 000 家。同期，大参林门店扩张了近 700 家，老百姓大药房门店扩张了近 900 家。以上四家企业门店的扩张，大都是通过收购兼并来完成的。

6.5.3.2 “互联网+”医药模式的持续推进

如今，互联网与医药零售企业的合作日渐深入，医药电商已经不再是简单的交易平台，而是推动传统医药零售企业建立全渠道运营、提供多元产品与服务的重要因素。除了拓展互联网商城的销售渠道外，连锁零售药房还通过战略合作、自建平台等方式优化全渠道运营模式。例如，老百姓大药房自建平台布局移动端，打造 O2O 健康云平台，坚持 B2C 和 O2O 并重路线；云南一心堂联合京东大客户打造企业电商化采购新模式；益丰药业致力于打造 O2O 健康云服务平台提升消费者黏性及附加值。可见传统连锁零售医药企业已经充分意识到了互联网对于商业模式改造的重要性。同时，这些企业也基本适应了互联网零售的大环境，积极主动地应用互联网，进行产品与服务的转型升级。

6.5.3.3 行业发展展望

根据国家统计局发布的限额以上零售业销售类值数据，西药类产品零售市场在 2014 年的规模为 5 941 亿元，同比增长 6.7%。西药类产品零售市场的增长速度一直很快，连续 7 年在 5%以上，尽管 2016 年增速放缓，但绝对值仍处于较高状态，未来市场发展前景良好。

尽管经济下行压力很大，但由于政策支持以及连锁药店巨头争相上市，行业连锁化程度有所提高。根据商务部发布的《2016 年药品流通行业运行统计分析报告》，2016 年是“十三五”全国药品流通行业发展规划的开局之年，是国家深化供给侧结构性改革的第一年，我国进入了新一轮“三医联动”改革加速推进期。国家相继出台了《“健康中国 2030”规划纲要》《“十三五”深化医药卫生体制改革规划》《全国药品流通行业发展规划（2016—2020 年）》等一系列政策文件。在此背景下，药品流通行业积极贯彻落实医改政策要求，努力探索创新发展思维，提高医药供应链管理水平，推进药事服务及健康管理服务模式升级，加速跨界资源融合，行业发展站上了新的起点。2016 年药品流通市场销售规模稳步增长，增速略有回升。商务部药品流通统计系统数据显示，全国七大类医药商品销售总额 18 393 亿元，扣除不可比因素，同比增长 10.4%，增速较 2015 年上升 0.2 个百分点。

整体而言，我国医药行业现在正处于高速发展阶段，2016 年年底商务部发布的《全国药品流通行业发展规划（2016—2020 年）》指出，到 2020 年培育形成一批网络覆盖全国、集约化和信息化程度较高的大型药品流通企业。结合 2017 年医药行业掀起的大规模并购浪潮，可以预见，在行业增长和政策的支持下，未来的几年将是连锁药品零售企业争相扩展销售渠道、建立销售终端的时期。因而，作为药品连锁企业，若不尽早建立起自己的优势，将会存在被大型医药企业兼并的可能。

同时，由于我国医疗器材企业的产品多满足中低端市场的需求，同质化程度高，缺少自主知识产权。展望未来，随着医改不断深入、国民保健意识不断提高、家庭消费能力不断提升、老龄化进程难以逆转，家庭对于医药和医疗保健产品的需求将更加旺盛。中国医药及医疗器材专门零售企业应抓住机遇，建立品牌优势，完善线下渠道，实现长远发展。

6.6　汽车、摩托车、燃料及零配件专门零售

6.6.1　发展全景分析

从销售总额看，如图 6－16 所示，2016 年限额以上口径汽车、摩托车、燃料及零配件专门零售业的销售额约为 5.60 万亿元，仍然是七大类专门零售行业中销售规模最大的行业，占全部限上零售业总体销售额的比重为 44.25%，占全部限上专业零售业合计销售额的比重则高达 61.5%，比重较 2015 年略微下降，但仍较高。连锁口径的汽车、摩托车、燃料及零配件专门零售业 2016 年的销售额为 5 268 亿元，仍是连锁专业零售业中占比最大的行业，达到 43%，但其销售额与 2015 年相比下降了 5.5%。

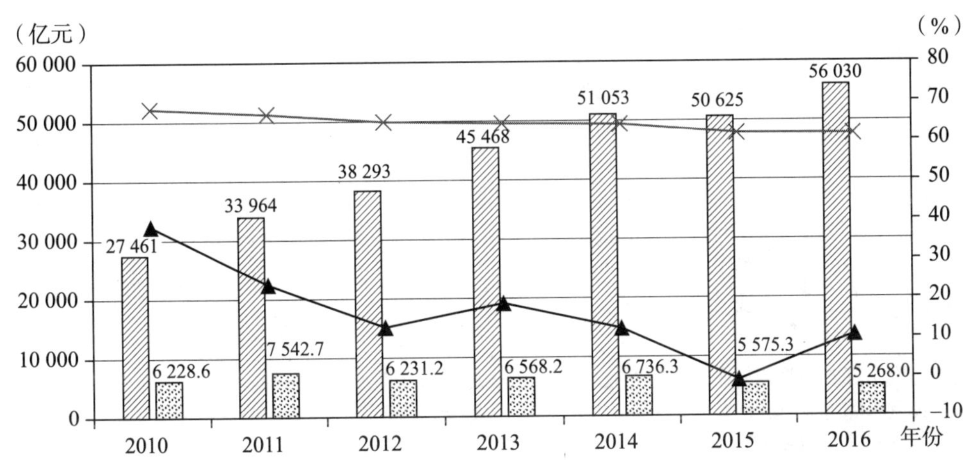

图 6－16　汽车、摩托车、燃料及零配件专门零售销售情况（2010—2016 年）

从趋势上看，限额以上行业口径的汽车、摩托车、燃料及零配件专门零售业销售额在 2015 年之前一直保持较高速增长，但增长率从 2010 年开始整体呈现下降趋势，从 2010 年的 38.5%下降到 2015 年的−0.8%，2016 年增长率有所回升，达到 10.7%。连锁口径的销售总额表现出极强的波动性，但从 2011 年开始，整体呈现下降的趋势，从 2011 年的 7 542.7 亿元降到 2016 年的 5 268 亿元，出现 2010 年以来的最小值。

从扩张情况看，汽车、摩托车、燃料及零配件专门零售的法人单位数、零售营业面积、年末从业人数较上年都有所增长，增长率分别为 6.4%、5.1%和 3.3%，连锁门店总数有小幅度增加，增长率为 0.85%。

在经济效益方面，如图 6－17 所示，2010—2015 年，汽车、摩托车、燃料及零配件

专门零售的毛利率和净利率总体上都呈现下降趋势，但 2016 年出现了小幅度的回升：毛利率由 2015 年的 7.04%上升至 7.31%，净利率由 2015 年的 1.01%上升至 2.28%。近年来，国际油价动荡，持续走低，再加上汽车、摩托车、燃料及零配件专门零售多依靠一些传统的商业活动，而且上游生产商的市场势力一般较强，因而零售企业进行创新转型以降低成本、提高经营效率的动力较弱，使得其经济效益指标表现较差。

从运营效率指标看，汽车、摩托车、燃料及零配件专门零售的人效和坪效与其他六大类专门零售行业比，明显高出不少，是专业零售业整体数据的 2 倍左右。如图 6－17所示，尽管汽车、摩托车、燃料及零配件专门零售的人效在 2015 年出现了负增长，但 2016 年便立刻出现了回暖的迹象——人效增长至 333.37 万元/人，超过了 2014 年的人效数据，增长率达 7.19%。坪效的变化趋势与人效相同，2016 年回暖，达 5.395 9 万元/平方米。此外，单店销售额增长率在 2010 年达到峰值近 50%后，连续 5 年呈现下降态势，2016 年的单店销售额仅为 3 790 万元，降幅达 6.3%。

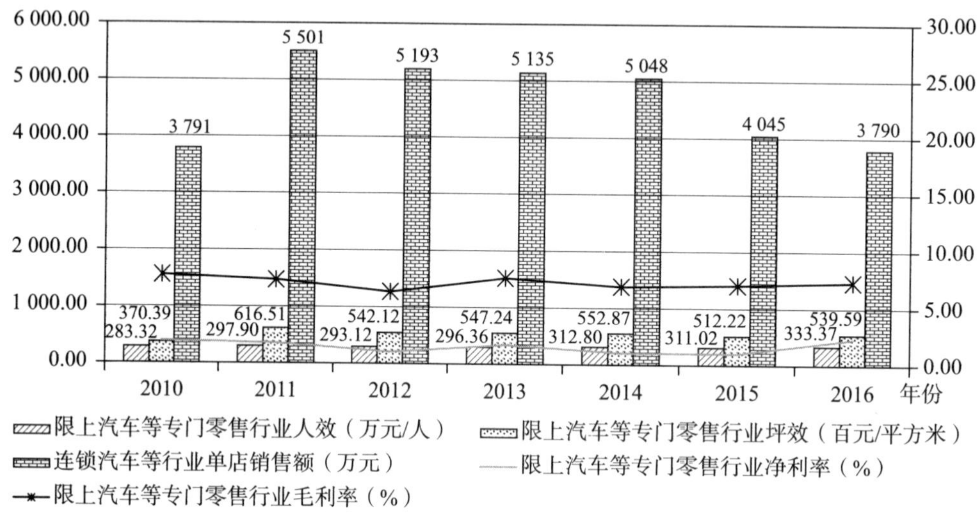

图 6－17　汽车、摩托车、燃料及零配件专门零售经营效益与效率情况（2010—2016 年）

整体而言，国际油价持续走低以及国内经济形势严峻的大环境对该行业的经营效率影响较大。2015 年度汽车、摩托车、燃料及零配件专门零售业的发展速度减缓，部分指标甚至出现了负增长，进而又因其庞大的经济体量，影响和拖累了零售业总体的增长率。目前，部分汽车、摩托车、燃料及零配件专门零售业在尝试积极适应市场和时代的发展，依托互联网经济和消费升级的趋势，推进销售模式的转型，发掘行业中新的增长点。

6.6.2　开关店分析

从行业整体情况看，如图 6－18 所示，汽车、摩托车、燃料及零配件专门零售业限上法人企业数在逐年增长，由 2010 年的 18 255 个增长为 2016 年的 35 340 个，增长速度在 2013 年达到最大值，但随后就逐渐放缓，2016 年的增长速度仅为 6.48%。尽管如此，汽车、摩托车、燃料及零配件专门零售业限上法人企业数仍旧是七大类专门零售行业中最多的，占比约 45.28%.

从连锁发展情况看，如图 6－18 所示，该业态的连锁门店总数从 2013 年的 12 792 个增长到 2016 年的 13 901 家。此外，汽车、摩托车、燃料及零配件专门零售业连锁总店数为 197 家，每家企业平均分店数 70.56 家，较上年有所下降，但连锁化程度仍然较高。

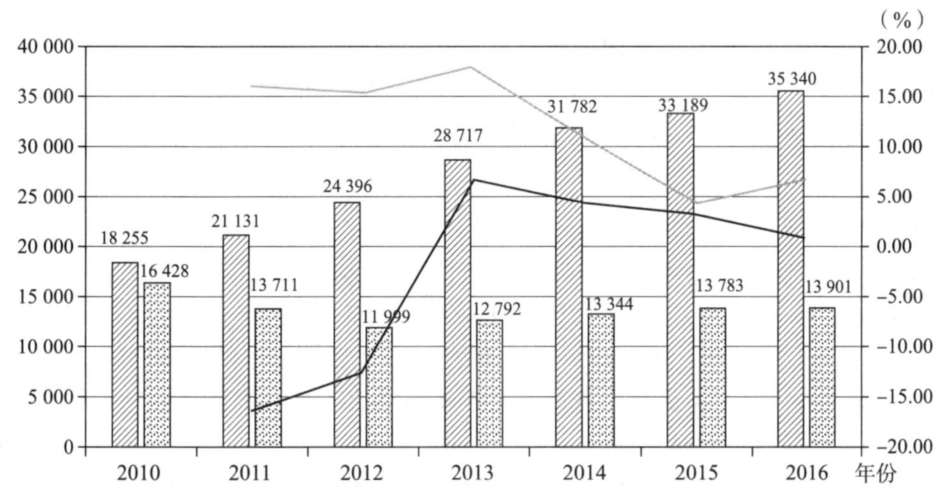

图 6－18　汽车、摩托车、燃料及零配件专门零售开关店情况（2010—2016 年）

结合限上法人企业数和连锁门店总数的指标，可以看到汽车、摩托车、燃料及零配件专门零售从全行业角度看，发展势头较好，社会资本进入该市场的热情较高。

2017 年，随着全球经济出现一定程度的复苏，国内供给侧改革和安全环保监管持续深化，原油及大宗产品价格止跌回升，带动精细化工产品价格从二季度开始出现强势反弹，同时新零售背景下线上线下渠道的融合，促使化工专门零售和汽车零售的效益也进一步提升。

6.6.3　代表性企业监测与分析

6.6.3.1　紧密联系互联网，把握新零售发展趋势

继 2016 年中石油先后与阿里巴巴、京东达成合作后，2017 年，京东集团与中国石化销售有限公司正式签署战略合作协议，随着双方合作的深入发展，将合作开发创新型的智慧加油站。同时，一部分企业积极扩大对大数据的应用，更好地把握

市场环境、精准营销。例如，中化集团牵手阿里云拥抱互联网，打造全新的央企电商。

6.6.3.2 拓展业务，降低经营风险

加油站传统的零售模式已经不能够满足生活在互联网时代的消费者了。再加上国际石油市场需求增速放缓、价格低迷等不利的因素，中国国内的四大石油集团积极向外开拓新业务，以提高零售绩效。比如中石化易捷便利店，在 2017 年建立了第一家对外独立店。同时，中石油为了提升顾客服务体验，近年来也提出了“油卡非润”一体化营销方式，也就是以油带非（以便利店为主的非油业务）、以卡（加油卡）为媒、以站提润，即以加油业务盘活整个加油站资源。中石油在加油站内扩大便利店的营业面积，增加产品种类，以此吸引周围的住户来加油站便利店消费，从而进一步壮大终端销售板块。以重庆为例，截至 2017 年中，中石油重庆地区便利店数量已达 518 家，在售商品扩展至 22 大类 3 000 余种，仅过去一年，重庆地区非油销售收入就达到 4.57 亿元。

6.6.3.3 行业发展展望

根据国家统计局发布的限额以上零售业销售类值数据，2016 年，中国石油及其制品类商品的零售额为 1.86 万亿元，同比增长 1.3%；而汽车类零售额为 4.03 万亿元，同比增长 12.1%。2017 年，全球经济复苏动力增强，国内供给侧改革和安全环保监管持续深化，原油及大宗产品价格止跌回升，带动精细化工产品价格从第二季度开始出现强势反弹，从而带动化工品销售企业业绩回升。

在汽车市场方面，据国家统计局 2017 年 2 月发布的《中华人民共和国 2016 年国民经济和社会发展统计公报》统计，2016 年年末我国民用汽车保有量达到 1.86 亿辆（扣除三轮汽车和低速货车），汽车千人保有量为 134 辆左右，与发达国家每千人汽车保有量 500 辆左右相比，我国汽车市场仍有较大的发展空间。但其在高速发展的过程中，也带来了诸如交通、环保、能源等一系列社会问题。在国家越来越重视节约资源、节能减排和循环经济的政策指引下，汽车轻量化以及新能源汽车成为我国汽车行业发展的新方向。①

6.7 家用电器及电子产品专门零售

6.7.1 发展全景分析

从总量上看，如图 6-19 所示，限额以上行业口径的家用电器及电子产品专门零售业 2016 年销售额为 10 644.8 亿元，同比上升 7.1%。同时，连锁口径的家用电器及电子产品专门零售业销售额在 2016 年年末达 3 968.1 亿元，同比增长了 8.7%。

---

① 2017 年中国汽车行业概况行业市场格局及未来发展前景分析.（2017-08-05）[2019-08-20]. http://www.chyxx.com/industry/201708/547532.html.

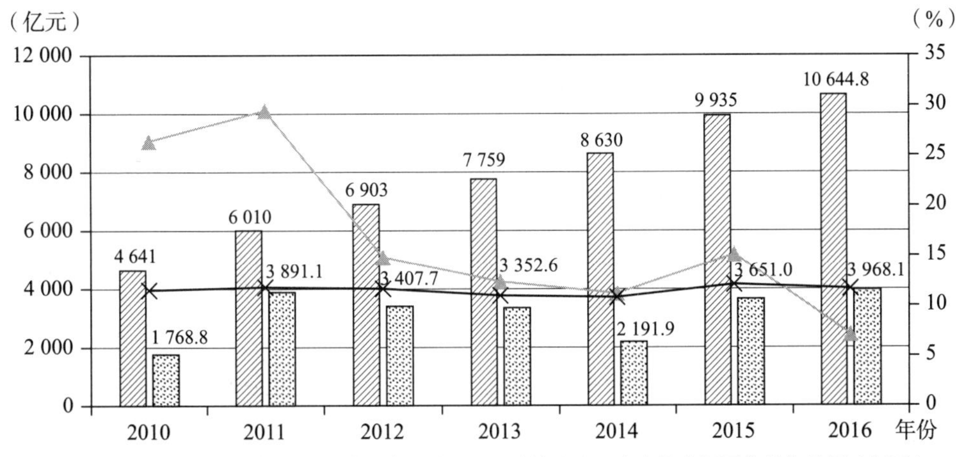

图 6－19　家用电器及电子产品专门零售销售情况（2010—2016 年）

从发展趋势来看，家用电器及电子产品专门零售业的市场规模还在扩大，但是扩张速度明显变慢。2010—2016 年，家用电器及电子产品专门零售业的销售额总量一直呈现增长态势，但其增长率整体呈下降趋势，由 2010 年的 26.4%，下降至 2016 年的 7.1%。

从扩张指标看，家用电器及电子产品专门零售业的法人单位数、年末从业人数和零售营业面积的增长幅度分别为 3%、4.0%和 1.33%，增速较上年有所回升。

从经营效益指标看，如图 6－20 所示，2010—2016 年家用电器及电子产品专门零售业的毛利率维持在 11%左右并轻微波动，净利率在 2012 年跌至 1.17%的最低值后，就迅速回升，在 2015 年达到峰值 3.06%，但 2016 年出现小幅回落，至 2.34%。

从运营效率指标看，2016 年家用电器及电子产品专门零售业的人效和坪效都有比较明显的增长——2016 年，家用电器及电子产品专门零售业的人效为 203.29 万元/人，坪效为 5.29 万元/平方米。另外，家用电器及电子产品专门零售业的企业单店销售额实现了小幅增长，增幅为 1.32%。单店销售额的增长一部分来源于整体零售环境的好转，最主要的应该来源于业内企业顺应新零售的发展趋势，积极展开合作与转型，实现企业的发展。

整体而言，家用电器及电子产品专门零售业不仅面临着在新零售趋势下，如何做好线上与线下的有机结合的问题，还面临着十分激烈的内部竞争。在城市市场逐渐饱和转战乡镇市场的当下，各企业如何解决转型升级、渠道下沉、积极触网、战略转移等问题，关乎家电零售企业未来的发展。

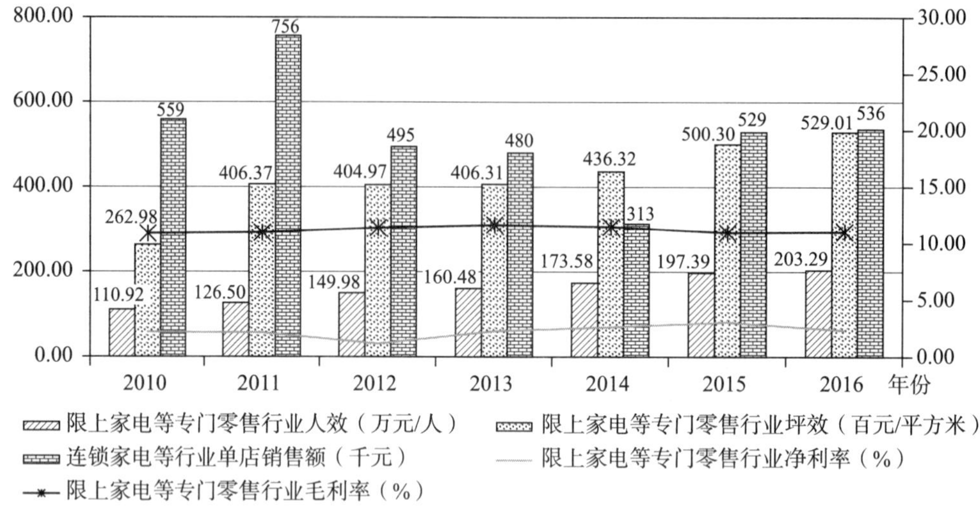

图 6-20　家用电器及电子产品专门零售经营效益与效率情况（2010—2016 年）

6.7.2　开关店分析

从行业整体情况看，如图 6-21 所示，家用电器及电子产品专门零售业的限上法人企业数基本上保持增长态势，2016 年达到 11 501 个，在数量上看，仅次于汽车、摩托车、燃料及零配件专门零售业的数量，排行第二，占全部限上零售业的比重为 12.23%。

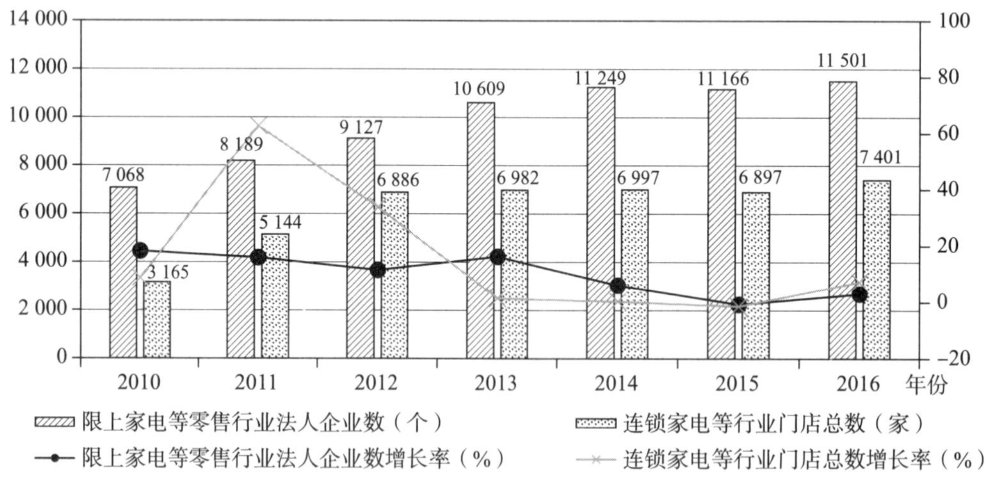

图 6-21　家用电器及电子产品专门零售开关店情况（2010—2016 年）

从发展趋势看，家用电器及电子产品专门零售业的限上法人企业数增长速度在 2010 年达到峰值 15.86%后，总体呈现下降趋势，2015 年出现负增长，增长率为 -0.74%，但 2016 年又有所回升，增长率达 3%。

连锁门店总数从 2012 年至 2016 年，一直保持在 7 000 家门店左右的水平。总店数也变化不大，每年仅以个位数的数量上下波动，2016 年的连锁零售总店数为 208 家，每家企业平均分店数为 35.58 家，连锁化程度有所上升。

从监控企业情况来看，不同的家电及电子产品企业，其开关店的决策表现出很大差异。例如：国美门店数相较于 2016 年进一步减少，净减少 24 家，总店数为 1 604 家；五星电器 2017 年门店持续增加，净增加 141 家，现在的总门店数是 482 家；迪信通 2017 年净增加 40 家门店，门店数达 1 728 家。

6.7.3　代表性企业监测与分析

6.7.3.1　线上与线下合作，技术+体验，向新零售发展

随着电商红利的逐步消失，网购增长率开始下降，线上的电商巨头也开始与线下的零售商展开合作，而家电 3C 零售业作为传统零售业的一大部类，得到了重点关注。一些零售商也自发地运用移动互联网技术，开展相关的研究。2017 年，苏宁在原有基础上新开设了 100 家云店，聚焦精细运营，同时联合天猫大数据首次重磅推出家电 3C 消费榜单——MAX 榜，以有效引导消费者购物的决策，更有利于推动家电 3C 行业消费研究；五星电器与京东达成合作，并于 2018 年 2 月在京东上线了五星 3C 官方旗舰店，以全面实现无界零售战略合作的落地；宏图三胞提出了零售 5.0 概念，并以此为基础，开设了其首家智慧门店。

6.7.3.2　完善多渠道布局

家电及电子产品在一二线城市的市场份额已经趋近于饱和，但是三四线城市以及广袤的农村地区因交通设施不便等因素，还未被完全开发。如今，许多家电及电子产品企业在进行渠道下沉工作，发力三四线城市和农村地区。例如，本就定位于三四线城市市场的汇银家电，将进一步完善对三四线城市的布局。而苏宁则将苏宁生活广场作为三四线城市发展的另一种核心商业业态，和苏宁易购云店、苏宁广场一起成为线下门店业态的“三驾马车”。

6.7.3.3　行业发展展望

根据国家统计局发布的限额以上零售业销售类值数据，家用电器和音像器材类以及通信器材类产品在 2015 年的总体销售额为 1.17 万亿元，同比增长 9.9%，整体发展良好。

总体而言，我国白色家电和电子产品在大城市的市场份额已经趋于饱和，但随着消费升级，小家电领域仍有一定的发展空间，这与国外的历史发展经验相一致。与此同时，线下门店的房租费用、工资费用、管理费用也在不断增加，高成本使得企业的

利润愈来愈低，新业务难以开展。如今，家电及电子产品企业将会继续推进渠道下沉，拓展三四线城市和农村市场份额。同时，企业还需要探索“互联网＋”的适宜模式，包括深入与电商巨头的合作，充分运用互联网、大数据等新技术降低运营成本。

6.8 五金、家具及室内装饰材料专门零售

6.8.1 发展全景分析

从总量上看，如图 6－22 所示，2016 年限额以上口径五金、家具及室内装饰材料专门零售业的销售额为 3 989.4 亿元，增长幅度为 14.4％，其占零售业总体销售额的比重 2016 年为 4.38％。相比之下，连锁口径的五金、家具及室内装饰材料专门零售业的销售总额仅为 75.7 亿元，连锁化程度极低。

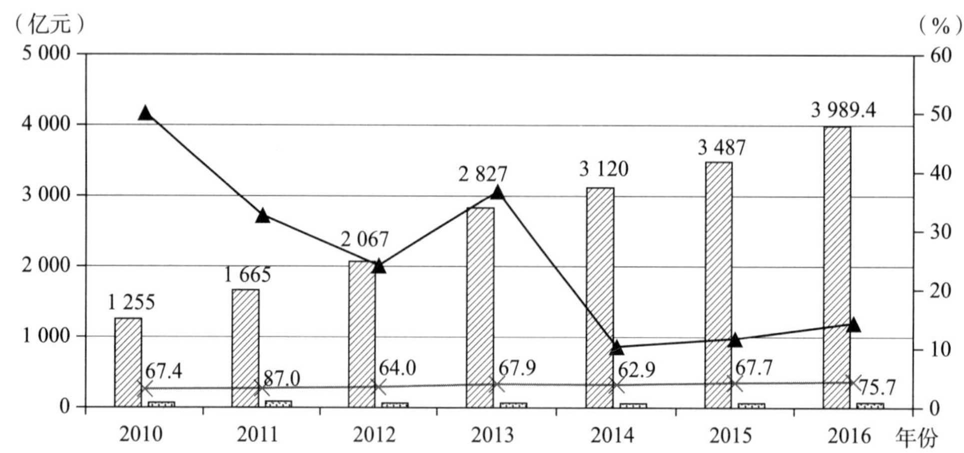

图 6－22 五金、家具及室内装饰材料专门零售销售情况（2010—2016 年）

从发展趋势看，2010—2016 年，五金、家具及室内装饰材料专门零售业的销售额一直保持增长态势。其中，2009—2013 年是中国房地产市场发展的黄金时期，相应地，五金、家具及室内装饰材料专门零售业的销售额增长率保持了高速增长；但 2014 年，随着国内房价上涨乏力，房地产市场增速开始出现小幅回落，2014 年五金、家具及室内装饰材料专门零售业的增速骤减至 10.37％，创 9 年来的新低；2015—2016 年，随着全国性去产能政策的推进实施，部分地区楼市情况转好，五金、家具及室内装饰材料专门零售业增速小幅提升，到 2016 年，增长率回升至 14.4％。

从扩张指标看，2016 年五金、家具及室内装饰材料专门零售业的法人企业数、年末从业人数两个指标都有一定程度的增长，分别为 7.69％、5.7％，但零售营业面积有小幅减少，增长率为－0.7％。

从经营效益指标看，如图 6－23 所示，2010—2016 年五金、家具及室内装饰材料

专门零售业的毛利率指标总体围绕 20%上下波动，波动幅度也不大。而其净利率在 2011—2013 年呈现快速上升态势后，在 2014—2016 年增幅渐趋平缓。市场内外环境的严峻性束缚了净利率的进一步上升。

从经营效率指标看，2010—2016 年，五金、家具及室内装饰材料专门零售业的人效和坪效呈现大幅增长的趋势，2016 年增长率分别为 8%和 15%，数值分别为 179.53 万元/人和 2.15 万元/平方米。本年度这些指标大幅增长的原因大致在于：一方面是消费者对购物体验的要求和支付意愿的提升，而一部分企业顺应这一趋势进行了转型，通过建立体验馆等一系列方式来增强消费者体验；另一方面是本年度零售业出现了整体复苏的趋势，带动了五金、家具及室内装饰材料专门零售业的发展。

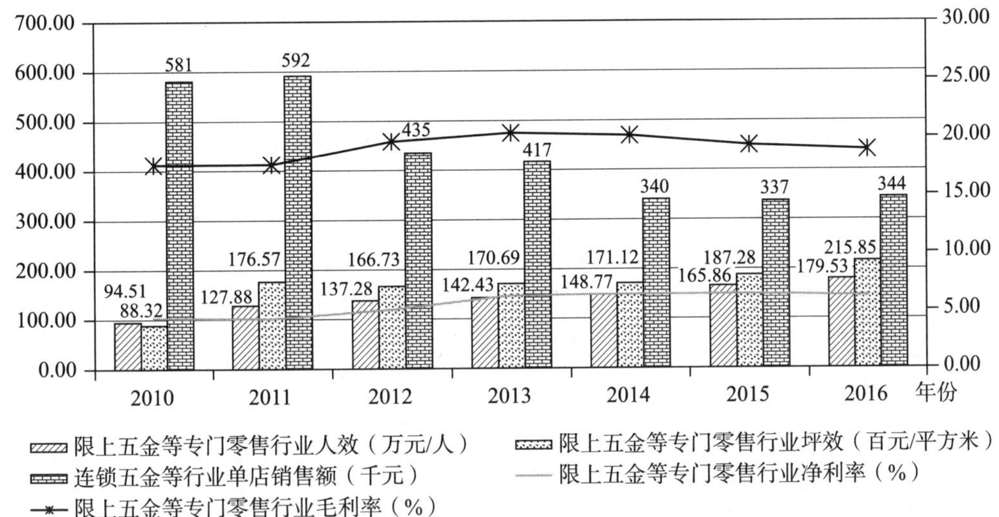

图 6－23　五金、家具及室内装饰材料专门零售经营效益与效率情况（2010—2016 年）

6.8.2　开关店分析

从行业整体发展情况看，如图 6－24 所示，五金、家具及室内装饰材料专门零售业 2016 年的限上法人企业数为 6 538 个，同比增长 7.69%。其连锁门店总数 2016 年仅为 220 家。

从发展趋势看，随着 2008 年以后房地产市场一路走红，房地产行业的相关产业——五金、家具及室内装饰材料专门零售业一直发展迅猛，限上法人企业数增长率由 2009 年的 2.24%猛增到 2013 年的 44.84%。但到 2014 年，五金、家具及室内装饰材料专门零售受房地产市场的影响，社会资本不敢轻易投入该市场，其增长率降低到 3.69%。进入 2015 年，随着房地产市场去产能政策的推行，五金、家具及室内装饰材料专门零售业的法人企业数的增长率又有所回升，2016 年增速恢复到 7.69%。五金、家具及室内装饰材料专门零售业的连锁门店总数随着近年来业内收购兼并不断洗牌，

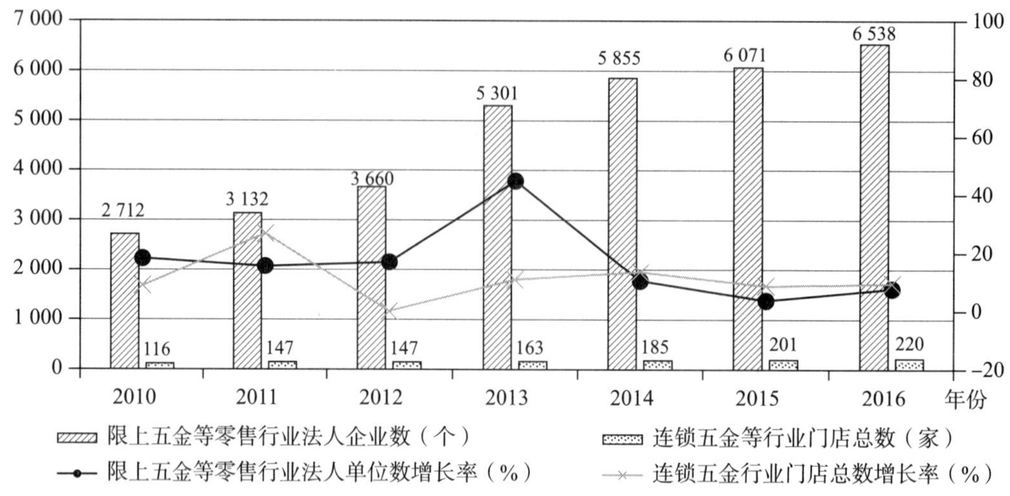

图 6－24　五金、家具及室内装饰材料专门零售开关店情况（2010—2016 年）

在 2010 年以后出现持续增长，2016 年达到了 220 家门店，为近 7 年内最高。

此外，2016 年五金、家具及室内装饰材料专门零售业的连锁总店数与 2015 年持平，仍为 17 家，每家企业平均分店数为 12.97 家，是所有行业中最低的。

从企业监测情况看，一方面，大型家居建材领先企业红星美凯龙 2017 年年末在全国拥有 256 家门店，成为全球规模最大、数量最多的大型商业 Mall 运营商，在新零售的浪潮下，本土的家居连锁零售商开始进行体验式新型门店的建设计划，继续推行线下门店的建设；另一方面，随着人工智能的进一步发展，各个企业对智能家居的研究力度有了很大的提升，也取得了一些进展。另外，以阿里巴巴为代表的资方企业开始进入家居市场，推动家居市场的新零售发展。

6.8.3　代表性企业监测与分析

6.8.3.1　运用新科技成果，拥抱新零售

随着供给侧结构改革的不断深入，家居行业进行了技术、产品、规模等方面的革新，正从中低端向中高端全面转型。从现状来看，部分企业转型升级成效显著，特别是品牌家居企业，运用大数据，发展新业态、新模式，拥抱“互联网＋”“新零售”“智能家居”。行业增长势头稳定，龙头份额稳定上升。2018 年年初，阿里巴巴入股居然之家，计划通过建材卖场内的业务数字化提升导购、营销、服务、金融支付、数字化运营等环节的体验和效率；美克美家在线上线下均推出了软装饰规划，使用与 IBM 合作开发的 App 给予消费者在计算机上自行设计、打造自己居所的权力；宜家与创意机构 Carla Cammilla Hjort 合作的未来生活实验室——Space 10，进行智能家居的全方面实践。

6.8.3.2　品位消费、定制化消费及购物体验的提升

随着民众自我意识的提升，其消费品位不断提高，更加偏好定制化产品，以彰显其独特与个性。为了迎合消费者的品位、偏好，满足消费者的定制化要求，曲美家居推出线下生活馆、体验馆，最大限度地彰显消费者的品位，满足其定制化需求；居然之家、红星美凯龙都在尝试体验式商场的建设，进一步提高消费者的购物体验；居然之家还推出了 EATOWN 怡食家超市（健康新生活餐饮服务的一站式体验店），以满足消费者的各种需求。

6.8.3.3　行业发展展望

来自中国家具业协会及国家统计局的统计数据显示：2017 年全年，中国家具行业规模以上企业累计完成主营业务收入 9 056 亿元，同比增长 10.10%；累计完成利润总额 565.20 亿元，同比增长 9.30%；2017 年 1—11 月累计完成产量 73 520 万件；家具全行业累计出口 499.22 亿美元，同比增长 4.50%。

在此过程中，随着城镇化进程和消费升级的不断推进，家具的功能由最初的满足使用需求上升到了促进生活享受，消费者越来越关注产品的美观性、功能性和环保性，因而家具品牌更注重为消费者树立生活方式的样板，促使生产商逐步向服务商转变，品牌家居企业也在不同程度地探索大家居模式。

除此之外，随着零售业的进一步发展，线上与线下零售彼此不再有明显的区分度，家居行业开始向 OAO（Online And Offline）方向转型，即开始实行线上和线下资源融合的一体化“双店”经营模式，给消费者带来更好的产品和服务体验，实现线上线下资源互通、信息互联、相互增值，从而改变家具企业的销售模式。

（米　壮）

第7章　中国零售公司管理与运营分析报告

本章旨在对2017年中国零售业代表性公司的管理和运营情况进行监测与分析，包括中国零售业收购兼并分析报告、高管变动分析报告、营销活动与网络技术运用分析、公共关系与社会责任分析四个部分。

本章所有数据均通过对公开信息的加工整理而得，信息来源主要为2017年中国代表性零售企业官方网站公布的企业基本信息、管理与战略动向信息，以及中国商业联合会、中国连锁经营协会、联商网、《超市周刊》等行业协会、专业网站等发布的公开资讯信息。本报告附录编制了5张数据统计表，分别是附表7-1“中国零售业收购兼并事件统计（2017年）”、附表7-2“中国零售业高管变动事件统计（2017年）”、附表7-3“中国代表性零售企业社会责任与公共关系活动一览表（2017年）”、附表7-4“中国代表性零售企业网络零售、微博开通情况一览表（2017年）”、附表7-5“中国代表性零售企业营销活动一览表（2017年）”，请读者朋友扫描本书第242页的二维码免费查阅。

7.1　中国零售业收购兼并分析报告

7.1.1　零售业收购兼并特点分析

2017年零售行业的收购兼并事件数量为49起，而2016年本报告检测范围内的收购兼并事件有58起，相比之下，2017年有所下降，主要原因在于线下零售企业的收购兼并在这一年有所缓和。

7.1.1.1　零售业收购兼并事件中“收购完成”和“收购中”事件占比增加

如图7-1所示，2017年处于“收购完成”和“收购中”状态的事件占监测案例的74%，这部分是已经签署具有法律约束力的收购兼并协议的案例；而24%的收购事件处于“拟收购”阶段，即在当年有收购意向但没有签订相应的收购兼并协议。具体来看，在2017年，已完成最终收购的案例和处于收购中的案例占总体的比例均为37%，2016年这两个比例分别为38%和22%，说明在本报告的监测范围内“收购中”的收购兼并事件的比重有所上升。

2017年也有收购失败事件，但占比较小（2%），监测范围内仅有金一文化收购张万福珠宝失败一例。二者曾签订战略合作协议，协议到期后，2017年11月，金一文化董事会审议通过收购张万福珠宝51%股权的议案，但最终收购未能完成（张万福珠宝股东鎏煜投资基于本次交易历时过长以及张万福珠宝公司业务发展规划调整等原因，要求终止之前资产购买协议中的权利与义务）。

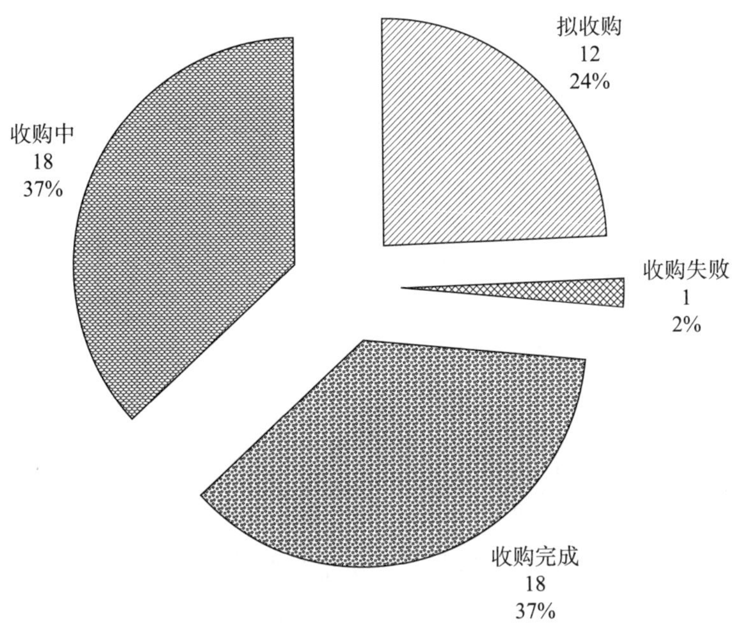

图 7－1　中国零售业收购兼并进程（2017 年）

7.1.1.2　地域分布以全国布点企业和东南发达地区企业收购兼并为主

2017 年零售业收购兼并地域特点较为突出。从收购方的地域分布看，如图 7－2 所示，全国布点的零售商收购兼并占比最多，达 40%；区域性企业（东部地区、北部地区、南部地区、中部地区、西部地区）和海外企业收购兼并占比相较于上年有所上升，几个部分占比之和为 60%，而此项数据在 2016 年为 52%。大部分并购方的零售企业为全国布点型企业，比如永辉超市、苏宁易购、阿里巴巴等。

整体来看，南部和东部沿海地区，经济相对发达，收购兼并也延续上年趋势，相较于其他地区更为活跃，占比分别达到 15%和 19%。另外，中部、西部收购兼并事件较少，占比分别为 6%和 9%，比如安徽的合肥百货收购台客隆超市 68.75%的股权，新疆的汇嘉时代收购好家乡超市 51%的股权。

从被收购方的地域分布看，如图 7－3 所示，东部地区占比仍然很高，达到 25%；其次是全国和南部，占比分别是 23%和 15%，基本与收购方的地域分布一致。值得注意的是，在 2017 年的海外并购中，永辉超市收购了达曼公司 40%的股份。这一交易将有助于永辉超市构建全球供应链平台，提升公司零售技术和服务能力，并能推动公司变革以及支持新业态、新业务的发展。

结合收购方与被收购方来看，如图 7－4 所示，2017 年中国零售业收购兼并类型有 5 种，占比由高到低依次为：区域性企业之间的并购，比如供销大集收购顺客隆超市 55.8%的股权；全国性企业之间的收购兼并，比如中国国旅收购日上中国 51%的股权；全国布点企业收购区域性企业，比如联华超市收购义乌都市的全部股权；区域性企业

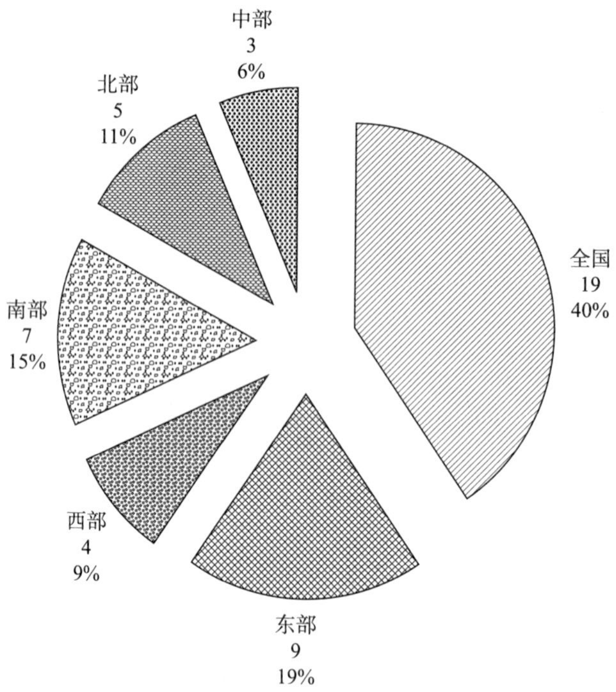

图 7-2　中国零售业收购兼并中收购方地域分布（2017 年）

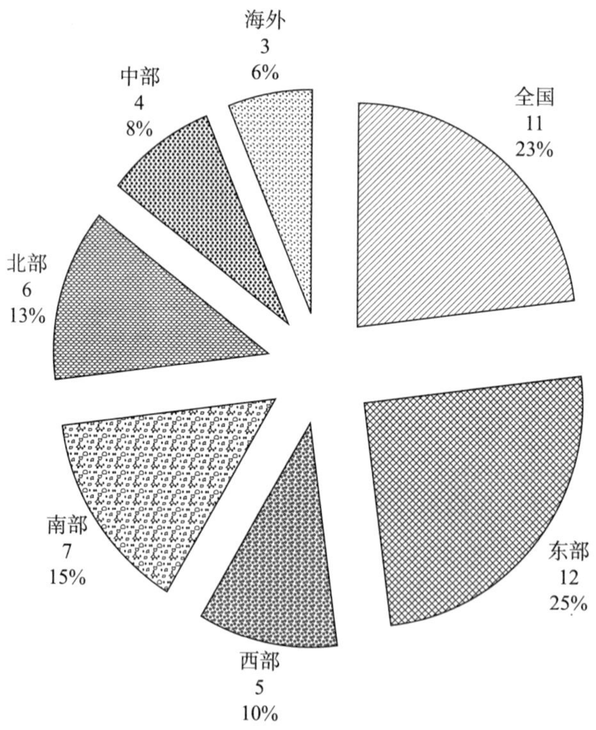

图 7-3　中国零售业收购兼并中被收购方地域分布（2017 年）

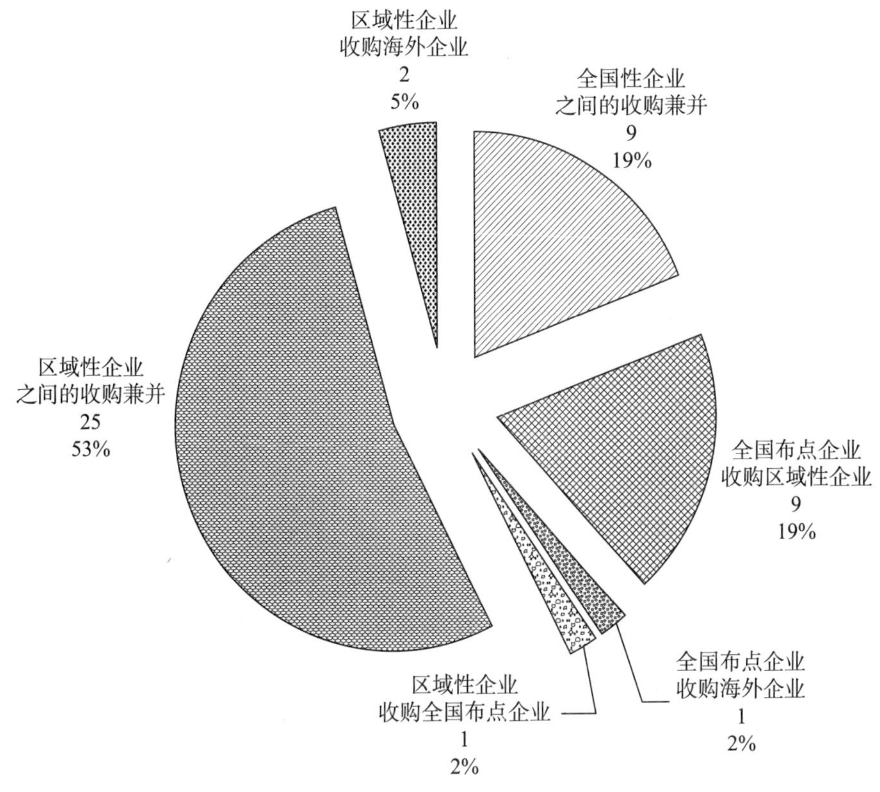

图 7－4　中国零售业收购兼并中收购方与被收购方地域分布（2017 年）

收购海外企业，比如深圳歌力思服饰股份有限公司收购了薇薇安・谭时装（深圳）有限公司[①]的部分股权，在这一交易中，歌力思通过控股薇薇安・谭取得该品牌在中国大陆地区的所有权，有助于提升公司的品牌协同力；占比最低的是区域性企业收购全国布点企业，以及全国布点企业收购海外企业。

7.1.1.3　行业巨头整合零售服务，电商整合线下巨头，专业店之间的整合

如图 7－5 所示，2017 年的收购兼并，从业态来看，收购方中占比最高的依次是综合（27%）、其他（25%）、电子商务（14%）与专业店（14%）；被收购方中占比最高的依次是其他（27%）、专业店（25%）、超市（21%）和电子商务（15%）。从收购业态中我们可以看出，2017 年兼并收购事件存在三个特点。

第一，行业巨头整合零售服务表现突出。标的方中，其他类别（包括批发、物流、金融、贸易等）占比最高，很大程度上是因为零售巨头企业对零售服务和技术等方面的整合。比如：永辉超市收购零售服务商达曼公司，以提升公司的零售技术和服务能力；国美收购银盈通支付公司和美信网络，前者具有第三方支付牌照，而后者则具有

① 薇薇安・谭为 Chinanow Associates Limited 全资子公司 Peony Power Limited 于 2017 年 6 月 27 日在中国设立的公司。

互联网基因和大数据营运能力，这些对于国美在支付和大数据方面的发展具有重大意义；苏宁收购天天快递，有助于其实现快递物流一体化。

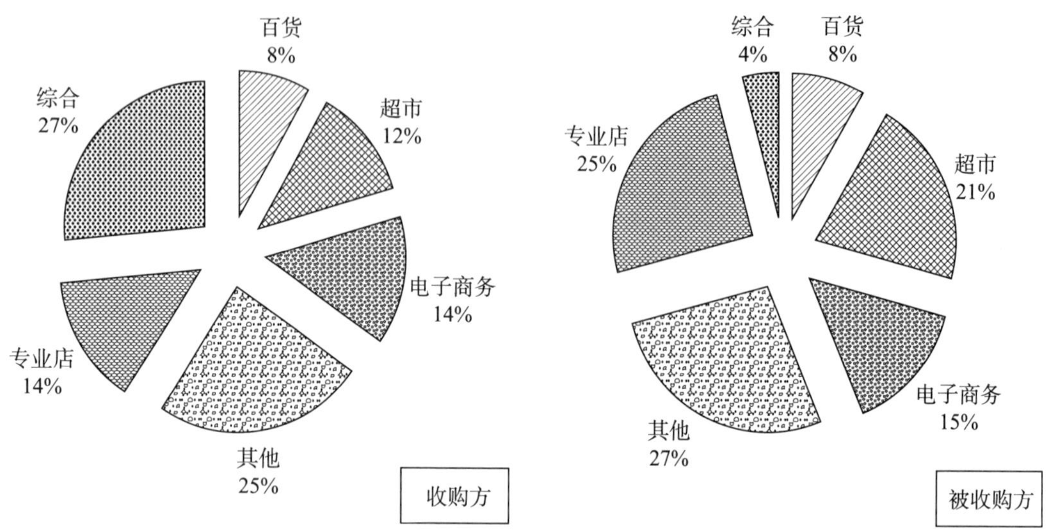

图 7－5　中国零售业收购兼并业态分布（2017 年）

第二，电商整合线下巨头。2017 年电子商务并购较为活跃，众所周知的原因是阿里巴巴和腾讯在零售领域频频出手，线下零售巨头纷纷站队。2017 年，阿里巴巴依次入股联华超市、新华都集团和高鑫零售，加上之前控股的三江购物、银泰百货等，俨然已经形成了以淘宝、天猫等电商平台，盒马鲜生、口碑网等新兴业态以及高鑫零售、苏宁易购等线下巨头为版图的零售商业帝国。与之形成对比的是，这一年，发生了腾讯入股永辉超市，并联合京东入股唯品会两次大的并购举动。腾讯在电商领域有京东和唯品会，新业态有超级物种和美团，线下包括永辉超市以及与京东合作的沃尔玛。阿里巴巴、腾讯在零售领域针锋相对的局面逐渐形成。

第三，专业店整合依然剧烈。延续 2016 年的趋势，2017 年专业店整合仍然剧烈。搜于特、歌力思和希努尔等大批东南沿海的服饰企业在领域内展开整合，收购对象既有浩祥服饰等国内服饰企业，也有薇薇安・谭、Icebreaker 等外资企业。

7.1.1.4　内资之间收购兼并占主体，涉及外资并购少

如图 7－6 所示，2017 年，监测范围内内资企业之间的收购兼并仍占据绝对主体地位，占比达 94%，涉及外资的整合较少，主要是上文提及的永辉超市整合零售服务商达曼公司，以及服饰类企业对海外品牌的整合。

7.1.1.5　收购兼并方式以现金购买为主

监测范围内，2017 年收购兼并方式以现金购买为主，占比 88%（见图 7－7），股权收购较少，其中黑芝麻收购礼多多采取了“现金＋股权”的方式。相对而言，2016 年现金收购占比 77%，股权收购和“现金＋股权”两种方式占比达到 15%，远远高于 2017 年的 2%。2017 年的现金收购事件，比如苏宁收购天天快递——江苏苏宁物流有限

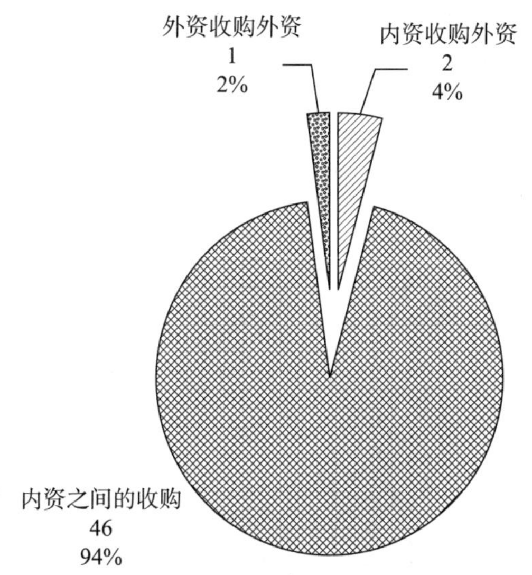

图 7－6　中国零售业收购兼并企业性质特点（2017 年）

公司出 29.75 亿元购买天天快递 70％的股份，剩余 30％股份在 12 个月之内另行收购。

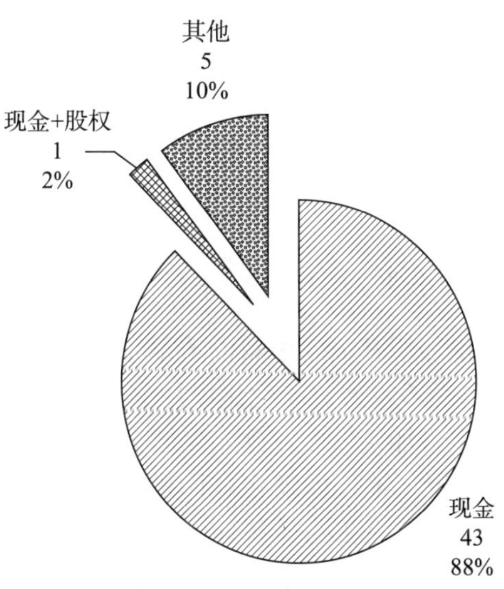

图 7－7　中国零售业收购兼并方式（2017 年）

7.1.1.6　四季度收购兼并事件较多，其他季度收购兼并事件分布较平均

从收购兼并事件发生的时间点来看，如图 7－8 所示，第四季度收购兼并事件数量为 19 起，明显多于其他季度，第三季度收购兼并活跃程度最低，只有 8 起。事实上，在监测范围内，历年来第一、四季度收购兼并几乎均比第二、三季度活跃，一年中收购兼并事件频发的时间点一般都在第一、四季度。对比来看，2016 年第一、四季度收

购兼并事件合计 31 起，第二、三季度为 27 起，第一季度收购兼并事件最多；2015 年第四季度收购兼并事件最多，为 29 起；2014 年第一、四季度收购兼并事件合计 25 起，第二、三季度为 15 起，第一季度收购兼并事件最多；2013 年第一、四季度收购兼并事件合计 27 起，第二、三季度为 22 起，第四季度收购兼并事件最多。

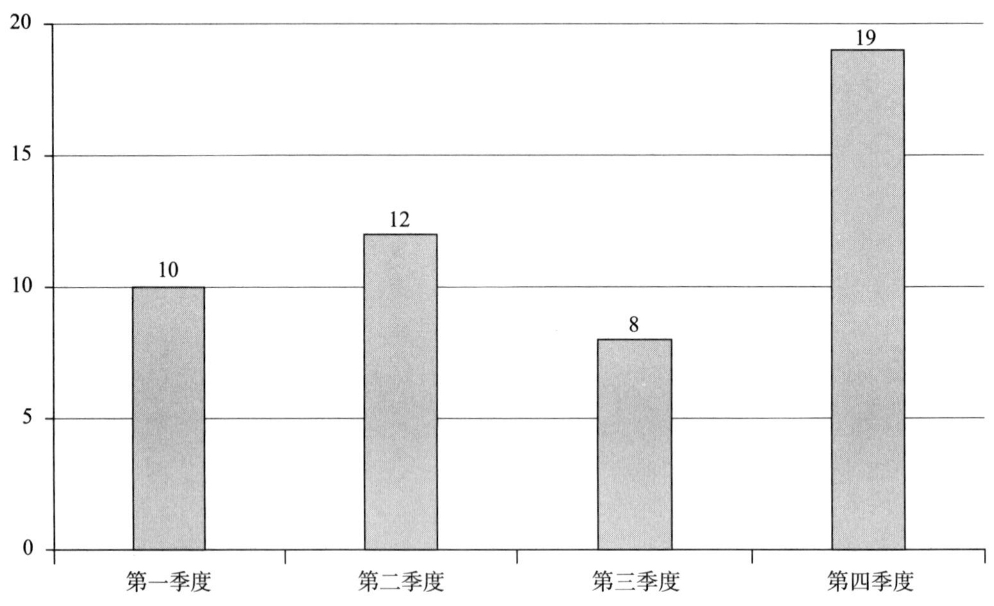

图 7-8　中国零售业收购兼并发生时间分布（2017 年）

7.1.2　零售业收购兼并问题及展望

2017 年，国内消费结构加快升级，限额以上单位家用电器和化妆品零售额比上年分别增长 9.3%和 13.5%；城乡发展趋于优化，社零总额继续保持两位数的高速增长，比上年增长 10.2%；网络零售加快发展，比上年增长 32.2%，较上年增速提高 6 个百分点；零售行业整体蓬勃发展，不仅体现在总体规模的增大，而且体现在质量与结构的提升。阿里巴巴提出的新零售等新的零售理念深入人心，阿里巴巴、京东、网易严选和小米有品等电商平台对零售理念的变革对零售业发挥了巨大的推动作用；出现了盒马鲜生、超级物种、京东 7FRESH 等新的跨界融合业态，“餐饮＋娱乐＋零售”成为企业布局重点；物联网、云计算和人工智能等技术日新月异，带动了无人零售等新概念、新品种的尝试。在此背景之下，行业整合也呈现不同于前几年的特点：一方面，线下巨头对于零售服务和互联网技术的拥抱更为热情；另一方面，以阿里巴巴和腾讯为首的互联网巨头也加快了在零售行业的布局，使得这一年的行业收购兼并打上了深刻的巨头烙印。

7.1.2.1　互联网巨头加快布局新零售

2017 年被称为“新零售元年”，马云的“新零售”、刘强东的“无界零售”、张近东的“智慧零售”等概念纷纷在这一年发酵，以阿里巴巴、腾讯为代表的互联网巨头，都在这一年加快了线下布局的速度，开始了对线下零售企业的并购。

如图 7－9 所示，阿里巴巴和腾讯在零售行业的对抗，可以分为三个方面，分别是线下零售企业、O2O 与新物种，以及电商平台。O2O 与新物种、电商平台在前几年已经形成对抗形势，而线下零售企业方面的布局则是从 2017 年正式开始的，尽管在此之前阿里巴巴已经整合了银泰商业、苏宁易购和三江购物等企业，但腾讯和京东方面直到 2017 年才在线下具有了相对应的实力。

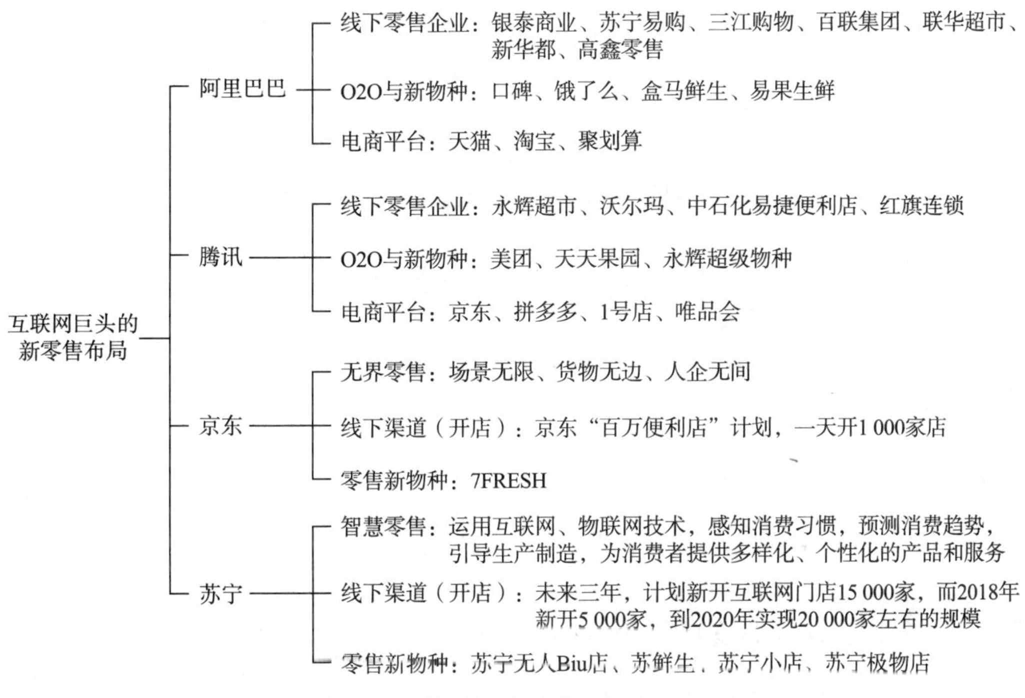

图 7－9　互联网巨头的新零售布局（2017 年）

新零售被定义为“以人为中心，以数据为驱动，注重消费者体验”的零售模式。互联网巨头的优势在于拥有海量的网民数据、线上流量和先进的互联网与大数据技术，缺少的是对消费者体验层面的把握，而消费者体验更多是在线下获得的。因此，2017 年阿里巴巴、腾讯和京东都在线下方面加快了脚步，一方面是加强与线下零售企业的合作，另一方面是通过盒马鲜生、永辉超级物种和京东 7FRESH 等新物种来实现跨界融合，打造良好的用户体验和便利服务。

7.1.2.2　线下零售企业对于互联网技术的革新更加热情

在互联网巨头纷纷加快布局新零售的同时，线下企业也加快了自身的整合脚步，一方面把握住与互联网巨头的战略合作，另一方面通过并购互联网技术和零售服务的公司来提升自身的技术与服务水平。

首先是与互联网巨头的战略合作。在联手京东之后，永辉超市业绩快速攀升，这种业绩攀升不仅来自供应链的整合，也来自京东为永辉超市提供的线上流量。沃尔玛与京东的合作也是如此，2017 年沃尔玛和京东联合发起“8·8 购物节”，双方进一步在营销、服务与供应链方面升级合作，借助联合促销打通双方用户群体，通过线上线下门店的相互渗透实现互通，开创性地试点部分库存商品共享，在供应链和后台技术方面进行更深度的融合。银泰商业和阿里巴巴更为典型，银泰被誉为阿里巴巴的“新零售改造第一案”，二者自 2014 年开始合作，实现了全业态融合创新、新零售技术研发、高效供应链整合、会员系统互通、支付金融互联、物流体系协同六个领域的整合改造。

其次是线下零售巨头自身通过相应的并购实现自我革新的努力。比如，国美对大数据运营商美信网络、第三方支付公司银盈通的并购，苏宁对天天快递的并购，永辉超市对零售服务提供商达曼公司的并购。

7.2 中国零售业高管变动分析报告

2017 年零售行业高管变动情况大幅缓和，监测范围内共有 40 起；相比之下，2016 年是 66 起，2015 年是 73 起，2014 年是 61 起，2013 年是 45 起。2017 年高管变动情况回落到 2013 年的水平。2014—2016 年这剧烈变动的三年，是电商（尤其是跨境电商和移动电商）飞速发展、传统业态寻求变革的三年，出于战略原因，各业态之间高管流动性强，比如由“腾百万”（腾讯、百度、万达）联合出资的万达电商五年三换帅、2016 年北京华联商厦的外籍首席运营官 Joseph Steven Jaworski 在这一年来了又走。2017 年各业态发展形势趋于稳定，高管变动事件数量有所回落。

7.2.1 零售公司高管变动特点分析

7.2.1.1 电商高管变动剧烈，阿里巴巴、京东尤为瞩目

2017 年零售业高管变动最为剧烈的三个业态，如图 7－10 所示，依次是电子商务（32%）、专业店（20%）和超市（19%）。而在 2016 年同样是这三种业态占比最高，只是顺序不同：专业店（30%）、超市（26%）和电子商务（24%）。

电子商务在 2017 年的高管变动中占据榜首，尤为瞩目的是阿里巴巴和京东，在 2017 年有大范围的人事调整。二者作为中国比较大的两个电商平台，在这一年的人事变动也有很多相似之处。首先，都重视人工智能等新兴科技。2017 年 6 月，曾领导 Amazon Go 无人零售店计算机视觉算法团队的任小枫出任阿里巴巴 iDST 首席科学家和副院长；9 月，前 IBM 沃森首席科学家周伯文出任京东副总裁，负责京东 AI 研究与平台部相关业务。其次，在集团现有架构和战略基础上进行补充。2017 年 11 月 15 日，俞永福担任阿里巴巴新成立的 eWTP 投资工作小组组长，eWTP 全称 Electronic World

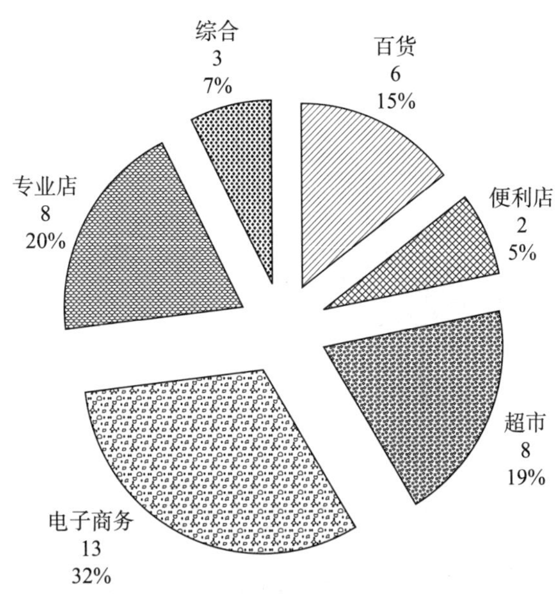

图 7-10　中国零售业高管变动统计图（按业态）（2017 年）

Trade Platform（电子世界贸易平台），是为顺应数字经济飞速发展的时代潮流，更好地帮助中小微企业发展，促进全球普惠贸易和数字经济增长，孵化互联网时代的全球化贸易新规则而成立的；2017 年 4 月，京东设立战略部和国际业务部，任命长江商学院前副院长廖建文担任京东集团首席战略官（CSO），任命乐视前高级副总裁郑孝明担任京东集团国际业务总裁。最后，对集团内部一些重要岗位进行调整。2017 年 12 月，阿里巴巴集团副总裁蒋凡、靖捷分别出任淘宝、天猫总裁；2017 年 4 月，原京东商城营销负责人徐雷出任京东集团首席营销官（CMO）。

7.2.1.2　股份有限公司变动剧烈，外资企业稳定

对零售企业高管变动从公司所有权性质角度监测与分析，如图 7-11 所示，2017 年股份有限公司、国有控股、国有独资、有限责任公司和外资企业的高管变动占比分别为 75%、10%、7%、3%和 5%。2017 年股份有限公司高管变动仍然最多，与前几年相同，比如阿里巴巴、京东、永辉超市、红星美凯龙等企业这一年高管变动较为频繁。国有控股次之。外资企业 2017 年高管变动较少，占比只有 5%，2016 年此数据则是 12%（沃尔玛中国、可口可乐、欧莱雅中国等外资企业均在 2016 年发生过人事变动）。

7.2.1.3　各季度高管变动分布较为平均

2017 年零售业高管变动时间分布如图 7-12 所示，各季度差距并不大。第一季度高管变动数量略少于其他三个季度，有 6 起。发生在第二季度的次数最多，有 15 起，占总数的 37.5%；其次是第四季度发生了 10 起，占比 25%；第三季度 9 起，占比 22.5%。2017 年高管变动季节分布与 2016 年有所差异，2016 年四个季度差距更

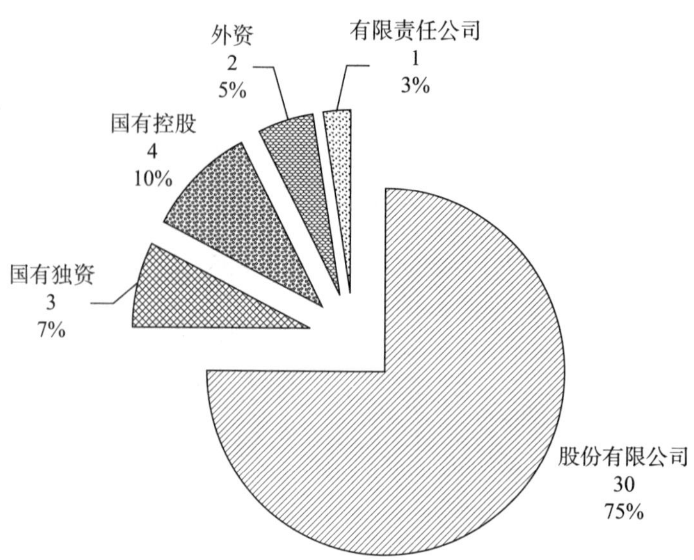

图 7-11　中国零售企业高管变动统计图（按所有权性质）（2017 年）

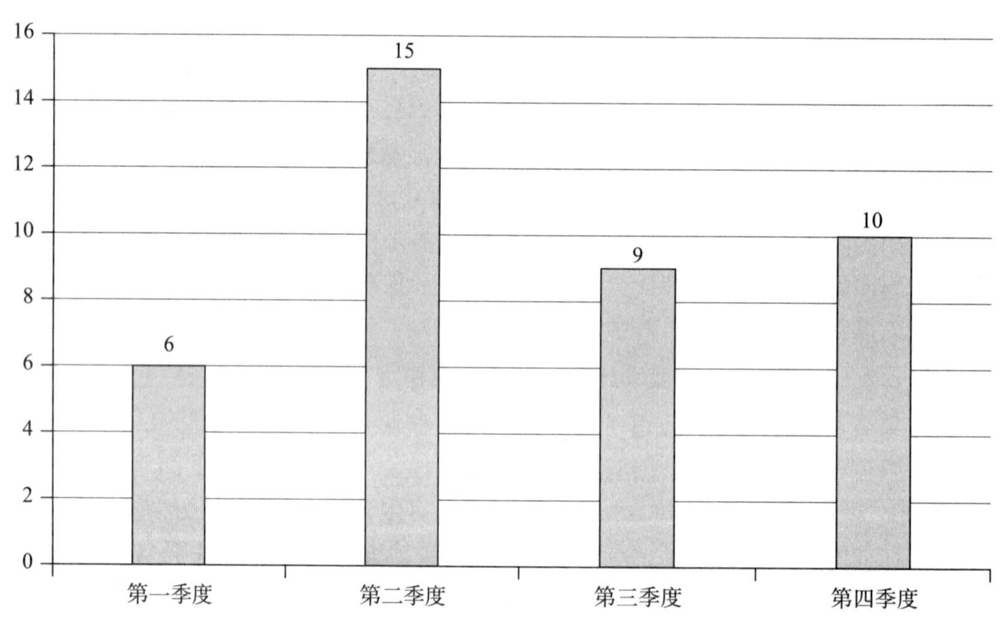

图 7-12　中国零售企业高管变动统计图（按时间）（2017 年）

大——第四季度最少（7 起），第三季度最多（22 起），差距达到 15 起。

7.2.1.4　高管变动多是内部调动和高管离职

2017 年高管变动原因分为以下几类：罢免——被动离职；离职——出于各种原因主动离职；聘任——外部聘用；任满——任期结束；调动——公司内部升迁和调动；退休。如图 7-13 所示，2017 年零售企业高管变动原因占比前三的是调动（35%）、离

职（30%）和聘任（25%）。调动和聘任的原因一般是公司业务发展需要。比如：2017 年 5 月，曾任联想集团高级副总裁的陈旭东出任三胞集团全球高级副总裁；7 月，李斌从红星美凯龙家具集团总裁，转而就任红星美凯龙控股集团（母公司）首席执行官，负责投资业务。离职的原因大部分未向外披露，比如 2017 年 5 月浙江人本超市公司董事长兼总经理、十足便利店董事长刘忠建离职，据悉刘忠建自参加工作以来一直在人本集团工作。

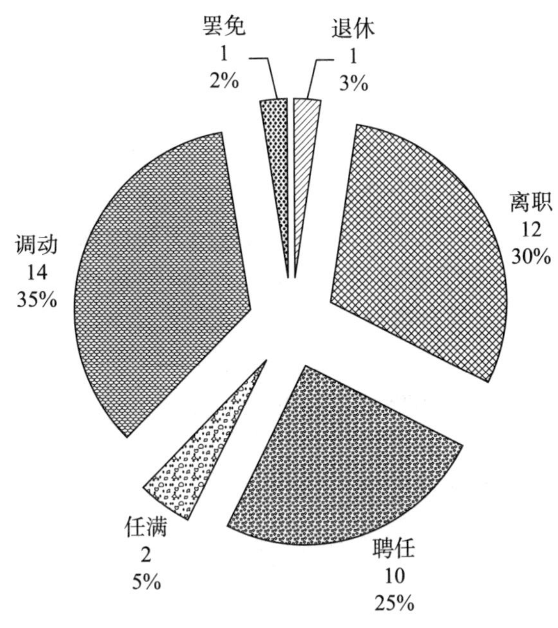

图 7－13　中国零售企业高管变动统计图（按原因）（2017 年）

7.2.2　高管变动问题及趋势展望

7.2.2.1　电商巨头布局新零售

新零售是 2017 年的重要主题，与收购兼并类似，高管变动也在很大程度上受到这方面的影响。

2017 年电商巨头加快布局新零售，相对应的是在许多方面需要相关人才，因而出现了频繁的高管变动。比如为布局人工智能领域，阿里巴巴、京东纷纷引入国际知名专家，负责人工智能相关部门。同时，阿里巴巴新任的淘宝和天猫总裁蒋凡和靖捷，前者为 80 后，后者是 70 后，是阿里巴巴集团以年轻人的新思维来实施新零售的体现，同时蒋凡也是阿里巴巴“五新执行委员会”成员。阿里巴巴集团总裁张勇称：“新零售新征程需要更多年轻人的新视角和新思维。”

7.2.2.2　便利店业态高速发展，出现重量级高管变动

近年来，便利店业态飞速发展。一方面，在新的消费环境下，年轻一代成为消费

主力，便利店符合年轻人对于便捷轻松的购物环境的追求；另一方面，线下门店租金上涨、线上获客成本上升，使得更有效率、门店更小的便利店成为新的发展机会，物联网、云计算、人工智能等新兴技术也促进了便利店的发展。巨头和资本看到了这个机会，纷纷入局便利店，比如京东百万便利店计划、阿里巴巴旗下的淘宝便利店，以及资本扶持的创业公司缤果盒子、便利蜂、猩便利等。

根据连锁经营协会和 BCG 联合发布的《2018 中国便利店发展报告》，2017 年中国便利店增速为 23%，门店数增长 13%，日均销售额增长 10%。相对而言，2016 年便利店的门店增长率只有 3.7%。2017 年便利店业态的飞速发展，使得其高管变动也变得剧烈起来。比如，罗森中国副总裁福田晓村离职创立互联网便利店品牌猩便利，而中国全家总经理朱宏涛也于 2017 年 10 月离职，目前去向尚未披露。

由于便利店业态的发展，这个领域的高管变动大多是自行创业，或是被挖走。比如福田晓村创立猩便利，而在朱宏涛离职时也有相关媒体称朱宏涛未来的打算“可能是创办自己的公司”。据《商业观察家》报道，“全家拓展部长张海清、全家后勤支持系统藏凯茹等一批在职多年的台湾籍老员工、中层也已于日前被挖走”。

7.3 中国零售业公司营销活动与网络技术运用分析

7.3.1 中国零售业营销活动分析

本节根据零售业公司官网、联商网、《超市周刊》等资讯网站的资讯信息，对 2017 年中国连锁经营协会发布的中国连锁百强中的 20 家代表性零售企业（几乎均在官网公布促销活动信息）的 90 起促销事件进行了汇总和分析。总体来看，促销活动贯穿一年中的不同时期，可归类为节假日、周年庆、购物节和日常四种，包括低价、满送、抽奖、红包、积分、秒杀、提升体验等多种不同的形式。

7.3.1.1 零售企业四类促销时机整体分布均匀，但业态偏好存在显著差异

在本报告监测范围内的促销活动中，节假日包括各类节日促销，比如 12 月 25 日圣诞节、3 月 8 日妇女节等；周年庆既包括零售企业集团周年庆，也包括具体门店周年庆；购物节主要是已经在消费者人群中形成较大影响的特定日期，比如“6·18”“双 11”“双 12”；日常包括以上三种范围之外的促销活动，比如零售企业针对特定商品品种的家居节、男装节，或是针对特定季节的促销，如“消暑特惠”等。

如图 7-14 所示，在 2017 年，监测范围内的零售企业节假日促销较少，占比只有 16%，其他三种促销活动分布较为均匀，依次是日常（29%）、购物节（28%）和周年庆（27%）。比如永辉超市在这一年的促销活动，有 12 月的“上市 7 周年庆”（周年庆）、“6·18”年中大促（购物节）、11 月的内购会（日常）。

从业态对比来看，如图 7-15 所示，2017 年，电子商务的促销活动多集中在购物节，“6·18”“双 11”“双 12”等大型购物节都是从电商发端的，进入线下零售企业也只是在最近几年，因此购物节向来是电商最重要的促销时机之一。专业店和连

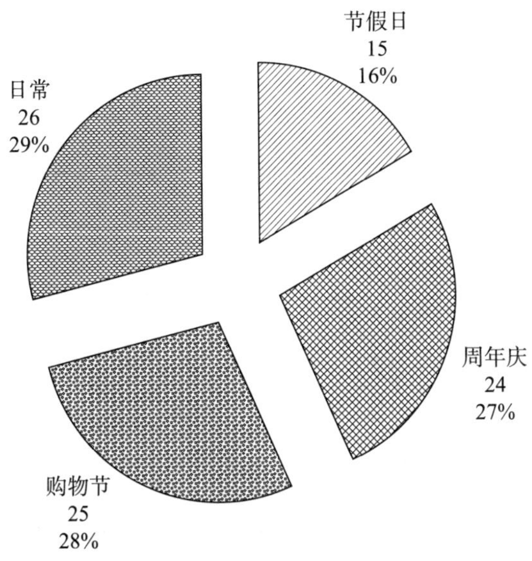

图 7-14　中国零售业营销活动时间分布（2017 年）

锁超市一般以日常活动为主，许多超市在会员日、暑期有很多日常促销活动，也常有针对特定商品的促销，比如家乐福的 9 月开学季促销、北国超市的“夏品出清”等。百货业态则是以周年庆为主，由于地区门店较多，以欧亚集团为例，在这一年就有欧亚卖场 17 周年庆、欧亚商都 24 周年庆、欧亚沈阳联营公司 65 周年庆、欧亚综合体 3 周年庆、四平欧亚 11 周年庆、吉林欧亚商都 8 周年庆、乌市欧亚 2 周年庆这大小 7 个周年庆典。不同业态对促销时机的偏好有所不同，这取决于业态不同的特征。

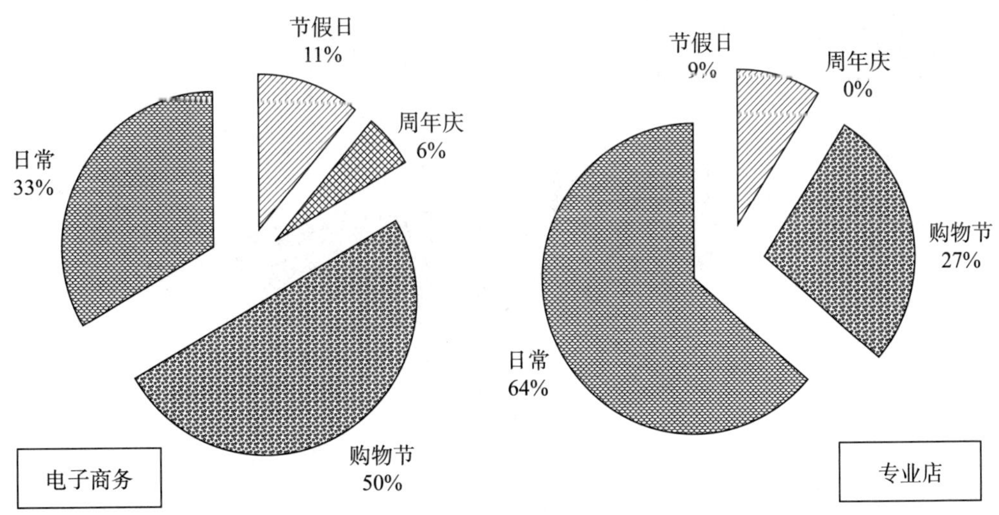

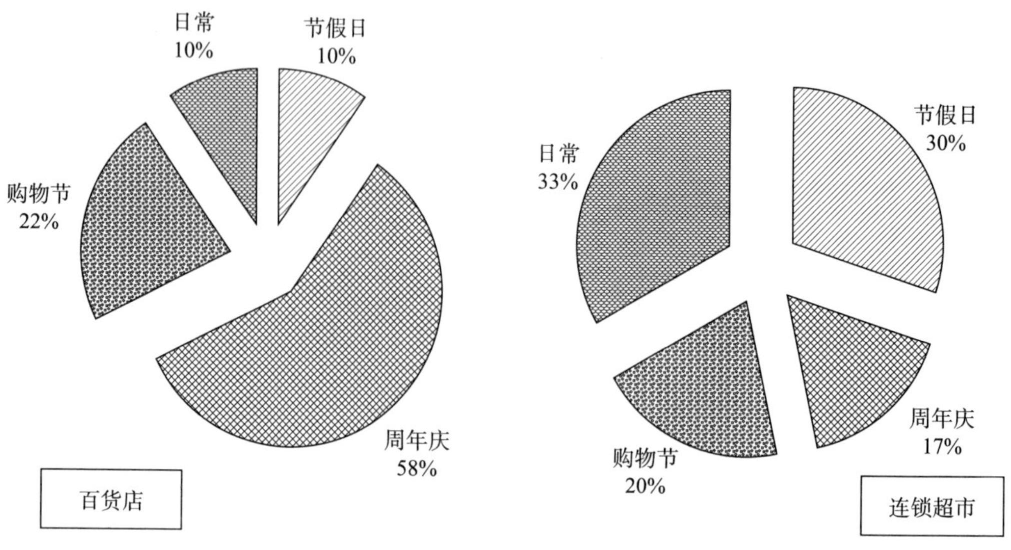

图 7-15　中国零售业营销活动时间分布（按业态分）（2017 年）

7.3.1.2　延续上年趋势，低价和满送仍是最主要的促销方式

如图 7-16 所示，2017 年中国零售企业最主要的促销方式仍然是低价，占比 26%，低于 2016 年的 32%。低价常见的形式有很多，主要包括打折、降价。其次的促销方式是满送，占比 23%，既包括满减，比如“购物满 1 000 减 50”，也包括满赠，比如“购

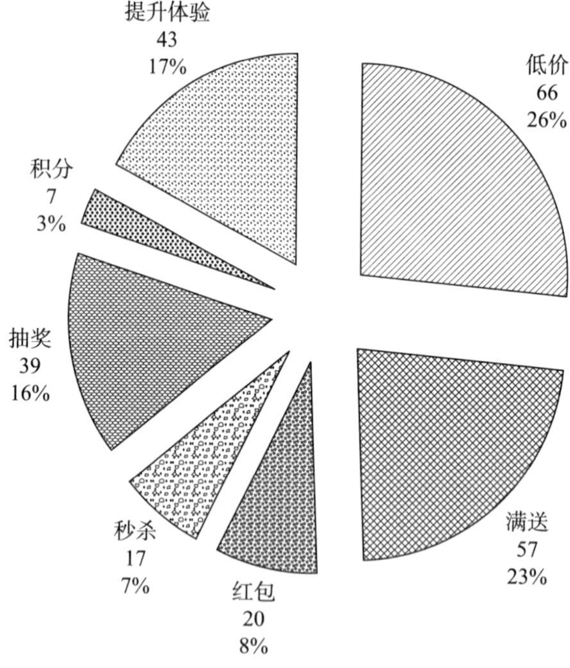

图 7-16　中国零售业营销方式选择分布（2017 年）

物满 888 元赠送食用油一瓶”。接下来是提升体验（17%）和抽奖（16%）。提升体验既包括在现场举办体验活动（比如大商集团 81 周年庆典，有“八一大商俱乐部”明星队员活力助阵开幕式、户外“馒头大军”、共切 81 周年生日蛋糕等），也包括使购物更加便捷（比如“双 11”淘宝、京东等电商在下单和物流配送等方面加大投入，改善体验）。相对而言，促销方式中积分活动较少，占比仅 3%。

从业态来看，如图 7－17 所示，不同业态在促销方式的选择上也有所差异。电子商务的促销方式分布较为平均，低价、红包、秒杀、抽奖等方式几乎都占比 16%左右；专业店的促销方式略倾向于满送和低价，二者占比均为 20%，其他形式占比相差不大；百货店则完全倾向于满送和低价，二者占比之和超过 50%，其余促销方式也差距较大，抽奖和提升体验占比较高，分别为 18%和 16%，而积分、红包和秒杀的占比较低，依次为 7%、6%和 2%；超市的促销方式中，低价和满送占比之和甚至超过 70%。可以看到，低价和满送两种促销方式占比较高是各个业态的共同点。

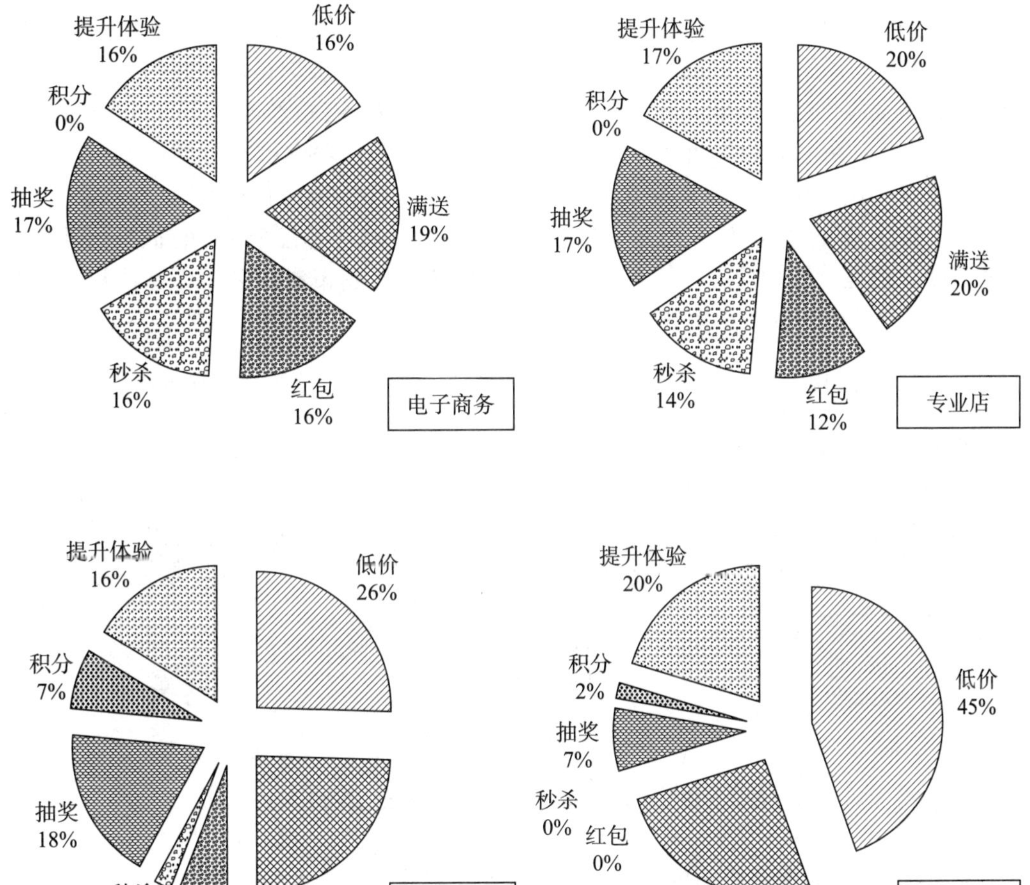

图 7－17　中国零售业公司营销方式选择（按业态分）（2017 年）

7.3.2 中国零售业公司网络技术应用分析

本节采用 2017 年连锁经营协会发布的连锁百强中的 77 家企业作为监测样本，通过从各企业官网、微博等方面得到的信息进行分析。

7.3.2.1 越来越多的零售企业开通微博，但运营维护情况两极分化

如图 7－18 所示，2017 年，在监测范围内的 77 家零售企业里，开通地区或门店微博、网上商城微博和集团微博的零售企业占比分别为 83%、57%和 83%，在 2016 年占比分别是 74%、55%和 77%，这说明开通微博的零售企业越来越多。这些企业都至少开通了地区/门店微博、集团微博、网上商城微博中的一个，完全不使用微博这一工具的少之又少。

但这些零售企业对于微博的运营维护情况呈现明显的两极分化：一些企业粉丝众多，微博内容更新频繁，常常与消费者互动；另一些企业的微博账号却沦为“僵尸账号”，不仅粉丝寥寥无几，而且内容常年不更新。微博运营维护得比较好的有各家电商和一些大型全国性连锁企业，比如沃尔玛中国官方微博，有粉丝 45 万人，每日更新内容数量为 2～3 条。以 2017 年 12 月 11 日为例，这天沃尔玛中国官方微博发布两条消息：一条是“沃尔玛宣布将全面引入海洋管理委员会（MSC）可持续认证海产品”，另一条是“12・12 购物攻略”。与之形成对比的是一些区域性零售企业，它们虽然开通了企业微博，但运营维护情况并不好，比如十堰市新合作超市有限公司，微博粉丝只有 110 人，上一条微博动态停留在 2016 年 8 月 1 日，是关于艾叶的商品推广。

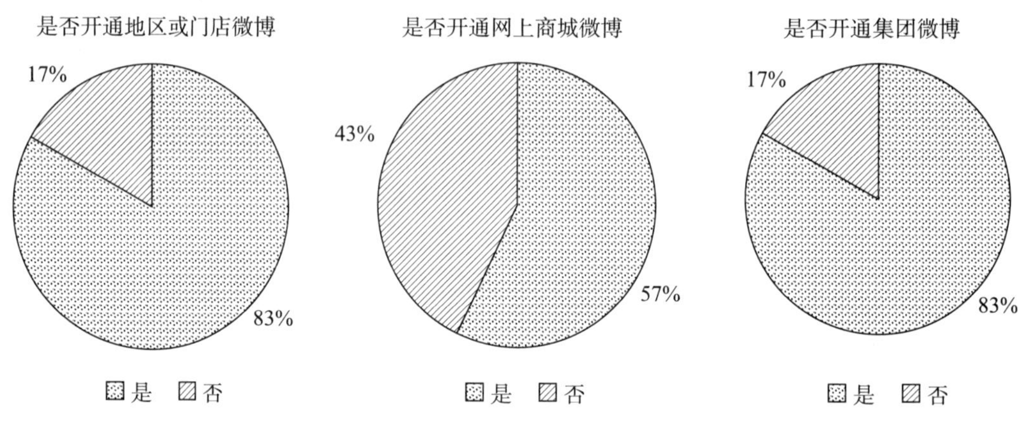

图 7－18 中国零售企业微博开通情况（2017 年）

7.3.2.2 开通网络零售的零售企业数量趋于稳定

如图 7－19 所示，2017 年，在监测的 77 家零售企业中，开通了网络零售的比例高达 84%，近年来数量趋于稳定。一般而言，零售企业网络零售多采取两种形式：一是建立自己的网上商城，比如大商集团建立了天狗网等，这部分企业里早年便开

始尝试网络零售的苏宁易购运营情况较好；二是依托已有的电商平台，比如建立天猫旗舰店。

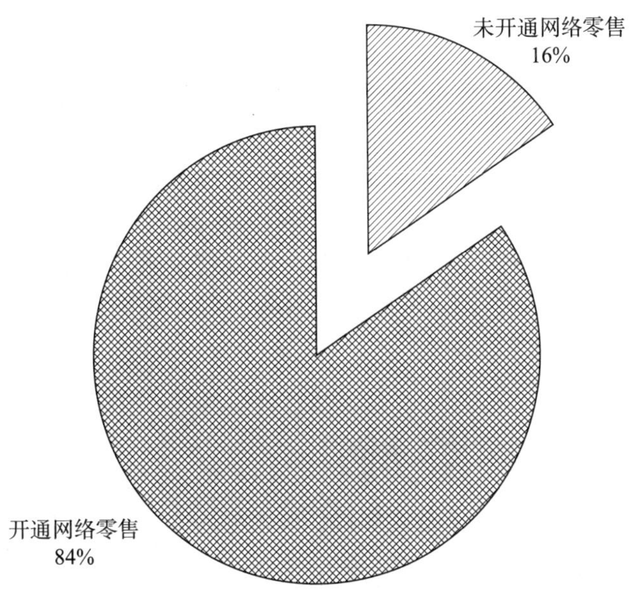

图 7－19　中国零售企业开通网络零售情况（2017 年）

7.3.3　中国零售企业营销与网络技术应用问题及趋势展望

7.3.3.1　营销手段仍然以价格手段为主、以体验式营销为辅

近几年来，在监测范围内，中国零售企业营销手段的一个明显的趋势是低价、满送等直接降低价格的促销手段越来越常见。2017 年新崛起的电商平台拼多多主要靠低价而迅速上升到国内电商平台前列就是一个典例，出现这种现象的主要原因在于人们对于价格依旧敏感。近年来，零售企业的营销手段都以价格手段为主，而直接牵涉价格优惠的低价、满送等形式最多。当然，体验式营销是价格手段的重要辅助。许多大卖场在节假日、周年庆等日子会举办很多异彩纷呈的营销活动，注重与消费者的互动与消费者体验。

7.3.3.2　出现实体零售企业与电商融合的趋势

2017 年，零售企业对网络技术的态度步入了一个新阶段。在电子商务刚出现的时候，实体零售企业和电商企业处于对抗、争夺的状态；在电商企业飞速发展之后，许多实体零售企业开始尝试利用微博等线上宣传工具，并建立自己的网上商城；在新零售开启之后，二者的关系更进一步，开始走向融合。正如上文在收购兼并中提及的，线下企业对于互联网技术的革新更加热情，而且成效显著，比如作为阿里巴巴“新零售改造第一案”的银泰、与京东展开深入合作的沃尔玛。但目前来看，展开这种深度合作的都是线下巨头，许多区域性零售企业在互联网技术方面仍然存在较大的局限性，这不仅体现在微博的运营维护情况上，还体现在一些企业多年未更新的官方网站，以及交易量小、几乎闲置的网上商城上。

7.4 中国零售业公司公共关系与社会责任分析

公共关系反映企业的社会责任意识，是企业品牌形象的重要组成部分。本章选择中国连锁经营协会 2017 年 5 月公布的 2017 年中国连锁百强企业作为研究样本企业，对其中公司官方网站披露公共关系活动的 25 家大型零售企业、共计 100 项 2017 年公共关系活动进行了汇总、分类和监测，并制作了附表 7－3“中国代表性零售企业社会责任与公共关系活动一览表（2017 年）”。

7.4.1 中国零售业公司公共关系特点

7.4.1.1 零售企业公共关系形式多样，以捐赠为主

2017 年，零售公司公共关系延续上年的特点，仍然以捐赠为主要形式，同时有着多种多样的形式补充。如图 7－20 所示，在本报告监测范围内，2017 年中国零售公司开展公共关系的活动主要有 6 种形式：捐赠（38%），包括捐钱捐物和募捐活动，比如 9 月苏宁联合中国扶贫基金会开展的“北京善行者公益徒步活动”为贵州地区贫困儿童募捐超过 400 万元；其他（35%），包括各种公益活动，诸如公益比赛、公益宣传、公

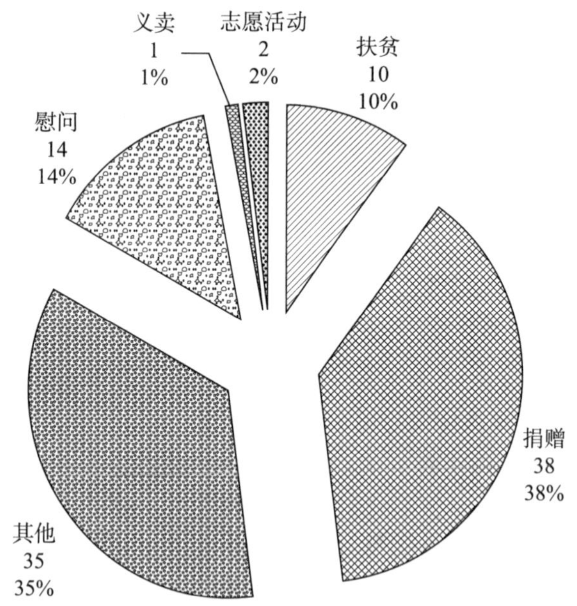

图 7－20 中国零售企业爱心公益活动形式示意图（2017 年）

益课堂等，百胜中国在 7 月举办的爱心穿越活动就属于此类；慰问（14%），这种形式较为传统，主要指对弱势群体的慰问关怀，比如 12 月合肥百大鼓楼名品中心慰问九久夕阳红敬老院；扶贫（10%），零售公司在扶贫方面发挥着重要作用，这种形式以助销形式为主，比如 5 月超市发为香河县农民助销爱心莴笋，也包括创业扶贫等其他形式；志愿活动（2%），包括企业主办和员工参与两种形式的志愿活动；义卖（1%），2017 年监测范围内只有益元百货在 8 月为贫困山区孩子举办了一次义卖。

7.4.1.2　公共关系活动主体以企业为主

2017 年，针对零售企业公共关系主体的统计，我们改变了原来的“职工”“企业”和“企业＋职工”的三个类型统计，认为应该只包括“企业”和“企业＋职工”两种类型。因为但凡有职工参与的公共关系，都与企业有着千丝万缕的关系，即使是职工自发组织的志愿活动，也往往以企业为背后的凝聚核心，并且离不开企业的支持。如图 7－21 所示，2017 年的公共关系活动进一步延续往年的趋势，企业主体占据绝大多数，占比为 70%，2016 年这一数据是 79%。“企业＋职工”的统计是往年“企业＋职工”与“职工”两类统计之和，今年占比 30%。

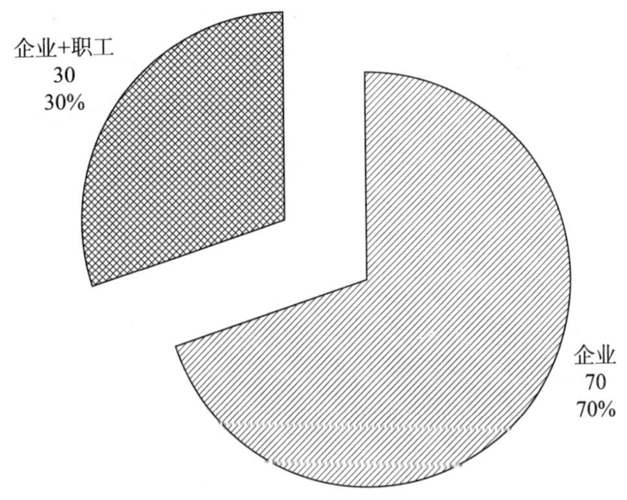

图 7－21　中国零售企业爱心公益活动主体构成示意图（2017 年）

7.4.1.3　公益活动多发生于第三季度，以地区性活动为主

从公益活动的区域分布来看，如图 7－22 所示，与往年趋势相同，大多数公益活动都是地区性的，占比 75%，相较于 2016 年 87%的比例有所下降；25%的公益活动是在零售商的全国门店展开的。由于零售商的地域特性，门店所辐射的往往是当地区域，而且某些形式的公益活动，比如捐赠、义卖、慰问等往往难以在全国范围内同时开展，因此公益活动多是区域性的形式。

从季度分布来看，如图 7－23 所示，2017 年的状况同样与 2016 年基本一致：第三季度占比最多，为 42%；第一季度占比最少，为 12%；第二、四季度相差不大，占比

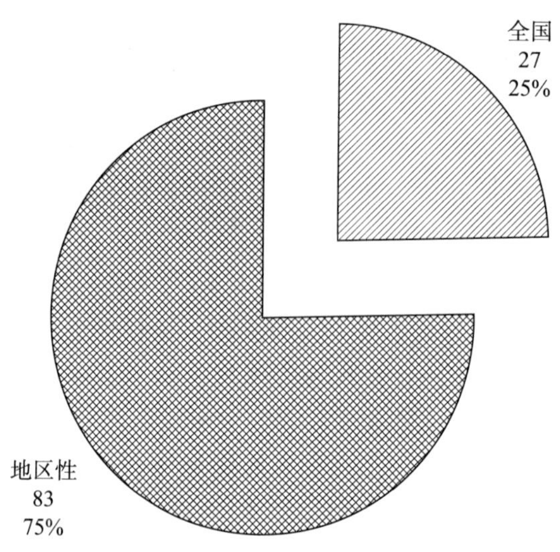

图 7－22　中国零售企业爱心公益活动区域分布示意图（2017 年）

分别为 22%和 24%。第三季度公益活动较多的原因在于这一季度自然灾害发生频率高于其他季度，比如 7 月多地因暴雨受灾，8 月九寨沟发生地震。历年自然灾害也多发生在 7、8 两个月，零售企业纷纷于此时捐款捐物，因此第三季度往往公益活动多于其他季度。

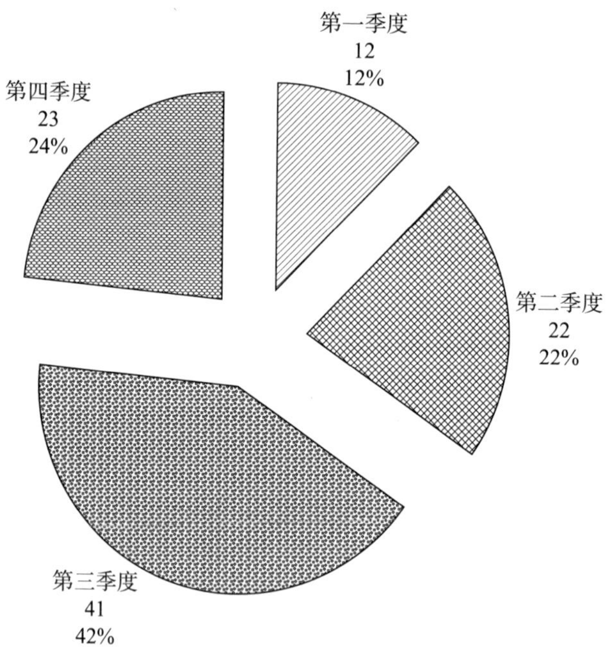

图 7－23　中国零售企业爱心公益活动季度分布示意图（2017 年）

7.4.1.4　零售企业公共关系对象分析

从公共关系的对象来看，如图 7－24 所示，2017 年企业相关活动可以被分为环保活动和公益活动，前者占 11%，后者占 89%。相较于 2016 年占比仅 4%的环保活动，2017 年这一类别的比例有所增加。公益活动的对象从占比高低来看依次包括突发情况（23%）、其他（18%）、妇女儿童（15%）、贫困家庭（13%）、青少年（12%）、老人（6%）和病患（2%）。2017 年，包括暴雨洪灾、地震等在内的突发情况较多。

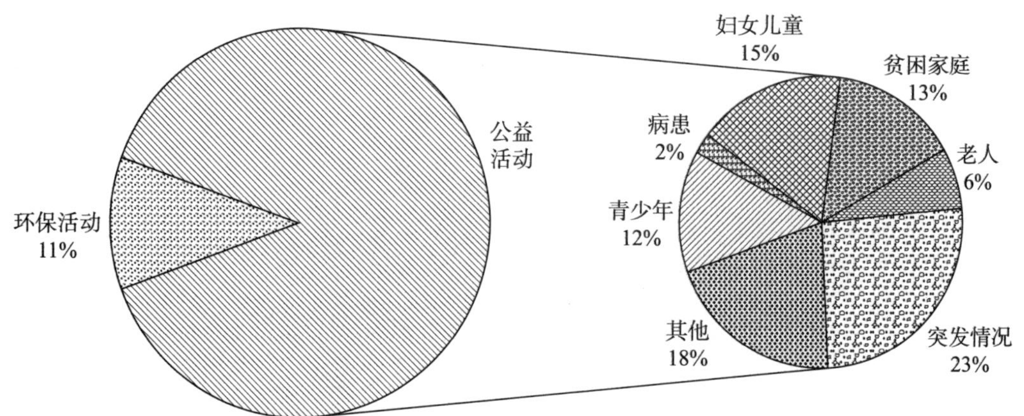

图 7－24　中国零售企业爱心公益活动对象构成示意图（2017 年）

7.4.2　中国零售企业公共关系问题与趋势展望

7.4.2.1　企业公共关系活动形式丰富多样，传统形式比例下降

2017 年，零售企业发展了许多新的形式来开展公益活动，包括梦想课堂、为自然灾害制定集团级别的救灾机制等。这些活动不仅限于传统的捐款、义卖、慰问等形式，而是代表了新时代下对零售企业公共关系活动的新要求，需要零售企业创新思维，像考虑消费者需求一样考虑公益对象真正的需求是什么。在考虑公益活动形式时，零售企业也可以根据公益活动的对象进一步拓展形式，以针对弱势群体的公益活动为例，比如国美针对贫困地区妈妈的“牵手妈妈制造美好”活动，帮助贫困家庭的妈妈创业脱贫，十分具有新意。

7.4.2.2　小的地区性零售企业可专注于某一公益领域

一些大型零售企业，在公益和社会责任领域有着长久的经验，专注于某些领域，得以更好地帮助弱势群体。其中具有代表性的有：苏宁的“梦想大篷车”活动致力于为山区孩子提供更好的教育条件，“善行者”公益徒步活动举办多年，是国内标志性的公益徒步活动之一；永旺中国专注于青少年和儿童成长，每年都会举办永旺奇乐思俱乐部、七色花体验营等活动；沃尔玛作为全球最大的零售商，在社会责任领域更是有着完整的规划，其官网包括三个方面，女性经济自立、儿童食品安全与营养、可持续发展和社区服务，并且其每年为这三个主题投入大量资金和人力。

而一些区域性零售企业在社会责任方面创新不够，仍然以传统的慰问等形式为主。为进一步回馈社会，区域性零售企业可重点关注当地某一弱势群体或者某一社会问题，常年坚持，必定可以改善相关问题。

（占　烁）

第 8 章　中国零售业综合事务与海外概览

本章重点监测与分析 2017 年度中国涉及零售消费与零售业发展的三类综合性事务，包括国家和主要部委层面的政策、法规、行业标准等的发布情况，代表性公开投诉、案件、纠纷等情况，主要业内会议、会展、培训、教育、研究等的进展情况。同时，本章还对代表性海外国家的经济、消费与零售商业的发展情况进行了监测和分析，主要涉及美国、日本、英国等国家。

本章所有数据和信息均来自 2017 年期间，以国务院办公厅、国家发改委、商务部、工商总局等为代表的国家各级政府公开信息，各相关行业协会官方网站、企事业单位官方网站、新闻媒体等的公开信息和公开报道，以及相关海外国家 2016—2017 年度政府公开信息、统计数据、海外国家零售协会数据等。本章共有数据附表 5 张，请读者朋友扫描本书第 242 页的二维码免费查阅。

8.1　中国零售业政策法规和行业标准

本章统计和监测了 2017 年以商务部为政策发布主体，以国务院办公厅、国家发改委、海关总署等为补充的中国主要零售业政策法规和行业标准共 58 项，其中：法律、法规和规定等计 32 项，约占 55%；零售行业标准计 26 项，约占 45%。与 2016 年相比，2017 年政策法规数量减少了 22%，这反映出零售行业法律法规体系的日臻完善。

2017 年度的政策法规主要集中在流通体系的发展与改革、特殊商品流通、重要产品信息化追溯体系、电子商务发展、食品工业与餐饮业安全以及人工智能应用等方面；行业标准主要包括零售业经营管理规范和技术要求等（详见附表 8－1）。

8.1.1　绿色流通、冷链物流、降本增效三力合一促进流通体系改革

物流业贯穿第一、二、三产业，衔接生产与消费，涉及领域广，发展潜力大，带动作用强。2017 年国家共出台了 5 个相关文件促进流通体系发展与改革。

其中，为贯彻落实 2014 年出台的《商务部关于大力发展绿色流通的指导意见》，2017 年 2 月，商务部办公厅发布了《商务部办公厅关于做好 2017 年绿色流通有关工作的通知》，具体部署了继续开展绿色商场创建工作、做好再生资源回收行业相关工作、开展 2017 年零售行业节能调查和旧货流通行业调查、征集并制定《流通领域节能环保技术产品推广目录》等工作。

随着我国经济社会发展和人民群众生活水平不断提高，冷链物流需求日趋旺盛，为推动冷链物流行业健康规范发展，保障生鲜农产品和食品消费安全，2017 年 4 月，

国务院出台了《关于加快发展冷链物流保障食品安全促进消费升级的意见》，提出要健全冷链物流标准和服务规范体系、完善冷链物流基础设施网络、鼓励冷链物流企业经营创新、提升冷链物流信息化水平、加快冷链物流技术装备创新和应用等十项措施。

推动物流降本增效对促进产业结构调整和区域协调发展、培育经济发展新动能、提升国民经济整体运行效率具有重要意义。为此，2017 年 8 月，国务院办公厅发布了《关于进一步推进物流降本增效促进实体经济发展的意见》，指出要在深化“放管服”改革，加大降税清费力度，加快推进物流仓储信息化、标准化、智能化，打通信息互联渠道等七个方面降低物流成本，切实提高物流效率。

8.1.2 药品与酒类等特殊商品流通管理趋于完善

药品和酒类是较为特殊的两类商品，相对于其他商品，其流通成本较高，机制更加复杂。因此在 2017 年，国家对这两类商品的流通进行了专门规定，共出台了两项指导意见。

2017 年 1 月，为深化医药卫生体制改革，提高药品质量、疗效，规范药品流通和使用行为，国务院办公厅发布了《关于进一步改革完善药品生产流通使用政策的若干意见》，在整顿药品流通秩序，推进药品流通体制改革方面，具体提出了推动药品流通企业转型升级、推行药品购销“两票制”、完善药品采购机制、整治药品流通领域突出问题、推进“互联网+药品流通”等导向措施。

2017 年 2 月，为进一步加强酒类流通管理、促进行业健康稳定发展，商务部颁布了《商务部关于“十三五”时期促进酒类流通健康发展的指导意见》。该意见指出，当前酒类流通领域的主要任务是：优化酒类流通结构、创新酒类流通模式、引导科学健康消费、推进酒类溯源管理、完善诚信体系建设、规范酒类流通秩序、积极开拓国际市场。

8.1.2.1 打造重要产品信息化追溯体系，促进线上线下全面融合

推进重要产品信息化追溯体系建设，是惠民生、促消费、稳增长和推进供给侧结构性改革的重要举措，对提高供应链效率和产品质量安全保障水平、推动流通转型升级和创新发展、构建信息化监测监管体系、营造安全消费的市场环境具有重大意义。

为进一步加快建设重要产品信息化追溯体系，2017 年 2 月，商务部联合工业和信息化部、公安部、农业部、质检总局、安全监管总局、食品药品监管总局共同发布了《关于推进重要产品信息化追溯体系建设的指导意见》。该意见强调，当前的主要任务分为基本任务和分类任务。其中，基本任务包括建立目录管理制度、完善追溯标准体系、健全认证认可制度、推进追溯体系互联互通、促进线上线下融合、强化追溯信用监管六个方面；分类任务包括建立食用农产品、食品、药品、主要农业生产资料、特种设备、危险品、稀土产品、产品进出口八项追溯体系。为此，应当完善法规制度，营造发展环境，加强理论研究和人才培养，实施相关保障措施。

8.1.2.2　电子商务示范基地、农业电子商务助推电子商务纵深发展

作为网络零售的主要实现形式，近年来电子商务在我国取得了非常迅速的发展，对经济、就业、消费等做出了重要的贡献。政府高度重视电子商务，2017 年共出台了两个文件规范其发展，促进其健康成长。

国家电子商务示范基地是引领和推动我国电子商务创新发展的重要载体。自 2011 年开展示范基地创建工作以来，电子商务示范基地在服务电子商务相关企业、支撑电子商务创业创新和推动传统产业转型升级等方面取得了积极成效。为加强对示范基地建设工作的指导，2017 年 1 月，商务部出台了《关于进一步推进国家电子商务示范基地建设工作的指导意见》。该意见提出了三个方面的发展任务：强化承载能力，服务电子商务新经济；提升孵化能力，支撑大众创业万众创新；增强辐射能力，推动传统产业转型升级。并提出五条保障措施：加强组织领导、完善政策支持、优化营商环境、实施动态管理、加强宣传推广。

农业供给侧结构性改革为电子商务的发展提供了全新的契机——发挥电子商务和农业部门的协同作用。为了大力推进农产品电子商务快速健康发展，突破制约农产品电子商务发展的瓶颈和问题，加快建立线上线下融合、生产流通消费高效衔接的新型农产品供应链体系，2017 年 8 月，商务部、农业部联合发布了《关于深化农商协作大力发展农产品电子商务的通知》。该通知指出，当前农产品电子商务发展的重点任务包括开展农产品电商出村试点、打造农产品电商供应链、推动农产品产销衔接、实施农村电商百万带头人计划、提高农产品网络上行的综合服务能力、强化农产品电子商务大数据发展应用、大力培育农业农村品牌、健全农产品质量安全检测和追溯体系、开展农产品电子商务标准化试点、加强监测统计和调查研究等方面。

8.1.2.3　食品工业与餐饮业安全监管力度继续加大

食品安全影响着每个人的日常生活和健康。近年来，随着重大食品安全问题的不断爆发，食品安全成为人们关注的焦点。为了保障食品安全，2017 年共出台了 3 个相关文件。

2017 年 1 月，国家发改委、工业和信息化部联合发布了《关于促进食品工业健康发展的指导意见》，意在加快食品行业发展，推动食品工业转型升级，满足城乡居民安全、多样、健康、营养、方便的食品消费需求，培育形成经济发展新动能。该意见指出，“十三五”阶段食品工业发展的主要任务有：改善供给结构，提高供给质量；优化产业结构，促进转型升级；强化创新驱动，加快个性化和柔性化深度融合；统筹国内国外，扩大开放合作；增强监管能力，提高安全水平。

当前，居民在外餐饮消费越来越普遍。促进餐饮业提高质量安全水平，关乎千家万户。为满足人民群众日益增长的餐饮消费需求，提升餐饮业质量安全水平，2017 年 9 月，国务院食品安全办等 14 部门联合发布了《关于提升餐饮业质量安全水平的意见》。该意见指出，应当全面落实餐饮服务食品安全主体责任、全面提升餐饮服务食品安全监管水平、全面开展餐饮业质量安全提升行动、全面提升餐饮业创新发展水平。

为进一步落实此意见，加强餐饮服务环境卫生及餐饮具清洗消毒监督管理，2017 年 12 月，国家食品药品监督管理总局发布了《总局关于加强餐饮服务环境卫生监督管理的通知》，在加强餐饮服务环境卫生管理、加强餐饮具清洗消毒管理两个方面做出了更具体的规定和指导，明确了人员管理要求、食品加工处理区要求、就餐区域要求、卫生间要求等。

8.1.2.4 人工智能与零售有机结合，打造未来智能零售

2017 年是人工智能飞速发展的一年，人工智能的迅速发展将深刻改变人类社会生活、改变世界。当前，新一代人工智能相关学科发展、理论建模、技术创新、软硬件升级等整体推进，正在引发链式突破，推动经济社会各领域从数字化、网络化向智能化加速跃升。因此，为抢抓人工智能发展的重大战略机遇，构筑我国人工智能发展的先发优势，2017 年，国家共出台了两项有关人工智能应用的发展规划和指导意见。

2017 年 7 月，国务院印发《新一代人工智能发展规划》，提出要培育高端高效的智能经济，大力发展人工智能新兴产业，加快推进产业智能化升级，如智能制造、智能农业、智能物流、智能商务、智能家居等，都与零售业息息相关，人工智能在零售领域必定能够大放异彩。此外，还要构建开放协同的人工智能科技创新体系、建设安全便捷的智能社会、加强人工智能领域军民融合、构建泛在安全高效的智能化基础设施体系等。

为落实此发展规划，2017 年 10 月，国家发改委发布了《关于组织实施 2018 年"互联网+"、人工智能创新发展和数字经济试点重大工程的通知》，鼓励全国各单位积极申报"互联网+"、人工智能、数字经济重大工程，为将我国建设成为人工智能大国和强国而不懈努力。

8.1.2.5 20 余项行业标准完善行业经营规范

为了规范零售产业经营活动，引导和促进零售行业健康有序发展，2016 年 5 月，国务院办公厅印发了《2017 年全国打击侵犯知识产权和制售假冒伪劣商品工作要点》，提出要依法严厉惩处影响创新发展、妨碍公平竞争和侵害消费者合法权益的侵权假冒违法犯罪行为，为推动经济社会持续健康发展提供有力保障。该要点强调，要加大互联网领域侵权假冒治理力度、持续开展农村和城乡接合部市场治理、深入开展中国制造海外形象维护"清风"行动、加强寄递环节监管、加大打击侵犯知识产权工作力度等。

此外，2017 年 1 月和 2017 年 8 月，商务部分两次批准了《中药材包装技术规范》等 26 项国内贸易行业标准，对电子商务服务商服务、电子商务商品验收、第三方网络零售平台为入驻商户提供的基本服务等多方面内容进行了规范，有助于建立统一的标准，促进企业和生产者的合理经营。

8.1.3 行业技术标准创造行业规范化环境

产品技术是产品的重要组成部分，对不同类型的产品技术进行规范既有利于企业

产品生产的标准化，也有助于维护企业生产者和产品消费者的相关利益。2017 年 1 月和 8 月，商务部制定了一系列行业标准，包括《鞋类专卖店管理技术规范》《废旧手机网络交易规范》《进口酒经营服务规范》《电子商务商品验收规范》《零售业特许经营技术指南》《流通业商品分类与代码编制要求》《木质门销售及服务规范》《基于网络零售开放平台的电子商务服务商服务规范》等。

这些技术标准和规范涵盖电子商务、酒类经营、中药销售、家具销售、文物艺术品等多个领域，为产品的生产和升级提供了专业指导，有助于产品和企业的规范发展。但是，完全一成不变的产品技术要求在某种程度上也会对产品的创新造成阻碍，企业如果长时间坚持着一种统一的技术标准，缺少激励，可能就会失去产品和技术创新的动力。

8.2　中国零售企业案件纠纷

本章统计和监测了 2017 年主要零售业案件纠纷共 154 起，此数量与 2016 年持平。2017 年，案件纠纷仍然主要表现为企业与消费者之间的纠纷，纠纷原因大多是商品质量问题，如沃尔玛、大润发、永辉超市等连锁超市与消费者之间的纠纷①。在各个业态中，电子商务和超市纠纷事件出现得最为频繁（详见附表 8－2）。

8.2.1　中国零售企业案件数量平稳，电子商务成为重灾区

8.2.1.1　零售企业案件纠纷类型占比：企业与消费者基数大，但在持续下降

本章统计和监测了 2017 年主要零售业案件纠纷共 154 起，如图 8－1 所示，其中：2017 年企业与消费者之间的纠纷案件数量最多，占比达 59%；其次是企业内部矛盾案件，占比约 17%；行业竞争案件占比约为 14%；零供矛盾案件数量最少，占比为 10%。

由此可见，虽然近三年零售行业发生的纠纷案件仍然以企业与消费者之间的纠纷为主，但是 2017 年企业与消费者纠纷案件数量和比重均有所下降；行业竞争和零供矛盾纠纷案件比重增幅较大，需引起关注。近三年零售行业案件纠纷详情见图 8－1。

8.2.1.2　零售业态与纠纷案件类型分布情况：不同业态分布差异较为明显

本章监测的纠纷案例，主要包括五大类型零售业态，分别是超市、电子商务、食品连锁、服饰和家居连锁。

如图 8－2 所示，统计结果表明，2017 年企业与消费者之间的矛盾仍然是超市、食品连锁和家居连锁等业态最主要的矛盾来源，占比均超过 60%。值得关注的是，近年来本报告监测的家居连锁业态的纠纷都来自企业与消费者之间的矛盾。企业内部矛盾则主要存在于超市、电子商务和食品连锁业态，尤其是电子商务业态，企业内部矛盾

① 本章节案件来源：联商网 2017 年相关资讯中涉及的零售消费的案件。

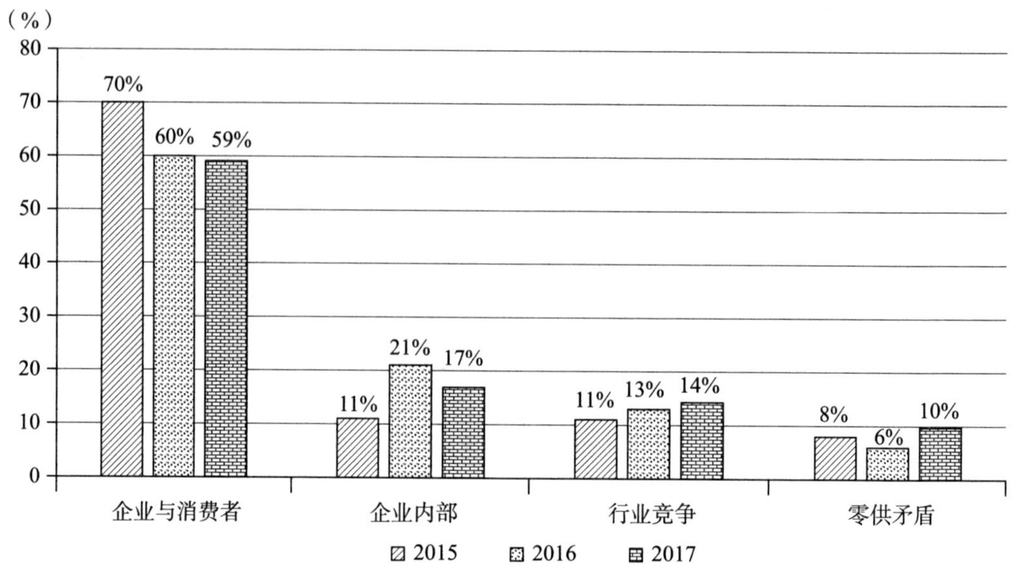

图 8-1 中国零售企业案件纠纷类型占比情况（2015—2017 年）

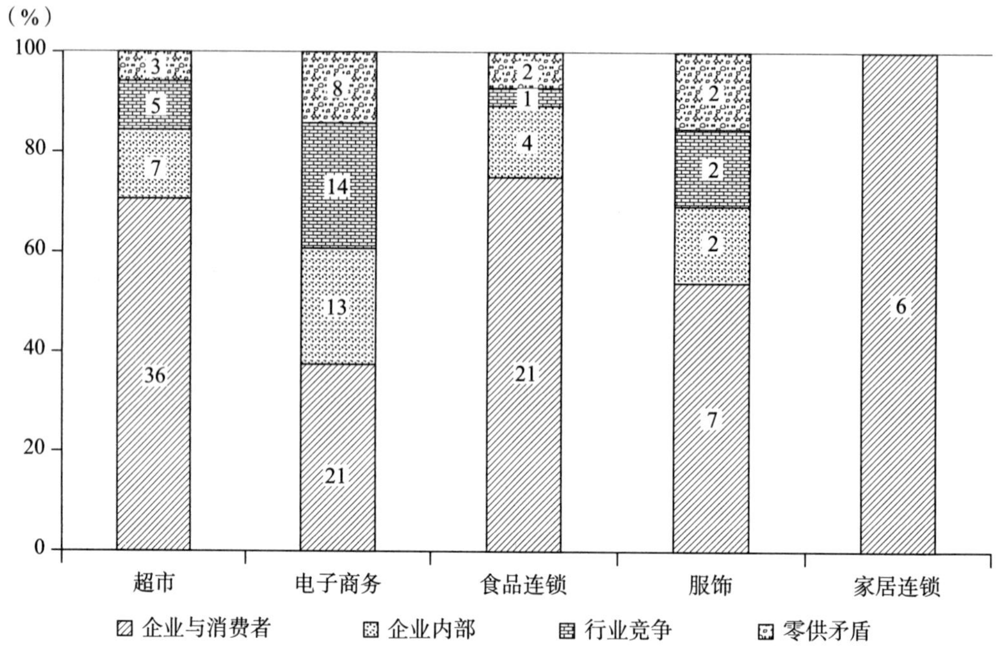

图 8-2 中国零售业态与纠纷案件类型分布情况（2017 年）

占比超过 20%，这可能与电子商务业态相较于传统零售业态发展年限较短、企业更加灵活、行业发展迭代周期更短有关。同样地，行业竞争突出地集中在电子商务业态——为五种业态中占比最高，达到 25%；零供矛盾在服饰中占比最高，为 15%，主要涉及知识产权的侵犯与维护问题。

从发展趋势看，2015—2017 年，企业与消费者之间的矛盾是各业态最主要的矛盾来源。2017 年，原先主要集中于服饰业态的行业竞争发生了极大变化，超市业态的行业竞争数量由 2016 年的 0 起增至 5 起，增幅将近 10%，电子商务行业取代服饰行业，成为行业竞争纠纷占比最多的业态，反映了电子商务业态竞争的加剧。2016 年，超市业态发生的纠纷最多，其次是电子商务；2017 年，电子商务领域出现的纠纷首次超过超市业态，体现出电子商务行业蓬勃发展的势头和亟待规范的现状。同时，服饰业态的纠纷数量有较大回落，从 2016 年的 26 起降至 2017 年的 13 起，减少 50%，既反映出监管措施的不断完善，也从侧面体现出传统服饰行业的遇冷和紧缩。

8.2.2　企业与消费者：占比近六成，形势依然严峻

企业与消费者之间的矛盾纠纷是近三年来中国零售业最主要的纠纷案件来源，主要集中在食品安全卫生、产品质量、产品造假、虚假宣传、售后服务等问题上。

2017 年，企业与消费者之间的纠纷占所有纠纷的 59%，少于 2015 年的 70%和 2016 年的 60%，企业与消费者之间的纠纷占所有纠纷的比重在逐渐下降；同时，企业与消费者之间的纠纷案件从 2016 年的 92 起下降到了 2017 年的 91 起，所占比重和绝对数量减少，但减少速度逐渐变慢，特别是数量与 2016 年基本持平，侧面反映了企业与消费者之间的矛盾形势依然较为严峻。

从分布业态的差异来看，本报告统计的 2017 年零售企业与消费者的案件纠纷中，主要发生在超市零售业态和电子商务业态，合计占比约 70%；食品连锁中的案件纠纷占 18%。另外，8%发生在服饰业态中；家居连锁领域发生的企业与消费者案件纠纷最少，仅占 4%。

8.2.3　行业竞争：电子商务业内竞争激烈

本章统计的 2017 年行业竞争类案件纠纷显著集中在电子商务业态，占比达到 64%，主要涉及行业地位的竞争（如亚马逊与沃尔玛的线下零售龙头之争[①]）、市场份额的抢占（如天猫以“独家合作”为名，要求品牌关闭包括在京东、唯品会、当当等其他电商平台的店铺[②]）、知识产权侵犯（如天猫承认“智能测肤”抄袭，对涉事三名总监严重警告[③]）等。此外，相较于 2016 年价格战频发的竞争态势，2017 年价格战的纠纷有所下降，这表明各公司更加注重从公司战略布局、提升消费者体验方面发力。

---

① 案件来源：联商网 http://www.linkshop.com.cn/web/archives/2017/389328.shtml?sf=wd_search。

② 案件来源：联商网 http://www.linkshop.com.cn/web/archives/2017/379486.shtml?sf=wd_search。

③ 案件来源：联商网 http://www.linkshop.com.cn/web/archives/2017/388240.shtml?sf=wd_search。

与 2016 年行业竞争主要发生在电子商务、服饰业态相比，2017 年服饰业态行业竞争案件显著减少，仅占比 9%，少于超市业态 23%的比例，位列第三。服饰行业竞争纠纷数量的下降也从一定程度上反映出传统服饰零售的滑坡，如 H&M 等知名服饰连锁企业利润率下滑，纷纷关店。此外，2017 年食品连锁业态仅监测到 1 起行业竞争纠纷，而家居连锁业态则为 0 起，说明食品连锁和家居连锁业态的竞争秩序在 2017 年有所好转。

8.2.4 企业内部：各业态均存在，集中度较低

企业内部纠纷存在于各个零售业态，业态集中度较低。2017 年零售行业的企业内部纠纷发生情况与 2016 年保持一致，仍主要集中在电子商务、超市和食品连锁三个业态，但是电子商务取代超市，成为占比最高的业态——占比达到 50%。此外，企业内部矛盾在其余四个业态中的占比分别为：超市占比 27%、食品连锁占比 15%、服饰 8%、家居连锁 0%。

导致纠纷出现的原因比较多样，包括公司裁员、员工工资拖欠、公司内部管理问题等。公司裁员问题，如巧克力巨头好时将专注糖果业务，拟全球裁员 15%[①]；员工工资拖欠问题，如虹口物美超市拖欠员工 34 万元加班费，员工在各方努力下终讨回[②]；公司内部管理问题，如饿了么、百度外卖进入艰难整合期，CTO 耿艳坤出走[③]。企业内部纠纷在占比最高的电子商务领域集中表现为裁员和企业内部管理混乱问题，如美团腐败案曝光，刷单骗补猖獗，餐饮业务是重灾区[④]。

攘外必先安内，企业内部管理的有序与和谐是企业做大做强的基础和前提，因此，针对 2017 年集中反映出来的问题，零售企业应当首先妥善处理与员工的关系，包括尽量减少裁员、按时发放薪酬、足额发放津贴等；其次，零售企业应当加强对管理层人员的管理与监督，防止贪污、派系争斗纠纷的发生。只有做好企业内部管理，管理层与基层员工形成合力为企业目标不断努力，才是企业长久的发展之计。

8.2.5 零供矛盾：电子商务占比过半，零供纠纷不容小觑

本章统计的 2017 年零供矛盾案件纠纷主要发生在电子商务业态，占比 53%；超市业态次之，占比 20%；最后是食品连锁和服饰，各占比 13%。零售商与供应商的矛盾

① 案件来源：联商网 http：//www.linkshop.com.cn/web/archives/2017/371680.shtml?sf=wd_search。

② 案件来源：联商网 http：//www.linkshop.com.cn/web/archives/2017/393162.shtml?sf=wd_search。

③ 案件来源：联商网 http：//www.linkshop.com.cn/web/archives/2017/386897.shtml?sf=wd_search。

④ 案件来源：联商网 http：//www.linkshop.com.cn/web/archives/2017/376755.shtml?sf=wd_search。

主要集中在商业欺诈、假冒伪劣和产品质量问题上。2017 年零供矛盾纠纷案件主要以电商平台销售假货，遭到供应商品牌维权或起诉为主，如 LV 以售假为由把电商平台亚马逊上约 30 位卖家告上法庭，最终胜诉[①]等。

供应商是零售企业的上游公司，在企业供应链中的地位非同一般。企业如若处理不好零供矛盾，将会失去货源，并在下游产生连锁反应，包括产生企业内部矛盾和企业与消费者的矛盾。例如，电商平台售假遭供应商抵制，将直接影响平台在消费者心中的形象，产生更多潜在矛盾与纠纷。因此，零售企业应当十分重视与供应商之间的关系，努力做到与正规供应商长期合作，并及时支付货款，从而形成供应商、企业自身、消费者之间的良性循环。

8.3　中国零售商业会议、会展与培训教育

本章统计和监测了 2017 年全国范围内的主要零售业与商贸流通领域代表性会议、会展 54 场和主要零售业培训教育活动 53 场，详见附表 8－3 和附表 8－4。

8.3.1　中国零售商业会议会展：稳中有升，质量更佳

8.3.1.1　中国零售商业会议会展时间：金十银三，会议集中

如图 8－3 所示，本章统计的 2017 年零售商业会议主要时间分布中，1、2 月最少；3、10、11 月较多。整体来看，2017 年会议、会展的时间分布与 2015 年、2016 年基本一致。其中，2017 年会议、会展时间分布上不同月份之间差别较大，次数最多的是 10 月，共举办 10 次，其次是 3 月，共举办 9 次。从全年来看，2017 年全年共举办 54 次会议。

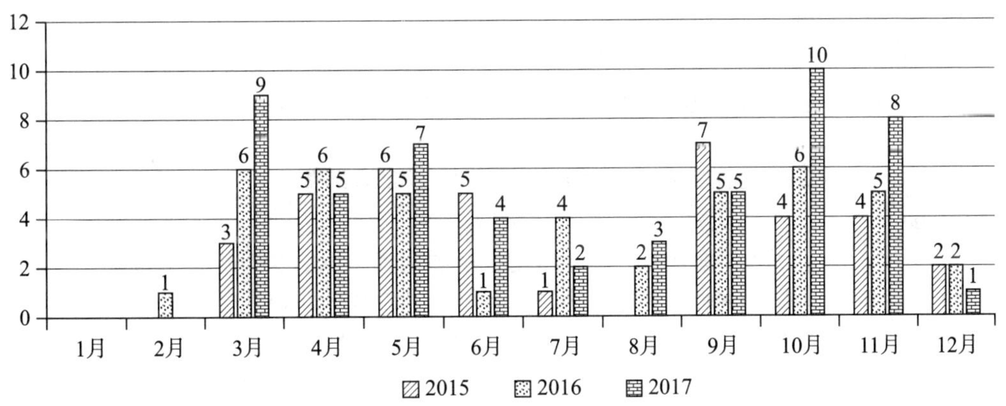

图 8－3　中国零售商业会议、会展时间分布（2015—2017 年）

① 案件来源：联商网 http：//www.linkshop.com.cn/web/archives/2017/380889.shtml?sf＝wd_search。

8.3.1.2 中国零售商业会议、会展地区：南方城市对会议、会展更为偏好

如图 8-4 所示，在统计的 2017 年我国零售业与商贸流通领域的会议、会展中，广州、上海、北京是举办会议、会展次数最多的 3 个地区，是 2015—2017 年零售业会议、会展的中心城市，其中又以广东会议、会展举办数量最多。此外，杭州、深圳、天津、义乌、济南、重庆等也举办了 1 次以上的零售业会议、会展。

2017 年，老牌会展中心城市北京、上海、广州等成功举办了多次重要的零售业会议、会展，具有代表性的如上海 2017 年中国零售数字化创新大会（第 14 届中国零售业信息化峰会），广州第 121、122 届中国进出口商品交易会，北京 2017 年中国特许加盟大会等。此外，在重庆举办的、由中国商业联合会主办的第 12 届中国零售商大会暨展会也具有非常重要的价值，涵盖了零售业上下游产业链的新技术、新理念及解决方案、节能服务、新能源应用及环保技术推广等。

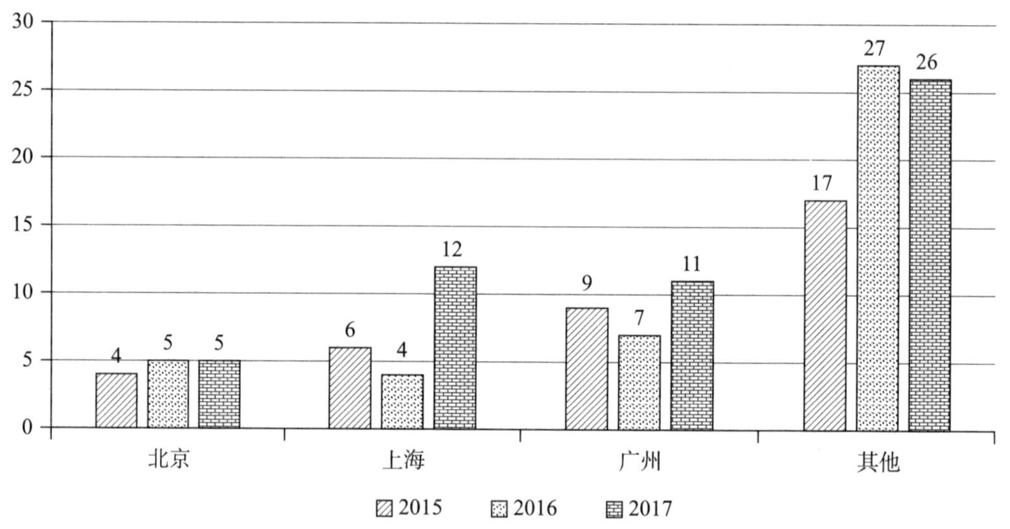

图 8-4　中国零售商业会议、会展地区分布（2015—2017 年）

8.3.1.3 中国零售商业会议、会展主办单位：国家部委、行业协会主导，各协会积极参与

在 2017 年统计的 54 场会议、会展活动中，中国商业联合会举办了 6 场，中国连锁经营协会举办了 5 场，中国电子商务协会举办了 3 场。整体而言，以中国商业联合会、中国连锁经营协会等为代表的行业协会仍然是零售业与商贸流通领域展会主办方中最重要的主体，但 2017 年中国电子商务协会举办的会议数量显著增加，表明我国电子商务行业的高速发展。

商务部、各省商务厅、各省市人民政府也是大型展会的主要举办力量，如商务部和湖南省人民政府联合主办的 2017 年中国食品餐饮展览会、商务部和浙江省人民政府等联合主办的 2017 年第 23 届中国义乌国际小商品博览会等。

此外，中国国际贸易促进委员会、物流行业协会、中国食品工业协会等也较为活跃。

8.3.1.4　中国零售商业会议、会展主题："新""创""智"成为 2017 年零售主题

在 2016 年"新"字成为贯穿零售业与商贸流通领域会议、会展的核心的基础上，2017 年"新"的热度居高不下，同时，"创"和"智"的出现率也大幅上升。"新"继续与新零售、新常态等紧密结合，如 2017 年武汉电子商务展览会的主题为"新变革·新生态·新动能"，致力于"互联网＋流通"的全产业链全球电商生态圈；"创"体现了从无到有的创造，集中体现在电子商务领域，如 2017 年第三届中国（大连）国际电子商务与网购商品展览会以"创新、创业、创智、创富"为主题；"智"则反映出未来零售业技术导向、科技加成的趋势，如 2017 年中国零售数字化创新大会（第 14 届中国零售业信息化峰会）的主题为"数字化转型之路——向智慧零售迈进"。

零售商业会议主题的变迁反映的是零售商业发展趋势的变化，从"新"字独大到"新""创""智"共同发展，零售会议、会展具有较好的前瞻性和指导性，应当得到更多零售企业的重视和深入思考。

8.3.2　中国零售业培训教育

8.3.2.1　培训机构主体：四大主体各司其职，保障培训顺利开展

本报告将我国零售业培训机构主要分为四大类：政府机构，即中华人民共和国商务部培训中心；行业协会，包括中国连锁经营协会、中国商业联合会和中国国际商会等在内的行业协会；行业信息网，如中国联商网等；培训机构，如中国培训网等。

本报告 2017 年共监测分析培训项目 53 个，如图 8－5 所示，其中政府机构培训项目 18 个，占所有统计项目的 34%；行业协会培训项目 12 个，占所有统计项目的 23%；

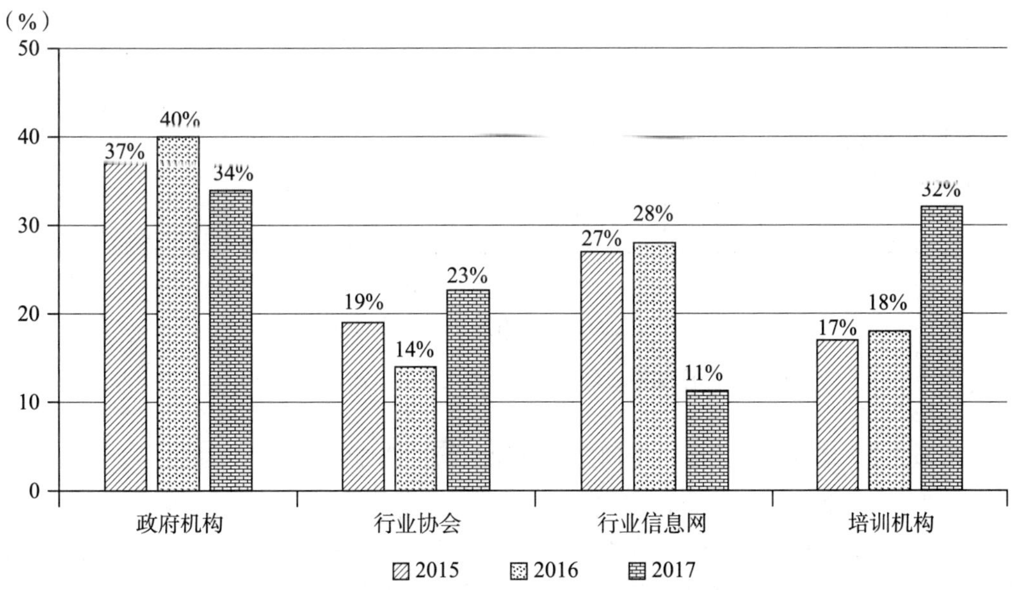

图 8－5　中国各类零售培训机构培训项目占比情况（2015—2017 年）

行业信息网培训项目6个，占所有统计项目的11%；培训机构提供的培训课程17个，占所有统计项目的32%。

与2016年相比，2017年所监测的培训项目中，行业协会和培训机构的培训项目占比均有所增加；与此同时，政府机构和行业信息网培训项目在数量和占比上略有下降，其中，行业信息网培训项目数量下降是由于以联商网为代表的行业信息网的培训栏目在2017年停止更新，其原因值得关注。

各类培训机构以多样化的形式、多种培训时间和费用的组合，提供了多样化的选择，为零售业的科学发展提供了强大的智力支持。

8.3.2.2 培训教育地区分布：一线城市最多，逐渐向二、三线城市扩散

本报告监测和分析的2017年培训活动和课程举办地，仍然以北京、上海、广州、深圳这4个一线城市为主，具体如图8-6所示。2015—2017年，在4个一线城市中，北京占比始终居于首位，为零售教育培训最为重要的举办地。

从培训的地区来看，2017年，北京、上海、广州、深圳4个一线城市培训数量占比都有较大提升。此外，杭州、长沙、武汉、苏州等城市也举办了至少两次的培训，这凸显了零售教育培训地区逐渐由一线城市向二、三线城市扩散的趋势，其他地区在零售教育培训中发挥着越来越重要的作用。

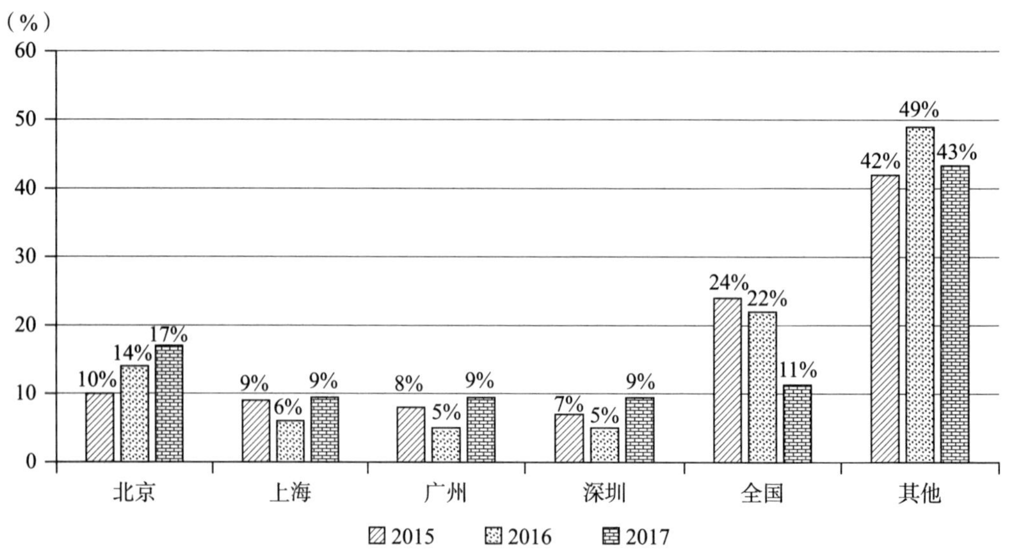

图8-6 中国零售业培训教育地区分布（2015—2017年）

8.3.2.3 培训教育主题：不同主体不同主题，培训针对性越来越强

不同的培训机构在具体的培训方向和主题上有所差异。

政府机构，即中华人民共和国商务部培训中心，属于商务部，主要承担商务部委托的相关商务培训工作、商务部党校的工作、援外培训及其立项后的项目管理，负责商务部委托的相关培训项目和有关会议的会务组织和接待服务工作，等等。如商务部培训中

心在 2017 年 9 月开展的“第四十期电子商务背景下新零售发展路径经验交流会”。

行业协会的主营业务是为会员提供零售培训公开课，以及企业内训服务。中国连锁经营协会主要为企业提供培训服务，中国商业联合会为会员提供有关咨询、培训和市场调查研究等各项服务。例如，中国连锁经营协会在 2017 年 1 月开展的“CCFA&国美电器零售数据培训班”、9 月开展的“‘阳光餐饮’食安员培训”等。

行业信息网主要通过网络资源的形式为企业提供培训和咨询服务，也会为零售企业提供零售业的最新资讯，本报告的主要监测对象为联商网。2017 年，联商网所有课程均为线上课程，如 2017 年 1 月发布的“2017 年便利店发展趋势”“新零售时代的物流机遇”等课程。

培训机构所涉及的培训范围十分广泛，其中与零售培训企业相关的主要是前沿领域的实战型培训，如电子商务实践培训、跨境电商培训、营销人员培训、门店选址培训、客户管理培训、采购管理培训、供应链管理培训等。

8.3.2.4　培训对象：零售从业人员，员工和管理层都涵盖

零售培训机构的培训对象主要是零售从业人员，其中既有各部门的普通员工，又有高层管理人员。例如，2017 年 9 月在北京开展的“餐饮职业经理人”（餐厅投资定位、运营管理、成本控制、盈利）培训活动，是目标人群为职业经理人，旨在从餐厅投资、运营、成本控制等方面对其进行全方位的管理培训；而 2017 年 8 月在北京开展的“客户服务与营销沟通技能提升”培训活动，目标是提升普通销售人员的销售技巧，做好售后管理与客户服务。

不同类别的零售从业人员的培训需求各异。对于高层管理人员，培训课程往往集中在领导力提升、企业战略、财务运营、客户关系、供应链管理公司治理、公司转型等；对于普通员工，培训则更加偏向实务与技术性，主要以熟悉公司内部流程、掌握服务技巧、增加客户忠诚度为主。

8.3.3　零售与流通领域代表性书籍：数量更多，内容更加通俗而广泛

2017 年，我国出版的零售与流通领域代表性书籍共有 73 本，其中零售类书籍 50 本，流通类书籍 23 本，内容涉及新零售解读、零售店面经营、供应链发展、成功零售企业传记等内容（详见附表 8－5）。总体而言，与 2016 年相比，2017 年零售和流通类图书数量同比上升约 6%。

8.4　海外零售商业概览

8.4.1　美国篇：零售与消费仍然是拉动经济的主力

8.4.1.1　经济、人口与消费概况：2017 年经济向好，消费持续发力

2017 年全年美国 GDP 增速为 2.3%。与 2016 年 1.5%的增速相比，2017 年美国

GDP 同比增幅的改善超过 50%，但远未达到美国总统特朗普承诺的 3%。如图 8-7 所示，2014—2017 年，美国季度 GDP 增长率波动较大。具体来看，2017 年第一季度，美国 GDP 在 2016 年第四季度的基础上增速继续下降，低至 1.2%，主要压力来自消费者购买汽车等商品的增速大幅放缓，以及企业大幅削减库存支出；第二季度由于就业市场稳定、股市繁荣以及借贷成本低廉，GDP 增速回暖明显，达到 3.1%；第三季度 GDP 继续维持 3.2%的高增长，为 2015 年以来季度最快增速；第四季度 GDP 增长略微放缓，但仍然达到 2.9%。综合来看，2017 年美国经济向好，居民消费依然是美国经济最重要的推动力，占美国经济总量近 70%的消费依然是推动经济增长的主要引擎。

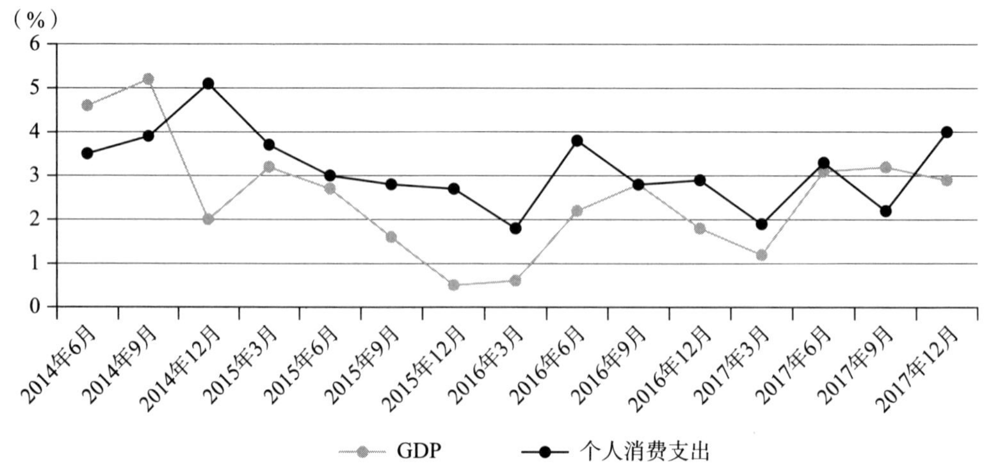

图 8-7 美国 GDP 和个人消费支出增长率（季度,%）(2014—2017 年)

资料来源：https://www.bea.gov/index.htm.

自 1960 年至今，美国人口数量明显呈直线上升发展趋势。世界银行统计数据显示，2016 年美国人口已超过 3.23 亿，相较于 2015 年增长了 0.7%，位居世界人口第三位。2014—2017 年，美国个人消费支出与季度 GDP 增长变化趋势整体保持一致。2017 年，美国个人消费支出增长了 2.8%，在 2016 年 2.7%的增长率基础上保持高增长。其中，受收入增长、对经济前景充满信心、金融市场活跃以及温和通胀推动，2017 年第四季度美国个人消费支出增长率达到了 4.0%，创近三年新高。

8.4.1.2 零售行业发展概况：整体势头良好，部分业态出现负增长

如表 8-1 所示，2017 年，美国零售总额约 5.30 万亿美元，相较于 2016 年增长了 4.59%。自 2012 年以来，美国零售总额一直呈上升态势，但是增速曾有所放缓，但到 2015 年又恢复到接近 2012 年 4.9%的高水平。总体来看，近年来美国零售市场发展情况较好，零售增长率高于美国经济增长率。

就业态来看，2017 年汽车和零部件交易商销售额仍为首位，约占零售总额的 23.5%，比 2016 年的 21%还要高；其次是食品和饮料，约占零售总额的 14%。从增速来看，2017 年增速最快的和 2016 年相同，仍然是无店铺零售，实现了 10.44%的高速

增长，发展前景尤为可观；在 2016 年出现负增长的服装和服饰商店恢复到了 1.39%的正增长，说明服装零售有回暖迹象，而运动用品、业余爱好等则首次出现了负增长，为−3.10%，形势较为严峻。详情如表 8－1 所示。

表 8－1　　美国零售业不同业态或产品的销售额及增长率（2016—2017 年） 单位：百万美元,%

业态	2016 年销售额	2017 年销售额	增长率
零售总额	5 071 188	5 303 932	4.59%
汽车和零部件交易	1 196 715	1 247 540	4.25%
家具及家居	226 043	232 521	2.87%
建筑及园艺设备	384 319	414 727	7.91%
食品和饮料	719 799	740 067	2.82%
汽油站	418 672	457 360	9.24%
服装和服饰商店	274 381	278 186	1.39%
健康和个人护理	335 281	338 318	0.91%
运动用品、业余爱好等	95 407	92 445	−3.10%
零售杂货店	135 302	140 461	3.81%
无店铺零售	569 659	629 133	10.44%

资料来源：https：//www.bea.gov/index.htm.

8.4.1.3　重点零售企业概况：7 家企业进入全球前 10，稳坐零售头把交椅

本报告监测与分析的美国重点零售企业是从美国零售行业杂志 *STORES* 联合德勤发布的全球 250 强零售商排行中筛选出的美国排名前 10 的企业。榜单数据采用了企业 2016 财年公布的数据，具体如表 8－2 所示。

其中，美国前三大零售巨头沃尔玛、好市多、克洛格实力强劲，仍然占领全球零售排行榜的前 3 名。特别是克洛格作为一家美国占其全球零售额 100%的纯本土企业，发展成绩令人惊叹。同 2015 财年相比，2016 财年亚马逊以微弱优势超越家得宝夺得美国排名第 5、全球排名第 6 的成绩，这与亚马逊积极布局线上线下零售同时发力不无关系。类似地，CVS Health Corporation 超越塔吉特成为美国第 8、全球第 13 名。

此外，排名前 10 的零售企业中，零售收益增长最快的与 2016 财年相同，仍然是艾伯森，虽然其 2016 财年集团净收益为负，但是其 2011—2016 财年零售收益复合增长率达到了 74.0%。

表 8－2　　美国排名前 10 的零售企业（2016 财年）

本国排名	全球排名	公司名	2016 财年零售收益（百万美元）	2016 财年集团收益（百万美元）	2016 财年集团净收益（百万美元）	2011—2016 财年零售收益复合增长率
1	1	沃尔玛	485 873	485 873	14 293	1.7%
2	2	好市多	118 719	118 719	2 376	6.0%
3	3	克洛格	115 337	115 337	1 957	5.0%

续前表

本国排名	全球排名	公司名	2016 财年零售收益（百万美元）	2016 财年集团收益（百万美元）	2016 财年集团净收益（百万美元）	2011—2016 财年零售收益复合增长率
4	5	Walgreens Boots Alliance，Inc.	97 058	117 351	4 191	6.1%
5	6	亚马逊	94 665	135 987	2 371	17.6%
6	7	家得宝	94 595	94 595	7 957	6.1%
7	10	CVS Health Corporation	81 100	177 526	5 319	6.4%
8	13	塔吉特	69 495	69 495	2 737	0.3%
9	15	Lowe's Companies，Inc.	65 017	65 017	3 093	5.3%
10	17	艾伯森	59 678	59 678	−373	74.0%

资料来源：《全球 250 强零售商排行榜》。

8.4.2 日本篇：总体向好，内需不足

8.4.2.1 经济、人口与消费概况：消费能力未受人口负增长影响

2014—2017 年，日本季度 GDP 环比年率整体呈上升趋势，2014—2015 年波动较大，其中 2014 年为负值，2015 年开始越过零点保持正增长，2016 年以后平稳提升。2017 年，日本 GDP 环比年率整体保持较好的增速，创近几年来最好成绩，实际增长率达 1.7%。受美元汇率走低的影响，日本第一、二季度 GDP 增速分别达到 1.4%和 1.5%。第三季度 GDP 增长率达 2015 年以来最高，为 1.9%，因为经济在很大程度上依赖于外部需求，制造业设备投资活跃。日本 2016 年第四季度 GDP 环比年率增长达到 1.8%，超过市场预期。整体来看，外部需求、投资活动推动了日本经济复苏，但是内需的发展总体低于 GDP 增速。

自 2010 年以后，日本人口一直呈负增长态势。世界银行数据显示，截至 2016 年年底，日本总人口约为 1.269 9 亿人，较 2015 年减少 15 万人。如图 8－8 所示，2014—2017 年，日本国内消费疲软，个人消费支出增长率与 GDP 增速走势高度一致，但除 2017 年第二季度外，都低于 GDP 增速。但就消费支出增长率自身而言，是在稳步提升的。从支出角度看，消费和投资稳步增长。尤其是 2017 年第二季度，两人以上家庭（非农）消费倾向 4—5 月均值为 94.0，比第一季度 84.1 显著回升。同期，商业销售额同比增长 3.2%，比第一季度的 1.0%有明显提升。多方面指标都表明日本消费势头尚好。

8.4.2.2 零售行业发展概况：平稳发展，业态分化明显

如表 8－3 所示，根据日本经济产业省大臣官房调查统计与研究部 2018 年 3 月发布的《商业动态统计速报（平成 30 年）》，日本零售业 2017 年实现近 143 万亿日元的销

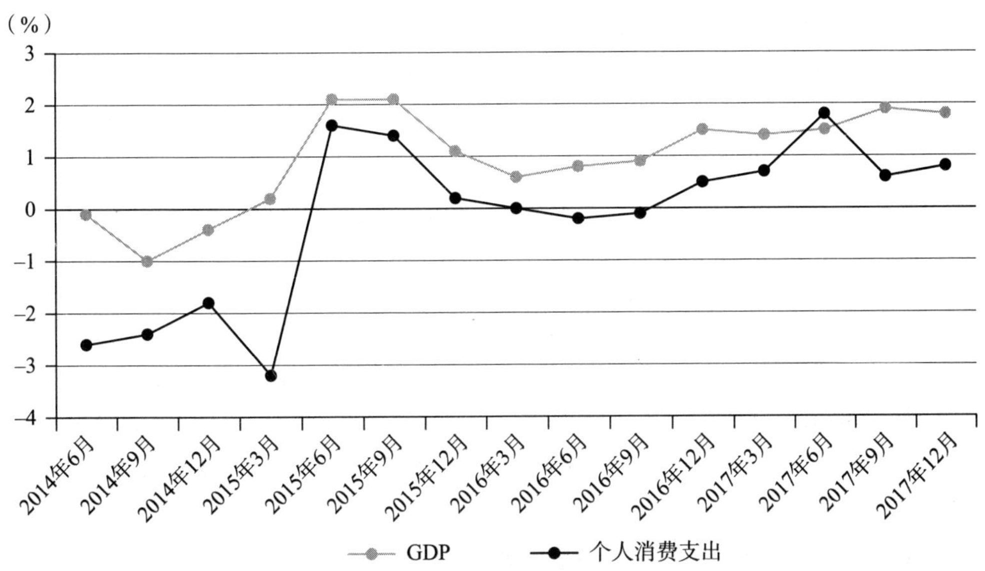

图 8-8　日本 GDP 和个人消费支出增长率（季度，%）（2014—2017 年）

资料来源：http：//www. cao. go. jp/.

售总额，稳中有升，比上年同期增长 1.9 个百分点。从业态情况看，零售行业内部分化明显，其中，百货店和家居店业态销售额呈现下滑态势，其中百货店的销售额和门店数更是双双下降；大型家电专门店的销售额在经历 2016 年的下滑后有较为明显的回升，门店数也稳步增多；便利店、药店表现出来较好的发展态势，特别是药店和便利店三年间门店数增长都超过 3%，销售额增长也较为突出，是日本零售业发展中的亮点。

表 8-3　　　　日本零售业主要业态销售额与门店数（2015—2017 年）

	2015 年销售额（十亿日元）	增长率（%）	2016 年销售额（十亿日元）	增长率（%）	2017 年销售额（十亿日元）	增长率（%）
零售总额	140 565	0.8	142 075	−0.2	142 999	1.9
分业态类别	2015 年销售额（亿日元）	2015 年事业所数（店）	2016 年销售额（亿日元）	2016 年事业所数（店）	2017 年销售额（亿日元）	2017 年事业所数（店）
百货店	67 923	243	65 610	236	65 349	228
超级市场	131 477	4 815	129 653	4 829	130 868	4 898
便利店	111 279	54 839	115 183	56 160	118 019	56 344
大型家电专门店	42 288	2 430	41 984	2 478	43 343	2 530
药店	54 776	13 653	57 665	14 361	61 612	15 198
家居店	33 159	4 218	33 040	4 271	32 920	4 308

资料来源：日本经济产业省。

8.4.2.3 重点零售企业概况：排位稳定，冲击全球前十仍需努力

本报告监测的日本重点零售企业是从美国零售行业杂志 *STORES* 联合德勤发布的全球 250 强零售商排行中筛选出的日本排名前 10 的企业。榜单数据采用了企业 2016 财年公布的数据。

如表 8-4 所示，2016 财年零售收益 70 854 百万美元的永旺仍然占据日本零售业排名之首的位置，紧随其后的是 7-Eleven 集团。与 2015 财年相比，2016 财年排名前 9 的企业排名均较为稳定，只有第 10 名从“Beisia Group Co.，Ltd.”变为了“Don Quijote Holdings Co.，Ltd.”。

整体来看，在日本排名前 10 的企业中，2016 财年集团净收益最高的为 7-Eleven 集团，约为 10 亿美元；2011—2016 财年零售收益复合增长率最高的是 FamilyMart UNY Holdings Co.，Ltd.，达到 20.7%。但是，遗憾的是，2016 财年全球排名前 10 的零售企业中，仍然没有日本零售企业。

表 8-4　　日本排名前 10 的零售企业（2016 财年）

本国排名	全球排名	公司名	2016 财年零售收益（百万美元）	2016 财年集团收益（百万美元）	2016 财年集团净收益（百万美元）	2011—2016 财年零售收益复合增长率
1	12	永旺	70 854	75 774	699	10.1%
2	20	7-Eleven	51 385	53 859	1 023	4.0%
3	58	迅销	15 739	15 763	477	16.9%
4	66	亚玛达电器	14 425	14 425	338	−3.2%
5	83	伊势丹三越	11 489	11 568	136	0.5%
6	107	J. Front Retailing Co.，Ltd.	9 229	10 231	280	3.3%
7	124	FamilyMart UNY Holdings Co.，Ltd.	7 788	7 788	194	20.7%
8	129	H2O Retailing Corporation	7 726	8 317	132	12.4%
9	130	Takashimaya Co.，Ltd.	7 673	8 524	199	0.8%
10	133	Don Quijote Holdings Co.，Ltd.	7 349	7 596	358	9.1%

资料来源：《全球 250 强零售商排行榜》。

8.4.3 英国篇：脱欧导致经济遇冷，消费艰难中实现增长

8.4.3.1 经济、人口与消费概况：GDP 与消费增长率均有波动

2014—2017 年，英国经济增长率波动中呈略微下降趋势。2016 年全年英国 GDP 增长率为 1.7%，为 2012 年以来最慢。英国国家统计局指出，英国脱欧继续主导经济前景，给企业和消费者增添了不确定性，进而抑制了需求。各个季度增长率变化情况

如图 8－9 所示。具体来看，由于零售商、酒店和餐馆均受挫于英镑下跌所导致的物价上升，2017 年第一季度 GDP 环比增幅仅为 0.3%，远低于上一季度水平，第二季度更跌至 0.2%；第三季度得益于英国服务业和制造业的良好表现，GDP 增长率反弹至 0.5%，好于市场预期；第四季度增长率小幅回落，为 0.4%。

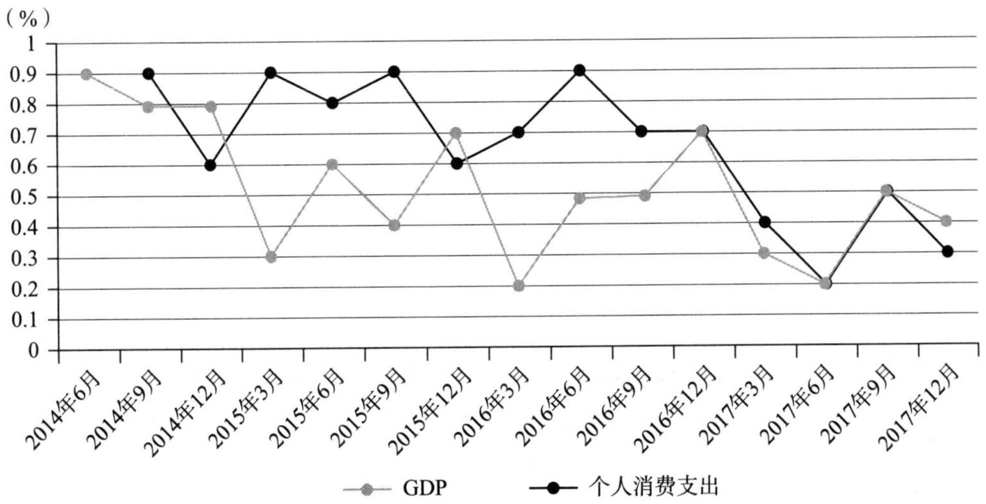

图 8－9　英国 GDP、居民消费支出增长率（季度，%）（2014—2017 年）

资料来源：https：//www.ons.gov.uk/.

近年来英国人口增长较快，2013 年英国人口增长率为欧洲四个人口大国中最高的。世界银行数据显示，至 2016 年，英国人口约 6 563 万人，相比 2015 年增长了约 0.8%。2017 年，个人消费支出增长率与 GDP 增长率高度吻合。2017 年，英国家庭消费增长 1.7%，是自 2011 年以来的最低增速，部分反映出消费受不断上涨的物价影响。自"脱欧"公投以来，英镑贬值导致进口物价不断上升，通胀率一度超过 3%。

8.4.3.2　零售行业发展概况：全行业增长，有力提振经济

如表 8－5 所示，2017 年英国零售总额约 3 661 亿欧元，比 2016 年增长了 4.3%，高于 2016 年 3.3%的增速。从各个业态来看，所有业态相较于 2016 年都有所增长。其中，无店铺零售一直保持着较高的增长速度，同比增长了 17.8%，符合零售智能化的趋势，发展潜力较好；其次是汽车燃料，增速为 7.6%；纺织、服装和鞋类专卖店增速位列第 3，为 6.3%。整体来看，2017 年在整体经济遇冷的情况下各个业态发展情况良好，各项数据相较于 2016 年略有所回升，这对英国经济来说是一个有利信号。

表 8－5　　英国各零售业态销售额及增长率（2017 年）

类别	绝对额（千欧元）		年变化率（%）
	2017 年	2016 年	2017 年比 2016 年
零售总额（不包括车辆燃料）	366 061 359	350 846 920	4.3
主要食品商店	158 091 597	154 445 504	2.4

续前表

类别	绝对额（千欧元）		年变化率（%）
	2017 年	2016 年	2017 年比 2016 年
主要非食品商店	168 844 670	163 199 432	3.5
非专门商店	34 785 649	34 179 995	1.8
纺织、服装和鞋类专卖店	48 603 810	45 728 486	6.3
家居用品店	33 263 549	32 673 515	1.8
其他非食品商店	52 191 662	50 617 436	3.1
无店铺零售	39 125 092	33 201 984	17.8
汽车燃料零售	39 636 286	36 849 148	7.6

资料来源：https：//www. ons. gov. uk/.

8.4.3.3 重点零售企业概况：排位稳定，个别企业实现较大增长

本报告监测的英国重点零售企业是从美国零售行业杂志 *STORES* 联合德勤发布的全球 250 强零售商排行中筛选出的英国排名前 10 的企业。榜单数据采用了企业 2016 财年公布的数据，具体如表 8－6 所示。

2016 财年，乐购、森宝丽和莫里森超市仍然保持英国零售企业前 3 名的位置。此外，原来英国唯一一个进入全球排名前 10 的零售企业乐购，降为第 11 名。紧随其后的 8 个零售企业在 2015 财年同样进入了英国零售企业前 10 榜单，在 2016 财年只是排名顺序略有变化，只有第 10 名变为了 Next PLC。

另外，与 2016 财年相同，Primark 仍然是增长最快的英国零售企业，其 2011—2016 财年零售收益复合增长率达到 14.3%，居英国零售业之首。

表 8－6　　英国排名前 10 的零售企业（2016 财年）

本国排名	全球排名	公司名	2016 财年零售收益（百万美元）	2016 财年集团收益（百万美元）	2016 财年集团净收益（百万美元）	2011—2016 财年零售收益复合增长率
1	11	乐购	72 390	73 724	668	−2.9%
2	31	森宝丽	34 048	34 575	497	3.0%
3	48	莫里森超市	21 744	21 744	406	−1.6%
4	63	Kingfisher PLC	14 958	14 958	813	0.7%
5	67	玛莎百货	13 837	13 837	151	1.3%
6	69	Dixons Carphone PLC	13 379	13 653	381	4.8%
7	70	John Lewis Partnership PLC	13 361	13 361	471	5.3%
8	102	Co-operative Group，Ltd.	9 631	12 792	−181	−2.7%

续前表

本国排名	全球排名	公司名	2016 财年零售收益（百万美元）	2016 财年集团收益（百万美元）	2016 财年集团净收益（百万美元）	2011—2016 财年零售收益复合增长率
9	115	Associated British Foods PLC / Primark	8 451	19 035	1 166	14.3%
10	175	Next PLC	5 443	5 460	847	3.6%

资料来源：《全球 250 强零售商排行榜》。

（晋新宇）

附　表

第 2 章　中国经济增长与零售商业——附表

第 3 章　中国零售业产业发展分析报告——附表

第 4 章　中国零售业地区发展分析报告——附表

第 5 章　中国综合零售业发展分析报告——附表

第 6 章　中国专业零售业发展分析报告——附表

第 7 章　中国零售公司管理与运营分析报告——附表

第 8 章　中国零售业综合事务与海外概览——附表

此部分内容请扫描以下二维码获取

后　记

《中国零售业发展监测与分析报告（2018）》已经编写完毕，这是我们编写的零售业产业报告的第 8 本，目的是全面监测中国零售业的发展现状、特点、脉络与问题等，为社会各界包括政府宏观决策、企业运营管理、证券投资分析、科研教学工作和零售消费管理等提供翔实的监测数据和高水平的产业分析。

今年的报告主要以 2017 年中国零售业发展情况为监测对象，整体监测分析的思路与核心内容延续了往年的设计。报告以很大的篇幅对中国零售业和代表性零售公司的信息数据进行统计、整理、监测，由于这些信息和数据分布非常散乱，其间的汇总、筛选和校正工作耗费了大量的时间和人力，我们力争为读者还原一个行业发展的全貌。

同时，我们在此基础上配合每章的主题，共设计和制作了 60 张数据附表。所有数据附表都有专门设计的较为丰富的维度，这些维度及其内含数据是行业分析和进一步研究的基础，是目前现有统计年鉴类资料无法提供的宝贵信息来源，凝聚了本报告编制小组全体成员的大量心血，也是本报告的核心价值之一。

鉴于出版社对于编辑出版字数和全书篇幅的限制以及电子化的要求，以上所提及的本报告数据附表，现已由中国人民大学出版社进行了电子化处理，并全部做成了二维码模式（见第 242 页），请各位读者扫码后免费阅读。

今年的报告在章节体系方面，仍然控制在 8 章的总篇幅，分别是绪论、中国经济增长与零售商业、中国零售业产业发展分析报告、中国零售业地区发展分析报告、中国综合零售业发展分析报告、中国专业零售业发展分析报告、中国零售公司管理与运营分析报告、中国零售业综合事务与海外概览。

全书各章的分工如下：第 1 章王强，第 2 章王强，第 3 章杨萌，第 4 章李文俊，第 5 章王超，第 6 章米壮，第 7 章占烁，第 8 章晋新宇。

本报告从 2018 年 1 月开始准备，在半年多时间的准备和正式撰写过程中，我们得到了各方面的大力支持和鼎力帮助，很多人为此付出了智慧、创意、汗水和辛劳。

我们要感谢中国人民大学科研处、中国人民大学出版社和中国人民大学科学研究基金项目“研究品牌计划”品牌报告类项目给我们的立项支持，项目名称为“中国零售业发展监测与分析报告”，项目号为 12XNP007。由于有这样的科研支持，我们才得以在中国人民大学出版社出版本年度的报告。

还要感谢中国人民大学出版社的编辑团队，他们对本报告的顺利出版给予了大力支持，做了大量和辛勤的组稿、审核和编辑工作。

最后，由于受编写时间和编者能力所限，本报告一定存在不少错误和漏失，敬请各位读者批评指正。

王　强
中国人民大学商学院
2018 年 8 月 3 日

图书在版编目（CIP）数据

中国零售业发展监测与分析报告．2018/王强主编．—北京：中国人民大学出版社，2019.10
（中国人民大学研究报告系列）
ISBN 978-7-300-27567-3

Ⅰ．①中…　Ⅱ．①王…　Ⅲ．①零售业-经济发展-研究报告-中国-2018　Ⅳ．①F724.2

中国版本图书馆 CIP 数据核字（2019）第 221125 号

中国人民大学研究报告系列
中国零售业发展监测与分析报告（2018）
主编　王　强
Zhongguo Lingshouye Fazhan Jiance yu Fenxi Baogao（2018）

出版发行	中国人民大学出版社		
社　　址	北京中关村大街 31 号	**邮政编码**	100080
电　　话	010－62511242（总编室）		010－62511770（质管部）
	010－82501766（邮购部）		010－62514148（门市部）
	010－62515195（发行公司）		010－62515275（盗版举报）
网　　址	http://www.crup.com.cn		
经　　销	新华书店		
印　　刷	北京玺诚印务有限公司		
规　　格	185 mm×260 mm　16 开本	**版　　次**	2019 年 10 月第 1 版
印　　张	15.75　插页 1	**印　　次**	2019 年 10 月第 1 次印刷
字　　数	340 000	**定　　价**	65.00 元